21世纪高等院校
人力资源管理精品教材
Elaborate Textbooks on HRM for Higher Education

Social Security

2nd edition

社会保障学

第二版

潘锦棠 ◎主编

东北财经大学出版社 大连
Dongbei University of Finance & Economics Press

图书在版编目（CIP）数据

社会保障学／潘锦棠主编．—2版．—大连：东北财经大学出版社，2015.1（2020.1重印）
（21世纪高等院校人力资源管理精品教材）
ISBN 978-7-5654-1790-0

Ⅰ．社…　Ⅱ．潘…　Ⅲ．社会保障-高等学校-教材
Ⅳ．C913.7

中国版本图书馆CIP数据核字（2015）第004140号

东北财经大学出版社出版
（大连市黑石礁尖山街217号　邮政编码　116025）
教学支持：（0411）84710309
营 销 部：（0411）84710711
总 编 室：（0411）84710523
网　　址：http：//www.dufep.cn
读者信箱：dufep@dufe.edu.cn

大连雪莲彩印有限公司印刷　　东北财经大学出版社发行

幅面尺寸：185mm×260mm　字数：446千字　印张：20.75　插页：1
2015年1月第2版　　2020年1月第10次印刷

责任编辑：石真珍　　责任校对：众　校
封面设计：冀贵收　　版式设计：钟福建

定价：39.00元

总　序

改革开放以来，我国经济和社会发展取得了举世瞩目的巨大成就。从人力资源开发的角度来看，我国改革开放的一切成就无不得益于人性解放所爆发出的社会与经济能量。正是在市场经济条件下，人力资源向人力资本转化并不断积聚和集中，从而形成巨大的物质力量，推动了中国经济社会的强劲发展。确立建设人力资源强国战略和持续投入人力资本，是进一步推动国家发展、社会进步、人民生活水平提高的不竭动力。纵观历史，劳动力转化为商品、人力资源转化为人力资本的当代，是人类历史上最为辉煌的时代。从世界范围来看，所有发达国家都高度重视人力资本的投入，发展最快的发展中国家都处在人力资源利用效率最高的历史时期。展望未来 30 年，世界经济的竞争将是人力资本的较量，支撑中国和平崛起的根本动力是人力资源开发所释放出来的巨大能量。

新中国成立 60 年尤其是改革开放 30 年的历史，是一部转变人的分工角色、社会身份的历史，是不断解放人的思想、调整分配关系、提高人力资源利用效率的历史。因此，无论是短期设计还是从长计议，都必须深入贯彻以人为本的发展观，大幅度提高社会保障度，大幅度提高劳动者的工资，积极转变人们的社会身份，把世界上最丰富的人力资源转化为人力资本，迅速增加人力资本的存量和总量，大力推进人力资源管理向人力资本经营转化。显然，人力资源开发与管理的理论研究和实际应用，是一项充满挑战和希望的伟大事业；建立具有中国特色、与国际接轨的人力资源开发与管理体系，是我们追求的宏大目标。

目前，我国高水平的人力资源管理专业人才与经济社会发展的需求之间存在很大缺口，编撰一套好的教材是推进人力资源管理专业发展和提升我国人力资源开发与管理水平的需要。为此，东北财经大学出版社组织多所知名高校人力资源管理专业的资深教师，联合打造了“21 世纪高等院校人力资源管理精品教材”。本系列中各本书的主编均为学有成就的教授和博士生导师，他们丰硕的科研成果和教学经验，足以保证这套教材达到精品水平。

有优秀作者的大力支持，有策划者的努力付出，有良好的财经教育出版平台，相信本套教材的出版能创造很好的社会价值，对我国人力资源管理实践的发展、人力资源管理学科的发展和人力资源管理专业人才的培养产生积极的作用。

中国人力资源开发研究会　会长 刘福垣

目 录

第1章 社会保障概述

学习目标

本章是社会保障的总纲，学习本章后你应该：

✓掌握社会保障的定义和特点、社会保障的内容、社会保障制度模式分类

✓了解社会保障分配原则

✓理解社会保障中的平等、效率和公平

✓了解并熟悉世界和中国社会保障制度发展历史

1.1 社会保障的定义和特点

社会保障是国家通过征税、收费、接受捐赠等手段筹集资金，经过社会保险、社会救助、社会福利和社会优抚等制度安排，为丧失劳动能力和暂时无收入者提供基本生活、为贫困者提供最低生活、为军人提供特殊关照、为全体国民增进生活福利，以缓解其后顾之忧的一种社会制度。

（1）社会保障是一种保障民生、防范风险和减轻人类苦难的社会制度。人类苦难包括生、老、病、死、伤残、失业、贫困、受灾等。

（2）社会保障是一种收入再分配的形式。用征税、收费或接受捐赠等手段筹集社会保障基金，经过第二次分配，转移到遭受生、老、病、死、伤残、失业、贫困、受灾等苦难的弱势人群及其家属的手中，保障他们的安全和基本生活。

（3）社会保障学假设人性是“善”的，人是可以利他的，所推崇的原则是团结互助、同舟共济。人类具有推己及人、将心比心、同情怜悯的本性，所以才会有普遍的代际反哺和慈善救济，才会在人类世界产生一条公认的社会保障分配原则，即社会保障分配（再分配）向弱势群体的利益倾斜。而经济学假设人性是“恶”的，人是自私自利的，所推崇的原则是自由竞争、优胜劣汰。

（4）社会保障是依法进行的。法制比较健全的国家，各项社会保障都是按照社会保障法行事。《中华人民共和国社会保险法》于2010年10月28日通过，自2011年7月1日起施行，在此以前一般都是按“国发”或“部颁”规定行使社会保障分配。

（5）社会保障的主要责任主体是国家或政府。工业社会普遍产生的失业、工伤、养老、贫困等社会问题是全国性的，必须要有国家或政府举办的社会保障才能普遍关

照，并且只有国家或政府才能统一而大规模地筹集社会保障资金，群众团体、互助组织、慈善机构只能是补充性的。

(6) 社会保障管理和人力资源管理有相同之处，都是有关对人的管理。二者的不同点是：人力资源管理处理的是劳资关系，即雇主与雇员的关系；社会保障处理的是公共关系，即政府与国民的关系。

(7) 社会保险与商业人身保险的区别。社会保险的性质还可以通过和商业人身保险的比较显现出来。社会保险与商业人身保险有很大区别，比较两者可以加深对社会保障的理解。商业保险中关于人身的保险有人寿保险、人身意外险、健康保险等。社会保险与商业人身保险在承办主体、保险对象、是否盈利、选择性、注重效益、与受保人法律关系、法律约束、信誉、监督机制等诸方面都有所不同，见表1-1。

表 1-1 社会保险与商业人身保险的区别

比较项目	社会保险	商业保险
承办主体	国家	企业
保险对象	雇员及其家属	全体消费者
是否盈利	非盈利	盈利
选择性	强制，不可选择	自愿，可以选择
注重效益	社会效益	经济效益
与受保人法律关系	政府与国民	商家与顾客
法律约束	社会保险法	商业保险法、消费者权益保护法
信誉	大	小
监督机构	议会与反对党	保险监督局

1.2 社会保障内容

社会保障由社会保险、社会救助、社会福利和社会优抚（优抚安置）组成。

1.2.1 社会保险

社会保险，是指国家依法建立社会保险基金，通过统筹互济，对参加保险的劳动者在丧失或暂时丧失劳动能力时提供经济帮助、确保其基本生活的制度。社会保险一般要求政府及参保的雇主、雇员缴费，三方共同负责建立社会保险基金，作为统筹互济再分配的基础。社会保险包括养老保险、医疗保险、失业保险、工伤保险和生育保险等。社会保险是基本（或核心）的社会保障，这是因为：第一，社会保险的对象是雇员或劳动者，是人口中最能创造财富的那部分人，且占社会保障对象的绝大比例。第二，社会保险支出占整个社会保障支出的绝大部分，是社会保障中最大的子项目。

1.2.2 社会救助

社会救助又称社会救济，是指国家对遭受贫困或灾害的国民提供救助，以维持其最低生活的社会制度。社会救助的形式有城市居民最低生活保障、农村的“五保”以及灾害救济等。社会救助的对象是低收入人群和受灾受困人群等社会最弱势的群体，这个群体往往不能享受其他社会保障，最后被社会救助制度所覆盖，因此社会救助制度通常被称为“最后的安全网”。社会救助由国家承担全部或主要财政责任，救助基金来源于国家税收。社会救助是最低生活保障，也是人类社会最悠久的一种保障形式。

1.2.3 社会福利

社会福利，是指国家和社会通过福利津贴、实物供给和社会服务，满足社会成员的生活需要，并促使其生活质量不断得到改善的一种制度安排。福利基金主要来源于国家税收及社会各方捐赠，其内容包括一般社会福利和特殊社会福利。一般社会福利是指国家和社会为全体社会成员提供的物质利益和服务，如举办教育、医疗事业、市政绿化建设、各类社会服务等，享受的对象是全体社会成员，因此也称之为全民性社会福利。特殊社会福利是指国家和社会为特殊人群提供的物质利益和服务，如残疾人福利、儿童福利、老人福利等，因此也称之为选择性社会福利。社会福利是最高社会保障。

1.2.4 社会优抚

社会优抚（优抚安置），是指国家通过立法对军人及其家属提供物质帮助和精神抚慰的社会制度。优抚指优待、抚恤和抚慰，包括物质和精神两个方面。物质上的优待和抚恤包括阵亡补偿费、伤残抚恤金、转业安置等；精神上的抚慰包括烈士陵园的建设和祭扫、荣军医院的建设和管理、阵亡伤残军人事迹褒扬、“光荣人家”牌匾赠送等。社会优抚具有直接的政治目的，基金主要由政府筹集。社会优抚是特殊的社会保障。

社会保障结构和内容如图1-1所示。[①]

① 基本社会保障、最低社会保障、最高社会保障和特殊社会保障的说法请参照侯文若．现代社会保障学［M］．北京：红旗出版社，1993：5.

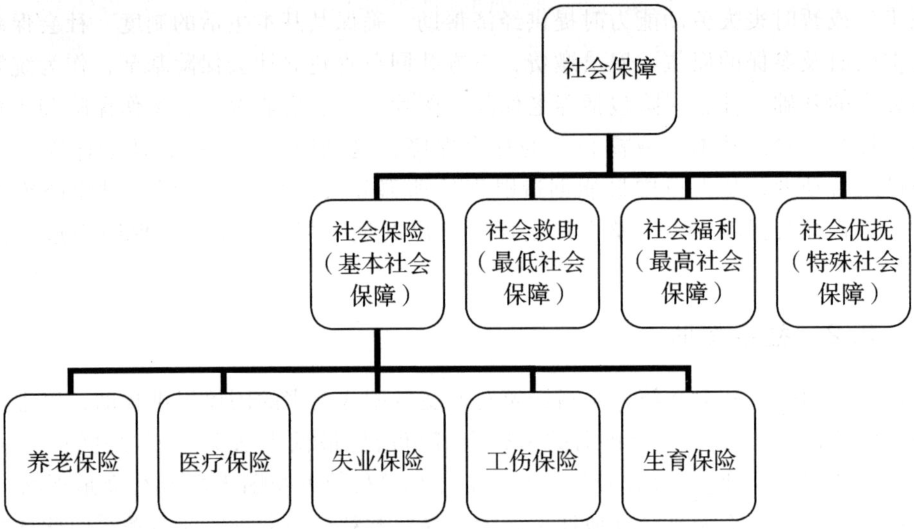

图 1-1　社会保障结构和内容

1.3 社会保障制度模式分类

全世界共有224个国家和地区（其中，国家为193个，地区为31个）。根据美国社会保障署《全球社会保障（2002）》（SSA，Social Security Programs Throughout the World（2002））一书，全球共有173个国家和地区建立了社会保障制度。研究者喜欢对世界各国的社会保障体制进行分类，不同的学者有不同的分法。

1.3.1 三种福利体制

丹麦学者考斯塔·艾斯平-安德森（Esping-Andersen）在其1990年出版的《福利资本主义的三个世界》中首次使用了“福利体制”（Welfare régime）一词。他以福利分配的“非商品化”（Decommodification）程度为标准，将西欧和北美国家的福利体制划分为三种类型：“自由主义”福利体制、“合作主义”福利体制、“社会民主主义”福利体制。

1. 非商品化

所谓“非商品化”是指不把劳动力作为商品，让福利分配与劳动贡献脱钩。在劳动力市场上，劳动力是商品，工资是劳动力的价格，工资的高低与劳动力价值（或劳动贡献）的大小紧密联系，这就是说在工资分配（第一次分配）领域，劳动力的商品化程度非常高，或者说是完全商品化的。在福利分配（第二次分配）领域，劳动力的商品化程度降低了，因为有些分配与劳动力价值没有关系，如社会救助，完全是根据“人道”而不是等价交换的原则来进行的。用考斯塔·艾斯平-安德森的原话来说就是：“‘非商品化’是指个人福利相对地既独立于其收入之外又不受其购买力影响的保障程度。"① 在福利分配领域，世界各国劳动力的"非商品化"程度是不同的。有的国家"非商品化"程度比较低，或者说"商品化"程度比较高，在这些国家用于再分配的福利基金较少，即使有福利分配也要与工资高低、保险缴费多少、缴费时间长短紧紧联系在一起；有的国家"非商品化"程度较高，或者说"商品化"程度较低，在这些国家用于再分配的福利基金较多，福利分配与工资、就业、保险缴费的关联度不高，往往以年龄、居龄和人道需要作为发放福利的依据。简而言之，福利分配与劳动贡献的关系越紧密，商品化程度越高，福利分配与劳动贡献越不相关，商品化程度越低。从分配效果来看，福利分配"非商品化"程度越高，对低工资劳动者就越有利；反之，"非商品化"程度越低，对高工资劳动者就越有利。

2. 三种体制类型

第一种类型是"自由主义"福利体制。在自由主义思想指导下，这种福利体制征收社会保障费或社会保障税最少，全国用于再分配的社会保障基金相对最少，与之相应，社会保障再分配支付相对最少，统筹互济的因素相对最少。福利分配的主要形式是经过家计调查的社会救助，辅以少量的社会保险计划。这种福利体制所遵循的原则与"济贫法"传统一脉相承，即福利给付的对象主要是那些收入较低、依靠国家救助的工人、老人和穷人。这种体制的"非商品化"程度最低。这一模式的典型代表是美国、加拿大和澳大利亚等。自由主义推崇经济上自由放任，把社会保障制度看做政府干预经济生活的表现，所以反对政府包揽社会保障。

第二种类型是"合作主义"福利体制。在合作主义思想指导下，这种福利制度强调政府、雇主组织和雇员组织之间的合作，要求雇主和雇员参加保险，按时缴费。与"自由主义"福利国家相比，其福利基金有较大的积聚，除了"社会救济"，还有庞大的社会保险计划，覆盖广大的普通雇员群体。其福利分配（主要是保险分配）以就业及社保缴费为依据。由于福利基金有较大积聚，统筹互济的因素较多，因此"合作主义"福利体制"非商品化"程度较高。这类制度最初在德国产生而后扩展到整个欧洲大陆，目前包括德国、比利时和法国等国家。

第三种类型是"社会民主主义"福利体制。在社会民主主义思想指导下，这种福利制度实行高税收、高福利，在福利分配方面有均等化倾向，福利分配与劳动贡献或缴费记录关系不紧密，而与被界定的公民资格关系密切。与其他两种体制相比，这种体制所追求的福利服务和给付水平较高，而不是像其他福利国家那样只满足较低需求上的平等，所以这种制度的"非商品化"程度最强，给付最慷慨。实行这种福利体制类型的国家主要有北欧的瑞典、丹麦、挪威等。

---

① 艾斯平-安德森．福利资本主义的三个世界［M］．郑秉文，译．北京：法律出版社，2003：3（中文版序言）。

1.3.2 四种福利模式

在我国有关社会保障的各种教科书对福利模式最为流行的分类是四种分类：福利国家型、社会保险型、国家保险型和个人储蓄型。分类标准是综合性的，包括覆盖范围大小，保险缴费中政府、雇主和雇员所承担的责任，就业收入关联度，保障水平高低，管理机制，基金收支和运营的差别等。

1. 福利国家型

福利国家型模式以瑞典为典型，丹麦、芬兰、挪威等也实行这种模式。在福利国家型制度下，保险覆盖全民，遵循“普惠制”原则，即“普惠”发放的社会福利比例在四种类型中最高。不仅如此，国内各种福利服务和福利设施也最为健全，个人缴费比例较低，福利缴费主要由政府和企业负责，福利保险待遇与个人工资高低、缴费多少的关联度最小。

2. 社会保险型

社会保险型模式以德国为典型，法国、日本等国家也属于这种模式。在社会保险型模式下，保险覆盖对象主要是在业雇员；由政府、企业、个人三方共同缴费，政府通过财政补贴、减少税收等手段筹集福利基金，企业和个人按工资额的一定比例缴费；保险待遇与保险缴费相关联，缴费越多保险待遇越好；实行“现收现付”制。

3. 国家保险型

国家保险型模式曾经在计划经济国家中实行，以计划经济时代的苏联和中国为代表，目前只有个别国家还实行这一模式。在国家保险型模式下，保险覆盖在业职工，没有就业就没有保险；由用人单位在账面上缴费，个人账面上不缴费但国家通过“扣除”部分工资进行强制福利积累；国家制定政策，用人单位代表国家实施各项社会保险；保险待遇高低与工资高低紧密关联；实行“现收现付”制。目前，俄罗斯和中国已经放弃了这种保险模式。

4. 个人储蓄型

个人储蓄型模式以新加坡和智利为典型，东南亚和非洲的10多个国家也实行这种模式。在个人储蓄型模式下，保险覆盖在职雇员；企业和个人缴纳保险费；保险内容包括养老、医疗、住房等；保险待遇与缴费相关，工资越高，缴费越多，保险金也越高；实行“完全积累”制。“完全积累”制需要设立个人账户，而个人账户中的保险基金要求保值增值，因此，实行这种模式的国家有专门负责管理个人账户保险金运作的专业机构。新加坡与智利的主要不同点是，储蓄金运作在新加坡是由一个半官方的“中央公积金局”统一负责，在智利则可以自由选择不同的市场化的私营基金公司来负责。参保人满足退休条件时，可以从个人账户定期或一次性获得储蓄金。

决定一国福利模式的因素很多，这些因素包括价值理念、政治制度、经济体制、人口结构、就业压力、生活水平、国家财力、公共管理、历史习惯等。

1.4 社会保障分配中的平等、效率与公平

1.4.1 一般概念

平等与公平是意义完全不同的两个词，却经常被错误地混同使用。

“平等”是均等、一样、相同、无差别的意思。平等是对多项事物状态的客观比较，用来回答“是什么，怎么样”的问题。平等有绝对的衡量标准，从理论上来说，即使是敌我双方也都会有一致的意见。

“公平”是好、对、合理、正确、应该如此的意思。公平是主观价值观念，是一定思想指导下产生的“原则”，用来评价事情的合理性，回答“应该是什么”的问题。公平是不能用客观指标来衡量的。公平是相对的，不同时间、不同地点、不同年代、不同群体、不同主义等，其公平原则是不一样的。在社会主义社会，按劳分配是公平的；在共产主义社会，按需分配是公平的。①

因此，平等的不一定是公平的，公平的也不一定是平等的。就工资报酬分配结果而言，以社会主义初次分配为例，“干多干少一个样”，虽然平等但不公平；“多劳多得”，虽然不平等但公平；“同工同酬”平等且公平；“同工不同酬”既不平等也不公平（见表1-2）。无论是初次分配还是再分配，首先都要注重公平原则。这里所讲的公平原则就是“按劳分配，多劳多得”。

表1-2　社会主义初次分配的平等与公平

	平等	不平等
公平	同工同酬	多劳多得
不公平	干多干少一个样	同工不同酬

“效率”是指对资源的有效利用。本书讲的是对人力资源的有效利用。比如，人均产量、人均利润、单位时间的有效产出等。“效率”也是可以用客观指标衡量的。

因此，平等与效率可以放在一个天平的两端，即“平等与效率”可以成立；公平与效率是不可以放在同一个天平上的，“公平与效率”在逻辑上不能成立。在大多数情况下，平等与效率呈反比关系，“干多干少一个样”就会抑制劳动积极性；反之，“多劳多得”，拉开收入差距能产生激励作用。

1.4.2 社会保障中的平等、效率和公平

1. 平等

社会保障中的平等可以表现在社会保障制度的各个层面上。在社会保障模式的层

① 潘锦棠．劳动与职业社会学［M］．北京：红旗出版社，1991：73.

次上，平等表现为各项福利收入的均等化，即福利分配与工资、就业、缴费等因素脱钩，或者通过福利分配使原来的收入差距大大缩小，趋于平等。在其他层面上，平等表现为保险缴费率相同、获得最低生活保障资格人人平等、保险支付公式每个人都一样等。

2. 效率

社会保障中的效率有两层意思：一是对社会保障制度本身而言的效率，即少花钱多办事、办好事的社会保障制度就是有效率的社会保障制度；二是社会保障制度的外部效应，即对于社会保障制度促进经济发展和人力资源有效利用而言的效率。本章所讲效率是指第二种情形，即社会保障制度的外部效应。比如：看福利分配与工薪就业的关联度，即在多大程度上把“是否就业”、“就业年限”、“工资高低”、“缴费年限”等作为福利分配的依据。关联越紧密，福利分配越注重效率；关联越松散，把“年龄”、“居龄”、“实际需要”等与劳动贡献无关的指标作为福利分配的资格条件，“非商品化”程度就越高，分配越注重平等。

3. 公平

社会保障中的公平就是指导社会保障分配的原则，或者说是判断社会保障分配是否合理的各项原则。

在社会保障模式层次上，公平就是作为不同模式指导思想的各种主义的不同主张，比如自由主义、合作主义和社会民主主义等。不同的“主义”有不同的公平原则。就一些具体问题而言，比如，社会保障基金筹集规模应该有多大？筹资偏大，会加重企业和个人负担，企业失去竞争优势，影响整个经济的持续发展；筹资偏小，就不能有效地满足社会成员的保障需要，这是客观存在的现象，各种主义有共识。但是，自由主义认为筹资不应该偏大，福利收入均等化是不公平、不合理的，会形成“养懒人”的制度，影响社会经济效率，而社会民主主义认为筹资不应该偏小，福利收入均等化是公平、合理的，是社会安定的基础；自由主义认为政府举办的社会保障应该尽可能少，防止政府过多地干预国民生活，保障社会经济生活的自由和效率，而社会民主主义则认为政府应该更多地对社会保障负责，以更好地保障民生。另外，自由主义还认为收入分配（包括社会保障再分配）应该尽可能地与劳动贡献挂钩，“非商品化”是不公平的，社会民主主义则认为收入分配（包括社会保障再分配）应该尽可能地与劳动贡献脱钩，“非商品化”是公平的，等等。

在社会保障制度的其他层面上，也有许多需要关注的公平问题，比如：收入高低不同的社会成员之间社会保障缴费的公平负担。又如：养老保险的基金筹集由当代人承担，基金的给付对象是上一代人，如何平衡两代人之间的利益，也需要有代际分配的公平原则；还有养老金在男女两性之间的公平分配，等等。

在社会保障的“平等与效率”问题上，假设合作主义认为平等与效率保持平衡是公平的，那么，自由主义就认为在“平等与效率”的关系上应该偏重效率，社会民主主义则认为应该偏重平等。社会保障中平等、效率和公平的关系可以用图 1-2 表示：

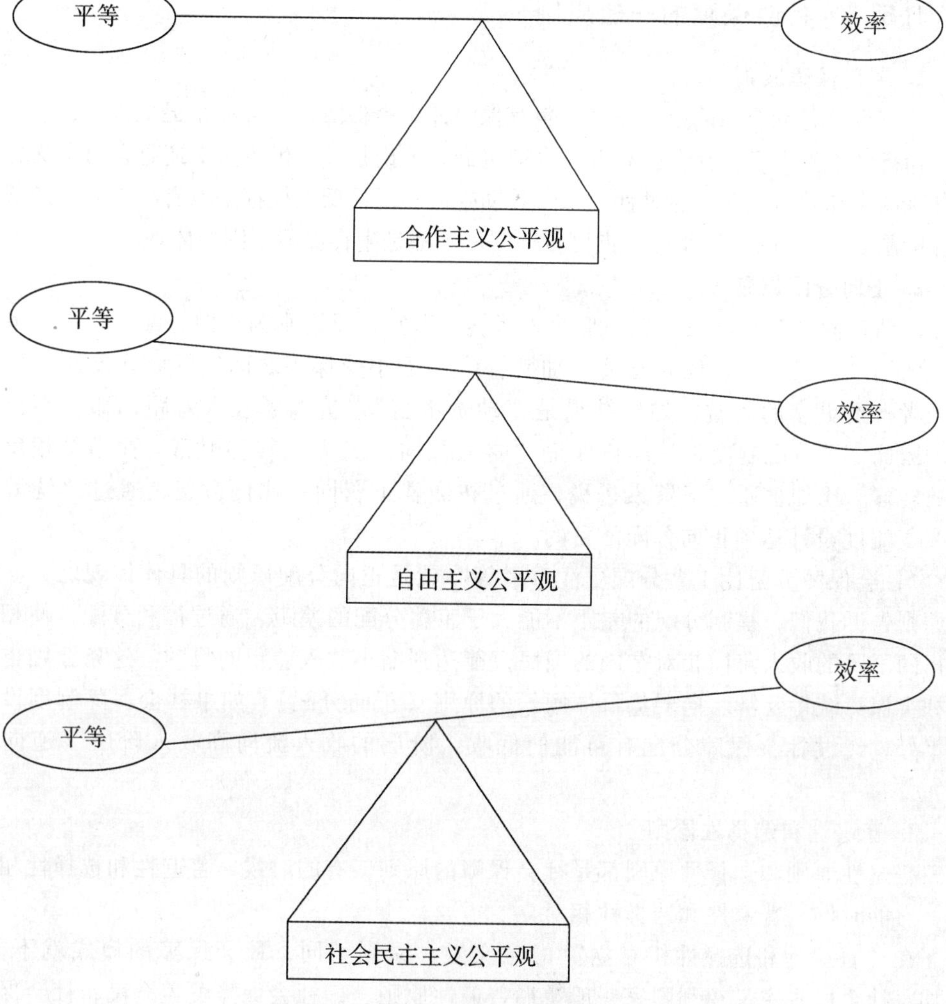

图1-2　关于平等与效率的公平观

1.5 社会保障原则

社会保障原则即社会保障分配中的公平原则。我们已经知道，社会保障原则是相对的，比如，自由主义、合作主义和社会民主主义都分别有不同的社会保障原则。另外，社会保障包括的社会保险、社会救助、社会福利和社会优抚等子项目也分别有不同的原则。有没有社会保障统一的公平分配原则，即自由主义、合作主义和社会民主主义都同意的原则？回答是肯定的，这就是社会保障的一般原则。

1.5.1 社会保障的一般原则

1. 生存保障原则

生存保障是社会保障第一原则。生存保障即生命保障，生存权是最低人权，既然一个生命已经来到世上，社会就有责任保护生命。无论是社会民主主义还是自由主义，无论什么国家和政府，对于通过社会保障救助生命实现最低人权都是没有疑义的。最低生活保障制度、“五保户”制度、灾民救助制度等都是生存保障原则的体现。

2. 正向分配原则

所谓正向分配是高收入者向低收入者转移财富，反之则为逆向分配。社会保障再分配的结果一般应该表现为通过“抽肥补瘦”缩小受保人之间实际收入差距，使低收入者得到更多的利益，如果结果是“劫贫济富”，扩大了收入差距，那就不公平了。因此，再分配制度设计应该保证“富人”向“穷人”转移财富，而不是相反方向的转移。比如，通过工资累进税，通过按缴费工资同一比例缴费，通过“统筹账户”等制度设计达到正向分配的目的。

“社会保障分配比工薪分配更注重平等”就是正向分配原则的具体体现之一。这条原则告诉我们，福利分配的差距不能大于工薪分配的差距，通过福利分配，使相对富裕的国民的收入流向相对贫困的国民，能达到缩小收入差距的目的。这条原则也就是社会保障统筹互济、向弱势群体倾斜的原则（正向分配）。如果社会保障制度设计得不好，经过社会保障分配有可能使低收入阶层的收入流向高收入阶层（逆向分配）。

3. 普遍性和选择性原则

普遍性原则和选择性原则都是社会保障的原则，有的时候，普遍性和选择性相结合，有的时候，普遍性和选择性相对立。

在“普遍性和选择性相对立”的意义上，原则不同，社会保障的模式就不同。比如：社会民主主义福利国家一般遵循普遍性原则，即社会保障覆盖全民，社会保障分配人人有份，有均等化趋势等；自由主义福利国家一般遵循选择性原则，即社会保障有选择地覆盖部分社会成员，社会保障分配只惠及特定人群等。遵循普遍性原则还是选择性原则，首先与一个国家的经济发展水平有关，发达国家更有可能实行普遍性原则，发展中国家一般遵循选择性原则；其次与价值理念有关，比如作为发达国家代表的美国，是遵循选择性原则的典型代表。

在“普遍性与选择性相结合”的意义上，任何国家的社会保障制度都既有“普遍性”分配的部分，也有“选择性”分配的部分。“普遍性”指的是社会保障中人人有份的那部分福利分配，如免费教育、公共卫生、绿化建设、社会服务等。“选择性”是指社会保障中对特殊群体的福利分配，包括需要进行家计调查的“城市最低生活保障”和农村“五保户”制度，也包括不需要进行家计调查的残疾人福利、儿童福利、老人福利等。在这里，所谓“普遍性与选择性相结合”是指一个国家的社会保障制度内部不能以一种原则贯彻到底，而需要“具体情况具体分析”，因为社会保障有许多子项目，既有普遍性福利项目，如“社会福利”，也有选择性福利项目，如“社会救助”。即使在一个子项目“社会福利”内部也有普遍性福利和选择性福利的区别，有的应该遵循普遍性原则，有的应该遵循选择性原则。普遍性原则与选择选择性原则怎样结合，各占多少比例，取决于这个国家的具体国情，也取决于这个国家以什么样的“主义”作为指导思想，比如，作为发达国家的美国的社会保障，由于深受自由主义思想影响，选择性福利项目占主导地位，如“临时家庭援助项目”、“儿童营养项目”、“医疗资助项目”、“食品券”项目等不一而足，普遍性福利项目则占次要地位。中国在社会保障模式上也是一个实行选择性原则的国家，但也存在人人有份的“社会福利”。

4. 社会保障制度与社会经济发展现状相适应原则

一般说来，经济发展是社会保障的基础，只有经济发展达到一定的水平，国家才能拥有足够多的盈利经济实体，才能有一定数量足够富裕的国民，国家才可以通过征税或收费积累社会保障基金。如果企事业单位都不挣钱，国民的工薪收入只够满足温饱，国家就不可能得到足够的税收和社会保障缴费。同理，只有经济发展达到一定的水平，才能有相应的社会保障水平；反之，适当的社会保障水平有助于经济发展，如果社会保障水平超过经济发展水平，则会拖累经济发展。经济发达国家的社会保障水平一般会高于经济不发达的国家。当然，在经济发展水平宏观约束下，发展水平相同的国家，社会保障水平会有高有低，这就取决于这些国家以什么“主义”为指导思想，以社会民主主义思想为指导，社会保障水平就高一点，以自由主义思想为指导，社会保障水平就低一点。除经济发展水平外，政治、文化、社会的现状，历史的传统等也对社会保障制度设计有制约作用。总之，世界上没有标准的社会保障制度模板，适合国情的社会保障制度就是好制度。

1.5.2 社会保障各子项目的公平分配原则

在社会保障体系内部，由于保障对象、资金来源、保障目的等各有不同，各种项目各有不同的原则。

1. 社会救助的原则——选择性原则、人道主义原则、受助权利原则、最低生活原则

社会救助的对象只限于贫困和受灾人群，这些人群处在温饱的临界点上，没有社会救助就会发生人道主义灾难，出于人道主义的目的需要救助。救助贫困和受灾人员是政府的责任，也是受助者应该享受的权利。当然，救助只能解决温饱问题，救助的资金和物资一般只能达到满足最低生活的水平，并且对救助对象往往还需要进行家计调查，以防不够条件者冒领。

2. 社会保险的原则——权利与义务相结合原则、统筹互济原则

社会保险的对象主要是在业雇员，他们不仅有能力自行解决温饱问题，还有能力缴纳社会保障费用。国家建立社会保险制度是为了实现保险对象之间的团结互助、同舟共济，共同承受养老、生病、失业、工伤和生育风险。是否享受保险取决于是否参加保险，享受保险的水平高低一般与受保人承受保险缴费的多少相关，这就是“权利与义务相结合”。在社会保险制度建立以前，只有民间或官方、正式或非正式的济贫制度，被救济者有接受救济的权利却无须承担缴费义务，权利与义务无须结合。

"权利与义务相结合"这条原则促进了社会保险制度的建立。

3. 社会福利的原则——普遍性与选择性相结合原则

社会福利是在正常生活水平的基础上再提高一步，不是救助，不需要家计调查，不是保险，不需要权利与义务相结合，它采用的是普遍性与选择性相结合，或者普惠大众，人人有份，如义务教育、公共卫生、公共花园等，或者选择性地对一部分人锦上添花，如老人福利、妇女福利、儿童福利等。

4. 社会优抚的原则——励军荣军的原则、权利与义务相结合原则

社会优抚一方面是为了激励军人保家卫国，另一方面也是军人的权利（雇佣军除外），因为最广大的义务兵是不拿工资的，服役期间只有非常少量的生活津贴（士官的生活津贴相对较高），并随时做好为国献身的准备。军人服役一般是义务的、志愿的，他们为了国家的尊严和国民生命安全放哨、站岗、打仗，为军人建立社会优抚制度是政府的责任，也是一般国民对军人的应有回报。社会优抚和社会保险的分配原则有相似之处，也是实行权利与义务相结合原则，其表现是：第一，不参军就不能享受优抚；第二，优抚水平与军功大小相关。除此以外，励军荣军也是社会优抚的一项原则，军人为了达到国家的政治目的是要随时准备牺牲的，通过物质激励和荣誉激励，会鼓励军人及青年人保家卫国和参军报国的积极性和荣誉感。

1.6 中外社会保障简史

1.6.1 世界社会保障简史

古代就有与社会保障政策有关的设想和设计。3 000 多年前的古代中国就有"以保息六养万民：一曰慈幼，二曰养老，三曰振穷，四曰恤贫，五曰宽疾，六曰安富"（《周礼·地官·大司徒》）的论述。"保息"指安养百姓，使之繁衍生息的措施，用现代说法就是"社会福利"。《周礼》成书于中国西周时期（公元前 11 世纪到公元前 771 年），最早完整阐述社会保障思想的著作是《管子·入国》，作者是春秋时期（公元前 770—前 476 年）齐国政治家和思想家管仲。记载大量有关先秦时期的政治经济和社会活动，成书于西汉时期的《礼记》，有《礼运·大同》篇，其民生理想更是脍炙人口："大道之行也，天下为公，选贤与能，讲信修睦。故人不独亲其亲，不独子其子，使老有所终，壮有所用，幼有所长，矜、寡、孤、独、废疾者皆有所养，男有分，女有归。货恶其弃于地也，不必藏于己；力恶其不出于身也，不必为己。是故谋闭而不兴，盗窃乱贼而不作，故外户而不闭，是谓大同。"《礼记·月令》有"天子布德行惠，命有司发仓廪，赐贫穷，振乏绝，开府库，出币帛，周天下"的说法，相当于现代国家的济贫。差不多与之同时代的中国还有官吏退休的记载。秦及秦以后的历朝历代"仓储后备，赈灾济贫"已成为通常国事。

在罗马帝国时期，帝国君主们曾用税款建立基金以救助穷人和孤儿。中世纪（约公元 476 年—公元 1453 年）罗马教廷在西欧具有政治和精神统治的中心作用。

天主教会曾经拥有大量的土地，甚至还有地方的行政、司法、财政大权。天主教堂曾经实施过制度性的广泛的慈善济贫活动。以后随着民族国家地位的崛起和宗教改革，教会财产所有权削弱了，国家政府取代教会成为社会保障的主要责任人。宗教慈善在欧洲历史上（也是世界历史上）是社会保障发展的一个重要阶段。现今，宗教慈善作为民间社会保障的重要力量，依然在募捐、救灾和济贫方面有着不可替代的作用。

1601年英国政府颁布了《济贫法》（即《伊丽莎白济贫法》），规定：凡年老及丧失劳动力的，在家接受救济；贫穷儿童则在指定的人家寄养，长到一定年龄时送去做学徒；流浪者被关进监狱或送入教养院。虽然《济贫法》有种种不是，但在当时是一个很大的进步，毕竟是社会保障历史上第一项正式的法律制度，它标志着社会保障制度的诞生。

世界上第一个社会保险制度出现在俾斯麦政府时代的德国，即1883年的《疾病社会保险法》。1884年和1889年德国政府又分别制定了《工伤社会保险法》和《老年、残疾、死亡保险法》，德国成为世界上第一个具有比较完整的社会保障制度体系的国家。以后欧美国家纷纷学习仿效，社会保障制度开始在世界各国普及。1918年苏联颁布了《劳动者社会保障条例》，这是第一部社会主义的社会保险法令。值得一提的是，作为坚信自由主义的美国，在罗斯福当政时期，为了对付经济危机带来的失业、老年退休等社会矛盾，也于1935年8月14日通过了《社会保险法案》。至2002年，全球共有173个国家和地区建立了社会保障制度。

社会保障制度发展的高峰是福利国家的诞生。福利国家与贝弗里奇报告是分不开的。1941年，英国开始制订社会保障计划，经济学家贝弗里奇受托出任社会保险和相关服务部际协调委员会主席，负责对现行国家社会保险方案及相关服务进行调查，并就战后重建社会保障计划进行系统研究。1942年，贝弗里奇提交了题为《社会保险和相关服务》的报告，即《贝弗里奇报告》。报告提出建立全民社会保障的思想，要求政府对国民提供儿童补助、养老金补助、残疾补助、丧葬补贴、丧失生活来源补助、妇女福利和失业工人的救济等全面保障。英国政府于1944年发布了社会保险白皮书，基本接受了贝弗里奇报告的建议，出台了一整套“从摇篮到坟墓”的福利政策，并于1948年宣布建成福利国家。瑞典、芬兰、挪威、法国等欧洲国家也不甘落后，先后建立了有本国特色的福利体系。

20世纪70年代中期，石油危机使福利国家陷于困境，削减社会保障支出、降低社会保障水平、引入市场机制、强化个人责任等措施一时成为潮流，催生了世界范围内社会保障制度的新一轮调整，社会保障制度面临新的挑战。

1.6.2 中国现代社会保障简史

中国也受到普遍蔓延的社会保障制度建设的影响，20世纪初，国民政府也开始了社会保险立法活动。在北伐战争胜利后的1928年，国民党公布了《工人运动纲领》，规定：要“制定劳工保险法、疾病保险法、灾害救济法、死亡抚恤法、年老恤金法等”。1929年，国民政府“劳动法起草委员会”完成《劳动法典草案》，其最后一编为“劳动保险”，虽然是“草案”，但开创了中国社会保险立法的先河。1947年

10月31日，由国民政府社会部拟定的《社会保险法原则草案》经修改后，由国民政府国务会议通过，定名为《社会保险法原则》，这是国民政府在大陆期间制定并正式通过的唯一一部社会保险法规。①

新中国成立以后，中国政府建立了“国家保险型”的社会保障体制。1949年9月通过了《中国人民政治协商会议共同纲领》，为新中国社会保障奠定了最初的法律依据，其后，国家政务院于1951年2月23日第73次政务会议通过了《中华人民共和国劳动保险条例》（简称《劳动保险条例》），并于1953年1月2日进行了修订，这是一个包括养老、疾病、工伤、生育等多方面内容的综合性的社会保险法规，标志着新中国社会保障制度建设的开端。

新中国成立初期至“文化大革命”以前（1949—1965年），中国政府在社会保险、社会救助、社会福利和社会优抚方面颁布了一系列规定，主要有《中华人民共和国劳动保险条例》（政务院1951年、1953年）、《高级农业生产合作社示范章程》（1956年6月30日）等。到1966年“文化大革命”以前，中国已经初步形成了一个低水平、广覆盖，兼顾城乡的社会保障制度体系：在城镇建立了养老、医疗、工伤、生育和就业保障制度；工会主管和统筹社会保险，保险基金全国有限统筹，即企业按工资总额提取3%劳动保险金，其中70%留在本企业工会，30%上交全国总工会（见图1-3）；城镇居民普遍享受免费教育和住房福利；城乡社会救助制度保障了国民的最低生活，农村合作医疗开始普及。

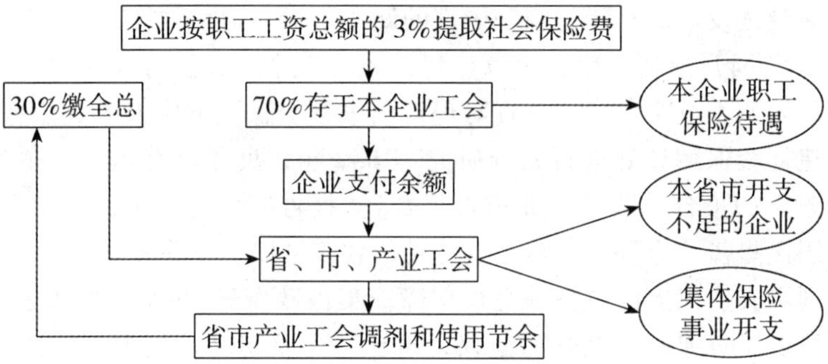

图1-3 劳动保险金统筹示意图

资料来源 仇雨临．员工福利概论［M］．北京：中国人民大学出版社，2007：70.

“文化大革命”期间（1966—1976年），各项社会保障制度继续发挥作用，农村合作医疗和赤脚医生制度在这期间得到推广，发展到了最高点。最大的变化是工会统筹的社会保险停止了，城镇形成了“单位保险”制度。1969年2月，财政部发布了《关于国营企业财务工作中几项制度的改革意见（草案）》，要求“国营企业一律停止提取工会经费和劳动保险金，企业的退休职工、长期病号工资和其他劳保开支，改在营业外列支”。从此，中国形成了企事业单位各自为政、保险福利单位化的局面，这对以后的经济改革和发展形成了障碍。

从1977年至1985年，中国社会保障一是恢复正常局面，解决“文化大革命”中

① 岳宗福，聂家华．国民政府社会保险立法述论［J］．山东农业大学学报（社会科学版），2004（4）．

的各种遗留问题，二是静观经济体制改革，酝酿重建一个适合新经济体制的社会保障制度。这个时期在养老保险制度方面有一个变化，就是突破了“高级干部终身制”的传统，完善了退休制度。其法律依据就是1980年10月国务院颁布的《关于老干部离职休养的暂行规定》，1982年2月中共中央颁布的《关于建立老干部退休制度的决定》，1983年1月劳动人事部发布的《关于建国前参加工作的老工人退休待遇的通知》等。

1986年是中国社会保障模式转型启动之年，过去计划经济时代的“国家保险型”模式的根基发生动摇，模式替换从此开始。那一年国务院颁布了《国营企业实行劳动合同制暂行规定》（国务院1986年7月12日）和《国营企业职工待业保险暂行规定》（国务院1986年7月12日）。这两部法律文件对原有社会保障制度的突破点是：（1）企业和个人开始向社会保险主管部门缴纳社会保险费；（2）由社会保险主管部门（而不是本企业）负责保险金的管理和发放。其意义是：（1）“单位保险”走向了“社会保险”；（2）为建立社会保障新模式奠定基础。

1997年7月，国务院《关于建立统一的企业职工基本养老保险制度的决定》（国发〔1997〕26号）颁布，向全国推广“社会统筹与个人账户相结合”的养老保险模式，正式宣告了中国社会保障模式转换完成。中国社会保障制度从原来的“国家保险型”模式转变成为“社会保险型”模式，“社会统筹与个人账户相结合”的养老保险模式还是一个创新。在中国社会保障史上，国务院《关于建立统一的企业职工基本养老保险制度的决定》是一个具有里程碑意义的法规。随后，中国其他保险制度也先后完成了模式转换，1998年12月国务院颁布了《关于建立城镇职工基本医疗保险制度的决定》，1999年1月国务院颁布了《失业保险条例》，2003年4月国务院颁布了《工伤保险条例》。《企业职工生育保险试行办法》（劳动部1994年12月发布，1995年1月1日起施行）早于1997年颁布，但也是在社会保障新模式酝酿过程中出台的。

城镇居民养老保险和医疗保险是在2002年国家提出“统筹城乡社会保障制度”的基础上发展起来的。2007年7月，国务院正式发布了《关于开展城镇居民基本医疗保险试点的指导意见》（国发〔2007〕20号），城镇居民基本医疗保险制度开始试点。2011年6月3日《国务院关于开展城镇居民社会养老保险试点的指导意见》发布，国务院决定于2011年7月1日向全国推广城镇居民养老保险试点。继《关于开展新型农村社会养老保险试点的指导意见》（国发〔2009〕32号）颁布，建立“新农保”以后，城镇居民社会养老保险制度的建立和推广标志着中国在制度上实现了“全民保险”，即覆盖全体国民的社会保险。2014年《国务院关于建立统一的城乡居民基本养老保险制度的意见》（国发〔2014〕8号）颁布，标志着我国在居民养老保险方面率先实现了城乡一体化。

2010年10月28日，《中华人民共和国社会保险法》（以下简称《社会保险法》）在第十一届全国人民代表大会常务委员会第十七次会议上通过，自2011年7月1日起施行。《社会保险法》进一步从法律上明确国家建立基本养老、基本医疗和工伤、失业、生育等社会保险制度，并对确立基本养老保险关系转移接续制度，提高基本养老保险基金统筹层次，建立新型农村社会养老保险制度和新型农村合作医疗制度等做出原则规定，还进一步完善了用人单位和参保人对社会保险的监督，强化了各级人大常委会对社会保险基金收支、管理和投资运营情况的监督职权。《社会保险法》的颁布标志着我国社会保障制度开始受到法律保护，真正有了法律依据。

除了"社会保险"完成了新旧模式的替换，1986 年以后，社会救助、社会福利、社会优抚等制度也有很大的完善和变化。

在社会救助方面，1993 年 6 月 1 日，上海市正式实施最低生活保障制度，标志着我国最低生活保障制度正式建立。1997 年 8 月，国务院颁发了《国务院关于在各地建立城市居民最低生活保障制度的通知》。到 1999 年，中国 668 个城市和 1 638 个县政府所在地的建制镇全部建立了最低生活保障制度（民政部）。同年，国务院颁布了《城市居民最低生活保障条例》。中国农村保障贫困人口的最低生活是通过扶贫和救助双管齐下的方式来实现的。最低生活保障制度自从 1994 年开始试点探索以来，到 2003 年已有 6 个省（市）建立了城乡一体的最低生活保障制度，被纳入对象的人数为 407 万人。1986 年，专门负责扶贫工作的国务院贫困地区经济开发领导小组成立。在明确开发式扶贫方针、安排专项资金、制定专门政策、确定国家重点扶持贫困县、出台"对口帮扶"等重大措施的基础上，国务院先后制定并实施了《国家八七扶贫攻坚计划》和《中国农村扶贫开发纲要（2001—2010 年）》，这是我国历史上首次把扶贫开发列入国民经济和社会发展的中长期规划。截至 2008 年，我国贫困人口减少到 1 500 万以下，占农村总人口比重降至 1.6%。2014 年 5 月 1 日，《社会救助暂行办法》（国务院令第 649 号 2014 年 2 月 21 日发布）正式实施，社会救助成为中国根本性、稳定性的法律制度。

在社会福利方面，1986 年以来，全国人民代表大会相继通过了《中华人民共和国残疾人保障法》（1990）、《中华人民共和国未成年人保护法》（1991）、《中华人民共和国老年人权益保障法》（1996）和《中华人民共和国妇女权益保障法》，使维护和增进残疾人、老年人、妇女儿童的福利有了法律保障（2005）。《中华人民共和国义务教育法》（2006 年 9 月 1 日实施）的颁布和修订共进行了两次，首次是 1986 年。住房公积金制度 1991 年在上海市率先建立，1999 年 4 月国务院发布了《住房公积金管理条例》，这标志着我国住房福利开始制度化。2009 年 8 月 19 日《全民健身条例》（国务院令第 560 号）通过，自 2009 年 10 月 1 日起施行。2013 年 9 月，国务院《关于加快发展养老服务业的若干意见》发布，提出到 2020 年，全面建成以居家为基础、社区为依托、机构为支撑的，功能完善、规模适度、覆盖城乡的养老服务体系。

在社会优抚方面，自改革开放经济转型以来，《军人抚恤优待条例》已经两次修改，第一次是 1988 年，由国务院公布施行。新修订的《军人抚恤优待条例》自 2004 年 10 月 1 日起施行，这对确立军人抚恤优待在国家政治、社会生活中的地位，进一步理顺军人抚恤优待与国民经济发展的关系，建立和完善适合我国国情的军人抚恤优待制度具有十分重要的意义。此外，《退伍义务兵安置条例》（国发 1987）、《中国人民解放军士官退出现役安置暂行办法》（国务院/中央军委 1999）和 2011 年 7 月颁布的《烈士褒扬条例》（国务院令第601号）等一系列综合性政策法规的实施，初步形成了与社会主义市场经济体制相适应的社会优抚制度体系。

在农村社会保障方面，除了扶贫救助，还开始了“新农合”和“新农保”的推广。2002年10月，《中共中央、国务院关于进一步加强农村卫生工作的决定》指出：要逐步建立以大病统筹为主的新型农村合作医疗制度，到2010年，新型农村合作医疗制度要基本覆盖农村居民。从2003年开始，各省在中央政府的支持下纷纷选择经济和卫生基础较好的县（市）做试点，开始新型农村合作医疗的建设工作，以弥补农村经济体制改革后出现的合作医疗空白。在农村养老保险方面，2009年9月1日《关于开展新型农村社会养老保险试点的指导意见》（国发〔2009〕32号）正式颁布，并且“新农保”和“新农合”都写进了《中华人民共和国社会保险法》。

一个以“社会统筹和个人账户相结合”为核心，以“社会保险型”模式为样本，覆盖城乡，具有中国特色的社会保障制度正在正在不断成熟和完善。

本章小结

社会保障由社会保险、社会救助、社会福利和社会优抚（优抚安置）组成。

考斯塔·艾斯平-安德森将福利体制划分为三种类型：“自由主义”福利体制、“合作主义”福利体制、“社会民主主义”福利体制。在我国有关社会保障的各种教科书中通常将福利模式分为四种：福利国家型、社会保险型、国家保险型和个人储蓄型。

社会保障中的平等表现为各项福利收入的均等化，即福利分配与工资、就业、缴费等因素脱钩，或者通过福利分配使原来的收入差距大大缩小，趋于平等。社会保障中的效率有两层意思：一是对社会保障制度本身而言的效率，即少花钱多办事、办好事的社会保障制度就是有效率的社会保障制度：二是社会保障制度的外部效应，即对于社会保障制度促进经济发展和人力资源有效利用而言的效率。社会保障中的公平就是指导社会保障分配的原则，或者说是判断社会保障分配是否合理的原则。

社会保障原则主要有四项：生存保障原则；正向分配原则；普遍性和选择性原则；社会保障制度与社会经济发展现状相适应原则。

社会保障历史上第一个正式法律制度是1601年英国的《济贫法》（即《伊丽莎白济贫法》），世界上第一个社会保险制度是1883年德国的《疾病社会保险法》。

新中国从《中华人民共和国劳动保险条例》（政务院1951年）颁布到“文化大革命”时期，已经初步形成了一个低水平、广覆盖，兼顾城乡的“国家保险型”的社会保障制度体系。自1986年起，“单位保险”走向了“社会保险”；1997年7月，国务院《关于建立统一的企业职工基本养老保险制度的决定》（国发〔1997〕26号）颁布，正式宣告了中国社会保障模式转换完成；2010年10月28日，《中华人民共和国社会保险法》公布，标志着我国社会保障制度有了法律依据，开始受到法律保护；2014年《国务院关于建立统一的城乡居民基本养老保险制度的意见》（国发〔2014〕8号）颁布，标志着我国在居民养老保险方面率先实现了城乡一体化。

目前，一个以“社会统筹和个人账户相结合”为核心，以“社会保险型”模式为样本，覆盖城乡，具有中国特色的社会保障制度体系正在不断成熟和完善。

复习思考题

1. 什么是社会保障？
2. 社会保险与商业人身保险有什么区别？
3. 社会保障包含哪些内容？
4. 考斯塔·艾斯平-安德森的三种福利体制是什么？他以什么为依据划分出三种福利体制？
5. 什么是社会保障分配中的“非商品化”？
6. 什么是社会保障分配中的“平等”？请举例说明。
7. 什么是社会保障分配中的“效率”？请举例说明。
8. 什么是社会保障分配中的“公平”？请举例说明。
9. 简述社会保障四项原则。
10. 简述世界社会保障的发展历史。
11. 简述中国社会保障的发展历史。

推荐阅读资料

1. 艾斯平-安德森．福利资本主义的三个世界［M］．郑秉文，译．北京：法律出版社，2002.

2. 贝弗里奇．贝弗里奇报告——社会保险和相关服务［M］．劳动和社会保障部社会保险研究所，译．北京：中国劳动社会保障出版社，2004.

3. 姚洋．转轨中国：审视社会公正和平等［M］．北京：中国人民大学出版社，2004.

4. 郑秉文．“福利模式”比较研究与福利改革实证分析——政治经济学的角度［J］．学术界，2005（3）．

5. 郑秉文．社会权利：现代福利国家模式的起源与诠释［M］．山东大学学报（哲学社会科学版），2005（2）．

6. 胡晓义．社会保障概论［M］．北京：中国劳动社会保障出版社，2012.

7. 郑功成．社会保障概论［M］．上海：复旦大学出版社，2006.

8. 孙光德，董克用．社会保障概论［M］.4版．北京：中国人民大学出版社，2012.

第2章 社会保障基金

学习目标

社会保障基金是社会保障制度得以正常运行的物质保证，是社会保障制度运转及管理的重要组成部分，学习本章后你应该：

✓了解社会保障基金的概念和特征，以及各项社会保障基金的来源

✓掌握社会保障基金收支模式

✓了解社会保障基金投资的含义、意义、投资原则以及投资渠道

✓理解社会保障基金与资本市场的互动关系，社会保障基金监管的含义、意义、管理模式

✓了解社会保障基金监管的内容和组织体制

引例

人社部：社会保险基金监督将开展试点

2013年1月4日，人力资源和社会保障部发布《人力资源社会保障部关于开展社会保险基金社会监督试点的意见》（下文简称《意见》）称，将在6个省份的部分市县选择社会保险基金社会监督试点，包括相关部门是否按规定存储、管理基金，用人单位是否按规定参保等均纳入监督范围。凡涉及群众利益的社保改革方案，有条件的地区有望建立听证会制度。

《意见》称，社保基金社会监督，将主要对涉及基金征缴、支付、管理、服务和投资运营等单位和个人的多种行为进行监督。如社会保险相关部门，看其是否按规定存储、管理基金，有无违规开设银行账户、违反收支两条线规定、将不同险种基金混合建账及核算；是否按规定及时足额划转基金；有无隐匿、转移、侵占、挪用或贪污基金等行为；有无将基金用于平衡其他政府预算，兴建、改建办公场所等。还要监督经办机构是否依规办理保险登记、核定缴费基数、费率和人数及按规定编制提供缴费清册，有无违规核销欠费行为等。还可监督用人单位是否按规定申报缴费基数及参保人数，是否按时足额缴费，是否按时足额向参保人发放待遇等。此外，参保人员是否按规定办理手续，有无谎报身份、伪造档案、出具虚假证明材料、隐瞒个人信息骗取参保资格或基金的行为也在监督范围内。

资料来源　陈莹莹．人社部：社会保险基金监督将开展试点 职工可举报基金违规［N］．中国证券报，2013-01-06.

社会保障基金是国民收入的再分配，是社会保障制度得以正常运行的物质保证。

社会保障基金是广大保险对象的“养命钱”，社会保障支出关系到广大保险对象的基本生活和生存安全。因此，社会保障基金直接关系到劳动者的切身利益，在基金的管理和运营中也要严格按照有关法律法规运行，确保社保基金的安全。

2.1 社会保障基金概述

社会保障体系中各项保障制度的实施，都需要有资金的支持，因此，作为财力基础的社会保障基金的管理及投资，无疑是社会保障制度的重要组成部分。社会保障基金是广大保险对象的“养命钱”，每项社会保障待遇支出都是关系到广大保险对象基本生活和生存的刚性支出。

2.1.1 社会保障基金的定义

社会保障基金是国家依据法律和政策规定，通过法定程序，以各种方式强制建立起来的用于实施各项社会保障制度的货币资金。社会保障基金是国民收入的再分配，是社会保障制度得以正常运行的物质保证，包括社会保险、社会救助、社会福利、优抚安置四种基金。

社会救助基金分为政府和民间组织的救助基金，分别来自国家财政和各种捐赠。社会福利基金指政府财政出资建立的和企业自身拥有的福利基金，企业自身拥有的福利基金来自企业的经营收益，主要为本企业员工使用。优抚安置基金是针对军人的专项社会保障基金。这三项基金无论是资金来源的渠道、规模，还是使用的范围都有很大的局限性，相对来说，社会保险基金更加规范化、制度化，是社会保障基金的主要组成部分，对其管理和投资运营具有重要意义。社会保险基金最早出现于德国，1883年德国俾斯麦政府颁布《疾病社会保险法》，通过雇员和雇主共同缴纳社会保险费的方式构成法定社会保险基金的基本形式。

2.1.2 社会保障基金的特征

1. 强制性

社会保障基金是国家通过立法强制筹集的，并严格按照法律的规定管理和使用。雇主和雇员必须按时、按法定费率缴纳社会保险费，任何企业或个人都不能违反法律，逃避缴纳社会保险费的责任。社会保障基金直接关系到劳动者的切身利益，在基金的管理和运营中也要严格按照有关法律法规运行。基金管理机构对社会保障基金的投资运营、投资组合、投资比例都应该依据法律确定。

2. 专项性

社会保障基金是用来保障劳动者因疾病、失业、年老、工伤等原因，造成暂时或永久失去收入时，保障其基本生活的特定用途的基金，是老百姓的“活命钱”，因此是一种专项资金，专款专用，任何机构或个人都不能挤占、挪用该基金。社会保障基金在管理上按险种分别建账，分账核算，专款专用。

3. 储备性

社会保障基金为了抵御发生的风险，就必须要有储备，做到未雨绸缪，根据精算原理，计算出抵御风险应准备的资金，事先缴纳积累。社会保障基金一般分为基金制和现收现付制。基金制又称为积累制，是为了应付那些发生概率很高的风险，如年老风险。随着生活质量和医疗水平的提高，绝大多数劳动者在年老丧失劳动能力时，还有很长一段时期处于没有收入而又需要消费的阶段，为保证其基本生活就必须事前积累，因此养老保险基金一般是采用基金制。基金制的养老保险可以通过投资运营达到保值增值，既能减轻缴费压力又能满足退休金的需要，应付人口老龄化的压力。现收现付制主要应付发生概率较小的风险，如工伤保险，这种风险可以预测，并且随着科学的进步和防范措施的完备，风险发生的概率是可以降低的，这类基金采取“以支定收、略有节余”的政策。现收现付制的基金并非没有积累，只是结余额较小，只应付短期发生的风险。

4. 互济性

互济性是保险的一个基本特征，社会保障也不例外。对社会保障的各个项目，每个参加者发生风险的概率非常不同，但在筹集基金时是按统一标准筹集的，这样就会出现每个人享受的社会保障待遇不等同于其对社会保障基金的贡献。虽然有些人的收益大于贡献，有些人的贡献大于收益，但在总体上，两者是平衡的。基金的互济调节使用，保证了该制度的运行。

2.1.3 社会保障基金的内容

社会保障基金包括社会保险、社会救助、社会福利和优抚安置基金，其中，规模最大、最重要的是社会保险基金。社会保险基金由养老保险基金、医疗保险基金、失业保险基金、工伤保险基金和生育保险基金等组成。

1. 养老保险基金

养老保险基金是由在职职工、企业和国家共同缴纳的养老保险费建立起来的，是保障离退休职工基本生活水平的物质积累。养老保险基金是积累数额最大、时间最长的保险基金，其收入和支出的时间差可长达30年，因此也最容易受通货膨胀的侵蚀，需要通过合理的投资保值增值。

2. 医疗保险基金

医疗保险基金是由个人、企业、国家财政共同承担，保证参加者获得医疗服务的资金积累。医疗保险基金一般是现收现付制，通过以支定收，使医疗保险基金的收入和支出在年度间大体平衡，每年结余资金较少，不受通货膨胀的影响。

3. 失业保险基金

失业保险基金是由在职职工和用人单位共同缴纳，政府提供财政补贴，用以保障非自愿性失业人员基本生活需要的资金积累。其支出的项目有失业救济、职业培训费、职业介绍费、失业人员医疗救助、丧葬抚恤补助费等。

4. 工伤保险基金

工伤保险基金是由用人单位单独缴纳，为在生产中致残、致病或致死的劳动者及其家属提供物质帮助所储备的资金。根据“补偿不究过失”的原则，如果发生工伤事故，不管责任在谁，都按照工伤保险处理。劳动者个人不承担工伤保险费。

5. 生育保险基金

生育保险基金是对怀孕、分娩的在职女职工提供生活保障和物质帮助的专项基金，它主要包括生育期间的收入补助、医疗护理费用、生育休假等。

6. 社会救助基金

社会救助基金是对由于各种原因造成生活困难的社会成员提供满足其最低生活需求的物质帮助，包括对失业保险期满后生活困难的家庭实行救济，对遭受意外灾害的灾民提供生活、医疗、生产自救等费用，对生活无依无靠、丧失劳动能力的“五保户”提供的救济，对其他原因造成生活困难的人提供生活救济。

7. 社会福利基金

社会福利基金是国家和社会为全体社会成员提供各种福利性设施、补贴和社会服务，举办各种福利事业而准备的物质基础。支出项目主要包括社会津贴、职业福利、社会服务等。

8. 优抚安置基金

优抚安置基金是用于因战、因病等死亡的军人遗属的基本生活费用，残疾军人、人民警察、参战致残的民兵、民工的生活费用，用于补助优抚对象中没有或基本丧失劳动能力的孤老病残人员的生活费用。

2.2 社会保障基金筹集管理

2.2.1 社会保障基金的筹集来源

社会保障基金的来源渠道，即社会保障基金由谁来承担的问题。一般来说，社会保障基金是由国家、企业和个人三方负担，以税或费的形式征集。各个国家负担方式不同，主要有以下几种负担方式：

1. 国家、雇主和雇员三方负担

采取三方负担方式的国家主要有英国、日本、意大利、德国等，各个国家的社会保障基金在三者间的分担比例上并不相同，具体到不同的险种，也并不完全是由三方共同负担。虽然三方负担方式存在一些差别，但他们的共同点是承认政府、雇主和雇员在社会保障中均应当承担相应的责任，体现了风险共担的原则。在欧美市场经济国家，社会保障基金主要来自企业和雇员缴纳的社会保险税，另外政府财政每年也会有很多拨款，这部分资金一般占整个社会保障基金的20% ~40%。其理论依据主要是：(1) 国家作为社会的组织者，对于以依靠社会力量保证社会成员基本生活，稳定社会秩序的社会保障制度负有不可推卸的责任，因此在国家预算中应当拿出一部分资金保证公民生存和发展的权利，尽可能帮助全体居民分享经济进步和发展的成果。(2) 雇主作为劳动力的使用者，有义务为劳动者提供一定数额的社会保障基金，使劳动力在工作期间伤病时享有医治和康复的权利，在劳动者年老丧失劳动能力时能从企业获得一部分生活资料。(3) 在市场经济条件下，个人的非理性和短视会导致市场失效，使其可能低估个人养老、医疗的支出，个人抵御风险的储备不足，最终还是要由国家和社会承担个人决策失误所产生的问题，对政府和社会无疑都是一种额外的负担。

2. 雇主和雇员共同负担

采用这种方式的国家主要有新加坡、印度、印度尼西亚、美国等。新加坡实行的是中央公积金制度，由雇主、雇员共同缴纳，并且在多数年份二者的缴费率相同。政府虽不承担缴费责任，不对公积金征税，但为公积金的支付承担担保，也就是说，政府不具体参与制度供款，但对制度的最终安全负责。印度的社会保障基金也主要由雇主和雇员负担，失业保险由雇主单独承担，只有在医疗保险、工伤保险中，政府承担很少的义务。总体而言，实行雇主和雇员两方负担的国家更注重政府作为管理者的功能，相信市场主体即个人和企业的作用，能够通过政府的有效引导达到保障的目标，政府是规则的制定者。

采用这种负担方式的国家中，美国和新加坡是具有代表性的例子。美国基本养老保险基金（包括遗属和残疾）即“联邦社保信托基金”主要来自工薪税。现行法律规定的工薪税率为 12.4%，雇员和雇主各缴 6.2%（其中，养老及遗属保险为 5.3%，残障保险为 0.9%）。该制度曾经是运行比较成功的社会保障制度之一，其基金规模发展十分迅速：1980 年滚存余额仅为 246 亿美元，1990 年增至 2 253 亿美元，2000 年为 1 万亿美元，2009 年为 1 210 万亿美元。但随着人口老龄化的加剧，制度中缴费者相对减少而领取社会保障津贴的人相对增加，即负担系数增大。“联邦社保信托基金”理事会编制的年报预测，该基金滚存余额将在 2037 年减少至零即“耗尽”，从 2038 年开始，国家财政将开始予以补贴，所有 1970 年以后出生的人领取的养老金将全部来自转移支付。为了摆脱困境，一些经济学家提出社会保障私有化，提倡个人为自己投保，增强激励机制[①]。新加坡实行的是完全积累财务制度，在其 50 年的运行中，对经济和社会发展起到了积极的促进作用。但也存在争议：首先，这种制度设计在社会成员之间没有互济功能；其次，提供的社会保障水平不一，可能会加剧贫富差距；再次，公积金制度的过度储蓄降低了人们的当期消费，导致社会有效需求不足；最后，这种制度过分依赖基金的运营管理状况及宏观经济的运行情况，抗风险能力不强。

3. 政府和雇主共同负担

采用这种方式的国家主要有瑞典、挪威、冰岛、丹麦、芬兰等斯堪的纳维亚半岛上典型的高福利国家，这些国家的福利支出绝大多数由政府和雇主承担，而且政府在其中起着主导性的作用，承担着巨大的责任。之所以采取这种模式与这些国家的政治理念和文化传统有密切关系。他们强调社会保障是每个公民应当享有的权利，坚持平等主义原则，在社会保障的层面上注重打破等级结构的不平等，强调政府承担全面责

① 郑秉文．美社保基金财务可持续性领先欧洲百年［N］．中国证券报，2010-08-20.

任的原则。政府把济贫转变为经济性的福利项目，把各种社会保障项目加以制度化，逐步纳入政府的必要职能，从而全面承担起社会保障的责任。除了北欧高福利国家，实行主要由雇主和国家共同缴纳的国家还有一些实行计划经济的国家，如前苏联、改革开放前的中国。

这种负担方式存在的问题有：第一，全民保障的目标对社会保障的再分配功能要求很强，但以高赋税形成的收入均等化，虽实现了公平，却严重挫伤了劳动者的工作积极性，牺牲了效率。第二，不需劳动者缴纳相应的社会保障费用，如失业保险，造成失业者消极地对待失业，成了“养懒人”的制度，不仅造成国家财政不堪重负，同时也严重影响了经济的发展。

4. 雇员单独负担

实行这种方式的国家主要是拉丁美洲的一些国家，其中以智利的社会保障制度最为成功。智利原有的社会保障制度与德国等欧洲国家的模式较为相近，实行个人、企业和政府三方共同负担的社会保障基金方式，其中政府的责任较重。这种模式在智利的实际运行中负面影响明显，成本奇高、分配不均等问题促使其进行改革。20 世纪 70 年代，智利开始社会保障私有化改革的浪潮，特别是在退休金制度方面。1980 年的改革改变了公共部门和私人部门工人退休金制度的性质，在财务管理方面主要表现为，新的制度通过立法取消了雇主供款，改变了原有的资金来源结构，同时将原来的普通基金转换为个人基金，这样资金来源单一化和个人基金账户的建立，使智利新的退休金制度成为强制性的个人保险制度。

这种方式存在的问题：第一，个人缴费并建立个人账户的方式，强调了社会保障基金的储蓄功能和自我负责精神，但弱化了再分配功能，无法实现社会保障的社会互济目标，以牺牲公平的代价换来效率的提高。第二，个人自我积累的方式对积累基金的保值增值的要求非常高，进入资本市场的欲望很强，而几十年的积累过程面临的风险是巨大的，一旦基金发生贬值，则会影响人们的生活，造成社会动荡，只能由国家来承担最终的风险，因此，从长期的、动态的角度来看，国家面临着巨大的风险和责任。①

5. 我国社会保障基金的筹集来源

我国社会保障基金筹集来源多元化，主要来源是国家财政、单位缴费和个人缴费，另外有社会捐赠、福利彩票、基金运营收入等其他来源。

（1）国家财政

对于作为社会稳定器的国家基本政策来说，政府在社会保障基金筹集上具有不可推卸的责任，要帮助和弥补保障基金的不足。财政支持的形式主要有直接拨款、税收优惠、利率优惠。

直接拨款分为事先拨款和事后拨款。事先拨款即在每年年初财政预算的时候就预先拨付专项用于社会保障的款项；事后拨款是在社会保障基金本年入不敷出的时候，由财政拨款补付。国家是社会保障制度的最后保证者，有责任保证基金的充足。国家

① 穆怀中．社会保障国际比较［M］．北京：中国劳动社会保障出版社，2002.

还通过税收优惠间接资助社会保障基金，如单位缴纳的社会保障费可以在税前列支，个人缴纳的社会保障费在计算个人所得税前扣除，对社会保障基金的投资收益免税，对受益人享受的社会保障待遇免税等。国家对储存于国家金融机构的社会保障基金签订较高的协议利率，给予利率优惠，银行存款是社会保障基金主要的投资渠道之一，因此利息收入是社会保障基金的重要来源。

（2）单位缴费

在现代社会中，不论是从对人力资源折旧进行补偿的角度出发，还是为了提高劳动者的工作效率，单位都有为其员工及其家属进行保障的责任和义务。在市场经济条件下，单位履行社会保障责任的方式，主要就是为员工缴纳养老、医疗、失业、工伤等各项社会保障费，使其在工作期间、非自愿失业时以及年老丧失劳动能力时都能获得基本生活保障，这样才能提高员工的劳动能力，消除其后顾之忧，更加积极工作。单位缴纳的社会保障费是按照员工工资总额的一定比例缴纳的，是社会保障基金的一个稳定来源。

（3）个人缴费

参加社会保障的每个人既是社会保障权益的享有者和受益人，又是社会保障费用的承担者和义务人，个人缴纳社会保障费是享有权益的前提。个人按照自己工资或收入的一定比例缴纳社会保障费，缴费和享有的权益没有等价性，个人缴费是社会保障基金的一项重要来源。个人承担部分社会保障费用的规定，是一种责任信号，有利于培养个体的自我保障意识，增强其行为的理性程度，也可以较为有效地遏制盲目提高保障水平的冲动，遏止道德风险和逆向选择的发生，减少社会整体的风险和负担。

（4）社会捐赠

在国外，社会捐赠是社会福利事业、慈善事业的主要来源；在国内，社会捐赠也是社会保障特别是社会福利的主要途径之一。社会捐赠的形式有：动员社会各界力量为社会福利项目建设赞助，如集资兴建福利院、敬老院等；当某地区遭受严重自然灾害时，动员社会力量进行救灾和扶贫，如在2008年汶川地震时，全国人民及海外友好人士都进行了捐献；成立福利基金会等单位，长期接受国内外各界人士的募捐和帮助。社会捐赠虽然资金量比较大，但不是持续稳定的资金来源。

（5）福利彩票

福利彩票是我国近几年开办的一种筹资方式，是经过国务院批准的，为兴办残疾人、孤儿、老年人等的福利事业，通过发行彩票的形式筹集社会保障资金的活动。中国福利彩票自1987年面市以来，在各级民政部门高度重视、直接领导和有关部门的通力协作下，经全国福利彩票系统的共同努力，福利彩票发行一直保持稳步发展、逐年上升的趋势，通过发行销售福利彩票所筹集的社会福利基金已经成为发展我国社会福利事业的重要资金来源。2013年，中国福利彩票共销售1 765.28亿元，比2012年增加254.96亿元，增长16.88%；筹集公益金510多亿元，比2012年增加64亿多元，增长近15%。[①] 按照国务院批准的彩票公益金分配政策，发行福利彩票所筹集的

① 崔静.2013年中国福利彩票筹集公益金510多亿元［EB/OL］.［2014-02-03］.http://news.xinhuanet.com/local/2014-02/03/c_119207049.htm.

公益金，在中央与地方之间按50∶50的比例分配，中央归集的彩票公益金在社会保障基金、专项公益金、民政部和国家体育总局之间按照60%∶30%∶5%∶5%的比例分配，主要用于补充全国社会保障基金，支持青少年学生校外活动场所建设和维护、助教助学、发展残疾人事业、困难群体大病救助、补助城乡医疗救助、发展红十字事业，以及扶贫、文化、法律援助等社会福利和社会公益事业；地方留成的福利彩票公益金由民政部门按“扶老、助残、救孤、济困”宗旨使用。事实证明，发行福利彩票使千千万万的老年人、残疾人、孤儿和其他特殊困难群体受益，有效地弥补了各级财政对社会福利事业投入的不足，缓解了政府的压力，为民政工作的改革和福利事业的发展做出了重大贡献。

（6）基金运营收入

社会保障基金特别是沉淀时间长的养老基金，都有通过投资运营达到保值增值的要求。社会保障基金的规模较大，通过资本市场、基础设施等投资渠道的运营，收到较高的回报，以满足社会保障待遇刚性上升和抵御膨胀侵蚀的要求，有些国家社会保障基金占全部资本市场近一半，其投资增值部分就可以应付年度开支。目前我国的基本养老保险基金和基本医疗保险基金由于其特殊的性质，只允许投资于银行存款和国债，投资收益率比较低。截止到2011年年底，我国的企业年金积累基金达到了3 570亿元，企业年金投资收益率达到8.87%，比同期的通货膨胀率3.71%高出5.16%。[①]截止到2012年年底，全国社保基金理事会管理的基金资产总额达11 060.37亿元。2012年，基金权益投资收益额为646.59亿元，投资收益率为7.01%。基金自成立以来的累计投资收益额达3 492.45亿元，年均投资收益率为8.29%。[②]

2.2.2 社会保障基金的收支模式

在社会保障基金筹集过程中，要遵循收支平衡的原则。从社会保障发展历史来看，目前世界上主要有三种收支方式：现收现付制、完全积累制（基金制）和部分积累制。我国目前实行的是社会统筹和个人账户相结合的部分积累制模式。

1. 现收现付制

现收现付制是一种以近期横向收支平衡为指导原则的基金收支方式，以规定收益方式实施，由社会保障机构按所需支付的保险金总额进行社会筹资。一般由雇主和雇员，或是全部由雇主按照工资总额的一定比例缴纳社会保险税或社会保险费。这种筹资模式要求先作出当年或近几年内某项社会保障措施所需支付的费用预算，然后按照一定的比例分摊到参加社会保险的单位和个人，当年提取当年支付，一般不留余额。这种模式一般以支定收，在实际执行时会有一定余额。

现收现付制的主要特点是：第一，可以根据需求变动及时调整征税比例或缴费额度，保持收支平衡；第二，政策取向是实现相对公平，强调社会保障制度的再分配功能，互济性强；第三，现收现付制不设立个人账户，无需过多的个人资料，操作简

---

① 陈莹莹．人社部：企业年金投资收益率达到8.87%的平均水平［N］．中国证券报，2012-10-14.
② 全国社会保障基金理事会.2012年全国社会保障基金理事会基金年度报告［N］．经济日报，2013-06-27.

单，管理成本较低；第四，由于以支定收，没有过多的资金余额沉淀，可以避免通货膨胀造成的货币贬值风险，没有基金保值增值压力，同时还可以避免在长期发展中可能出现的经济和政治风险。

但现收现付制也有其缺点：第一，会引起代际收入再分配，一代人的受益需要下一代人的供款来支付，其收支结果与负担水平随着参与者结构和需求水平变动而变动；第二，缺乏必要的积累，没有长远规划，由于社会保障支付刚性，随着人们需求水平增长和人口年龄结构的变化，受到的影响较大，特别是养老保险制度，每年筹集的资金和支付的保险费会随着人口老龄化及有资格享受保险金的人数不断增长而相应增加，在养老金支付高峰期时，只能提高税率或缴费率，这会使承受缴费负担的一代人和企业不堪重负，抗人口老龄化的能力较弱；第三，没有基金积累，抵御突发性风险的能力较弱，地区之间和企业之间互济性差。这种方式还会产生一些对经济发展不利的因素，如对个人账户的“挤出效应”影响劳动力的自由流动等。

现收现付制是传统社会保障模式的筹资方式，在社会保障制度建立之初，各国都是使用这种方式筹集资金，虽然近几年人们认识到其缺陷，但这种筹资方式在各国仍占主导地位。但是，随着老龄化在社会的到来，许多国家开始改革现收现付制，试图向基金积累制转轨。

2. 完全积累制

完全积累制模式是以远期纵向平衡为原则，其实质是个体一生中的代内收入再分配制度。它一般要求劳动者从参加工作开始，按工资总额的一定比例由雇主和雇员或是只由其中的一方定期缴纳保险费，记入个人账户，作为长期储存及保值增值积累的基金，所有权归个人，到规定领取条件时，一次性领取或按月领取。完全积累制收支模式要求对未来较长时间的社会经济发展状况和个人资料进行宏观分析，预计社会保障对象在保障期内所需享受的保障待遇总量，将其按一定比例分摊到保障对象的整个投保期间。

完全积累制的特点有：第一，由于该财务制度由个人缴纳其社会保障费，其资金记入个人账户，未来收益和投保期的缴费高度正相关，因而具有较强的激励机制；第二，实行完全积累制的基金提取比例相对稳定，充分体现基金的储备功能，透明度较高；第三，完全积累制的费率在整个实施过程中相对稳定，不会有很大的起伏波动，具有较强的抗人口老龄化能力，受人口年龄结构影响比较小；第四，积累的基金由于短期内不会支用，可以为经济增长积累资金，促成资本形成，既为经济发展作贡献，又能使制度本身分享经济增长的成果。

该制度也有其弊病：首先，该制度设计过于强调效率，没有再分配和互济功能，不能实现财富的转移，不利于缓和贫富差距，背离了社会保障制度的初衷；其次，由于基金制需要建立个人账户，要求获得大量的个人信息，管理成本高；最后，基金制积累大量的资金，这是一个长达几十年的过程，会受到通货膨胀的侵蚀，需要进行投资运营达到保值增值的目的，另外还面临着许多不确定性风险。

世界上实行完全积累制的国家只有少数几个。以智利和新加坡为代表的基金制的巨大成功，人口老龄化的巨大压力以及福利国家的普遍危机，使人们对基金制的认识不断加深，越来越多的人倾向于这种积累模式。

3. 部分积累制

部分积累制是对现收现付制和完全积累制的整合，是一种兼容近期横向平衡原则和远期纵向平衡原则的筹资模式。在社会保障基金的筹集中，一部分采取现收现付方式，保证当前开支需要，另一部分采取积累方式，以满足未来支付需求的增长。该模式在维持现收现付制的基础上，引进个人账户基金制，既保持了社会保障统筹互济功能，又具备个人账户的激励和监督机制，集中体现了前两种筹资模式的优点。

部分积累制筹资模式的特点是，初期的缴费较低，以后将逐渐稳定，具有较大的灵活性，既避免了基金制的较大风险，又可缓解现收现付制缺乏储备和负担不均的问题。这种筹资方式虽好，但操作起来难度较大，尤其是在各种比率的掌握上，很难做到恰到好处。如果各种标准和比率设置不当，不但得不到应有的效果，反而导致管理成本大幅度提高。因此，制度设计上要谨慎，不仅要有定性分析，还要从数量上进行严格测试。

2.2.3 社会保障基金缴纳方式

社会保障基金缴纳方式主要有社会保障费、社会保障税两种方式。

1. 社会保障费

社会保障费就是由用人单位和个人以缴费的形式来筹集社会保障基金。国家设立专门的机构来负责社会保障费的征缴和管理运营，政府制定相应的法律法规并进行监督，所征缴费用不作为财政收入，基金不足部分由国家补助。

社会保障费按征收方式可以分为固定保费制和比例保费制。固定保费制就是在确定征缴费用时，不论收入高低，每个单位和个人缴费标准相同，按统一数额收取保费，只有少数国家实行这种方式。比例保费制是指以职工工资收入作为计算职工个人和用人单位缴纳社会保障费的基数，按工资的一定比例征收费用。比例保费制又分为固定比例制、差别比例制、累进比例制。固定比例制是指不论收入高低，均按照收入的一定比例征收保费；差别比例制是指将参保人的工资收入划分为若干等级，每一等级征收不同比率的保费；累进比例制是指根据参保人实际收入征收不同费率，随着收入增加征收的费率也增加。

根据供款主体的不同，社会保障费又分为个人保费和单位保费。个人保费和单位保费之和就是总保费额，它取决于两个因素：①保费率的高低。保费率是投保额与工资的比值，通常由社会保障部门根据社会经济发展水平确定。②工资水平的高低。社会保障费征缴的总费率要考虑需要和可能两个方面。需要就是指社会保障待遇给付等支出对社会保障基金的需要，可能就是指个人和单位对缴纳的社会保障费的承受能力。政府要在需要和可能之间作出合理的选择以确定总保费率，还要合理划分个人和单位之间承担的比例关系。

2. 社会保障税

社会保障税就是通过税收的形式征收社会保障基金，这是目前世界上建立社会保障制度的国家普遍采用的一种征缴形式。社会保障税也称“社会保险税”，主要是指以企业的工资支付额为课征对象，由雇员和雇主分别缴纳，税款主要用于各种社会福利开支的一种目的税。社会保障税起源于美国。1935年，在罗斯福总统的领导和主持下，美国通过了历史上第一部社会保障法典——《社会保障法》。该法规定，美国自1935年开始征收工薪税。该法特别强调，铁路公司员工退职税、联邦失业税、个体业主税也归于社会保障税之内。目前，社会保障税已为多数国家和地区接受，特别是在西方发达国家中，社会保障税是很重要的一个税种，尤其像美国、德国、法国、奥地利、荷兰、西班牙、瑞典、瑞士和葡萄牙等国家，社会保障税占税收收入的比重超过了个人所得税和企业（公司）所得税所占比重，成为这些国家的第一号税种。1990年世界上大约有80多个国家开征了社会保障税，到1998年，开征社会保障税国家增加至100多个。据国际货币基金组织（IMF）统计，到2010年，全世界170多个国家里至少有132个国家实行社会保障税制度。

开征社会保障税的意义：①在现阶段没有建立社会保障征收法律情况下，开征社会保障税，可以借助税收的强制性和正当的法律程序扣缴、追缴，有利于社会保障基金及时、足额的收缴，确保社会保障机制的正常运转。②由于税收纳入财政收入统一支配，开征社会保障税有利于建立规范的社会保障基金收支、管理、余缺调剂的责权制度。③税收要求公平性，全社会统一税率，开征社会保障税有利于社会公平。④开征社会保障税有利于降低征收成本。以税的形式征收可以利用现有税务部门的组织机构、人力资源和物质资源，税务机构遍布全国，税务人员有丰富的征收经验，这些都是现成的资源。

开征社会保障税也有其风险：①社会保障制度的刚性支出与税收制度的刚性发展，将有可能促使现收现付制度的恢复，不利于应付人口老龄化的冲击，使未来潜在的支付危机进一步扩大，并有可能重走发达国家或福利国家的老路。②由于我国各地区之间经济发展水平差异很大，社会保障税率的统一，有可能激化地区之间的矛盾。③以税的形式进行管理，政府对社会保障负直接责任，随着人口老龄化的加快，会加重财政负担，甚至造成巨大的财政赤字。因此，对中国这样一个发展中的大国，筹资方式的改变需要谨慎考虑。

在我国，仍然以社会保险费的形式征缴社会保险基金。《中华人民共和国社会保险法》规定，“中华人民共和国境内的用人单位和个人依法缴纳社会保险费”，“社会保险费实行统一征收”。

2.3 社会保障基金投资

2.3.1 社会保障基金投资及意义

1. 社会保障基金投资的含义

社会保障基金投资是指社会保障投资管理机构，依据有关法律规定，运用社会保障基金进行资本投资或实物投资，以期获得预期投资回报的基金运作行为。

我国社会保障基金主要有三部分：中央和省级社会保障管理部门征收的社会保障基金；以财政划拨等形式交给全国社会保障基金理事会经营的储备型基金；以企业年金为主的补充性社会保险基金。其中，社会保障管理部门征收的社会保障基金主要投资形式是银行存款和购买国债，全国社会保障基金理事会的基金由于具有储备性质，能够长期投资，投资渠道较宽。《全国社会保障基金投资管理暂行办法》第二十五条规定："社保基金投资的范围限于银行存款、买卖国债和其他具有良好流动性的金融工具，包括上市流通的证券投资基金、股票、信用等级在投资级以上的企业债、金融债等有价证券。"

企业年金的投资原则与国家基本养老保险基金稍有不同。国家基本养老保险是国家强制建立的，它是退休职工生活的基本保障，是"保命钱"，因此基本养老保险基金的投资更强调安全性，要尽力做到万无一失，在确保安全的前提下再考虑盈利性。而企业年金则不同，它是企业和职工依据自愿的原则建立起来的，是基本养老保险金之外的附加养老金，由于它不是退休职工的"保命钱"，因此抗风险的能力应该大于基本养老保险基金；同时，由于它的建立强调自愿性，因此只有保持较好的盈利性，才能吸引更多的企业和职工建立企业年金计划。这就要求企业年金必须实行市场化营运，以提高基金营运的效率，获取较好的投资收益。《企业年金基金管理办法》第四十七条规定："企业年金基金财产限于境内投资，投资范围包括银行存款、国债、中央银行票据、债券回购、万能保险产品、投资连结保险产品、证券投资基金、股票，以及信用等级在投资级以上的金融债、企业（公司）债、可转换债（含分离交易可转换债）、短期融资券和中期票据等金融产品。"

2. 社会保障基金投资的意义

社会保障基金投资具有重要的意义，主要包括以下几个方面：

（1）社会保障基金投资有利于基金的保值增值

经济学家研究发现，在一国经济增长与通货膨胀之间存在正相关关系，经济增长率与通货膨胀率之间的对比关系大致在 1∶0.6 左右，即高的经济增长率伴随着高的通货膨胀率，这是一个经济规律。社会保障基金特别是养老基金，从筹集到支付需要几十年的时间跨度，必然受到通货膨胀的侵蚀，如果不通过投资运营，原有基金的本金就会贬值。通货膨胀不仅造成已筹集积累的社会保险基金本身贬值，还导致社会保险基金支出的增加。因为随着通货膨胀而来的是人们生活费用的增加，其结果是靠社会保险基金生活的被保险者，要维持基本生活水平就必须领取更多的保险金。要抵消通货膨胀的上述影响，而又不增加基金来源的负担，唯一的选择只能是设法使基金保值增值。

（2）社会保障基金投资可以减轻各方的缴费压力，弥补基金缺口

我国社会保障制度从以前的现收现付制向部分积累制转变，虽然每年社会保障基金的缴费与支出大体相当，但历史欠账造成较大的资金缺口，据各方专家估算缺口高达 3 亿 ~10 亿元。解决社会保障基金缺口不能单纯依靠提高社会保障费率，还要采取扩大覆盖面和提高基金的投资收益等措施。积累大量的社会保障基金，提高基金的投资收益，既可以缓解国家、单位和个人的缴费负担，又可以应对快速发展的人口老龄化压力。

(3) 社会保障基金的投资运营有利于国家经济建设

社会保障基金投资主要用于购买国债和银行存款，这样的投资渠道为国家经济建设提供直接的资金支持。社会保障基金资金规模较大，能成为国家经济建设的主要投资者。

(4) 社会保障基金投资有利于资本市场的完善

社会保障基金投资于资本市场，有利于促进金融产品的创新和资本市场监管的完善，同时作为战略投资者，其投资策略有利于市场投资理念的形成。

2.3.2 社会保障基金投资原则

各种资本的投资原则一般都包括安全性原则、流动性原则、盈利性原则这三项主要的内容，社会保障基金作为机构投资者进行投资，也需要遵循上述原则。

1. 安全性原则

社会保障基金根本的社会政策目标是维护社会安定，它是社会稳定器的强力财政后盾，因此安全性原则是社会保障基金投资的首要原则。虽然社会保障基金投资的目的是为了盈利，为了达到保值增值的目标，但是应以资金的安全性为重，不投资于高风险的项目以期获得高收益的回报。这是因为，如果一旦投资失败，不但无法获得预期的投资收益，而且会危及被保障群体的基本生活，引起社会动荡。

2. 流动性原则

流动性原则要求有足够的社会保障基金投资于流动性强的项目，以保证在投资运营中及时支付各类保险责任。一般来说，社会保障（主要是社会保险）在覆盖面扩大、基金规模增加、资本市场完善、投资工具创新的基础上通过多样化的投资组合以达到增加流动性的目的。资产的流动性大，就意味着变现能力强，也就是说流动性原则也是安全性原则的保证。

3. 盈利性原则

社会保障基金投资的目的，就是在保证安全性的前提下，追求投资收益最大化，这就是盈利性原则。在社会保障基金形成长期的、巨大的资金沉淀（比如养老保险基金）时，实现基金投资的盈利性目标，有利于抵御通货膨胀对沉淀基金的侵蚀，有利于实现基金的保值增值，从而真正减轻国家、单位和个人的负担。

以上三项基本的投资原则一般是无法同时兼顾的。安全性原则和盈利性原则是负相关关系，安全性高、风险性小的投资一般收益率也小；流动性原则和盈利性原则也是负相关关系，流动性强的资产收益率较低。因此，在进行社会保障基金具体投资时，要结合实际情况，根据要实现的投资目标灵活地选择不同的投资方案，稳健投资。[①]

2.3.3 社会保障基金投资方向

1. 银行存款

银行存款素来是国内外养老保险基金投资的重要工具，在我国建立资本市场之前

---

① 宋晓梧，孔泾源. 中国社会保障基金营运管理［M］. 北京：企业管理出版社，1999.

是最主要的保值渠道，现在一般是与银行签订协议存款。相对其他的投资方式，银行存款的安全性较高，仅次于国债，但也是盈利水平最低的。我国的存款利率是受管制的官方固定利率，20世纪90年代初期经济过热带来的高通胀，以及21世纪初刺激内需多次降息，加大了养老保险基金存入银行所面临的通货膨胀风险。如果是可自由浮动的市场利率，则又会面临市场风险。随着我国国有商业银行股份制改造的深化，银行还将面临破产风险。如果养老保险基金仅仅投资于银行存款，则无法达到保值增值的目的。

2. 国债

近年来，我国政府实行积极的财政政策，国债发行规模逐年递增，交易日趋活跃。自1981年我国首次恢复发行国债以来，国债规模呈现出一种不断扩张的趋势。1987年以前年度发行额通常不超过100亿元，1991年突破100亿元，1994年一举突破1 000亿元大关，到2007年我国国债发行已达到23 139.01亿元。① 从安全性、流动性方面考虑，国债市场是养老保险基金投资的最佳品种。但如果养老保险基金只是购买不上市流通国债，其流动性会受到一定影响。如果购买的国债流动性不足，则在利率市场化下，其收益率又会大打折扣。目前，我国已发行的国债存在品种单一、期限结构不合理、可上市流通国债数量有限等现象，制约了养老保险基金可选择的种类和结构。为此，应在国债制度和政策上加大改革力度。

3. 股票

股票市场具有高风险、高收益的特征，经过多年论证，养老保险基金目前已经介入股票市场，以分享增长收益。入市比例要适度，应由少到多，逐步提高，这是世界各国养老保险基金投资的惯例。由于我国股票市场发展时间较短，监管力度较弱，风险较大，因此社保基金在作投资组合选择时，应选择那些有投资价值的蓝筹股，进行长期投资，同时应尽快完善股票市场的监管，尽可能地减少人为风险。

4. 投资基金

投资基金是世界各国养老保险基金投资的重要品种。截止到2011年12月31日，全国已发行基金的66家基金管理公司旗下共有基金914只。基金管理公司管理的基金资产份额总规模为26 464.65亿份，管理的基金资产净值总规模为21 879.79亿元。因其由专业人士按科学的投资组合原理管理基金资产，投资安全性较高，开放式基金还会使其流动性增强。其存在的问题是基金品种过于单一，目前只有股票投资基金一个品种。但同时也应看到，投资基金的风险高于银行存款和国债，在近几年的熊市投资中，连续几年都是数百亿元的亏损。

从国际经验来看，投资运作社保资金的基金一般采取消极型或防守型投资策略，如指数化投资或指数基金。指数化投资有比较广泛的投资面，能有效地降低非系统风险，从而有风险小的特点。有人通过对美国2 000多家积极型投资基金与85家有相同投资市场和投资存续期的指数基金进行比较发现，指数基金或指数化投资承担的风险要小得多。指数化投资的另一个优点是管理运作费用和交易费用较低。这是因为指

① 孙凡．我国国债规模影响因素实证分析［J］．中国市场．2012（40）：78.

数化投资是采取跟踪代表性指数的消极性投资策略，不需要花费大量时间和财力去寻找、分析信息，不需要高薪聘用分析人员，而且持有期限较长，进出市场频率和换手率低，从而节约了大量交易成本和管理运作费用。养老保险基金采取指数化投资还有一个独到的优点是，它能在更大程度上保证养老保险基金增值的幅度与社会生活水平进步的幅度大体上一致，从而使参与养老保险的职工在未来能享受到正常合理的生活水准。指数化投资是以代表性指数为基准，而代表性指数则是股市大盘的显示器，从而也是国民经济走势的显示器，因而指数化投资能保证投资收益增长率大体与国民经济和社会生活水平的进步速度保持一致。采取指数化投资的养老保险基金也会按照社会经济增长的速率实现保值增值。应适时推出诸如国债基金、货币基金等多种类型，供养老保险基金选择。

5. 金融债券、公司债券

金融债券、公司债券是可以获取较高收益的投资选择。债券市场作为证券市场的重要组成部分，其发展程度是一个国家金融市场发展程度的重要标志。我国债券市场是资本市场的重要组成部分，是企业直接融资的重要渠道，也是机构投资者进行投资、资产匹配和风险管理的重要平台。但从现实状况来看，我国债券市场发行规模较小，市场内部分割，多头管理严重，在法律制度、交易方式、市场监管等方面还存在着诸多问题，严重制约了资本市场乃至整个经济的持续健康发展。这些问题不解决，势必会阻碍我国社会主义市场体系的建立和完善。因此，我国社保基金在金融债券和公司债券上的投资比例不宜过大。今后应全面提高企业素质，增加信用等级在AA+级以上企业债券、金融债券的发行，完善信用评级制度。

6. 期货、期权等金融衍生产品

随着我国资本市场的发展，金融衍生产品种类会逐步增加，如期货、期权、互换等。金融衍生产品具有杠杆放大作用，投资风险很大。在相关法律法规不健全的情况下，不适合作为养老保险基金这种以增值为目的的投资，应仅限于用作风险对冲工具。

7. 基础设施建设

基础设施是指为社会生产和居民生活提供公共服务的物质工程设施，是用于保证国家或地区社会经济活动正常进行的公共服务系统，主要包括交通运输，机场，港口，桥梁，通信，水利及城市供排水、供气、供电设施和提供无形产品或服务于科教文卫等部门所需的固定资产。基础设施建设具有所谓“乘数效应”，即能带来几倍于投资额的社会总需求和国民收入。中国城市基础设施建设欠账多，缺口大，比如交通拥堵日趋严重、供水不足、排水设施落后等。目前我国政局稳定、经济发展态势良好，各地发展都需要大量的资金进行基础设施建设投资。投资于基础设施建设的风险较小，但缺点是流动性很差，投资资金的回收时间较长。

8. 海外市场

海外市场具有广泛的投资领域，各国在养老保险基金投资管理趋于成熟时，都逐步放开了对海外市场投资的限制比例。我国目前仍实行一定程度的外汇管制，资本项下人民币尚不能自由兑换，进行海外投资存在制度障碍。为了寻求更高的回报率和更安全的投资渠道，我国的全国社保基金已经可以海外投资，但企业年金和社会保险基金仍限于在国内金融市场进行投资。

以上介绍了几种主要的社保基金投资工具，每种投资方式各有其优缺点，社保基金应该在不同的投资时期，运用不同的投资策略，在保证安全性的前提下，进行多种投资工具组合，分散风险，尽可能地达到收益最大化。

2.3.4 社会保障基金与资本市场

在社会保障制度较完善的国家，社会保障基金是资本市场上主要的投资者，两者之间是互相促进、共同发展的关系，也是相互制约的关系。

1. 社会保障基金对资本市场的影响

一般认为，养老保险基金的投资能够对资本市场的效率、结构、稳定性以及金融创新等产生重要的影响。首先，由于养老金收益是一种劳动补偿的延迟支付，因此养老保险基金对于投资工具的选择往往集中于那些长期投资回报率较高的资产组合，从而能够强化资本市场的长期性投资，有利于改善资本市场结构，提高资本配置效率。

其次，同样是出于获取长期稳定回报的需要，养老保险基金还要求投资具有较高的安全性，这就使其对资本市场中各种金融工具的风险分布以及回报分布产生了重新归整的内在要求，从而推动了金融创新。从现实的发展来看，一方面，它作为一类规模较大的机构投资者，鼓励了竞争性金融中介机构的发展；另一方面，20 世纪 70 年代以来，西方发达的资本市场中各种各样的创新产品，如不附息债券（zero coupon bonds）、附属抵押债务（collateralized mortagage obligations）、担保投资契约（guaranteed investment contracts）的出现和成功，在很大程度上都与养老保险基金的这种需要有关。

但是，养老保险基金也可能对资本市场产生一些负面影响，其中最为突出的问题就是，这个本应是一个着眼于长期稳定回报率的机构投资者，实际上却常常做出一些短期行为，从而影响到资本市场的稳定性，增加了资本市场的易变性，这也是发生泡沫经济的原因之一。

2. 资本市场对社会保障基金的影响

从资本市场对养老保险基金的影响来看，首先，资本市场为养老保险基金提供了一个可供选择的投资场所，为其在较长的时间跨度之内获取较高的投资回报率，满足保值增值的需要提供了可能。但与此同时，作为资本市场的一个机构投资者，资本化了的养老保险基金和其他投资主体并没有什么两样，它必须承受资本市场所蕴含的各种风险，可见，它对于较高的投资回报率要求是与较大的市场风险相伴生的。这样，养老保险基金对于投资安全性的强烈要求实际上意味着：一个动荡不安、变数太大的资本市场是不适宜作为投资场所的。这一点对于我国正处于发育之中，抑制因素、失控可能以及监管不完善并存的不稳定的资本市场来说，可能是一个比较大的挑战。而在一个既定的资本市场中，如何选择一个合适的投资组合，以便在既定条件下实现一个最有效率的风险-收益的搭配，则成为养老保险基金运行的一个关键问题。

其次，养老保险基金的管理者通常并不是资本市场的投资专家，很多养老保险基金都是委托一个投资银行代理其投资业务的，或者雇用专门的投资经理，而这种所有权和经营权之间的分离，就在基金和基金的托管人之间引申出了一个人们所熟悉的委托-代理问题，即基金委托人能不能以及如何激励托管人按照委托人的利益最大化原则行事。由此，建立适当的治理结构，设计行之有效的激励约束机制，以保证养老保险基金的投资安全性和收益性，就成为其资本化进程中所必须面对的一个重要而复杂的问题。实行公共管理还是私人管理，是养老保险基金管理必须考虑的另一个问题。公共管理一般由政府实施，私人管理则由专业的基金管理公司承担。一般认为，竞争性的私人管理模式管理效率较高，可以大大降低管理成本。因此，从发展趋势看，我国的养老金投资体制可能逐渐由政府统一管理过渡到由投资基金进行市场化运营和管理。

最后，由于政府承担着确保养老金按期、按量发放的最终职责，因此，为了保证养老保险基金进入资本市场后的经营绩效，政府必须对养老保险基金的运营实行严格的管制措施，这就需要制定一整套与之相关的管制规则，以确保基金的安全性。

3. 社会保障基金进入资本市场的准备工作

以上分析表明，我国养老保险基金要进入资本市场还需要做好一些准备工作，主要是构建适合养老保险基金市场化运营的基本框架。

首先，应当建立规范的基金管理组织。规范的基金管理组织形式应当是养老保险基金会，基金会董事会一般应由政府、企业、职工和专家四个方面的代表共同组成，负责保管养老保险基金。其中，政府代表负责执行政府规定的各项管制政策和措施。

其次，大力发展机构投资者，形成一个托管人市场。在一个自由成熟的资本市场中，托管机构一般由投资银行和专业基金管理公司担当，商业银行和保险公司都不是养老保险基金首选的投资托管机构。目前，除了继续发展封闭式基金外，还要积极进行开放式基金试点，为将来养老保险基金的运营提供广泛运作的空间。

再次，增加避险工具和投资品种。目前，政府只允许养老保险基金对国债或银行存款进行投资，但从长远来看，应当为养老保险基金创造更多的适宜投资工具。在实物资本方面，可考虑向基础设施领域、房地产进行投资；在金融资本方面，除了目前已有的国债和银行存款以外，还可以允许其逐步向企业债券、股票等进行投资，并且找准时机，适时推出股票期权、期货等衍生产品，增加可转换债券等。

最后，要防范风险，加强对基金投资机构的监管。在养老保险基金大量进入资本市场之前，应借鉴国际经验，制定一套比较完善的政府管制法律法规。

2.4 社会保障基金监管

2.4.1 社会保障基金监管的定义、必要性与主要目标

1. 社会保障基金监管的定义

社会保障基金监管，是指国家授权专门的行政监管机构依法对社会保障基金收

缴、管理、支付、投资运营、基金保值增值等过程进行监督管理，以确保社会保障基金正常稳定运行的制度和规则体系的总称。由于社会保障基金的特殊性，各个国家都设立法律，对其管理和投资进行监管，以确保其安全性。

2. 社会保障基金监管的必要性

第一，从基本理论上看，社会保障基金监管是弥补市场机制失灵的需要。市场经济不是完全可以依赖自身调节的完善机制，在存在外部性、信息不对称等的情况下，市场机制就不是完全有效的，会发生市场失灵，这时就需要政府机制对其进行弥补。社会保障是一种公共物品，在社会保障基金管理和投资中存在委托代理关系，基金的委托方和代理方信息不对称，具有道德风险和逆向选择的动力，而社会保障制度要求公平分配，这些都要求由政府监管社会保障基金的收支管理和投资运营，以弥补市场机制自身的不足。

第二，从现实实践上看，社会保障基金可以维护广大人民群众的切身利益。社会保障基金不同于一般的投资基金，是政府通过强制手段筹集起来的专项基金，用来保障广大人民的基本生活，是老百姓的“保命钱”，属于社会公共后备基金，若出现管理缺陷或投资失败，公众利益会受到极大伤害，冲击最终的责任主体——政府，也会对社会的安全和稳定造成威胁，因此需要监管。公众对社会保障基金的整个管理和投资过程进行监督是不可能的，只能由政府授权有关部门对社会保障基金进行监管，维护公众的集体利益。

第三，社会保障基金的监管，也是保证基金保值增值的需要。规模巨大的社会保障基金需要进入资本市场投资运营以保值增值，但进入资本市场就要承担市场风险，投资风险包括非系统风险（可分散风险）和系统风险（市场风险），合适的投资组合将消除非系统风险，仅留下系统风险。如果由于监管不力，投资运营不规范，造成社会保障基金的投资失败，则违背了社会保障基金投资的初衷。因此，通过有效的监管，减小社会保障基金的投资风险，是实现保值增值的基本保证。

3. 社会保障基金监管的主要目标

社会保障基金监管的主要目标之一是确保投资组合得以很好地分散风险，也就是说从各种投资机会中消除风险性和流动性很差的资产。为此，我国今后社会保障基金投资监管的发展应该注意以下几点：

首先，明确“建立完整健全的基金监管制度和独立高效的基金监管体系，维护基金安全完整，实现基金保值增值，促进社会保障制度可持续发展”这一实施基金监管的基本目标，这也是基金监管工作的宗旨。

其次，要强化监管手段，着力研究非现场监督指标体系和评估方法，进一步提高监管的工作质量。

再次，要改进监管方式，适应社会保险基金筹资渠道增多、管理环节增加、运作风险加大的情况，逐步实现从以事后监管为主向以事前和事中监管为主的转变，从对社保机构监管向对社会保障基金监管的转变，从单一环节监管向全部过程监管的转变。

最后，健全监管体系，建立起包括行政监督、专门监督、社会监督和内部监督相结合的完善的社会保障基金监管体系。

2.4.2 社会保障基金管理模式

社会保障基金管理模式按照管理机构的所有制性质不同，分为政府集中型和私营竞争型。政府集中型是政府直接控制社会保障基金的管理模式，即政府严格规范，由政府机构或委托公共管理部门实施社会保障基金的管理。私营竞争型是在政府的监管下，由私营的基金管理机构利用市场机制管理社会保障基金，即私营分散管理。

政府集中型基金管理模式曾经在很长一段时期内占据主导地位，近年来，随着经济全球化、贸易自由化以及金融保险业的不断发展，特别是在实行私营竞争型基金管理模式的代表国家智利取得很好的基金收益的促动下，强调基金运营机构的市场化管理模式日渐成为国际潮流。政府集中型和私营竞争型管理模式各有利弊，具体比较见表2-1。

表2-1 **社会保障基金管理模式比较**

项目	政府集中型	私营竞争型
管理集散度	集中	分散
规模效应	大	小甚至无
管理成本	相对较低	相对较高
投资组合灵活性	相对较死	相对灵活
收益	较低	较高
不确定性	小	大
互济性	高	低
自主性、独立性	弱	强

资料来源 张思锋，温海红，赵文龙．社会保障概论［M］．北京：科学出版社，2003.

我国在选择社会保障基金管理模式时，既要借鉴国外的成功经验，也要考虑两种模式的优缺点以及我国的具体情况，而不能照搬某些国家的成功案例，因为任何国家的成功运作都有其具体背景和条件。比如，智利私营管理的社会保障基金投资之所以获得巨大回报，是因为前几年资本市场的迅猛发展，而近期随着资本市场滑坡，基金的投资效益也在下降。在国际经验的借鉴上，我国更应注意吸收新加坡等国家政府集中管理的经验，在基金投资的一些具体技术和方法上，智利等拉美国家的成功经验更应该关注。

2.4.3 社会保障基金监管内容

进入资本市场，政府必须对社会保障基金的管理和运营实行严格的管制措施，这就需要制定一整套与之相关的管制规则，以确保基金的安全性。1986年7月，国务院发布《国营企业实行劳动合同制暂行规定》，在社会保障基金监督管理改革方面迈出了探索性的一步。1994年11月，财政部、劳动部联合发布了《关于加强企业职工社会保险基金投资管理的暂行规定》，对社会保障基金的投资管理进行了规范。1999年1月，国务院颁布了《社会保险费征缴暂行条例》，规定由劳动保障部门负责全国的社会保险费征缴管理和监督检查工作，重申社会保险基金实行收支两条线管理，由财政部门依法进行监督。[①] 2001年5月，《社会保险基金行政监督办法》经劳动和社会保障部部务会议通过并发布施行。同年还颁布实施了《全国社会保障基金投资管理暂行办法》，这是我国社会保障基金投资管理方面第一部专门法规，虽然是“暂行办法”，但也对我国社会保障基金投资起到巨大的推动作用。

2004年5月1日起，《企业年金试行办法》和《企业年金基金管理试行办法》正式施行，这两个政策文件对企业建立企业年金的基本条件、决策程序、资金来源、管理办法、待遇给付、企业年金基金管理机构、投资运营、监督管理等提出了明确的规范，对企业年金的治理结构、企业年金基金管理和市场服务主体行为、信息披露、监督管理等方面作出了系统规定。2011年2月23日，人力资源和社会保障部联合银监会、证监会及保监会发布了修订后的《企业年金基金管理办法》，该办法进一步明确了人社部门的监管职责，监管程序、方式及中央、地方监督权限划分，为人社部门履行监督职责提供了法律依据。同时，它明确了企业年金管理机构违反该规定的处罚措施及责任承担，加强了监督管理的力度，进一步规范了市场机构的行为。2011年7月1日正式施行的《中华人民共和国社会保险法》第十章也对社会保险监督的相关问题进行了详细的规定。

监管的具体内容包括征缴监管、支付监管和投资监管。

1. 征缴监管

征缴监管是在社会保障部门征收社会保险费的环节进行监管，是对缴费单位和社会保障经办机构进行监管。对缴费单位主要审查是否按规定进行登记、是否足额申报缴纳应缴费用、是否逾期拖欠、申报的缴费基数是否正确等，对经办机构主要审查征缴的社会保障费是否及时足额存入财政专户、各险种之间核算是否清晰、经办人员是否遵纪守法、是否存在挪用现象等。通过监管保证社会保障基金征收环节的安全、完整。

2. 支付监管

支付监管是在社会保障部门按照相关制度规定，将社会保障基金支付给应受益的社会成员时，对其进行监管。社会保障基金的监管应遵循效率、公平、适度的原则。支付监管就是对经办机构是否按照规定支付进行监督和管理，包括经办机构是否按照规定的项目和标准支付、有无虚列支出挪用基金、支付凭证和用款手续是否合乎规定、是否有骗保行为等。社会保障基金的支付，是社会保障制度发挥作用的关键，应加强对其监管。

3. 投资监管

投资监管就是对社会保障基金结余部分进行管理和投资的监管，管理方面主要是检查是否挤占挪用结余资金和存放是否合乎规定，投资方面包括投资机构准入监管、

① 魏加宁．养老保险与金融市场［M］．北京：中国金融出版社，2002.

投资运营的实时监管。

（1）投资机构准入监管

社会保障基金的投资，需要专业的投资知识和技巧，因此各国一般是委托独立的专业机构管理和运作基金，如基金公司或投资银行。无论是政府集中型还是私营竞争型管理模式，都必须高度重视对社会保障基金运营机构的审批，进行严格的资格审查。各国对投资运营机构都有一套严格的资格审查程序和条件，主要有：审查该机构是否是合法组建，资本金是否符合要求，来源是否真实、合法，从业人员是否具备要求的业务素质和职业道德，是否有良好的经营业绩记录，内部管理制度是否健全等。准入监管的重点是审查投资机构是否具备投资管理、投资经验和资金管理的能力。

（2）投资运营的实时监管

通过准入审查合规的投资机构，并不说明就一定能投资成功。投资风险主要存在投资运营的过程中，因此实时监管是投资监管的重点。首先，对投资合规性的审查。由于社会保障基金的特殊性，每个国家都对其投资范围、比例等进行立法规定，以保证安全性。要审查投资机构的财务记录以及相关资料，检查投资是否符合法律规定，是否遵循了监管机构的规定等。其次，对投资机构投资计划方案的审查。要求投资方案的制定要符合“谨慎原则”和“现代证券组合理论”，选择多样化最优证券组合，最大限度地分散风险，在保证安全性的前提下，达到收益最大化。最后，对不能履行义务，投资收益率不能达到合约中规定的投资机构，监管机构应及时限制或取消其社会保障基金的投资运营权力和资格。

2.4.4 社会保障基金监管的组织体制

社会保障基金监管的组织体制主要包括政府监管、内部监管和社会监管。

1. 政府监管

社会保障制度是每个国家的基本政策之一，政府的作用非常重要，为保证制度的安全运行，政府监管是必不可少的。政府通过立法和建立具体的监管部门实施监管。政府监管按部门区分，主要有社会保障行政部门监管、财政部门监管和审计部门监管。社会保障行政部门对社会保障基金的筹集、运营、支付等实施直接、全方位的监督管理；财政部门监管主要是通过财政预算、财务会计监管等手段，对社会保障基金的预算、财务状况和投资运营进行监督；审计部门监管是审计部门从独立的角度，对社会保障基金的收支、使用、投资等行为进行审计检查。

2. 内部监管

外部监管毕竟不能时刻进行，如果没有内部控制，风险和损失随时都有可能发生，因此，内部监管是非常重要的环节。社会保障经办机构和投资运营机构作为独立的主体，自身应该建立健全各项规章制度，如财务制度、内部审计制度等，加强自我约束，保证社会保障基金的规范管理、运营。

3. 社会监管

社会监督是指社会保障基金直接利益关系者、社会中介机构、新闻媒体等部门，通过社会舆论和向有关部门反映问题等手段，对社会保障基金进行监管。广大参加社会保障的群众为维护自身利益，对社会保障基金进行监督，是社会监管的主要力量。目前社会监督的形式是设立由政府、单位和劳动者三方组成的社会保障监督委员会。新闻部门可以利用自身独特优势进行监管，通过电视、报纸、报刊等新闻媒介进行社会保障的政策报道，对损害社会保障制度的丑恶现象进行曝光，对不公平现象进行呼吁。其他社会中介部门，如会计师事务所、律师事务所也可以从自身专业角度出发，对社会保障基金进行监管。

本章小结

社会保障基金是国家依据法律和政策规定，通过法定程序，以各种方式强制建立起来的用于实施各项社会保障制度的货币资金。社会救助基金分为政府和民间组织的救助基金，分别来自国家财政和各种捐赠；社会福利基金指政府财政出资建立的和企业自身拥有的福利基金；社会保险基金是通过雇员和雇主共同缴纳社会保险费的方式构成法定社会保险基金的基本形式。社会保险基金由养老保险基金、医疗保险基金、失业保险基金、工伤保险基金和其他社会保险项目的基金组成。

一般来说，社会保障基金是由国家、企业和个人三方负担，以税或费的形式征集。我国社会保障基金筹集来源多元化，主要来源是国家、单位和个人。另外有社会捐赠、投资收益等其他来源。目前世界上社会保障制度主要有三种收支方式：现收现付制、完全积累制（基金制）和部分积累制。我国目前实行的是社会统筹和个人账户相结合的部分积累制模式。

社会保障基金投资是指社会保障投资管理机构，依据有关法律规定，运用社会保障基金进行资本投资或实物投资，以期获得预期投资回报的基金运作行为。

我国社会保障基金主要有三部分：中央和省级社会保障管理部门征收的社会保障基金；以财政划拨等形式交给全国社会保障基金理事会经营的储备型基金；以企业年金为主的补充性社会保险基金。

社会保障基金投资的原则一般包括安全性原则、流动性原则、盈利性原则这三项主要的内容。在社会保障制度较完善的国家，社会保障基金是资本市场上主要的投资者，两者之间是互相促进、共同发展的关系，也是相互制约的关系。

社会保障基金监管，是指国家授权专门的行政监管机构依法对社会保障基金收缴、管理、支付、投资运营、基金保值增值等过程进行监督管理，以确保社会保障基金正常稳定运行的制度和规则体系的总称。

复习思考题

1. 社会保障基金的特征是什么？
2. 社会保障基金的筹集来源有哪几种？
3. 社会保障基金的筹集模式有哪些？各有什么优缺点？
4. 社会保障基金投资原则是什么？
5. 思考社会保障基金的投资与资本市场的关系。
6. 简述社会保障基金监管的意义以及管理模式。

案例分析题

社保基金如何避免成“冰棍”

一根“冰棍”，咬一口有人管，可放在那儿就会慢慢化掉，最后变成一根棍子。两会一些代表委员担心全国社保基金结余资金也会变成“冰棍”：社保基金是不是在贬值？社保基金收益率能否跑过CPI？社保基金如何实现保值增值？这些问题引起了2014年两会上一些代表和委员的关注与讨论。

东部沿海省份的一位全国人大代表在两会前特意调研了社保基金的结余情况。他发现，有的省份社保基金没有结余，而广东、浙江、江苏等省份结余很多，个别省份的社保基金结余数额则达上千亿元。“这么多结余资金放在银行里，相对来说是贬值的，近四年来平均收益率约在2.5%，低于同期的CPI指数平均上扬幅度，也就是说CPI指数涨幅跑赢了社保基金的收益率。”这位代表说。

“这样的管理方法，是为了确保社保基金安全，但也容易发生贬值。”全国人大代表黄作兴也这样认为。目前，社保基金主要用于购买国债和存入银行，如果扣除通货膨胀率，近十年来的年均收益率为负数。

朱光耀认为，社保基金首先要安全，在此前提下寻求其盈利性。社保基金的存放本身就要有多种工具的设计，实际上政策方面已有一些安排，比如一定比重的股票，再比如购买国债。购买国债需要一个期限的匹配，如果期限的匹配是一个相当长的时间，按当前的国债收益率，它就可能跑赢CPI。

全国政协委员郑惠强认为要实行差异化的投资策略。基本养老保险实行以安全性为原则的保守投资策略；企业、个人养老基金投资则可以根据不同年龄和风险偏好选择较高比例的股票资产、共同基金或其他固定收益类资产；还要打造畅通的投资渠道和灵活的投资方式，建立高效的投资管理机构和严格的投资管理体制，防范风险，确保资金安全。

资料来源 叶洁汝．社保基金如何避免成“冰棍”——部分代表委员支招社保基金保值增值[EB/OL]．[2014-03-13]．http：//www. zj. xinhuanet. com/qglh/2014-03/13/c_ 119759005. htm.

案例思考题：

我国的社会保障基金应该如何投资？

推荐阅读资料

1. 胡晓义．社会保障基金监管［M］．北京：中国劳动社会保障出版社，2012.

2. 魏加宁．养老保险与金融市场［M］．北京：中国金融出版社，2002.

3. 林义．社会保险基金［M］．北京：中国劳动社会保障出版社，2002.

4. 吕学静．社会保障基金管理［M］．2版．北京：首都经济贸易大学出版社，2010.

5. 张留禄．社会保障基金管理［M］．北京：中国金融出版社，2010.

6. 宋明岷．社会保障基金管理：理论、实践与案例［M］．上海：复旦大学出版社，2012.

第3章　养老保险

学习目标

养老保险是社会保险制度的重要组成部分，学习本章后你应该：

✓掌握养老保险的定义和特点、养老保险的结构和内容、养老保险收支模式和支付责任模式

✓了解并熟悉养老保险历史、中国养老保险历史

✓掌握中国企业职工、机关事业单位职工和城乡居民养老保险制度

✓掌握中国现行“社会统筹与个人账户相结合”的制度设计

引例

我国老年人口数量达 1.94 亿

我国第一部老龄事业发展蓝皮书《中国老龄事业发展报告（2013）》昨天在京发布。蓝皮书指出，截至 2012 年年底，我国老年人口数量达到 1.94 亿，比上年增加 891 万，占总人口的 14.3%。

全国老龄办副主任、中国老龄科研中心主任吴玉韶在新闻发布会上介绍，随着新中国成立后新出生的人口进入老年期，我们迎来第一个老年人口增长高峰。2013 年，老年人口数量将突破 2 亿大关，达到 2.02 亿，老龄化水平将达到 14.8%。

同时，我国劳动年龄人口进入负增长。少儿人口抚养比从 2012 年的 23.96% 提高到 2013 年的 24.36%，老年抚养比从 2012 的 20.66% 上升到 2013 年的 21.58%，推动社会总抚养比从 2012 年的 44.62% 上升到 2013 年的 45.94%。

“老年人口的高龄、失能和空巢化将进一步加剧应对人口老龄化的严峻性和复杂性。”吴玉韶说。

蓝皮书指出，随着人口老龄化以及老年人口高龄化的快速发展，我国失能老年人的绝对规模在迅速增加。目前，我国城乡部分失能和完全失能老年人已经超过 3 600 万。

“一个失能老人压垮一个家庭的现象，在中国并不是特例。老年人的长期护理问题，尤其是护理费用问题，不仅使很多老年人难以应对失能风险，也是制约中国养老服务发展的一大瓶颈。”蓝皮书中说。

根据新修订的《中华人民共和国老年人权益保障法》，国家逐步开展长期护理保障工作，保障老年人的护理需求。此外，北京、上海等地一些商业保险公司开始探索建立长期护理保险制度，开发长期护理保险产品，以解决失能老年人的长期护理费用问题。

资料来源　佚名．我国老年人口数量达 1.94 亿［N］．京华时报，2013-02-28.

3.1 养老保险概述

3.1.1 养老保险的定义及特点

养老保险是国家根据一定的法规，对退休老人提供基本生活保障的一种社会保险制度。劳动者达到法定退休年龄，由于劳动力新陈代谢或退休权得到尊重，就会永久离开工作岗位。退出工作领域就会失去原先由雇主支付的工资收入，这就需要由政府负责建立一种制度，强制性地要求劳动者在年轻时积累，年老退休后能按时持续得到养老金，有基本生活保障，这种制度就是养老保险制度。

养老保险是社会保险制度的组成部分，是社会保险五大险种之一。与其他险种相比，养老保险有如下特点：

（1）养老保险承诺与兑现之间的时间最长

参保人从参加工作起就要缴费，而兑现是在参保人达到法定退休年龄以后，中间往往有几十年长的时差，其他险种一般都随时兑现，容易检验。因此，承办养老保险需要最高的信誉度，一般都是各国政府出面组织。

（2）养老保险是实际享受人数最多的险种之一

以覆盖人数来看，养老保险与其他保险相差不大，但从实际享受的人数来看，养老保险是最多者之一。参保人虽然也参加了失业保险、工伤保险，但他不一定失业或遭遇工伤，而绝大多数参保人会活到退休，享受养老保险。

（3）养老保险费用的收入支出庞大

在所有险种中，养老保险的保险费率是最高的，养老保险支出相应也是最高的，收支金额往往达到其他四项保险的总和，这是其他险种无法比拟的。因此，养老保险基金运作与管理责任重大。无论是实行现收现付制国家，还是实行完全积累制国家，养老保险的管理任务都是最重的，因此养老保险具有最大的影响力。

（4）养老保险制度模式往往是国家社会保险制度模式的代表

正因为养老保险具有参保获保人数众多、参保兑现时间长、收支金额庞大、管理任务繁重、影响巨大等特点，养老保险制度设计才得到政府最多的重视。确定养老保险模式是一个国家的大事，养老保险制度是国家最基本的公共管理制度之一，养老保险模式往往决定了国家社会保险制度模式，也往往决定其他险种的设计，专家学者对一国社会保险制度模式的分类，主要是依据养老保险。

3.1.2 养老保险的意义

在社会养老保险制度建立以前是家庭养老，因此养老保险的意义是相对于家庭养老而言的。

1. 养老保险制度使老年人的养老更加有保障

如果只靠子女养老，虽然大多数子女有孝心，能尽赡养老人的义务，但毕竟也有不愿赡养和没有能力赡养老人的子女，而制度化的社会养老保险不以子女个人道德、个人能力为基础，而是以法律为准绳，由社会保障机构运作，因此使养老更加稳定，更加可靠。

2. 养老保险制度使社会更加安定

养老保险使老人的经济生活更加可靠，更加稳定，整个社会也就更加安定。

3. 养老保险实现了人类自我养老，保证了老人的尊严

家庭养老是一种代际交换，老人付出在先，子女回报在后。由于种种原因，经过漫长的时间，子女回报不一定是有保证的。而社会保险的原理不是代际交换，而是年轻的自己为年老的自己储蓄，通过货币的时间价值积累，自我养老。命运掌握在自己手里，老年生活更加踏实。

4. 养老保险有助于市场消费和经济建设

养老保险的巨额资金储蓄，一方面调节市场消费，年轻时将一部分收入用于养老储蓄，节制消费，年老没有工资收入时，可以花费养老金，保证市场消费的持续性；另一方面国家可以应用国民养老金储蓄来支持经济建设，如购买国债等。

5. 养老保险使得家庭养老的重要性下降

家庭养老重要性下降意味着家庭婚姻的重要性下降。离婚率上升，出生率下降与社会养老保险的普及和完善不无关系。

3.1.3 养老保险简史

养老是人类特有的行为，自然界“乌鸦反哺，羔羊跪乳”都只是传说。养老最初是亲人和氏族家庭内部的事情，作为一种社会制度，起源于古代官吏的告老还乡，由民间互助合作制度和商业人寿保险完成组织和技术构建，最后由政府建立社会制度惠及广大国民。

“退休”一词，始见于唐宋文籍。唐代散文家韩愈的《复志赋序》中有“退休于居，作《复志赋》”。《宋史·韩贽传》中有“退休十五年，谢绝人事，读书赋诗以自娱”。“退休”一词在中国古代表述为致仕、致事、致政、告老、告归等。据有关学者考证，我国史籍上记述退休个案，大概可以追溯到夏商时代，比如“伊尹告归”。《礼记·曲礼》中有“五十而爵，六十不亲学，七十致政”。《尚书大传》中有“大夫七十而致事，老于乡里”。《周礼·王制》中有“周人养国老于东胶，养庶老于虞庠”。至汉代、唐代，官吏退休制度已经逐渐完备。世界其他文明古国也应该有官吏退休制度，因此，至少在2200年前，世界上就有退休个案出现。①

在农业社会，虽然有官吏退休制度，但广大普通劳动者主要是靠家庭养老。家庭既是一个生产单位也是一个生活单位，三代同屋，四世同堂，世世代代生活在同一小片土地上，少有流动，父母养儿防老，儿女为双亲颐养天年，代代相传。家庭内部的“现收现付”后来延伸到全社会就成了养老保险制度。

现代意义上的养老保险制度或员工退休制度是工业社会的产物。工业革命以后，

① 沈星棣，等．中国古代官吏退休制度史［M］．南昌：江西教育出版社，1992.

工厂制度建立，各行各业兴起，劳动力流动频繁，子女远离父母，原来农业社会常见的大家庭，让位于一夫一妻的小家庭，出生率下降，家庭保障不再可靠。欧洲是工业革命的发源地，现代养老保险也是从欧洲大陆起源的，开始先有行业的养老金发放，如1889年以前就有法国为老年海员发放养老金，奥地利与比利时为老年矿工发放养老金；英国商业人寿保险已经将建立在“生命表”基础上的“自然保险费”和“均衡保险费”应用于保险收费。

1889年德国俾斯麦政府颁布的《老年、残疾、死亡保险法》被普遍认为是世界上养老保险制度正式建立的标志，德国是建立现代养老保险制度的第一个国家。虽然该法覆盖对象有限，主要是伤残退休职工，保障水平很低，但它由政府立法强制实行，通过第二次分配惠及社会弱势群体，并具备了现代养老保险制度的基本要素。从此以后，养老保险制度在世界各国纷纷出现，从欧洲、大洋洲、美洲一直蔓延至全世界。目前约有170个国家有养老保险制度。美国社会保障署《全球社会保障——2002》（SSA, Social Security Programs Throughout the World-2002）一书中，共收集了全球173个国家和地区的数据。其中，亚洲29个，阿拉伯国家14个，撒哈拉以南非洲38个，拉丁美洲及加勒比地区34个，东欧及前苏联国家23个，欧洲及北美30个，大洋洲及其他国家5个。明确规定退休年龄的国家和地区共有170个。

3.1.4 养老保险制度模式

目前世界上约有170个国家和地区建立了养老保险制度，如果从细节上观察，每个国家养老保险制度都有特殊性，国与国之间都不同，但从大体框架上来看，又有许多共同点。按照其覆盖范围、保险缴费、收入关联度、保障水平、基金收支和运营的差别，将世界各国的养老保险制度模式分类如下：

1. 福利国家型

福利国家型养老保险制度以瑞典为典型，丹麦、芬兰、挪威等也实行这种模式。在福利国家型养老保险制度下，保险覆盖全民，遵循“普惠制”原则，即“普惠”发放的养老金比例较高，在瑞典它是一般国民养老金的主要来源。不仅如此，其国内养老服务和设施也比较健全；个人缴费比例较低，养老基金主要由政府和企业负责，国民达到养老年龄（无论是否工作过）都可以得到养老金；保险待遇与以前工资高低没有太多关系；实行“现收现付”制。根据普惠制原则发放的养老金也被称为“普遍年金”。

2. 社会保险型

社会保险型养老保险制度以德国为典型，法国、日本等国家也属于这种模式。在社会保险型养老保险制度下，保险覆盖在业雇员，而不是全民；由政府、企业、个人三方共同缴费，政府通过财政补贴、减少税收等手段为养老保险基金作贡献，企业和个人按工资额的一定比例缴费；保险待遇与保险缴费相关联，缴费越多退休待遇越好；实行“现收现付”制。

3. 国家保险型

国家保险型养老保险制度曾经在社会主义计划经济国家中实行，以前苏联和经济体制改革前的中国为代表，目前只有个别国家还实行这一模式。在国家保险型养老保险制度下，保险覆盖在业职工，没有工作就没有保险；个人不缴费，由用人单位缴费；国家制定政策，用人单位代表国家实施保险；保险待遇高低与工资高低紧密关联；实行“现收现付”制。俄罗斯和中国已经放弃了这种保险模式。

4. 个人储蓄型

个人储蓄型养老保险制度以新加坡和智利为典型，东南亚和非洲等10多个国家也实行这种模式。在个人储蓄型养老保险制度下，保险覆盖在业雇员；企业和个人缴纳保险费；保险待遇与缴费相关，工资越高缴费越多，保险金也越高；实行“完全积累”制。完全积累制需要设立个人账户，并且个人账户中的养老基金要求保值增值，因此实行这种模式的国家有专门负责管理个人账户养老金运作的专业机构。新加坡与智利的主要不同是，养老储蓄金运作在新加坡是由一个半官方的“中央公积金局”统一负责，在智利则可以自由选择不同的市场化的私营基金公司来负责。参保人满足退休条件可以从个人账户定期或一次性获得养老金。

以上四种制度模式类型划分是很粗略的，因为任何归类都不能将实际情况的特殊性和多样性概括进去。比如，被归类为福利国家型的瑞典等国家，既发放“普遍年金”（国民基本年金），也同时存在需要缴费的“收入关联养老金”（国民补充年金），中国目前实行“社会统筹与个人账户相结合”的养老模式，同时存在统筹账户的“现收现付”和个人账户的“完全积累”。

3.2 养老保险收支模式和责任模式

3.2.1 养老保险收支模式

养老保险需要收支长期平衡，达到收支平衡的模式可以分为现收现付制、完全积累制和部分积累制。三种模式各有特点，有利有弊。

1. 现收现付制

“现收现付”是指养老金从收缴到支付都在现期（通常为1～2年）完成，收支现期平衡，其原理是现在工作的一代供养已经退休的一代，隔代抚养，好像是农业社会家庭养老的扩展。这种模式的主要优点是：管理简单，管理成本较低；能防范通货膨胀，因为通常在一年时间里完成收缴和支付，基金没有多少贬值，钱都是“新鲜”的；这种收支模式具有较多的“互助共济”色彩，或者说具有代际收入正向再分配的功能，对工资收入较低、寿命较长的参保人比较有利。其主要缺点是：应对人口结构变化的功能较差。如果体制内人口抚养率不变，收支办法确定后操作简单而安全，如果人口抚养率变化较大，如人口老龄化导致抚养率提高，现收现付的模式就会对下一代造成分配不公，下一代甚至不堪负担。

2. 完全积累制

“完全积累”是指养老金从筹集到支付在人生生命周期内完成，收支在一个生命周期内达到平衡，其原理是现在工作的自己为未来退休的自己积累养老金。这种模式的主要优点是：不怕人口结构的变化，年轻时早已经为自己存下了养老金，无需依靠下一代；每个人都有自己的账户，收支清楚，便于检查监督，参保人缴费积极性高；缴费多少从而养老金高低，往往与参保人工资高低相关，鼓励多劳多得，能激励劳动效率。这种模式的主要缺点是：管理复杂，管理成本较高，因为养老基金积累时间相当长，经济意义上有保值增值、抵抗通货膨胀的压力，需要专家团队来运作保险金；在社会意义上需要制定严格的制度，防止贪污盗窃；采用“个人账户”的形式，对工资收入高的人有利，“互助共济”较少。

3. 部分积累制

“部分积累”是从下一代参保人那里所筹集到的资金，一部分现收现付用于上一代人，另一部分存入个人账户，为自己的未来预先积累。其优点和缺点介于上述二者之间。

3.2.2 养老保险支付责任模式

养老保险需要收支长期平衡，收取保险是为了支付保险。如何支付保险？有两种支付责任模式：给付确定制和缴费确定制。在给付确定制的约定下，养老保险组织者（通常是政府或企业）负责退休者既定养老水平；在缴费确定制约定下，养老保险组织者并不担保今后的养老水平。

1. 给付确定制

给付确定制（Defined Benefit），也称为“受益确定制”，是指在收取保险费率时先考虑未来养老金想要达到的水平，根据今后的养老金水平决定现在的养老金缴费率，俗称“以支定收”。一旦决定了缴费率并收取保险费，保险组织者对参保人就有了一个承诺，承诺今后要满足的养老金水平。其间发生的各种基金风险也由保险组织者承担，而不是由参保人承担。

2. 缴费确定制

缴费确定制（Defined Contribution），是指先确定现在养老金的缴费额，由现在的缴费水平决定未来的养老金水平，俗称“以收定支”。缴费确定制一般应用于个人账户中的资金运作，养老保险组织者根据参保人现有的缴费能力或意愿收费，或许还负责保险基金运作，但并不承诺所收保险费今后能达到怎样的支付水平。其间发生的各种基金风险主要由参保人自己承担。

两种确定方式所具有的收入再分配功能是不同的。一般说来“给付确定制”的正向收入再分配功能较强，它具有代内收入再分配的功能，对工资收入较低者有利；“缴费确定制”往往与个人账户相关，再分配功能较弱，对高收入者有利。

3.3 养老保险制度结构和内容

养老保险制度体系由许多要素组成，环环相扣，以达到养老保险的目的。养老保险制度主要有以下内容：

3.3.1 覆盖范围

覆盖范围，也称制度覆盖范围，即规定什么样的行业或怎样的个人可以参加本制度的养老保险。从政府的角度来说，养老保险只对覆盖范围内的人负责，从个人角度来说，只有被纳入覆盖范围才有资格参加保险。在世界上绝大多数国家，并不是人人都能理所当然地被养老保险制度所覆盖，也不是一开始就全民覆盖。纵向来看，养老保险建立初期，覆盖面较小，只覆盖少数行业或少数行业的劳动者，然后逐步扩大覆盖面。比如，我国1950年刚开始建立养老保险制度时覆盖范围很有限："有工人职员一百人以上的国营、公私合营、私营及合作社经营的工厂、矿场及其附属单位；铁路、航运、邮电的各企业单位与附属单位；工、矿、交通事业的基本建设单位；国营建筑公司"。现在已经扩展到了"城镇各类企业及其职工、个体工商户和灵活就业人员"。横向来看，世界实行不同养老保险模式的国家，覆盖面也不同。实行福利国家型养老保险的国家覆盖面最宽，保险覆盖全民，而实行社会保险型的国家，一般只有选择地覆盖"在业雇员"等。

3.3.2 资金筹集

养老保险由国家组织发起，并保证制度顺利运行。这并不是意味着国家负责出钱来满足人们今后的养老需要。养老基金是需要多方共同集资的，即"羊毛出在羊身上"。共同集资的各方主要是国家、企业和个人。不同的国家集资渠道有所不同，有的国家（英国、德国等）由国家、企业（雇主）和个人（雇员）三方集资，有的国家（新加坡、法国等）由企业和个人集资，有的国家（计划经济时代的中国）完全由企业负责，个人不缴费，有的国家（智利）则完全由个人负担。

资金筹集一般都按参保人的工资收入的同一比例征集保险费，费率高低取决于退休后生活水平预期。费率高当前生活受影响，费率低今后生活受影响。

在具体筹集养老金时，不同的国家往往还有不同的办法。大多数国家一般都按受保人的工资收入的同一比例征集保险费；有的国家对不同工资收入的受保人按同一金额征收；有的国家对不同工资收入的受保人按不同的费率征收保险费，高工资高费率，低工资低费率；有的国家规定缴费工资的最低限额，最低限额以下的受保人免交保险费；有的国家规定缴费工资的最高限额。一般说来，高工资高费率、低工资低费率（如哥伦比亚），规定缴费工资最低限额（如德国），有"抽肥补瘦"功效，正向收入再分配功能较强。

3.3.3 资格条件

世界不同国家，由于养老社会保险制度模式和社会公共政策不同，对获得养老金的资格条件有不同的规定，所考虑的因素主要有以下四个方面：法定退休年龄、工龄、缴费年限和居住年限（居龄）。要满足领取养老金的条件，一般不是单一的条件，往往是组合条件，如在满足退休年龄的前提下还要满足最低缴费年限。

1. 退休年龄

退休年龄是最主要的条件，只有达到法定退休年龄才有资格领取养老金。养老保险确定保险费率，达到养老基金收支平衡等都是以法定退休年龄为依据的，提早退休，养老保险金就可能不够支付，延期退休，可能损害参保人养老金利益。当然各国都有些特殊规定允许在一定条件下提早或延期退休。目前世界上170个国家中平均退休年龄为男性60.6岁，女性58.8岁。欧洲及北美地区男女平均退休年龄最高，分别为64.2岁和63.1岁；撒哈拉以南非洲男性平退休年龄最低，为57.9岁；亚洲及太平洋地区女性平均退休年龄最低，为56.5岁。

2. 缴费年限或工龄

缴费年限（或工龄）也是重要条件，只有缴够最低年限，才能在退休后领取退休金，否则养老保险制度也会收不抵支。比如，我国规定最低缴费年限为15年，不到15年，则不能全套享受养老保险。在个人不缴费的养老保险计划中，规定工龄的原理相同，虽然明着不缴费，其实工薪中的一部分已经被按月扣除，扣除必须达到最低月数，养老基金收支才能平衡。

3. 居住年限

在部分“福利国家”，养老保险结构中有“普惠制”成分，只要达到养老年龄并在该国居住过一定年限（居龄）就可以获得普惠制的养老金。居龄对有些欧美国家很重要，在领取养老金问题上，国家鼓励国民多在本国居住，而不是“周游列国”。表3-1是部分国家获得养老金的资格条件。

表3-1 **1999年部分国家获得退休金（养老金）资格条件**

国家	资格条件
德国	63岁，缴费35年；或65岁，缴费5年
俄罗斯	男60，工龄25年；女55岁，工龄20年
英国	男65岁，女60岁；国家最低退休金，缴费年限达到最高法定退休年龄的90%（男49年，女44年）
加拿大	65岁，居龄10年
中国香港	65岁，合法居民，缴费5年
日本	全民养老金，65岁，缴费25年；退休金，60岁，受保25年
新加坡	55岁
智利	男65岁，女60岁，缴费10年
中国	老制度：男60岁，女55/50岁，工龄10年 新制度：男60岁，女55/50岁，缴费15年

资料来源 SSA. Social Security Programs Throughout the World-1999 [M]. Washington D. C.: U. S. Social Security Administration, 2000.

3.3.4 保险支付

在满足了各项领取养老金的条件后，养老保险的利益最终就要落实在养老金的支付上。

从世界范围来看，有许多不同性质的养老金，其支付原则也有所不同。养老金可以分为以下几种：

1. “普惠”养老金

顾名思义，“普惠”养老金就是养老金支付以年龄或居龄为根据，到达一定年龄的人，无论其过去收入高低和就业年限长短，都可以得到一份数量相同的养老金。

2. “最低生活”养老金

“最低生活”养老金就是养老金支付以生活贫困线为根据，任何人只要在生活贫困线以下，都可以得到养老金。

3. “就业关联”养老金

“就业关联”养老金就是养老金支付以就业年限为根据，过去就业年限越长，养老金就越高。

4. “收入关联”养老金

“收入关联”养老金就是以工资收入为根据，过去收入越高，养老金就越高。

5. “缴费关联”养老金

“缴费关联”养老金就是以交纳保险费为根据，所交保险费越多，养老金就越高。缴费多少往往与就业长短、收入高低有关系，因此“缴费关联”在一定意义上就是“就业收入关联”。

前两种与就业收入不关联的养老金旨在实现“平等”的社会目标，其正向收入再分配功能较强，对低收入、低工龄的受保人群体相对有利；后三种与就业收入关联的养老金旨在刺激劳动效率，其正向收入再分配功能较弱，对高收入、高工龄的群体相对有利。

3.3.5 保险水平

保险水平是指退休后能拿到多少养老金。衡量保险水平有绝对值，即所得养老金能过上怎样水平的生活，但是保险水平一般用相对值来衡量，即用“养老金工资替代率”（养老金占退休前工资收入的百分比）来表示。

保险水平的高低取决于制度设计，养老金水平要求高，在职时缴费率就要相应提高，要求低，费率就可以低一点。一般认为，70% ~80% 水平之间的养老金工资替代率可以使职工保持与退休前大体相当的生活水平。当然这里可能包括企业年金在内的各项养老金总和替代率，而不只是基本养老金替代率。国际劳工组织《最低社会保障标准公约》（1952 年）规定，参加养老保险 30 年的雇员，基本养老金工资替代率应达到 40% 。

很多发达国家的养老金替代率都不是很高，例如：美国 1975 年为 58% ，1980 年为 66% ；日本 1975 年为 39% ，1980 年为 61% ；瑞士 1975 年为 60% ，1980 年为

55%；德国1975年为51%，1980年为49%；意大利1975年为61%，1980年为69%。因此，从世界范围内分析，养老金替代率一般在60%左右。①

3.3.6 遗属年金

遗属年金（Survivor's Pension）是指参保雇员为其家属建立的附加年金。遗属年金作为养老保险的一部分，是在参保人本人去世后惠及其遗属的生活困难补助金。一般情况下，如果去世者本人达到一定的资格标准，如国籍、居住时间、参加工作时间、缴纳社会保险金年限等，并且其遗属也满足一定的申领条件，即可通过经济状况调查获取遗属年金。遗属通常是靠丈夫生前养老金生活的遗孀，丈夫去世，因为有遗属年金制度，遗孀一般还可以继续享受约50%～75%的原养老金。遗属保险制度一开始是为阵亡将士建立，以后出现在工伤保险中，然后又延伸至养老保险。

3.3.7 养老保险基金运营和管理体制

养老保险基金运营和管理都是很专业和十分重要的学问。关于养老保险基金的运营和管理，请参考第2章“社会保障基金”。养老保险基金管理涉及行政管理、财务管理、法律仲裁管理等，并且不同的养老保险模式下管理体制和方法都有所不同，内容纷繁复杂。

3.4 中国养老保险制度

中国养老保险制度包括城镇养老保险和农村养老保险。中国城镇养老保险主要有“三根支柱”，即基本养老保险、职业年金、个人储蓄（如商业寿险等）。

目前，中国城镇养老保险共有三套制度并行，即企业职工养老保险、机关事业单位养老保险和城乡居民养老保险。本节主要是讲城镇养老保险制度。关于农村养老保险和职业年金请分别见本书第13章和第11章。个人储蓄没有安排在本书讲解范围之内，有兴趣的同学可以选读商业人寿保险和银行个人储蓄方面的书籍。

3.4.1 企业职工养老保险制度

1. 企业职工养老保险制度的内容

我国现行的企业职工养老保险制度以《关于完善企业职工基本养老保险制度的决定》（国发〔2005〕38号）和《中华人民共和国社会保险法》（2011年实施）为法律依据。

（1）覆盖范围

城镇各类企业及其职工、个体工商户和灵活就业人员。

---

① 邱东，李东阳，张向达．养老金替代率水平及其影响的研究［J］．财经研究，1999（1）．

（2）保险缴费

“城镇各类企业及其职工”和“个体工商户和灵活就业人员”缴费办法有所不同。

①“城镇各类企业及其职工”的缴费办法是：企业按本企业工资总额的20%记入“统筹账户”；职工个人按本人缴费工资的8%记入“个人账户”。企业与个人合计费率约为企业工资总额的28%。

该处涉及的名词解释如下：

A. 社会统筹与个人账户相结合。社会统筹与个人账户相结合是中国养老保险基金收支管理的一种新模式，也是中国养老保险制度的核心内容。其主要理念是将公平与效率相结合，把社会互济与自我保障相结合，具体做法是将用人单位和劳动者参保个人的养老保险缴费，一部分记入社会统筹账户，实行互助共济，另一部分记入个人账户，多缴多得，可以继承，激励劳动者退休前努力工作。

B. 缴费工资。缴费工资是参保人缴纳社会保险金的缴费基数，通常规定为参保人上一年的工资总额。如果按月缴纳社会保险金，缴费基数就是参保人上年度月平均工资。比如，养老保险个人缴费率为8%，那么当月参保人所要缴纳的保险金额就是该参保人上年度月平均工资的8%。

C. 基本养老金。基本养老金=基础养老金+个人账户养老金。基础养老金，即由社会统筹账户支付的养老金；个人账户养老金，即由个人账户支付的养老金。

②“个体工商户和灵活就业人员”的缴费办法是：个人以当地上年度在岗职工平均工资为缴费基数，缴费比例为20%，其中8%记入“个人账户”。

（3）保险支付

退休时的基础养老金月标准以当地上年度在岗职工月平均工资和本人指数化月平均缴费工资的平均值为基数，缴费每满1年发给1%。个人账户养老金月标准为个人账户储存额除以计发月数。职工或退休人员死亡，个人账户中的个人缴费部分可以继承。

“城镇各类企业及其职工”和“个体工商户和灵活就业人员”的支付办法相同。

具体说来，保险支付区分“新人”和“中人”。

①
$$\begin{array}{c}\text{“新人”养老保险}\\\text{月计发标准}\end{array}=\left(\begin{array}{c}\text{退休时上年度在岗}\\\text{职工月平均工资}\end{array}+\begin{array}{c}\text{本人指数化月}\\\text{平均缴费工资}\end{array}\right)\div 2\times\begin{array}{c}\text{累计缴费年限}\\\text{（含视同缴费年限）}\end{array}\times 1\%+\begin{array}{c}\text{个人账户}\\\text{总额}\end{array}\div\begin{array}{c}\text{计发}\\\text{月数}\end{array}$$

②
$$\begin{array}{c}\text{“中人”养老保险}\\\text{月计发标准}\end{array}=\left(\begin{array}{c}\text{退休时上年度在岗}\\\text{职工月平均工资}\end{array}+\begin{array}{c}\text{本人指数化月}\\\text{平均缴费工资}\end{array}\right)\div 2\times\begin{array}{c}\text{累计缴费年限}\\\text{（含视同缴费年限）}\end{array}\times 1\%+\begin{array}{c}\text{个人账户}\\\text{总额}\end{array}\div\begin{array}{c}\text{计发}\\\text{月数}\end{array}+\begin{array}{c}\text{过渡性}\\\text{养老金}\end{array}$$

该处涉及的名词解释如下：

A. 老人、新人、中人。老人、新人、中人是中国养老保险制度从老制度向新制度转型后产生的概念。一般来说，老人、新人、中人的概念如下：老人，《国务院关于建立统一的企业职工基本养老保险制度的决定》（1997年）实施以前的退休人员；

新人，《国务院关于建立统一的企业职工基本养老保险制度的决定》（1997年）实施以后的参保人员；中人，《国务院关于建立统一的企业职工基本养老保险制度的决定》（1997年）实施以前已参加工作（保险），实施后才退休的参保人员。由于中国各地实施新养老保险制度的具体时间不同，各地确定老人、新人、中人的年月也有所不同，有的在1997年之前，有的在1997年之后。老人、新人、中人的划分以各地实施新制度的年月为准。

B. 视同缴费年限。《国务院关于建立统一的企业职工基本养老保险制度的决定》（1997年）实施以前，被旧保险制度所覆盖的职工的工作年限。对过去的工作年限视同为缴费年限是对“中人”以前保险“扣除”的公平补偿，是对“中人”社会保障权益的认可。

C. 计发月数。计发月数即职工退休后的平均余寿。计发月数根据职工退休时城镇人口平均预期寿命、本人退休年龄、利息等因素确定。

D. 过渡性养老金。过渡性养老金即补偿“中人”过去被扣除的养老金。由于“中人”人数有限，相对于新制度的延续展开，对“中人”的补偿只是过渡性的工作。过渡性养老金计算公式如下：

过渡性养老金=指数化月平均缴费工资×R×视同缴费年限

式中：R为计发系数，其值在1%～1.4%之间，由各地测算后确定。

E. 指数化月平均缴费工资。指数化月平均缴费工资=职工本人的平均缴费工资指数×职工退休时上一年当地职工社会月平均工资。

缴费工资指数是指职工本人缴费工资（a）与当地在岗职工平均工资（A）的比值（a/A）。

职工本人的平均缴费工资指数是本参保职工缴费年限内历年缴费工资指数的平均值。

计算公式为：

$$本人平均缴费工资指数=(a_1/A_1+a_2/A_2+\cdots+a_n/A_n)\div N$$

式中：a_1，a_2，…，a_n 为参保人员退休前1年，2年，…，n年本人缴费工资额；A_1，A_2，…，A_n 为参保人员退休前1年，2年，…，n年当地在岗职工平均工资；N为参保企业和职工实际缴纳基本养老保险费的年限。

（4）资格条件

参保人获得养老保险需要同时具备以下条件：

①缴费年限：缴费15年以上。

个人缴费年限累计不满15年的，在退休时有三种选择：退——其个人账户养老金一次性退回给本人，退休后不享受基础养老金待遇；续——续缴满15年，按月领取基本养老金；转——个人账户养老金转入新型农村社会养老保险或者城镇居民社会养老保险，缴费年限累加，满足条件的享受相应的养老保险待遇。

②退休年龄：男性60岁，女性50岁。

从事井下、高温、高空、特别繁重体力劳动或其他有害身体健康工作的，男55岁，女45岁；因病或非因工致残的，退休年龄为男50岁，女45岁（公务员/事业单位女性55岁，政府机关和事业单位养老保险制度与企业职工基本养老保险制度有所不同）。

（5）保险水平

养老保险水平由两个因素决定：一是制度目标养老金工资替代率，即养老金占退休前工资收入的百分比；二是养老金调整机制，即政府根据一定的参照目标（比如：社会平均工资增长率或者物价上涨率等）适时调整养老金待遇（调待）。

我国基本养老保险所预计的目标替代率为58.5%。数据显示，我国城镇职工养老保险替代率由2002年的72.9%下降到2005年的57.7%，2011年为50.3%①。我国基本养老金工资替代率一直有变动。1951年2月我国颁布《中华人民共和国劳动保险条例》，替代率为35%～60%；1953年在《保险条例实施细则修正案》中替代率调整为50%～70%；1958年，我国颁布的《关于工人、职员退职处理的暂行规定》将退休金根据连续工龄和一般工龄的长度分为三个档次，替代率依次为50%、60%和70%。

2. 新中国企业职工养老保险历史

新中国60年养老保险历史可以划分为两个时期：国家保险模式时期（1951—1986年）和“社会统筹与个人账户相结合”模式时期（1986至现在），前一个时期与计划经济体制相适应，后一个时期与市场经济体制相适应。

前一个时期养老保险历程可以概括为：从有限社会统筹保险阶段（1951—1969年）到单位保险阶段（1969—1986年），其标志性政策法规分别是《中华人民共和国劳动保险条例》（1951年）和《关于国营企业财务工作中几项制度的改革意见（草案）》（1969年）。后一个时期发展历程可以概括为：从“社会统筹与个人账户”模式建立（1980年代中期—1990年代中期）到不断完善阶段（1990年代中后期至现在），分别以《国营企业实行劳动合同制暂行规定》（1986年）和《关于建立统一的企业职工基本养老保险制度的决定》（国发〔1997〕26号）为标志。

（1）国家养老保险模式时期（1949—1986年）

国家养老保险模式时期分前后两段，前一阶段是全国有限统筹互济的养老保险，后一阶段统筹互济性质没有了，退化为各自为政的单位养老保险。但是，这两个阶段的养老保险制度都带有“国家养老保险”模式的共同特征，即现收现付制、个人不缴费、就业/工资关联、企业与机关各成系统。

①统筹保险阶段（1949—1969年）。

新中国成立以后，国家政务院于1951年2月23日第73次政务会议通过了《中华人民共和国劳动保险条例》（简称《劳动保险条例》），并于1953年1月2日进行了修订，这是一个包括养老、疾病、工伤、生育等多方面内容的综合性的社会保险法规。《劳动保险条例》标志着新中国的养老保险制度初步建立。

在《劳动保险条例》颁布和实施以后的十多年里，国家根据政治经济发展的实际又颁布一系列关于养老保险的“规定”和“办法”，其中主要的规定和办法包括：

① 李唐宁．财政补贴养老保险再增371亿 替代率下降致其难持续［N］．经济参考报，2014-06-23.

《中华人民共和国劳动保险条例实施细则》（1951年3月24日劳动部公布试行）、《国家机关工作人员退休处理暂行办法》（国务院1955年12月29日）、《国务院关于工人、职员退休处理的暂行规定》（1958年2月9日公布）、《关于轻、手工业集体所有制企业职工、社员退休统筹暂行办法》和《关于轻、手工业集体所有制企业职工、社员退职暂行办法》（1964年4月20日）等。至1969年，我国城镇已经基本上建立了比较完整的养老保险体系，也奠定了中国计划经济时期养老保险基本框架结构。其特征上面已有描述，就是个人不缴费、现收现付制、就业/工资关联、企业与机关各成系统。这一阶段有社会统筹的因素，条例要求企业提留的劳动保险金，有30%要上交全国总工会，用作统筹互济，这项规定在1969年被取消了，中国养老保险进入了“单位保险阶段”。

②单位保险阶段（1969—1986年）。

养老保险制度的发展完善进程在1966年开始的“文化大革命”期间停滞甚至倒退，政府职能部门出现混乱，各级工会组织受到冲击，原有的社会保险管理制度不能顺利实行。1969年2月，财政部发布了《关于国营企业财务工作中几项制度的改革意见（草案）》，要求“国营企业一律停止提取工会经费和劳动保险金”，“企业的退休职工、长期病号工资和其他劳保开支，改在营业外列支”。从此，劳动保险金不再积累，开始作为各企业当期成本。本企业退休职工少养老保险金就少开支，退休职工多就多开支。养老保险变成了各企业内部的事情，丧失了其社会统筹调剂功能，社会养老保险制度变成了单位养老保险制度，“单位保险模式”给日后的经济体制改革和现代企业制度建立造成了巨大麻烦。

1976年“文化大革命”结束，但是社会保险工作的整顿需要有一定时间，历史的惯性一时难以扭转，养老保险工作只能先顺势而为，做一些修补和完善工作，进一步改革有赖于经济体制的变化。“文化大革命”结束后10年，关于养老保险制度建设比较重要的法规有：1978年6月，国务院颁发了《关于安置老弱病残干部的暂行办法》和《关于工人退休、退职的暂行办法》；1980年3月，国家劳动总局和全国总工会联合发布的《关于整顿与加强劳动保险工作的通知》；1980年10月，国务院颁布《关于老干部离职休养的暂行规定》；1982年2月，中共中央《关于建立老干部退休制度的决定》（中发〔1982〕13号）；1983年1月，劳动人事部发布《关于建国前参加工作的老工人退休待遇的通知》等。这些规定对养老保险制度所起的作用是：整顿加强了养老保险管理，提高了退休待遇，其中最重要的是废除了“干部终身制”传统，建立了老干部的正常退休制度和“离休”制度。

20世纪80年代初，从经济层面看，由中国农村开始的经济改革蔓延至城市，经济转轨，政企分开，企业走向市场，现代企业制度普及开来，劳动力也开始流动起来。20世纪80年代中期，我国开始在全民所有制企业新职工中实行劳动合同制。从社会层面看，中国老龄化时代急速到来，单位养老保险模式的弊病终于显现：第一，单位养老保险模式严重阻碍劳动力流动；第二，单位养老保险模式导致企业之间不公平竞争，老企业退休职工多，养老金成本高，新企业甚至没有养老金成本；第三，人口老龄化使得“体制内抚养比”（即覆盖范围内退休人数对在业人数之比）提高，

“现收现付制”捉襟见肘。中国养老保险制度模式革命性变化的时代即将到来。

③国家养老保险模式时期中国养老保险的主要内容。

以上几节对养老保险制度作了一些比较宏观的描述，下面以1951年《劳动保险条例》为根本，以1958年和1978年两次修改为补充，综合关于机关事业单位养老的一些重要条例，对我国这一时期养老保险具体内容介绍如下：

覆盖范围：有职员一百人以上的国营、公私合营、私营及合作社经营的企业及其职工；全民所有制、集体所有制企业及其职工；机关事业单位员工。

经费来源：企业负责，政府担保，个人不缴费。（1969年以前企业缴费，所有福利费总费率为企业全部工人与职员工资总额的3%，其中70%留存本企业工会，30%上交全国总工会作为调剂金。当时没有单独规定养老保险费率）

领取条件：①达到法定退休年龄。工人，男性60岁，女性50岁；干部（机关事业单位），男性60岁，女性55岁。特殊行业或特殊工种退休年龄可以提前，高级官员和专家教授等退休年龄可以延长。②工龄满10年。

保险待遇：养老金与工龄和工资挂钩。一般情况下，企业工人连续工龄满20年，最高养老金工资替代率为75%；机关事业单位干部，工龄满35年，最高养老金工资替代率为88%；对于在机关工作的工人（公勤人员），其养老金工资替代率最高达90%（工作满35年）。工龄20/35年以下，养老金工资替代率相应递减。

（2）“统账结合”养老保险模式时期（1986年至今）

“社会统筹与个人账户相结合”制度模式的建立有一个过程，所以这个时期也可以分为个两阶段。

①酝酿与准备阶段（20世纪80年代中期至90年代中期）。

1984年10月，中国共产党第十二届三中全会发布了《中共中央关于经济体制改革的决定》，我国经济体制改革在城市铺开，政府与企业的关系重新调整，企业脱离政府包办，独立核算、自负盈亏，企业保险负担包括养老负担的问题，以及企业之间养老费用“苦乐不均”的问题马上显现出来。1984年广东东莞、江门进行养老保险社会统筹试点，试图突破单位保险的框架，它不是过去养老保险统筹的恢复，而是未来养老保险统筹的萌芽。1985年1月，劳动人事部保险福利局《关于做好统筹退休基金与退休职工服务管理工作的意见》发布，统筹养老金有了明确的国家政策。1986年7月12日，国务院颁布了《国营企业实行劳动合同制暂行规定》，决定国有企业新招工人一律实行劳动合同制，并首先在劳动合同制工人中实行养老保险个人缴费制度。该规定的第二十六条规定如下：

“国家对劳动合同制工人退休养老实行社会保险制度。退休养老基金的来源，由企业和劳动合同制工人缴纳。退休养老金不敷使用时，国家给予适当补助。企业缴纳的退休养老基金，在缴纳所得税前列支，缴纳的数额为劳动合同制工人工资总额的15%左右。劳动合同制工人缴纳的退休养老基金数额为不超过本人标准工资的3%。由企业按月在工资中扣除，向当地劳动行政主管部门所属的社会保险专门机构缴纳。”

养老保险统筹摆脱了“单位保险”束缚，而养老保险个人缴费在新中国历史上是第一次，未来“统账结合”模式就此埋下伏笔，因此，《劳动人事部保险福利局关于做好统筹退休基金与退休职工服务管理工作的意见》和《国营企业实行劳动合同制暂行规定》也就成了开启中国养老保险新时代的标志性法规。

1991年6月，国务院颁布了《关于企业职工养老保险制度改革的决定》，正式宣告以《劳动保险条例》(1951年)为基础的“国家养老保险模式”时代结束，要求：“逐步建立起基本养老保险与企业补充养老保险和职工个人储蓄性养老保险相结合的制度。改变养老保险完全由国家、企业包下来的办法，实行国家、企业、个人三方共同负担，职工个人也要缴纳一定的费用。”不仅是新合同制工人，所有企业职工个人都将缴纳养老保险费，我国从此也开始建设“三支柱”养老保险安全网。

1993年，中共十四届三中全会通过《中共中央关于建立社会主义市场经济体制若干问题的决定》，正式提出建立“统账结合”的养老保险模式：“城镇职工养老和医疗保险金由单位和个人共同负担，实行社会统筹和个人账户相结合。”1995年3月，国务院发布《关于深化企业职工养老保险制度改革的通知》，全国范围内开始试行“社会统筹与个人账户相结合”的基本养老保险制度。在以后的两年多时间里，全国各地根据自己的情况，试行方案，积累了经验，也暴露了问题。主要问题是各地一些具体实施办法不统一，覆盖范围、个人账户规模、保险费率、保险水平、统筹层次等有诸多不同，这些不仅会影响养老保险制度自身发展，还会影响劳动力顺畅流动，造成全国统一劳动力市场的人为阻隔。养老保险急需一个全国统一的制度。

②建立与完善阶段(20世纪90年代中后期至2005年)。

1997年7月，通过总结各地试行经验，权衡各方利弊，国务院颁布《关于建立统一的企业职工基本养老保险制度的决定》(国发〔1997〕26号)，正式向全国推广“社会统筹与个人账户相结合”的养老保险模式。在中国社会保障史上，该决定是一个具有划时代意义的法规，标志着我国社会保障制度(不仅仅是养老保险制度)发生了革命性的变化。以“齐心协力推进养老保险改革”为标题的人民日报社论(1997年7月30日)将此称为“我国社会保障制度改革的一个重要里程碑”。

这里所谓的“统一”主要是指统一了资金来源，统一了企业和个人的保险费率，统一了个人账户的规模，统一了保险水平(计发办法)等。同时该决定将基本养老保险范围扩大到“城镇所有企业及其职工”。此后两年国务院又接连颁布两个重要法规，即《关于实行企业职工基本养老保险省级统筹和行业统筹移交地方管理有关问题的通知》(1998年8月)和《社会保险费征缴暂行条例》(1999年1月)，进一步规范了养老保险的管理。规范和调整养老保险制度是一个过程，各种新问题会在新制度的实行过程中不断产生，这就需要不断规整。

2000年12月25日，国务院发布了《关于完善城镇社会保障体系的试点方案》，调整了两个账户的比例，企业缴费全部进入统筹账户，不再划入个人账户。2001年7月，辽宁省首先开始进行试点工作，以后又逐步扩大到其他省(自治区、直辖市)确定的部分地区。

2005年12月，国务院《关于完善企业职工基本养老保险制度的决定》(国发〔2005〕38号)发布，有三项重要新变化：养老金计发办法调整，更加注重养老金与个人工资的关联，更加注重与缴费时间挂钩；个体工商户和灵活就业人员开始纳入养老保险范围；正式确认2000年试点方案对两个账户规模的调整，即企业按缴费工资20%记入“统筹账户”，个人按缴费工资8%记入“个人账户”。

2010年10月28日，《中华人民共和国社会保险法》（以下简称《社会保险法》）在第十一届全国人民代表大会常务委员会第十七次会议上通过，同日，国家主席发布了35号“国家主席令”：公布《中华人民共和国社会保险法》，自2011年7月1日起施行。《社会保险法》进一步从法律上明确国家建立基本养老、基本医疗和工伤、失业、生育等社会保险制度，并给养老保险制度以法律保障。

根据2014年国家人社部发布的《2013年全国社会保险情况》，2013年年末全国参加城镇职工基本养老保险人数为32 218万人，比上年年末增加1 792万人，其中，参保职工24 177万人，参保离退休人员8 041万人，分别比上年年末增加1 196万人和595万人。

2013年年末参加城镇职工基本养老保险的农民工人数为4 895万人，比上年年末增加352万人。

2013年年末企业参加城镇职工基本养老保险人数为30 049万人，比上年年末增加1 778万人。

2013年年末城乡居民基本养老保险参保人数49 750万人，比上年年末增加1 381万人，其中实际领取待遇人数13 768万人。

另据人力资源和社会保障部新闻发言人披露，至2013年年末，中国已有15个省份建立统一的城乡居民基本养老保险制度。

3.4.2 国家机关和事业单位养老保险

1. 国家机关和事业单位概念

国家机关和事业单位在性质上与企业单位不同，企业单位是以营利为目的独立核算的法人或非法人单位。它的特点是自收自支，通过成本核算，进行盈亏配比，通过自身的盈利解决自身的人员供养，提供社会服务，创造财富价值。而国家机关是从事国家管理和行使国家权力的机关，包括国家元首、权力机关、行政机关和司法机关，其工作人员被称为公务员。

事业单位一般是国家设置的带有一定的公益性质的机构，它参与社会事务管理，履行管理和服务职能，宗旨是为社会服务，主要从事教育、科技、文化、卫生等活动。其上级部门多为政府行政主管部门或者政府职能部门。一般情况下，国家会对这些事业单位予以财政补助。事业单位分为：全额拨款事业单位，如学校等；差额拨款事业单位，如医院等；国家不拨款的事业单位，如出版社等。没有国家财政拨款的事业单位，自负盈亏，参照企业养老保险办法。

2. 国家机关和事业单位养老保险制度主要内容

我国现行的国家机关和事业单位养老保险制度以2015年1月国务院颁布的《关于机关事业单位工作人员养老保险制度改革的决定》（国发〔2015〕2号）和《中华人民共和国社会保险法》（2011年7月1日起施行）为法律依据。《关于机关事业单位工作人员养老保险制度改革的决定》的颁布，标志着机关事业单位与企业一样开始实行社会统筹与个人账户相结合的基本养老保险制度（调整从2014年10月1日起）。

其主要内容与前述企业职工养老保险制度大体相同：

（1）覆盖范围

按照公务员法管理的单位、参照公务员法管理的机关（单位）、事业单位及其编制内的工作人员。

（2）保险缴费

单位缴费的比例为本单位工资总额的20%，个人缴费的比例为本人缴费工资的8%，由单位代扣。按本人缴费工资8%的数额建立基本养老保险个人账户，全部由个人缴费形成。个人工资超过当地上年度在岗职工平均工资300%以上的部分，不计入个人缴费工资基数；低于当地上年度在岗职工平均工资60%的，按当地在岗职工平均工资的60%计算个人缴费工资基数。

（3）保险支付

基本养老金由基础养老金和个人账户养老金组成。

退休时的基础养老金月标准以当地上年度在岗职工月平均工资和本人指数化月平均缴费工资的平均值为基数，缴费每满1年发给1%。

个人账户养老金月标准为个人账户储存额除以计发月数，计发月数根据本人退休时城镇人口平均预期寿命、本人退休年龄、利息等因素确定。个人账户计发月数与退休年龄的一般情况如表3-2所示。

表3-2 **个人账户养老金计发月数表**

退休年龄	计发月数	退休年龄	计发月数
40	233	56	164
41	230	57	158
42	226	58	152
43	223	59	145
44	220	60	139
45	216	61	132
46	212	62	125
47	207	63	117
48	204	64	109
49	199	65	101
50	195	66	93
51	190	67	84
52	185	68	75
53	180	69	65
54	175	70	56
55	170		

(4) 支付条件

男性年满60岁，女性年满55岁；缴费年限（含视同缴费年限）15年。

(5) 转移接续

参保人员在同一统筹范围内的机关事业单位之间流动，只转移养老保险关系，不转移基金。参保人员跨统筹范围流动或在机关事业单位与企业之间流动，在转移养老保险关系的同时，基本养老保险个人账户储存额随同转移，并以本人改革后各年度实际缴费工资为基数，按12%的总和转移基金，参保缴费不足1年的，按实际缴费月数计算转移基金。转移后基本养老保险缴费年限（含视同缴费年限）、个人账户储存额累计计算。

(6) 建立职业年金制度

机关事业单位在参加基本养老保险的基础上，应当为其工作人员建立职业年金。单位按本单位工资总额的8%缴费，个人按本人缴费工资的4%缴费。工作人员退休后，按月领取职业年金待遇。

(7) 保险水平调整机制

根据职工工资增长和物价变动等情况，统筹安排机关事业单位和企业退休人员的基本养老金调整，逐步建立兼顾各类人员的养老保险待遇正常调整机制，分享经济社会发展成果，保障退休人员基本生活。

3. “并轨”前国家机关和事业单位养老保险制度的主要内容

(1) 覆盖范围

国家机关和事业单位员工。

(2) 保险缴费

个人不缴费，财政拨款。

(3) 保险支付

实行“就业工资关联”支付原则，就是养老金待遇水平与工龄长短、工资高低挂钩。根据《关于机关事业单位离退休人员计发离退休费等问题的实施办法》（国人部发〔2006〕60号）、《关于公务员工资制度改革和事业单位工作人员收入分配制度改革实施中有关问题的意见》（国人部发〔2006〕88号），国家机关和事业单位工作人员养老金计发标准见表3-3。

表3-3 **国家机关公务员和事业单位工作人员养老金计发标准**

国家机关公务员		事业单位工作人员	
工作年限	工资替代率（职务工资+级别工资）	工作年限	工资替代率（岗位工资+薪级工资）
10年以下	50%	10年以下	
10~20年	70%	10~20年	70%
20~30年	80%	20~30年	80%
30~35年	85%	30~35年	85%
35年以上	90%	35年以上	90%

（4）资格条件

到达法定退休年龄，连续工龄一般要求10年。普通员工退休年龄：男60岁，女55岁。省厅局长及以上干部、少数高级专家可延长退休年龄：担任中央、国家机关部长、副部长，省、市、自治区党委第一书记、书记，省政府省长、副省长，以及省、市、自治区纪律检查委员会和法院、检察院主要负责干部的，正职一般不超过65岁，副职一般不超过60岁；在党政机关、事业单位、群众团体工作的县（处）级女干部，凡能坚持正常工作、本人自愿的，其离休退休年龄可到60周岁。

（5）离休及其待遇

“离休”是我国养老保险制度中对待特殊群体（革命老干部）的一项特殊养老安排。离休不是一项独立的制度，包含在养老保险的制度框架之内，只是在退休待遇方面对“离休者”有所优惠。

①离休条件。符合以下四种条件之一即可享受离休待遇：1949年10月1日前参加中国共产党所领导的革命军队的；在解放区参加革命工作并脱产享受供给制待遇的；在敌占区从事地下革命工作的；在东北和个别老解放区，1948年年底以前享受当地人民政府制定的薪金制待遇的。

②离休待遇。离休金按本人离休前原工资100%发给，对抗日战争时期参加革命工作的还有1～1.5个月的生活补贴。

1937年7月7日—1942年12月31日（抗日战争前期）参加革命工作的老干部，按本人离休前标准工资，每年增发一个半月的工资作为生活补贴。

1943年1月1日—1945年9月2日（抗日战争后期）参加革命工作的老干部，按本人离休前标准工资，每年增发一个月的工资作为生活补贴。

1945年9月3日—1949年9月30日（解放战争时期）参加革命工作的老干部，不增发生活补贴。

4. 国家机关和事业单位养老保险制度改革

我国机关事业单位与企业从1949年以来就实行不同的养老保险制度。相比于城镇企业职工养老保险制度改革，我国机关事业单位养老保险制度改革比较滞后。由于工资水平和养老金发放办法不同，导致企业职工养老福利相对水平下降，两部门之间流动不畅，成为新的社会不公。事业单位养老保险试点改革从1992年开始，从2014年7月1日起，改革推向全国。

机关事业单位养老保险制度改革早在1992年就启动过，原人事部就曾下发《人事部关于机关、事业单位养老保险制度改革有关问题的通知》（人发〔1992〕2号），并在云南、江苏、福建、山东、辽宁、山西等省开始局部试点，由于诸多原因，这次试点没有引发全国性的改革。

2000年，《国务院关于印发完善城镇社会保障体系试点方案的通知》（国发〔2000〕42号）中关于改革机关事业单位职工养老保险办法有如下规定：①公务员（含参照国家公务员制度管理的事业单位工作人员）的现行养老保险制度仍维持不变。②全部由财政供款的事业单位，仍维持现行养老保险制度；已改制为企业的，执行城镇企业职工基本养老保险制度，并保持已退休人员基本养老金水平不变；由财政部分供款事业单位的养老保险办法，在调查研究和试点的基础上另行制定。③公务员转入企业工作的，执行企业职工的基本养老保险制度；企业职工调入机关的，执行机关的基本养老保险制度。其养老保险关系的衔接以及退休时待遇计发的办法，另行研究制定。④已经进行机关事业单位养老保险制度改革试点的地区，要继续完善和规范。

2008 年 3 月 14 日，国务院发布《关于印发事业单位工作人员养老保险制度改革试点方案的通知》（国发〔2008〕10 号），事业单位员工养老保险制度改革重新启动。国务院决定在山西省、上海市、浙江省、广东省、重庆市先期开展试点，与事业单位分类改革试点配套推进。试点的主要内容包括：建立“社会统筹和个人账户相结合”的模式，养老保险费用由单位和个人共同负担，退休待遇与缴费相联系，基金逐步实行省级统筹，建立职业年金制度，实行社会化管理服务等。未进行试点的地区仍执行现行事业单位退休制度。

试点地区事业单位养老保险制度根据《事业单位工作人员养老保险制度改革试点方案》，实行“社会统筹和个人账户相结合”的模式。主要内容与现行“企业职工基本养老保险”大体相同。

国务院 2014 年 5 月 15 日发布的《事业单位人事管理条例》（2014 年 7 月 1 日起施行）第三十五条规定：“事业单位及其工作人员依法参加社会保险，工作人员依法享受社会保险待遇。”事业单位职工养老保险制度改革从此将全面展开，具体实施办法还有待于明确。

2015 年 1 月国务院颁布《关于机关事业单位工作人员养老保险制度改革的决定》（国发〔2015〕2 号），机关事业单位与企业养老保险正式“并轨”。改革将根据“一个统一、五个同步”的原则继续进行。“一个统一”，即党政机关、事业单位建立与企业相同基本养老保险制度，实行单位和个人缴费，改革退休费计发办法；“五个同步”，即机关与事业单位同步改革，职业年金与基本养老保险制度同步建立，养老保险制度改革与完善工资制度同步推进，待遇调整机制与计发办法同步改革。改革在全国同步实施。

3.4.3 城乡居民养老保险

1. 背景和意义

统一的城乡居民养老保险是在“新型农村社会养老保险（新农保）”和“城镇居民养老保险”的基础上合并统一起来的。2009 年 9 月 1 日《关于开展新型农村社会养老保险试点的指导意见》（国发〔2009〕32 号）颁布，“新农保”制度建立，2011 年 6 月 3 日《国务院关于开展城镇居民社会养老保险试点的指导意见》发布，国务院决定 2011 年 7 月 1 日向全国推广城镇居民养老保险试点。2014 年 2 月 7 日召开国务院常务会议，决定合并新型农村社会养老保险和城镇居民社会养老保险，建立全国统一的城乡居民基本养老保险制度。2014 年 2 月 21 日《国务院关于建立统一的城乡居民基本养老保险制度的意见》（国发〔2014〕8 号）颁布，城乡居民养老保险制度正式建立。同时，2014 年 2 月 24 日，中国人力资源社会保障部、财政部印发《城乡养老保险制度衔接暂行办法》，共十一条，自 2014 年 7 月 1 日起施行。

当年，城镇居民社会养老保险制度的建立标志着中国在制度上实现了“全民保险”，即覆盖全体国民的社会保险。城乡居民养老保险制度的建立标志着我国在居民养老保险方面率先实现了城乡一体化，它对于充分发挥社会保险对保障人民基本生活、调节社会收入分配、顺通城乡流动缩小城乡差别、促进城乡经济社会协调发展具有重要作用。

2. 城乡居民养老保险内容

城乡居民养老保险与原来的两种居民养老保险制度在内容上基本相同，主要不同点有四个：①个人缴费档次及相应的政府补贴；②取消了“新农保”领取养老金的资格条件中“已年满60周岁、未享受城镇职工基本养老保险待遇的，不用缴费，可以按月领取基础养老金，但其符合参保条件的子女应当参保缴费”的规定；③增加了城乡居民养老保险制度内部转移接续的规定；④2015年1月，经国务院批准，全国城乡居民基本养老保险基础养老金最低标准提高至每人每月70元，即在原每人每月55元的基础上增加15元，提高待遇从2014年7月1日算起。

下面用列表（表3-4）的方式说明城乡居民养老保险的内容，同时与两项旧制度作比较。

表3-4　　**统一城乡居民养老保险制度与分城乡旧制度对比**

	统一城乡居民养老保险	城镇居民养老保险	农村居民养老保险（新农保）
一、建立时间	《国务院关于建立统一的城乡居民基本养老保险制度的意见》国发〔2014〕8号	《国务院关于开展城镇居民社会养老保险试点的指导意见》国发〔2011〕18号	《国务院关于开展新型农村社会养老保险试点的指导意见》国发〔2009〕32号
二、覆盖范围	年满16周岁（不含在校学生），非国家机关和事业单位工作人员及不属于职工基本养老保险制度覆盖范围的城乡居民	年满16周岁（不含在校学生）、不符合职工基本养老保险参保条件的城镇非从业居民	年满16周岁（不含在校学生）、未参加城镇职工基本养老保险的农村居民
三、资金来源： 1. 个人缴费 2. 集体补助 3. 政府补贴	12个档次（元/年）：100、200、300、400、500、600、700、800、900、1 000、1 500、2 000	10个档次（元/年）：100、200、300、400、500、600、700、800、900、1 000	5个档次（元/年）：100、200、300、400、500
	有条件的村集体经济组织应当对参保人缴费给予补助	鼓励其他经济组织、社会组织和个人为参保人缴费提供资助	有条件的村集体应当对参保人缴费给予补助
	中央政府：全额支付基础养老金，对中西部地区全额补助，对东部地区给予50%的补助 地方政府：对参保人缴费给予补贴，不低于30元/人年；对选择500元及以上的，不低于60元/人·年	中央政府：全额支付基础养老金，对中西部地区全额补助，对东部地区给予50%的补助 地方政府：对参保人缴费给予补贴，补贴标准不低于每人每年30元	中央政府：全额支付基础养老金，对中西部地区全额补助，对东部地区给予50%的补助 地方政府：对参保人缴费给予补贴，补贴标准不低于每人每年30元

续表

	统一城乡 居民养老保险	城镇居民 养老保险	农村居民 养老保险（新农保）
四、建立个人账户	个人缴费、地方政府等补贴	个人缴费、地方政府等补贴	个人缴费、地方政府等补贴
五、养老金待遇	基础养老金：中央确定基础养老金最低标准，目前为70元。个人账户养老金：个人账户全部储存额除以139	基础养老金：55元/月。个人账户养老金：个人账户全部储存额除以139	基础养老金：55元/月。个人账户养老金：个人账户全部储存额除以139
六、资格条件	（1）年满60周岁、累计缴费满15年，且未领取国家规定的基本养老保障待遇； （2）新农保或城居保制度实施时已年满60周岁，不用缴费，按月领取城乡居民养老保险基础养老金； （3）距规定领取年龄不足15年的，应逐年缴费，也允许补缴，累计缴费不超过15年；距规定领取年龄超过15年的，应按年缴费，累计缴费不少于15年	（1）年满60周岁； （2）距领取年龄不足15年的，应按年缴费，也允许补缴，累计缴费不超过15年； （3）距领取年龄超过15年的，应按年缴费，累计缴费不少于15年	（1）年满60周岁、未享受城镇职工基本养老保险待遇的农村有户籍的老年人，可以按月领取养老金； （2）已年满60周岁、未享受城镇职工基本养老保险待遇的，不用缴费，可以按月领取基础养老金，但其符合参保条件的子女应当参保缴费； （3）距领取年龄不足15年的，应按年缴费，也允许补缴，累计缴费不超过15年；距领取年龄超过15年的，应按年缴费，累计缴费不少于15年
七、待遇调整	根据经济发展和物价变动等情况，适时调整全国基础养老金最低标准	根据经济发展和物价变动等情况，适时调整基础养老金的最低标准	根据经济发展和物价变动等情况，适时调整基础养老金的最低标准
八、制度内转移接续	（1）未领取城乡居民养老保险待遇的，在迁入地申请转移养老保险关系，一次性转移个人账户全部储存额，并按迁入地规定继续参保缴费，缴费年限累计计算； （2）已经领取城乡居民养老保险待遇的，无论户籍是否迁移，其养老保险关系不转移	有条件的地方，城镇居民养老保险应与新农保合并实施。其他地方应积极创造条件将两项制度合并实施	
九、强制与否	自愿参加	自愿参加	自愿参加

3. 与企业职工养老保险制度间转移接续

参加企业职工养老保险缴费满15年的，如果曾经参加过城镇或农村居民养老保险，可以申请将所缴的城乡居民养老保险费转入企业职工养老保险的“个人账户”，缴费年限不计算。

本章小结

养老保险是国家根据一定的法规，对退休老人提供基本生活保障的一种社会保险制度。1889年德国俾斯麦政府颁布的《老年、残疾、死亡保险法》是世界上养老保险制度正式建立的标志。

养老保险制度模式可以分为福利国家型、社会保险型、国家保险型和个人储蓄型。

养老保险制度结构和内容包括：覆盖范围、资金筹集、领取条件、保险支付、保险水平、遗属年金、基金运营和管理体制。

目前，中国城镇养老保险共有三套制度并行，即企业职工养老保险、机关事业单位养老保险和城乡居民养老保险。

新中国60年企业职工养老保险历史可以划分为两个时期：国家保险模式时期（1951—1986年）和“社会统筹与个人账户相结合”模式时期（1986至现在）。前一个时期养老保险历程可以概括为：从有限社会统筹保险阶段到单位保险阶段，其标志性政策法规分别是《中华人民共和国劳动保险条例》（1951年）和《关于国营企业财务工作中几项制度的改革意见（草案）》（1969年）。后一个时期发展历程可以概括为：从“社会统筹与个人账户”模式建立到不断完善阶段，分别以《国营企业实行劳动合同制暂行规定》（1986年）和《关于建立统一的企业职工基本养老保险制度的决定》（国发〔1997〕26号）为标志。

1997年7月国务院颁布《关于建立统一的企业职工基本养老保险制度的决定》（国发〔1997〕26号）是“我国社会保障制度改革的一个重要里程碑”。“社会统筹与个人账户相结合”是中国养老保险基金收支管理的一种新模式，也是中国养老保险制度的核心内容。

2008年3月14日，国务院发布《关于印发事业单位工作人员养老保险制度改革试点方案的通知》（国发〔2008〕10号），事业单位员工养老保险制度改革重新启动。取消养老保险“双轨制”成为改革方向。

2010年10月28日，《中华人民共和国社会保险法》在第十一届全国人民代表大会常务委员会第十七次会议上通过，自2011年7月1日起施行。《社会保险法》进一步从法律上明确国家建立基本养老保险制度，并给养老保险制度以法律保障。

2014年2月7日，国务院召开常务会议，决定合并新型农村社会养老保险和城镇居民社会养老保险，建立全国统一的城乡居民基本养老保险制度。2014年2月21日，国务院颁布《关于建立统一的城乡居民基本养老保险制度的意见》（国发〔2014〕8号），城乡居民养老保险制度正式建立。

2015年1月，国务院颁布《关于机关事业单位工作人员养老保险制度改革的决定》（国发〔2015〕2 号），机关事业单位与企业养老保险正式“并轨”。

复习思考题

1. 养老保险的定义和特点是什么？
2. 世界上第一个现代养老保险制度是哪个国家在何时建立的？
3. 简述养老保险模式。
4. 什么是现收现付制和完全积累制？两者各有什么利弊？
5. 什么是给付确定制和缴费确定制？
6. 简述我国养老保险制度的结构和内容。
7. 简述新中国企业职工养老保险制度的演变历史。
8. “社会统筹与个人账户相结合”的具体内容是什么？
9. 名词解释：基本养老金，老人、新人、中人，指数化月平均缴费工资，缴费工资，视同为缴费年限，养老金工资替代率，致仕、致事、致政。
10. 我国现行机关事业单位养老保险制度的内容是什么？
11. 简述我国城乡居民养老保险的内容。

案例分析题

女高工状告省人社厅想延长退休年龄被驳回

56 岁的女高级工程师收到退休通知拒绝签字，向武昌区法院诉请撤销人社部门行政审批，法院驳回她的诉求。邓女士对一审判决不服，向武汉市中级人民法院上诉。近日，市中院审结这起案件。

家住武昌区的邓女士于 1957 年 5 月出生，1975 年参加工作，1982 年就职武汉一机关单位。其间，邓女士先后被单位聘为工务检测所高级工程师、直属机关党委业务指导（高级工程师）等职。

2012 年 5 月，邓女士满 55 岁，单位认为她达到法定退休年龄，通知她办理退休手续。然而，邓女士认为，她是高工，属女性高级专家，应 60 周岁退休。因此，邓女士拒绝签字退休。

当月 20 日，邓女士所在单位向省人力资源和社会保障厅（以下简称省人社厅）申报职工退休，提交了邓女士的“退休审批表”和人事档案。其中“退休审批表”上的“职工个人签字”一栏注明：因出生日期问题，本人不签字。

省人社厅于同年 5 月签署了“准予退休”的审批意见。

2012 年 5 月 31 日，单位下发通知，告知邓女士从即日起退休。对此，邓女士不同意。随后，她到武昌区法院起诉，请求依法撤销省人社厅批准她退休的行政行为。

武昌区法院审理调查该案认为，国家关于退休的一般规定，年满 55 周岁、参加革命工作年限满 10 年的企业女干部可以退休。对少数高级专家，确因工作需要，身体能够坚持正常工作，征得本人同意，经有关主管机关批准，其退休年龄可适当延长。

因邓女士所在单位没有考虑工作需要这个条件而延长她的退休年龄，因此邓女士不符合可到60周岁退休的条件。省人社厅批准邓女士55周岁退休，符合法律规定。

市中院审理认为，“确因工作需要延长退（离）休年龄的”主要是指以下几种情况：已承担的重要工作（如重点攻关科研项目）和带博士研究生等任务尚未完成，退（离）休后将对工作带来较大影响的；特殊专业和新学科、重点学科急需的；技术力量薄弱的单位确系工作需要的；在业务上起把关作用，或在学科中起带头作用、退（离）休后尚无人接替的”。

邓女士退休前被单位聘为直属机关党委业务指导，并不在单位核心技术岗位上，省人社厅依该单位申请批准，并无不当。

资料来源 柯美学，徐丹丹．女高工状告省人社厅想延长退休年龄被驳回［N］．武汉晨报，2013-06-15.

案例思考题：

1. 男女退休不同龄是否涉嫌性别歧视?

2. 对于法院的判决你怎么看?

3. 我国要不要实行男女同龄退休?

推荐阅读资料

1.《中华人民共和国劳动保险条例》(1951年)。

2.《中华人民共和国劳动保险条例（修正草案)》(1953年)。

3. 财政部《关于国营企业财务工作中几项制度的改革意见（草稿)》(1969年)。

4. 国务院《关于建立统一的企业职工基本养老保险制度的决定》(国发〔1997〕26号)。

5. 国务院《关于完善企业职工基本养老保险制度的决定》（国发〔2005〕38号)。

6. 国务院《关于印发事业单位工作人员养老保险制度改革试点方案的通知》(国发〔2008〕10号)。

7.《中华人民共和国社会保险法》(2010年10月28日，第十一届全国人民代表大会常务委员会第十七次会议上通过)

8. 国务院《关于建立统一的城乡居民基本养老保险制度的意见》(国发〔2014〕8号)

9. 国务院《关于机关事业单位工作人员养老保险制度改革的决定》（国发〔2015〕2号)

10. 胡晓义．养老保险［M］．北京：中国劳动社会保障出版社，2011.

11. 黄乐平．新编基本养老保险操作实务［M］．北京：法律出版社，2011.

12. 龙玉其．公务员养老保险制度国际比较研究［M］．北京：社会科学文献出版社，2012.

13. 杨立雄．养老保险案例［M］．北京：中国劳动社会保障出版社，2009.

14. 吉列恩，等．全球养老保障——改革与发展［M］．杨燕绥，等，译．北京：中国劳动社会保障出版社，2002.

第4章 医疗保险

学习目标

医疗保险是涉及面最广、运作机制最复杂的一个险种，在社会保障体系中占有重要地位，学习本章后你应该：

✓掌握医疗保险的实施原则、筹资机制以及费用偿付方式

✓理解医疗保险的几种模式尤其是社会医疗保险模式的运作

✓了解我国医疗保险制度的改革与发展历程

引例

东莞开启全民公平医保时代

不管是外来打工者、农民、机关干部……东莞都能公正公平地用一个制度来覆盖，采取统一缴费、统一待遇，实现了“人人都能公平地参加医保”。

医保新政消除“金银卡”之别

2013年10月1日起，东莞正式实施新医疗保险政策，新政策取消了“金卡”和“银卡”区别，由基本险、补充险、大病险构成，实现了制度上的公平。新政施行后，全市所有参保人在这方面的权益完全一致。

“基本险”源于以往的“银卡”待遇，参保人可以获得住院和门诊报销，其中门诊可报销基本医疗费用的70%，且不限次数。住院可享受最高95%的报销比例，以及最高20万的报销额度。“补充险”包含以往“金卡”与“银卡”的待遇差别，打破单位性质的参保限定，用人单位可根据自身缴费能力，自愿选择，并不强制参加。

“不管是外来打工者、农民、机关干部……我们都公正公平地用一个制度来覆盖，采取统一缴费、统一待遇。”东莞市社保局局长梁冰说。新政实施后，终于实现了“人人都能公平地参加医保”。

本地居民和外来工医保待遇一致

东莞市委、市政府还额外赠送所有参保人一份“大礼”，年报销额度最高达30万的“大病险”。加上原先一年20万元的医保支付额度，参保人一年最多可获50万元报销。

医保制度实现“城乡一体化”是一个循序渐进的过程，随着东莞经济活跃程度提高和就业机会增加，人口数量和结构开始发生变化（至2012年年末，东莞常住人口829.23万人，其中，户籍人口187.02万人），人口倒挂的现象已见端倪。1999年《东莞市职工基本医疗保险暂行规定》公布，这一医保制度不设户籍门槛，率先把外来务工人员囊括在内。

如今在623万东莞医保参保人中，有近500万是外来务工人员，占参保人数的

80%。全国政协社会和法制委员会副主任王东进到东莞调研时说："'东莞医保模式'令人钦佩，无论是模式、体制，还是管理理念，都代表了中国医疗体制改革的发展方向和未来。"

资料来源　改编自佚名．东莞社保新政10月1日起实施［EB/OL］．［2013-10-31］．http：//news.sun0769.com/subject/2013/yibao/kaikuang/201310/t20131031_2959898.shtml.

社会医疗保险的根本目标是实现人人享有医疗保障，其目标实现机制是通过参保人缴纳保费，广泛筹集医疗保险资金，对参保患者的医疗费用给予补偿，分担他们的经济负担。在治疗疾病的同时，解除参保人"因病致贫"、"因病返贫"的困境。由于疾病发生的概率远比失业、生育、工伤和衰老等风险来得大，且与其他社会保险险种相比，医疗保险不仅涉及费用补偿，还涉及医疗服务的提供和质量，因此医疗保险就显得更为重要和复杂。

4.1 医疗保险概述

4.1.1 医疗保险的定义、特征和实施原则

1. 医疗保险的定义

医疗保险是人们因疾病、生育或意外伤害需要治疗时，由国家或社会向其提供必需的医疗服务或经济补偿的制度。医疗保险是一个意义广泛的概念，它既可以指由政府提供的社会医疗保险，也可以指由市场提供的商业医疗保险。在本章的讨论中，医疗保险主要是指社会医疗保险。社会医疗保险根据立法规定，通过强制性原则，由国家、单位（雇主）和个人共同缴纳保险费形成医疗保险基金，当个人接受医疗服务时，由社会医疗保险机构提供医疗保险费用补偿。

2. 医疗保险的特征

与其他社会保险项目一样，医疗保险具有社会保险的共同特征，如强制性、互济性、福利性、社会性等。但由于疾病风险和医疗保健服务的特殊性，医疗保险与其他社会保险项目又有着明显的区别，具有自己的特点。

（1）医疗保险具有普遍性

社会保险的其他项目如生育、失业、工伤等保险项目的给付对象只是部分人群，其他人群完全可以避开这些风险。而疾病风险是每个人都难以避免的，因此医疗保险是社会保险项目中保障对象最广泛的一个险种。

（2）医疗保险的待遇支付形式为非定额的费用补偿①

养老保险、失业保险以及工伤保险中的伤残和死亡待遇支付都实行标准的定额支付，医疗保险则不同，它根据每个患者的疾病种类和严重程度确定补偿。同时，医疗

① 郑功成．社会保障学［M］．北京：中国劳动社会保障出版社，2005：315-316.

保险的补偿待遇仅仅取决于医疗费用支出水平，而与缴费水平无关。

（3）医疗保险涉及面更广，运作机制更复杂

一方面，医疗保险涉及医疗服务提供者、参保人、医疗保险经办机构、政府、用人单位等多方的权利与义务关系，如何平衡各方利益以保证医疗保险的科学、合理运行并非易事；另一方面，医疗保险制度运行的有效性不仅与医疗保险制度本身的设计有关，还与医疗卫生服务体制以及药品生产流通体制的改革紧密相关。

（4）医疗保险的使用频率高，且费用难以控制

由于疾病的发生具有随机性和突然性，并且参保人每次医疗费用支出的数额也不相同，因此相对其他社会保险项目来讲，医疗保险对风险的预测和费用的控制比较困难。

3. 医疗保险的实施原则

医疗保险的实施必须遵循以下原则①：

（1）强制参保原则

如果采用自愿参保原则，可能会出现"逆向选择"问题，即高风险的人，如老人、体质弱的人愿意参加保险，而身体强壮的人不愿意参加保险。这将给医疗保险基金带来很大的经营风险。强制参保则能有效解决这个问题，不仅使医疗保险基金抵御风险的能力增强，还能使平均保费降低。

（2）基本保障原则

这个原则包括两层含义，即保障性和基本性。保障性是指无论参保人缴费多少，都有权获得规定的医疗服务，参保人所享受的医疗待遇与其缴费水平无关。基本性是指医疗保险的目标是满足人们的基本医疗需求，而不是满足人们的所有健康需求。

（3）平等和效率相结合原则

平等是指无论参保人的年龄、职业、职位、用工形式以及身体状况如何，他们都按照统一的规定进行缴费，并享有同等的保险待遇。效率是指要提高医疗保险的运行效果，控制医疗费用的不合理支出，杜绝浪费。

（4）权利与义务对等原则

要想享受医疗保险待遇，必须以缴纳医疗保险费（税）为前提。一旦缴纳了医疗保险费（税），参保人就有享受医疗保险服务的权利。

以上是各国实施医疗保险的一般原则。在我国，医疗保险还要坚持以下原则：

（1）以收定支，收支平衡，略有结余原则

"以收定支"是指医疗保险经办机构要根据医疗保险基金的偿付能力来决定偿付标准。"收支平衡"是指医疗保险基金不能透支。"略有结余"是指医疗保险基金要有部分储备资金，以便抵御未来的各种风险，如大规模疾病的爆发等。

（2）国家、单位、个人三方负担费用原则

在我国传统的公费医疗和劳保医疗中，个人是不需要缴费的。新的医疗保险制度要求个人承担部分费用，有利于培养个人的费用意识，减少不合理的医疗消费。

---

① 仇雨临．医疗保险［M］．北京：中国劳动社会保障出版社，2008：17-20.

（3）社会统筹和个人账户相结合原则

社会统筹基金用于支付住院或大病医疗费，个人账户主要用于支付门诊费用和定点药店购药费用。设立个人账户，一方面有助于减轻国家财政负担，强化个人的自我保障意识，另一方面能增强个人的医疗费用意识，强化医疗消费行为中的自我约束。

（4）属地化管理原则

属地化管理将社会医疗保险由单位自管转化为社会化管理，统筹地区执行统一政策，实行医疗保险基金的统一筹集、使用和管理。医疗保险实行社会化管理，既明确了政府和单位各自对职工保障所承担的责任，减轻了单位的社会事务负担，也有利于互助共济，更有利于保证基金及时足额给付。

4.1.2 医疗保险的产生与发展

欧洲是医疗保险的发源地。中世纪晚期，手工业者自发成立了“行会”组织，会员定期缴纳会费，“行会”筹资帮助生病的会员渡过难关。随着工业化的发展，大量的农民和手工业者成为产业雇佣工人。在恶劣的工作环境和悲惨的生活环境下，工人为了抵御生、老、病、死等风险，自发地成立了“共济会”、“友谊会”等互助性团体。到了19世纪末，这种团体已经覆盖到欧洲一半以上的人口。

1883年德国政府颁布《疾病保险法》，真正以法律形式确立了医疗保险的地位，该法规定某些行业中工资收入低于一定标准的工人，必须参加疾病保险基金会，保险费用由工人和雇主共同缴纳。[①] 世界上第一个强制性的医疗保险制度由此诞生。继德国之后，奥地利、挪威、英国、法国等也相继通过立法实施医疗保险。20世纪上半叶，欧洲各国医疗保险的覆盖人群从低收入工人逐渐扩展到较高收入的工人，保险范围也随着医疗技术的发展而不断扩大。在亚洲，日本于1922年制定了《健康保险法》，建立了以受雇者为对象的医疗保险制度，其后又于1938年颁布了《健康保险法》，建立了以自营业者、农民为对象的国民健康保险制度。[②] 第二次世界大战后，亚洲和拉丁美洲的发展中国家也相继探索本国的医疗保险制度建设。

目前，世界上已有160多个国家建立了不同形式的医疗保险制度，涵盖了所有发达国家和部分发展中国家。[③]

4.1.3 医疗保险的几种模式

实行医疗保险制度的国家，由于各自的经济发展水平、政治制度、传统文化和价值理念不同，其所采取的医疗保险制度也呈现出不同的特点。从医疗保险资金来源的角度，可以大致归纳为四种模式，即国民健康保障模式、社会医疗保险模式、商业保险主导模式和储蓄医疗保险模式。[④]

1. 国民健康保障模式

国民健康保障，也称为国家保障型医疗保险、全民医疗保险或全民健康保险。这

---

① 郑功成．社会保障学［M］．北京：中国劳动社会保障出版社，2005：315.
② 仇雨临．医疗保险［M］．北京：中国劳动社会保障出版社，2008：26.
③ 吕学静．现代各国社会保障制度［M］．北京：中国劳动社会保障出版社，2006：208.
④ 仇雨临．医疗保险［M］．北京：中国劳动社会保障出版社，2008：123-143.

种医疗保险模式的资金主要来自税收，政府通过预算将由税收形成的医疗保险基金有计划地拨给有关部门或直接拨给公立医院，医疗保险享受对象看病时基本上不需支付费用。在这种模式下，大部分医院都是公立或非营利性质，为患者提供免费的基本医疗服务。在公立医院工作的医务人员是受雇于政府的公务人员，他们的工资由国家分配。我国的公费医疗，前苏联和东欧国家所实行的全免费医疗，以及英国、加拿大、瑞典、爱尔兰、丹麦等国家所实行的全民医疗保险制度都属于此类。该模式的保障对象通常是全体公民（我国的公费医疗制度例外，只覆盖城镇职工）。国民健康保障模式的主要特点有：覆盖全体公民、免费医疗、个人不缴费、政府办医院、保障项目齐全、卫生资源配置有较强的计划性。

下面以英国为例，具体介绍一下国民健康保障模式。①

1948年，英国通过了《国民保健法》，规定所有英国人都可以享受免费治疗。但是，牙科手术、视力检查和配眼镜要收费（儿童配眼镜可以免费）。另外，对医生所开药品要付处方费。可以免交处方费的人群包括产妇、哺乳期妇女、儿童、退休者、医疗事故造成的病人、战争或因公伤残津贴领取者以及低收入家庭。

（1）国民保健的管理

《国民保健法》的实施由政府卫生部负责管理。全国各地分设100多个地区卫生管理局和委员会，负责管理国民保健的具体实施，每个区设有一个总医院，并设有普通医院、诊疗所、卫生中心、精神病院、传染病院、妇产医院、结核病医院等专科医院。目前，英国国民医疗保健系统共拥有2 700多所医院、37 000多名医务人员（其中医师约14 000名）、415 700名护理与接生人员以及约50万张病床。此外，还有27 000名私人开业医生、949名眼科医生和15 500名牙科医生与卫生管理当局签订合同，为国民保健系统服务。全国有约10 670个零售药店与卫生管理当局签订合同，负责国民保健处方的配药。

国民保健系统规定由医师、护士、理疗师、职业病医生、语言障碍治疗师和心理学医师对老人、伤残病人和精神病患者进行治疗，并免费为他们提供假肢、义眼、助听器、轮椅等医疗设备，重伤残病人可以免费使用响铃、无线电、电视、电话和取暖器等设备。

（2）国民保健制度的构成

英国的医疗保健服务体系分为中央、地区、地段三级。其中，公共保健服务如疾病筛选、家庭服务、精神保健、残疾人和老年人保健服务均由地区和地段一级的公共保健机构组织实施。在地段一级还设有环境卫生、住房、社会服务的专门机构，职业保健服务则由企业与地区或地段卫生部门结合起来进行。

（3）国民保健的资金来源

国民保健全部费用的80%～90%通过政府税收来支付，其余的由国民所缴纳的国民保险费、处方费及其他收费项目的收入支付。

---

① 吕学静. 现代各国社会保障制度［M］. 北京：中国劳动社会保障出版社，2006：105-107.

（4）社区保健

社区保健是英国医疗保健服务的重点，除医院服务外，其他部分均属社区保健。英国的社区保健从管理机构到服务设施拥有一整套比较完善的系统。社会保健机构与设施包括由各种专业人员组成的基层卫生保健中心、社区医院、日间医院、日间中心、社区之家等。社区保健服务分为通科医疗服务和社区护理两大部分。通科医疗服务是由家庭医生开展的一种医疗保健服务，主要内容包括常见病的诊断治疗、对精神病的防治以及妇幼保健等业务上的指导。社区护理的主要内容有家庭保健、老年保健、精神卫生、残疾人照顾和健康教育等。

2. 社会医疗保险模式

社会医疗保险是按照风险分摊原则和社会互助原则，将少数社会成员随机产生的各种疾病风险分散到全体社会参保成员的一种医疗保险制度。社会医疗保险一般通过国家立法强制实施，医疗保险基金的筹集主要来自雇主和雇员的缴费，政府给予一些补贴。当参保人及其家属因疾病、受伤或生育需要医疗服务时，由社会提供医疗服务以及部分医疗费用的补偿。目前，社会医疗保险模式被世界上100多个国家采用，成为实行医疗保险制度的国家中使用最广泛的模式。具有代表性的国家有德国、日本、法国等。社会医疗保险模式的主要特点有：多渠道筹资，设立社会化的医疗保险经办机构，患者自负部分医疗费用。

下面以德国为例，具体介绍一下社会医疗保险模式。①

1883年，德国颁布了世界上第一个社会保险法律——《疾病保险法》。该法确定了一些重要原则，如社会保险对象是从事经济活动的雇用劳动者，社会保险费由雇主和雇员共同负担，社会保险缴费按工资收入的一定比例征集，社会保险待遇水平与缴费和工资挂钩等。虽然德国的社会保险已经有了100多年的历史，其间的法律和规定历经修改，但是这些基本原则一直没有改变。

（1）德国的医疗保险系统

德国的医疗保险由两大系统构成：法定医疗保险和私人医疗保险。工资收入低于社会义务界限（4 000欧元/月）的雇员、失业者、领取养老金的退休人员、自雇人员（农民和家庭手工业者）、义务兵、大学生和就业前的实习生等，必须参加社会医疗保险。月收入高于社会义务界限的雇员、公务员、自由职业者、法官、律师、军人等，可以选择参加法定保险或私人保险。目前，德国有90%的人参加法定医疗保险，10%的人参加私人医疗保险。

（2）法定医疗保险的筹资和保险范围

德国法定医疗保险的资金主要来源于雇主和雇员的缴费，政府不拨款，银行也不贷款。德国医疗保险实行分散管理，全国没有统一的缴费率，费率由各医疗保险公司自行确定，报监督机关审批后实施。目前德国医疗保险的平均缴费率为参保人税前工资收入的13.35%，雇主和雇员各承担一半。缴费的基数有上限和下限的规定，超过上限和低于下限的部分不参与缴费。另外，靠社会福利生活的人由社会福利局代缴保

① 仇雨临．医疗保险［M］．北京：中国劳动社会保障出版社，2008：130-135.

费，雇员的子女和无工资者配偶无需缴费。

德国社会医疗保险的支付范围几乎涵盖了所有的保健和医疗项目，如疾病预防和早期诊断、疾病治疗、康复、生病期间的护理、丧葬待遇、妇女孕期和哺乳期的待遇、病假补贴及护理假期等。女性 20 岁以上、男性 45 岁以上，每年可以免费做生殖系统的防癌普查；35 岁后，每 2 年可做 1 次心血管系统功能和糖尿病的普查。儿童也有免费体检。此外，因病失去劳动能力的人可以从雇主那里领取 6 周工资，之后从医保公司获得 18 个月病假工资补贴。如果是同一种病，3 年内保险公司最多支付 78 周的工资补贴。

（3）就医模式与医疗费用分担

德国的医生分为住院医生（专科医生）和诊所医生（开业医生）。诊所治疗和住院治疗是分开的，诊所医生必须是注册医生，病人看病首先要到诊所就医，医院不直接接受门诊，只有诊所医生根据病人的病情开转院单后，病人才能到医院治疗。

在德国，参保人就医时需要负担部分药费和住院费。参保人所需支付的药费与药品包装的大小有关，个人负担之外的药费全部由保险公司承担。参保人住院治疗时，要缴纳 10% 的住院费用，但最高不超过 300 欧元。

（4）社会医疗保险管理体制

德国法定医疗保险管理体制是一种分层管理、社会自治、合同约束的管理体制。

①分层管理。德国政府的医疗卫生管理体制分为三个层次：第一个层次是联邦卫生部，负责全国医疗卫生管理，它的主要职能是制定和颁布卫生、医疗保险方面的立法和政策，对全国卫生和医疗保险运行中的重大问题进行研究和宏观调控，制定卫生防疫规划等。第二个层次是各州的卫生管理部门，负责对医院的监督和医生的组织，并负责对医院的规划和建设等。第三个层次是州以下一级的地方，包括市、县，共有 500 个卫生局负责公共的医疗问题，如社会公众和企业的卫生医疗和防疫工作等。另外，政府的职能还包括对各医疗保险机构进行监督。

②社会自治。德国的医疗保险是社会团结互助行为，政府不参与法定医疗保险的具体操作，所有医疗保险机构都是实行自治管理的社会组织。目前有 250 家法定医疗保险机构，它们是按照区域、行业、职业等划分的，实行统一的服务目录。这些医疗保险机构按公司法组建，具有法人地位，实行自我管理。

③合同约束。医疗保险经办机构与提供医疗服务的医生、药店和医院签订合同，实行合同管理。合同规定，后者的职责是在参保人生病的时候提供医疗服务，医疗费用由前者承担。一般情况下，参保人无需再支付费用。这就是德国法定医疗保险管理中提出的所谓“实物原则”，即在参保人生病的情况下，以实物形式提供必要的服务和待遇，并且原则上不要求特别的支付义务。

3. 商业保险主导模式

商业保险主导模式的特点是通过市场来筹集医疗保险费用和提供医疗服务。在该模式下，商业医疗保险的资金主要来源于参保者个人及雇主所缴纳的保险费，一般而言，政府不给予补贴。美国是实施商业保险主导模式的典型。

下面以美国为例，具体介绍一下商业保险主导模式。

美国的医疗保险体系以商业保险为主，社会医疗保险为辅。

（1）美国的商业保险制度

全美国的商业医疗保险组织多达1 800余家，这些保险组织分为非营利性和营利性两种。在各种保险项目中，以双蓝计划和管理式医疗保险最具代表性。

①双蓝计划。双蓝，是指蓝盾（Blue Shield）和蓝十字（Blue Cross），它们是美国最大的两家非营利性商业医疗保险公司。蓝盾由医生组织发起，承保范围主要为门诊服务，蓝十字由医院联合会发起，承保范围主要为住院医疗服务。双蓝计划的医疗保险基金主要来源于雇主与雇员共同缴纳的保险费。蓝盾按常规的医疗费用支付给医生，但有一个上限；蓝十字根据投保者的医疗情况向医院支付住院费用，但享有一定比例的折扣待遇。

1982年，蓝盾和蓝十字进行整合，成为蓝色组织（双蓝）。目前，美国74%的私营企业职工和80%以上的政府雇员都参加了蓝色组织，投保人数达到1.07亿。

②管理式医疗保险①。管理式医疗保险出现于20世纪60年代，这种保险的开设初衷是提高医疗服务的质量，控制医疗费用的增长。管理式医疗保险是一个处于发展中的概念，目前还没有一个统一的定义，但它具有几个显著的特点，即指定医疗服务提供者、按人头预付费用、强调预防保健、重视医疗服务质量、严格控制成本。

美国的管理式医疗保险有四种类型：健康维护组织（HMO）、优先服务者组织（PPO）、排他性服务者组织（EPO）以及定点服务计划（POS）。其中，健康维护组织和优先服务者组织覆盖的人数最多。2005年，健康维护组织的参保人数达到6 770万人，优先服务者组织的参保人数达到1.08亿人。

（2）美国的社会医疗保险

美国的社会医疗保险主要包括医疗照顾（Medicare）计划和医疗救助（Medicaid）计划。医疗照顾计划的保障对象是65岁以上的老人、65岁以下的部分残疾人、患有永久性肾功能衰竭需要长期治疗的病人。该计划所需资金来自社会保险税的一部分。医疗救助计划的保障对象是低收入人群、失业人群以及残疾人群。该计划所需资金由联邦和州政府共同负担。

4. 储蓄医疗保险模式

储蓄医疗保险模式是国家通过立法，强制劳资双方共同缴费，以雇员的名义建立保健储蓄账户（即个人账户），用于支付个人及家庭成员医疗费用的医疗保险制度。这种模式以新加坡为代表。

下面以新加坡为例，具体介绍一下储蓄医疗保险模式。

新加坡的医疗保险制度包含三个部分：一是强制性的、以帮助个人储蓄和支付医疗保险费用为目的的保健储蓄计划；二是非强制性的、对大病进行保险的医保双全计划；三是政府拨款建立的帮助贫困国民支付医疗费用的保健基金计划。

（1）保健储蓄计划

1984年，新加坡在个人账户养老保险制度基础上推行保健储蓄计划，开辟保健

① 施建祥．中国医疗保险发展模式论［M］．北京：中国物价出版社，2003：75-79.

储蓄账户，用于支付住院医疗费用和重病医疗费用。保健储蓄的缴费比例根据投保人年龄有不同的规定，35岁以下为本人工资的6%，35～44岁为7%，45岁以上为8%，保险费用由雇主和雇员各承担50%。保健储蓄基金可用于支付本人及家庭成员的住院费用和部分昂贵的门诊费用。个人在55岁时，可以提取保健储蓄账户中积累的基金，但必须保存一个“最低限额”，以确保投保人在退休后患病时有足够的储蓄金支付住院费。保健储蓄账户的所有者去世后，基金的余额可以由亲属继承，且不缴遗产税。

（2）医保双全计划

这是一种非强制性的低价医疗保险计划（大病统筹保险），带有社会统筹性质，其设立的目的是帮助参加者支付大病或慢性病的医疗费用，是保健储蓄计划的补充。中央公积金局从参加这项保险计划的会员账户中提取少量费用，实行社会统筹，调剂使用。大病住院的医疗费用，先按保健储蓄计划规定支付一定数额后，剩余部分再按医保双全计划从统筹基金中支付。

（3）保健基金计划

该计划建立于1993年，是由政府设立的救济基金，为那些无钱支付医疗费用的低收入者提供了一个安全网。保健基金由政府拨款作为启动基金，同时接受社会捐赠。

4.2 社会医疗保险筹资机制

4.2.1 社会医疗保险的筹资原则

从世界各国的实践经验来看，社会医疗保险在资金筹集上一般会坚持以下原则①：

1. 法制化原则

医疗保险系统涉及多方利益关系，如医疗服务提供方、保险方、被保险方等，他们追求的目标并不相同，所以国家必须通过立法手段实施强制性政策来筹集医疗保险基金。

2. 共同负担原则

医疗保险的性质决定了医疗保险费用应由国家、雇主和个人三方（或其中两方）共同负担，而不是单纯由一方负担。

3. 基本保障原则

医疗保险保障的是社会成员的基本医疗需求，而不是全方位的健康需求或者是高水平的医疗需求。

---

① 黄占辉，王汉亮．健康保险学［M］．北京：北京大学出版社，2006：127-129.

4. 统一费率原则

医疗保险基金在同一个统筹地区内按统一的费（税）率筹集。这有利于在统筹地区内均衡所有参保人的负担，促进企业间的公平竞争，增强医疗保险的互助互济功能。

5. 相对稳定原则

这个原则要求医疗保险费（税）率一旦确定，在短期内应保持相对稳定，不要频繁调整变动，以免影响医疗保险制度的稳定发展。

4.2.2 社会医疗保险的筹资来源

社会医疗保险的筹资来源是指社会医疗保险基金的筹资渠道。一般来讲，社会医疗保险基金有以下三种主要的筹资来源①：

1. 国家补贴

国家补贴是医疗保险基金的一个重要来源，国家补贴多少取决于该国的医疗制度、福利政策、经济发展水平及社会价值观念等因素。英国、加拿大以及北欧国家实行的是国家医疗保险制度，医疗保险基金中的绝大部分都来源于国家补贴。在我国实施的新型农村合作医疗和城镇居民基本医疗保险制度中，国家补贴也占据了相当大的比例，目前约占80%。

2. 雇主（单位）资助

雇主（单位）资助是指由雇员所在单位按照雇员工资的一定比例为雇员缴纳一定的保险费。在大部分实行社会医疗保险的国家，如德国、日本、韩国，医疗保险费的缴纳是雇主和雇员各分担一半。在我国城镇职工基本医疗保险制度中，政策规定用人单位的缴费比例为职工工资总额的6%左右。

3. 雇员（个人）缴费

雇员（个人）缴费是医疗保险基金的一个重要组成部分。雇员（个人）缴费数额通常是其年平均工资总额的一定比例。雇员（个人）缴费有诸多好处：其一，能提高缴费水平，从而提高医疗保险待遇；其二，能强化雇员（个人）的费用意识，减少不合理的医疗消费；其三，能提高个人的自我保健意识。不同国家雇员（个人）的出资比例有所不同，我国职工医疗保险政策规定职工缴费率一般为本人工资的2%。

以上是医疗保险的三种主要筹资来源。此外，医疗保险的筹资来源还包括医疗保险基金的利息收入、投资收益、社会福利彩票的发行、参保人或用人单位滞纳金的缴纳等。

4.2.3 社会医疗保险的筹资模式

从不同的角度，社会医疗保险的筹资方式可以被划分为不同类型②：

---

① 仇雨临. 医疗保险. 北京：中国劳动社会保障出版社，2008：159-162.
② 黄占辉，王汉亮. 健康保险学［M］. 北京：北京大学出版社，2006：133-138.

1. 按基金的积累状况划分

按基金的积累状况划分，可以把医疗保险的筹资模式分为统筹分摊式、预提分摊式和部分积累式。

（1）统筹分摊式

统筹分摊式，也叫现收现付式，这种模式以横向收支平衡为原则，先测算出年内需要支付的医疗保险费，然后以支定收，将这笔费用按一定的规则分摊到参加医疗保险的所有单位和个人，当年提取，当年支付。该模式的优点是简单易行，同时由于平衡周期短，不需要较大数量的风险储备金。该模式的缺点在于，当社会人口结构和劳动力的年龄结构发生变化时，可能会增加现有人口和劳动力的负担。目前，世界上大多数国家采用这种模式。

（2）预提分摊式

该模式根据长期收支平衡原则确定医疗保险费率，即在预测未来若干年内医疗保险费用支出的基础上，确定一个可以保证在这些年内收支平衡的平均费率，并对已提取但尚未支付的保险基金有计划地管理运营。该模式计算复杂，实施难度大，社会共济能力差，适用于商业健康保险。

（3）部分积累式

部分积累式，又称混合式，即统筹分摊式与预提分摊式的结合。这种模式以近期平衡为基础，兼顾长期平衡。我国城镇职工基本医疗保险所采取的“社会统筹与个人账户相结合”模式，就属于部分积累式。

2. 按筹资对象划分

按筹资对象划分，可以把医疗保险的筹资模式分为四类：

（1）政府全额负担式

该种模式主要见于实行全民免费医疗保险制度的国家。例如：在英国，医疗保险费由各级财政拨付，个人只需付少量挂号费和门诊费；在加拿大，医疗保险费由各级政府承担，病人只需缴纳少量费用。

（2）政府和个人分担式

该模式有两种方法：一种是政府负担居民在公立医院的费用，居民去私立医院就医需自费，如英国、澳大利亚；另一种是个人缴纳少量保险费，政府给予大部分补助，如日本和韩国对农民的医疗保险就采用这种方法。

（3）政府、雇主（单位）和个人三方分担式

实行社会医疗保险制度的大多数国家都采用此种模式，只是三方在分担比例上有所不同而已。

（4）雇主（单位）和个人分担式

在该模式中，政府不给予补助。例如：日本和德国对以产业工人为保障对象的医疗保险组织不给予补助；在新加坡的保健储蓄计划以及美国的健康维护组织中，政府仅参与管理，不给予经费补贴。

3. 按医疗保险基金的征集形式划分

按医疗保险基金的征集形式划分，医疗保险的筹资模式可分为以下四种：

(1) 国家税收式

国家税收式，即国家通过征税的形式筹集医疗保险基金，然后通过财政预算拨款的方式将资金拨付给医疗服务提供者。该模式主要见于实行国家医疗保险制度的国家，如英国、加拿大。

(2) 强制缴费式

强制缴费式，即国家通过法律手段强制性要求符合某种条件的居民及其雇主（单位）缴纳保险费。该模式常见于实行社会医疗保险制度的国家，如德国、日本、韩国。

(3) 自愿投保式

自愿投保式，即社会成员自愿参保，并缴纳一定的费用，医疗保险待遇与缴费多少以及投保项目密切相关。该模式常见于实行商业医疗保险制度的国家，如美国。

(4) 储蓄账户式

储蓄账户式，即国家通过立法强制要求劳动者缴纳储蓄性医疗保险，建立个人医疗账户。该模式主要见于实行储蓄医疗保险制度的国家，如新加坡。

4.3 社会医疗保险费用偿付方式

4.3.1 社会医疗保险费用偿付的特点和原则

社会医疗保险费用偿付，也称为社会医疗保险费用支付或结算。它是指在参保人享受医疗服务后，社会医疗保险组织或机构遵循相关制度规定，对医疗过程中所产生的医疗费用进行部分或全部补偿的行为。医疗保险费用偿付的具体方法和途径，就是医疗保险费用的偿付方式。[①]

1. 社会医疗保险费用偿付的特点[②]

(1) 社会医疗保险费用偿付具有复杂多样性

社会医疗保险费用偿付的复杂多样性主要表现在以下三个方面：其一，与其他社会保险项目相比，社会医疗保险费用偿付过程中涉及的主体较多，包括参保者、医疗服务提供者以及社会医疗保险组织者（经办机构）。在进行社会医疗保险费用偿付时，偿付对象可以是参保者，也可以是医疗服务提供者。其二，参保者所患疾病种类及病情严重程度各不相同，社会医疗保险组织者必须进行精确的测算，设计出合理的偿付规则，才能确保社会医疗保险基金的收支平衡。其三，从世界各国的实践情况来看，社会医疗保险费用偿付往往需要采取多种方式，以减少单一偿付方式带来的弊端。因此，相比其他社会保险项目，社会医疗保险费用偿付方式多样、种类繁多。

---

① 仇雨临，孙树菡．医疗保险［M］．北京：中国人民大学出版社，2001：111.
② 仇雨临．医疗保险［M］．北京：中国劳动社会保障出版社，2008：191-192.

（2）社会医疗保险的偿付环节将社会医疗保险组织者与医疗服务提供者连接起来，成为二者直接发生经济关系的纽带

在传统的医疗服务中，医生和患者直接发生交换关系，即医生提供医疗服务，患者支付医疗费用。而在社会医疗保险制度下，原来的“医生-病人”双方关系变成了“参保者-医疗服务提供者-医疗保险组织者”三方关系。在这个新的关系链中，医疗费用由医疗保险组织者为参保者偿付。这一特点使医疗费用的偿付与医疗服务的享受分离，使医患之间的经济关系退到次要地位，解除了患者对医疗费用的担忧。

（3）社会医疗保险经办机构与定点医疗机构的费用偿付关系是一种法律关系

为了便于管理，医疗保险经办机构会为参保者选定一家或几家医院，作为患者就医的医疗机构，被选定的医院叫做定点医疗机构。社会医疗保险经办机构与定点医疗机构必须签订保险费用偿付合同来规定各自的权利和义务。定点医疗机构有义务向参保者提供合同规定的医疗服务，同时有权利从医疗保险经办机构获得经济补偿。社会医疗保险经办机构有义务承担医疗费用偿付的责任，同时有权利对定点医疗机构进行检查和监督。医保双方的这种法律关系，保证了医疗费用补偿的可靠性和及时性。

（4）社会医疗费用的偿付是有限的

由于社会医疗保险收取的保险费是有限的，因此社会医疗保险的保障范围和待遇水平也是一定的。同时，为了减少参保者不合理的医疗需求并抑制医疗服务提供者的诱导需求，社会医疗保险经办机构往往会对参保者的就医行为以及医疗服务提供者的医疗行为作出相关规范。

2. 社会医疗保险费用偿付的原则

社会医疗保险费用偿付应遵循以下基本原则①：

（1）以收定支、收支平衡原则

这项原则要求社会医疗保险制度应根据筹资水平确定费用偿付标准和偿付水平，保证社会医疗保险基金的收支平衡。为此，社会医疗保险费偿付要充分运用医学、统计学及精算学的相关技术和方法，从药品、诊疗目录、医疗服务设施等方面科学、合理地确定社会医疗保险的保障范围和待遇水平。

（2）权利与义务对等原则

对于参保者来讲，只有履行了缴纳医疗保险费的义务，才能够享受患病后获取医疗服务或从医疗保险经办机构得到经济补偿的权利。对于定点医疗机构来讲，其拥有获得医疗服务成本经济补偿的权利，同时也必须履行为参保者提供安全、有效、周到的医疗服务的义务。

（3）按时、足额、合理偿付原则

这项原则是指：第一，社会医疗保险费用偿付必须在规定的保障范围内，社会医疗保险对超出保障范围的医疗费用不予偿付。第二，社会医疗保险费用偿付不得超出参保者实际发生或支出的医疗费用。第三，社会医疗保险费用偿付仅限于参保者患病就医发生的直接医疗费用，对于各种间接费用如就医路费、伙食费、误工费等不予偿

① 姚宏．医疗与生育保险［M］．北京：中国劳动社会保障出版社，2005：130-132.

付。第四，社会医疗保险费用只对按时、足额缴纳保险费的参保者进行偿付，没有参保的人或未按时、足额缴纳保险费的人都无权享受社会医疗保险费用的偿付。

4.3.2 社会医疗保险医疗服务需方的偿付方式

社会医疗保险医疗服务的需方是参保人，社会医疗保险医疗服务需方的偿付方式是指对参保人所需分担部分医疗费用的偿付方法。

社会医疗保险医疗服务需方的偿付方式主要包括以下几种：

1. 起付线法

起付线法，又称为扣除法，指参保人发生医疗费用之后，首先自付一定额度的医疗费用，超出此额度的医疗费用由医疗保险经办机构支付。这个自付额度称为起付线（俗称“门槛”）。

起付线法一般可分为三种类型①：年度累计费用起付线法、单次就诊费用起付线法、单项目（一般为特殊医疗项目）费用起付线法。

起付线法的偿付方式具有以下优点：首先，有利于集中有限财力，保障参保人高费用风险的疾病医疗；其次，参保人负担起付线以下的费用，能够增强他们的费用意识，减少浪费；最后，将大量小额的医疗费用偿付剔除，能够减少社会医疗保险经办机构的工作量，降低管理成本。

2. 按比例分担法

按比例分担法，又称为共付法，即社会医疗保险经办机构和参保人按照一定的比例共同偿付医疗费用。这一比例又称为共同负担率或者共同付费率。共同付费可以是固定比例，也可以是变动比例，即医疗费用被划成不同的区间，在费用越高的区间，参保人的自付比例越低。

按比例分担法的偿付方式简单直观，参保人可以根据自己的偿付能力选择合适的医疗服务，从而有利于调节医疗服务消费，控制医疗费用。

3. 封顶线法

封顶线法，也叫最高限额保险法，是与起付线法相反的费用分担方式。该方法先规定一个医疗费用封顶线，社会医疗保险经办机构只偿付低于封顶线的医疗费用，超出封顶线的医疗费用由参保人自负。

封顶线法一方面有利于限制参保人对“高、精、尖”医疗服务的过度需求，以及医疗服务提供者对高费用医疗服务的过度提供；另一方面也有利于鼓励参保人重视身体健康及预防保健，鼓励参保人在病情较轻的阶段就去治疗，不至于拖成大病、重病才去医院。

以上是几种常见的偿付方式，值得注意的是，在实际的医疗费用偿付过程中，通常不是使用单一的偿付方式，而是多种偿付方式结合起来使用。

---

① 姚宏．医疗与生育保险［M］．北京：中国劳动社会保障出版社，2005：137.

4.3.3 社会医疗保险医疗服务供方的偿付方式

社会医疗保险医疗服务的供方是医疗服务提供者，即各定点医疗机构。社会医疗保险医疗服务供方的偿付方式是指对医疗服务提供者偿付医疗费用的方法。

社会医疗保险医疗服务供方偿付方式主要包括以下几种[①]：

1. 按服务项目付费

按服务项目付费是社会医疗保险中运用最广泛的一种费用偿付方式。它是指医疗保险经办机构根据参保者所享受的服务项目（如诊断、治疗、化验、药品和护理等），向医疗服务提供者进行费用偿付。所偿付费用的数额取决于参保者所消费的各项服务的价格和数量。这种偿付方式属于典型的后付制。

按服务项目付费的优点有：第一，计算方法简单，操作起来比较简便，社会医疗保险各方容易理解。第二，医疗服务的可选择范围较大，参保者的各种需求比较容易满足。第三，有利于调动医疗服务提供者和医务人员的工作积极性，有利于服务质量的改善。但此种偿付方式也存在一些缺点。由于按服务项目付费属于后付制类型，社会医疗保险经办机构无法在事前对医疗服务提供者进行监督，因此很难控制医疗服务提供者对参保者的诱导消费行为。另外，由于医疗服务项目种类繁多，社会医疗保险经办机构需要对医疗服务逐项进行审核，工作量较大。[②]

2. 按服务单元付费[③]

按服务单元付费，也叫按平均费用付费或定额支付。服务单元是指医疗服务过程中按照特定的参数所划分的若干相同部分，如一个门诊人次、一个住院人次或一个住院床日等。根据参保人就医时间的长短可将医疗服务分为门诊服务和住院服务两部分。对门诊服务费用偿付一般采用平均门诊费用人次标准，对住院医疗服务费用偿付一般采用平均住院费用标准。平均数的计算可采用算术平均数、几何平均数和中位数的办法。

（1）平均门诊费用人次标准

将某段时间内门诊发生的所有医疗费用除以该段时间内所有就诊人次，就是平均门诊费用人次标准。该标准确定后，社会医疗保险经办机构就可将合同规定的期限（如1年）作为计量单位，根据实际发生的门诊人次，向医院偿付门诊费用。计算方法为：

门诊总费用=平均门诊费用人次标准×门诊人次

（2）平均住院费用标准

将某段时间内所有出院病人的住院天数之和除以出院人数，就是该段时间内病人的平均住院日。将某段时间内所有出院病人的住院总费用除以总住院天数，就是日均住院费用标准。这两个指标确定后，社会医疗保险经办机构就可根据合同规定的期限向医院偿付住院费用。其计算方法为：

---

① 仇雨临．医疗保险［M］．北京：中国劳动社会保障出版社，2008：207-221.
② 卢祖洵．社会医疗保险学［M］．北京：人民卫生出版社，2003：136-137.
③ 仇雨临，孙树菡．医疗保险［M］．北京：中国人民大学出版社，2001：115-116.

病人住院一次的总费用=日均住院费用标准×平均住院日

西欧各国广泛采用按服务单元付费的偿付方法。这种偿付方式能够鼓励医院和医生降低每次门诊和每个住院日的费用，但客观上也刺激了医院和医生增加门诊次数和住院天数，从而获得更多的收入。因此，社会医疗保险经办机构在制定标准时需格外慎重，并且要形成对医院的监督制约机制。

3. 按病种付费①

按病种付费（DRGs（diagnosis related groups）支付体系），又称为按疾病诊断分类定额预付制。它把医疗服务的全过程看做一个计量单位。这种偿付方式根据国际疾病分类法，将住院病人按诊断、年龄、性别等因素分为若干组，每一组又根据疾病的轻重程度及有无并发症分成不同的级别，而不同的级别都对应一定的价格标准，社会医疗保险经办机构按照此标准对医疗机构进行一次性偿付。

美国、澳大利亚、德国和阿根廷等国家，都将按病种付费作为社会医疗保险费用偿付的主要方式。② 按病种付费的好处是能够激励医院将服务成本降低至偿付标准以下，这将促进医院减少诱导性消费，提高医疗服务的有效性，从而控制医疗费用的不合理增长。但该偿付方式的困难在于如何对疾病进行恰当的分组。在利益驱动下，医院在诊断界限不明时可能会使诊断升级，从而将病人划分到更高补偿标准的组或级别中。

4. 按人头付费

按人头付费是指社会医疗保险经办机构按合同规定的时间（如1年），根据医院服务的参保人数量和收费标准，预先支付医院一笔固定费用。在此期间（1年），医院负责提供合同规定范围内的一切医疗服务，不再另外收费。丹麦、荷兰、英国、意大利等国均是采用按人头付费的办法。

按人头付费由于采用了包干的形式预先偿付费用，它能促使医院产生内在的成本控制动力，自觉采取控制费用的措施，如减少诱导性医疗消费，积极开展预防、体检等活动。此外，该种偿付方式支付标准明确，管理成本较低。按人头付费的缺点是医院可能为了节约费用而减少服务数量、降低服务质量甚至拒绝接收重症患者。

5. 总额预算制

总额预算制，又称为总额预付制，是指社会医疗保险经办机构根据与医院协商确定的年度预算总额对医院进行偿付。在该年度内，如果医院发生的实际医疗费用小于预算总额，那么医院可以保留结余；反之，医院自负亏损。

总额预算制最大的优点就是医院成为医疗费用支出的控制者，医院没有提供过度服务的动力；相反，医院会在总额限度内精打细算，努力降低成本。另外，总额预算制的费用结算办法简单，可降低管理成本。该偿付方式的缺点是预算总额很难准确制定。同时，在预付总额这一“硬约束”下，可能出现医院提供的服务数量不足或服务质量下降等问题。

---

① 仇雨临．医疗保险［M］．北京：中国劳动社会保障出版社，2008：210-214.
② 王晓京，朱士俊．医疗费用支付方式的比较［J］．中华医院管理杂志，2006（7）.

6. 按工资标准偿付

按工资标准偿付，也称为工资制或薪金制，是指社会医疗保险经办机构依据医护人员所提供医疗服务的时间、医生的技术职称、医疗服务的数量和质量来确定他们的劳动价值，并据此向他们发放工资，以补偿医院人力资源的消耗。这种费用偿付方式广泛应用于芬兰、瑞典、西班牙、葡萄牙、希腊、土耳其、印度、印度尼西亚、以色列等国家。

按工资标准进行偿付，社会医疗保险经办机构能够控制医院的总成本和人员开支，医务人员的收入也有保障。但该方式缺乏激励机制，不能调动医务人员的积极性，可能会导致医务人员服务态度不好、服务质量不高或工作效率低下。

以上是六种常见的社会医疗保险医疗服务供方偿付方式。此外，还有以资源为基础的相对价值标准偿付、按资源利用分组偿付、按绩效偿付、按费用分类偿付等方式[①]。这些偿付方式各有利弊，它们对社会医疗保险经办机构、医疗服务提供者以及参保人的影响也各不相同。

以上各种支付方式各有利弊，没有一个是完美无缺的，因此在现实中，很少只用一种单一的支付方式，通常是选择两种或两种以上的支付方式混合使用。

4.4 社会医疗保险的管理

社会医疗保险的管理，是指通过一定的机构和程序，采取一定的方式、方法和手段，对医疗保险活动进行计划、组织、指挥、协调、控制及监督的过程。[②]

4.4.1 社会医疗保险经办机构管理

社会医疗保险经办机构是指在社会医疗保险系统中具体负责社会医疗保险基金的筹集、管理和医疗费用偿付等业务的机构。

社会医疗保险经办机构的任务主要包括以下方面：

（1）参与社会医疗保险有关法律、法规和政策的制定；

（2）负责筹集社会医疗保险基金；

（3）保证社会医疗卫生服务的提供；

（4）偿付社会医疗保险费用；

（5）对医疗服务提供方和参保者进行监督；

（6）对社会医疗保险基金进行管理和运营。

政府对社会医疗保险经办机构进行管理时，应坚持两个原则[③]：

（1）加强政府对社会医疗保险系统的调控和指导作用。政府可以采取多种措施，对社会医疗保险经办机构的运行进行监督和控制，如制定严格的法律法规、任免主要

---

① 仇雨临．医疗保险［M］．北京：中国劳动社会保障出版社，2008：210-214.
② 仇雨临，孙树菡．医疗保险［M］．北京：中国人民大学出版社，2001：125.
③ 卢祖洵．社会医疗保险学［M］．北京：人民卫生出版社，2003：29-34.

的负责人、进行严格的财务审计和检查等。

(2) 社会医疗保险经办机构应有一定的自主运营权。一方面社会医疗保险经办机构应有确定费率、待遇水平、偿付方式等方面的权利；另一方面，社会医疗保险经办机构应有充分的内部管理自主权，如人员安排及收入分配等，以提高机构的运行效率。

4.4.2 社会医疗保险服务管理

在社会医疗保险中，社会医疗保险经办机构并不直接向参保人提供医疗服务，而是借助于医疗机构向参保人提供服务。在我国，社会医疗保险服务管理主要包括两个方面：①对定点医疗机构和定点药店进行管理；②制定基本医疗保险药品目录、诊疗项目目录以及医疗服务设施范围和支付标准目录（简称“三个目录”）。

定点医疗机构和定点药店均需通过相关主管部门的资格审定，并与社会医疗保险经办机构签订合同，才能为社会医疗保险参保人提供服务。定点医疗机构和定点药店在为参保人提供服务后，从社会医疗保险经办机构那里获得偿付。之所以实行定点管理，是为了提高医疗卫生资源的利用效率，促使医疗机构合理竞争，提高医疗服务质量，降低医疗服务成本，从而更好地控制医疗费用的过快增长。

“三个目录”确定了医疗保险的待遇支付标准，只有在目录内的医疗消费，才能获得医疗费用的偿付。“三个目录”的实施，一方面能保证医疗机构的服务质量，保障参保人的基本医疗需求得到满足；另一方面，它能较好地限制医疗机构的诱导消费，减少参保人不合理的医疗需求。

4.4.3 社会医疗保险参保人管理

由于社会医疗保险是第三方付费，参保人比较缺乏费用意识，从而导致社会医疗保险费用过快增长。此外，社会医疗保险中参保人的道德风险较难控制，这也是引发医疗费用迅速上涨的一个原因。为此，在社会医疗保险管理中对参保人的管理越来越得到重视。

对参保人进行管理可以从以下几个方面着手①：

(1) 规范就医程序，包括规范参保人门诊、住院、转诊转院、急诊抢救等就医程序及就医行为。

(2) 严肃查处各种违规行为。例如：在一定时间区间内，就诊次数或医疗费用超过一定标准的行为；冒名顶替或将医保证件转借他人的行为；对病历、处方、费用单据弄虚作假套取医疗保险基金的行为等。

(3) 采用多种途径发现就医异常情况，如加强日常监督检查，开发监测预警信息系统，建立违规行为举报制度等。

---

① 卢祖洵．社会医疗保险学 [M]．北京：人民卫生出版社，2003：160-161.

4.4.4 社会医疗保险基金管理[①]

由于不同国家采取的医疗保险筹资模式不同，所以各国医疗保险基金的管理目标和管理方式也有所不同。当前我国社会医疗保险基金管理的主要目标是：确保基金运作的安全性和高效性。安全性是指基金不被挪用、侵蚀和透支，高效性是指基金在使用过程中不浪费。

社会医疗保险基金管理包括基金业务管理、基金财务管理和基金投资管理等。基金业务管理是指对医疗保险费用的征集、医疗保险基金的存储、医疗保险待遇的支付等活动的管理；基金财务管理包括基金的预算管理、基金收入的财务管理、基金支付的财务管理、基金资产与负债的管理、基金决算管理等；基金投资管理是指对基金中需要长期积累的部分进行有效投资，以达到保值增值的目的。

4.5 中国基本医疗保险制度

4.5.1 城镇职工基本医疗保险制度

1. 传统的职工医疗保障体制[②]

我国传统的城镇职工医疗保障体制由劳保医疗和公费医疗两部分组成。其中：劳保医疗制度在企业实行，医疗费用从企业的职工福利费中支付，职工福利费计入企业成本；公费医疗制度在机关、事业单位实行，医疗费用由财政定额拨付。这两项制度都是以工资收入者为主要对象，并惠及亿万城镇居民。

传统的职工医疗保障制度在计划经济体制下作出了巨大贡献，它在保障职工身体健康、减轻职工医疗负担、促进社会稳定方面发挥了重要的作用。但是，随着我国经济体制改革的不断深入，传统职工医疗保障制度的弊端也日益显现出来。

（1）医疗保险的社会化程度较低

这主要表现在：①劳保医疗没有体现企业之间的风险分摊。医疗经费以企业为单位提取，自行管理和使用，实际上是“企业自我保险”。对于中小企业以及效益不好的企业，它们承受风险的能力十分有限。②企业负担畸轻畸重，不能公平参与市场竞争。尤其是那些老、重工业部门，企业的负担非常重。③劳动力无法合理流动。由于不同单位和部门的医疗保障水平不同，劳动力的正常流动受到严重制约。

（2）医疗保险资金筹集机制不健全

一方面，无论是公费医疗还是劳保医疗，职工都无需缴纳任何费用，这种职工缴费机制的缺失使得职工没有费用意识，导致过度医疗和浪费现象普遍存在；另一方面，由于没有科学的经费提取标准和调整机制，致使医疗经费不足，超支现象严重。

---

① 黄占辉，王汉亮．健康保险学［M］．北京：北京大学出版社，2006：138-147.
② 仇雨临．医疗保险［M］．北京：中国劳动社会保障出版社，2008：386-392.

（3）医疗费用增长过快，缺乏有效的费用控制机制

在传统的医疗保障中，国家和企业包揽的太多，甚至超出了国家财政和企业的负担能力范围。由于缺乏有效的费用控制机制，医疗费用的增长速度非常快，国家和企业不堪重负。在某些困难企业，甚至存在职工医疗费无法报销的情况。

（4）医疗保险与医疗服务不配套

一方面，公费医疗、劳保医疗的医疗服务机构分属卫生部门和企业（劳动部门主管）两个系统，二者各自为政，从而造成资源的重复配置和浪费；另一方面，虽然公费医疗和劳保医疗都实行了定点医疗制度，但没有建立分级转诊制度，各个单位都千方百计与大医院签订合同，致使中小医院不能充分发挥作用。

以上弊端严重制约着我国社会主义市场经济体系的建立，因此医疗保障制度的改革势在必行。

2. 城镇职工基本医疗保险制度的建立与完善①

1994 年年底，江西省九江市和江苏省镇江市开始了对公费医疗和劳保医疗制度的根本性改革。与此同时，海南省、深圳市等地也在进行着医疗保险制度改革试验。1996 年 4 月，国务院决定在全国范围内扩大改革试点。截至 1998 年 1 月，先后有 38 个城市开始了改革试点。此时，全国形成了三大类有代表性的改革模式：以深圳市为代表的“混合型”，以镇江、九江为代表的“统账结合型”，以海南省为代表的“双轨并行式”。

在广泛试点的基础上，国务院于 1998 年 12 月颁布了《关于建立城镇职工基本医疗保险制度的决定》（国发〔1998〕44 号）。该决定的颁布，标志着实施了近半个世纪的公费医疗和劳保医疗制度被新的职工基本医疗保险制度所取代。

该决定主要包括七个方面的内容：一是明确了改革的任务和原则；二是确定了覆盖范围、统筹层次和缴费的控制比例；三是制定了社会统筹和个人账户相结合的政策；四是规范了基本医疗保险基金的管理和监督机制；五是提出了配套推进医疗机构改革和加强医疗服务管理的要求；六是规定了有关人员的医疗待遇；七是提出了对改革工作组织领导者的具体要求。这些内容确定了新的城镇职工基本医疗保险制度的大致框架，同时也给各地留下了根据实际情况作出具体规定的空间。新制度的基本内容包括：

（1）坚持“低水平、广覆盖”，保障职工基本医疗需求

“低水平”是指目前我国处于社会主义初级阶段，生产力水平不高，只能从我国国情和国家财政、企业的承受能力出发，确定合理的基本医疗保障水平。体现在筹资水平上，就是单位缴费率为职工工资总额的 6% 左右，职工个人缴费率为本人工资收入的 2%。对于一些非基本医疗服务，则可通过补充医疗保险、商业保险等途径解决。在医保待遇水平上，制度规定符合“两定点三目录”政策的，医保统筹基金支付 60% ~80%（退休人员比例更高），个人承担 20% ~40%。“广覆盖”是指所有城镇用人单位及其职工都要参加基本医疗保险。

① 仇雨临．医疗保险［M］．北京：中国劳动社会保障出版社，2008：395-399.

（2）基本医疗保险费由单位和个人共同负担，形成新的筹资机制

新制度要求单位和个人共同缴纳保险费，这增强了职工的费用意识和保险意识，有利于减轻政府和企业的负担，体现了公平和效率的原则。

（3）形成社会统筹和个人账户相结合的原则

个人账户主要用于支付门诊或小病医疗费，统筹基金支付住院或大病医疗费。个人账户和统筹基金须划定各自的支付范围，分别核算，不得互相挤占。

（4）合理确定基本医疗保险统筹范围，加强基金管理

基本医疗保险制度的统筹层次原则上为地市级，确有困难的可以是县级统筹。北京、天津、上海3个直辖市实行全市统筹。以地市级为统筹范围，能够提高统筹基金的抗风险能力，充分发挥互助互济功能。为了保证基本医疗保险基金的安全，将其纳入财政专户管理，专款专用，不得挤占挪用。

（5）加强医疗服务管理，积极推进医药卫生体制改革

制定基本医疗服务的范围、标准和医药费用结算办法，制定基本医疗保险药品目录、诊疗项目目录、医疗服务设施标准目录以及相应的管理办法。实行定点医疗机构和定点药店管理，同时引进竞争机制，允许职工选择若干定点医疗机构就医、购药。建立医药分开核算、分别管理的制度，加强医疗机构和药店的内部管理，规范医药服务行为。提高医务人员的素质和服务质量，合理提高医疗技术劳务价格。优化医疗卫生资源配置，积极发展社区卫生服务。

（6）妥善解决有关人员的医疗待遇

离休人员、老红军、二等乙级以上革命伤残军人的医疗待遇不变，医疗费用按原资金渠道解决。

2010年出台的《社会保险法》从国家法律上确定了基本医疗保险制度的合法地位。《社会保险法》第三章"基本医疗保险"一共有10个条款，明确规定我国基本医疗保险制度由职工基本医疗保险制度、新型农村合作医疗制度和城镇居民基本医疗保险制度组成，以及参保缴费和待遇、医疗保险管理运行规范、基本医疗保险基金不予支付范围、基本医疗保险基金先行支付条件、协议管理和流动人口医保关系转移接续等内容，进一步明确了基本医疗保险的内涵和外延，使医疗保险制度管理有法可依，对制度的完善具有积极的促进作用。

截止到2013年年末，全国参加城镇基本医疗保险人数为57 073万人，其中，参加城镇职工基本医疗保险人数为27 443万人，参加城镇居民基本医疗保险人数为29 629万人，参加医疗保险的农民工人数为5 018万人。[①] 城镇职工基本医疗保险制度带来了积极的社会效应，它保障了职工的基本医疗，解决了困难单位职工看病报销难的问题，遏止了医疗费用增长过快的势头。同时，新制度的建立也有助于打破部门限制，促进劳动力的合理流动。

值得注意的是，还有少数地区和部门依然保留公费医疗制度，没有完全实现职工

---

① 中华人民共和国人力资源和社会保障部．2013年度人力资源和社会保障事业发展统计公报［EB/OL］．［2013-05-28］．http://www.mohrss.gov.cn/SYrlzyhshbzb/dongtaixinwen/shizhengyaowen/201305/t20130528_103939.htm.

医保覆盖所有城镇职工。城镇职工基本医疗保险的保障水平是有限的，为了进一步提高职工的医疗保障待遇，国家鼓励单位为职工建立补充医疗保险。

4.5.2 新型农村合作医疗制度

改革开放后，农村经济体制发生了巨大变化。随着家庭联产承包责任制的实行以及人民公社制度的废除，农村传统的合作医疗失去了赖以生存的经济基础，逐渐走向瓦解。如何保障农村居民的健康成为一个亟待解决的问题。2003 年，卫生部、财政部、农业部等部门联合下发了《关于建立新型农村合作医疗制度的意见》，该意见为我国建立新型农村合作医疗（简称“新农合”）制度提出了政策框架和指导意见。

1. 新农合制度的基本内容

（1）确立了新农合的建立原则。农民自愿参加，个人、集体和政府多方筹资原则；以收定支，保障适度原则；先行试点，逐步推广原则。

（2）原则上以县（市）为统筹单位，由各级卫生行政部门负责新农合的管理工作。

（3）新农合每年的个人缴费不低于 10 元，地方财政的资助不低于人均 10 元，中央财政对中西部除市区以外的“参合”农民按人均10 元进行补助。

（4）农村合作医疗基金主要补助“参合”农民的大额医疗费用或住院医疗费用。农村合作医疗基金要按照以收定支、收支平衡和公开、公平、公正的原则进行管理，必须专款专用，专户储存，不得挤占挪用。

（5）加强农村卫生服务网络建设，推进农村医疗卫生体制改革，促进农村医疗卫生服务的能力和水平。

2. 目前新农合的发展状况

自政策出台以来，新农合的试点工作在全国各地迅速开展起来。政府财政补贴逐年提高，已经从 2003 年的 20 元提高到 2013 年的 320 元，个人平均缴费 60 元。

截至 2012 年年底，全国有 2 566 个县（市、区）开展了新型农村合作医疗，参合人口达 8.05 亿人，参合率为 98.3%。2012 年度新农合筹资总额达 2 484.7 亿元，人均筹资 308.5 元。全国新农合基金支出 2 408.0 亿元，补偿支出受益 17.45 亿人次，其中：住院补偿 0.85 亿人次，普通门诊补偿 15.41 亿人次。①

新农合试点以来，制度总体运行良好，但一些不容忽视的问题也逐渐暴露。② 第一，管理资源短缺，管理能力有待提高。这主要表现为经办机构人员数量不足，管理经费不足以及信息化建设水平较低。第二，长效、稳定的筹资机制亟待建立。一方面，当前绝对数额的筹资办法会导致新农合的筹资水平相对较低，从而影响待遇水平；另一方面，政府财政补助资金往往不能及时、足额到位，因此会影响到新农合基金的正常运转。第三，农村卫生服务质量有待提高。大部分农村地区的医疗设施较为

---

① 中华人民共和国国家卫生和计划生育委员会 . 2012 年我国卫生和计划生育事业发展统计公报［EB/OL］.［2013-06-19］. http://www.moh.gov.cn/mohwsbwstjxxzx/s7967/201306/fe0b764da4f74b858eb55264572eab92.shtml。

② 仇雨临 . 医疗保险［M］. 北京：中国劳动社会保障出版社，2008：422-424.

落后，医务人员素质较低，医疗服务质量较差，这导致部分农民即使参加了新农合也无法满足自身的医疗需求。

为了保障新农合的良性运转，实现可持续发展，在未来一段时期，新农合需要做好以下几个方面的工作：

（1）建立稳定、科学的筹资机制。一方面要使农民的缴费有浮动性，即缴费能够随收入水平的增长而提高；另一方面要建立政府筹资的保障机制，保证政府资金及时、足额到位。

（2）加强新农合的管理能力建设。各地应根据实际需要，确立新农合管理工作的人员、设备及经费的配备标准，同时应加强培训工作，提高管理人员素质。

（3）加强新农合的外部环境建设。一方面要加强农村卫生服务体系的建设，包括基础设施齐全的农村卫生服务网络、较高专业素质的农村卫生服务队伍以及精干高效的农村卫生管理体制；另一方面要理顺农村药品流通配送体系，保证农村居民安全、方便用药。

4.5.3　城镇居民基本医疗保险制度

1. 城镇居民基本医疗保险制度的出台

城镇职工基本医疗保险制度、新型农村合作医疗制度的相继建立，为城镇职工和农村居民两大群体提供了医疗保障，其余没有医疗保障制度安排的群体主要是城镇非从业居民。为了实现基本建立覆盖城乡全体居民的医疗保障体系的目标，2007 年 7 月国务院出台了《关于开展城镇居民基本医疗保险试点的指导意见》（国发〔2007〕20 号），决定开展城镇居民基本医疗保险试点工作。

指导意见提出，2007 年在有条件的省份选择 2 ~ 3 个城市启动试点，2008 年扩大试点，争取 2009 年试点城市达到 80% 以上，2010 年在全国全面推开，逐步覆盖全体城镇非从业居民。指导意见包括以下内容：

（1）参保范围

不属于城镇职工基本医疗保险制度覆盖范围的中小学阶段的学生（包括职业高中、中专、技校学生）、少年儿童和其他非从业城镇居民都可自愿参加城镇居民基本医疗保险。

（2）筹资水平

试点城市应根据当地的经济发展水平以及成年人和未成年人等不同人群的基本医疗消费需求，并考虑当地居民家庭和财政的负担能力，恰当确定筹资水平，探索建立筹资水平、缴费年限和待遇水平相挂钩的机制。

（3）缴费和补助

城镇居民基本医疗保险以家庭缴费为主，政府给予适当补助。对试点城市的参保居民，政府每年按不低于人均 40 元给予补助。在此基础上，对属于低保对象的或重度残疾的学生和儿童参保所需的家庭缴费部分，政府原则上每年再按不低于人均 10 元给予补助；对其他低保对象、丧失劳动能力的重度残疾人、低收入家庭 60 周岁以上的老年人等困难居民参保所需家庭缴费部分，政府每年再按不低于人均 60 元给予补助。

(4) 费用支付

城镇居民基本医疗保险基金重点用于参保居民的住院和门诊大病医疗支出，有条件的地区可以逐步试行门诊医疗费用统筹。城镇居民基本医疗保险基金的使用要坚持以收定支、收支平衡、略有结余的原则。

(5) 组织管理

对城镇居民基本医疗保险的管理，原则上参照城镇职工基本医疗保险的有关规定执行。鼓励有条件的地区结合城镇职工基本医疗保险和新型农村合作医疗管理的实际，进一步整合基本医疗保障管理资源。

(6) 基金管理

城镇居民基本医疗保险基金纳入社会保障基金财政专户统一管理，单独列账。

(7) 服务管理

对城镇居民基本医疗保险的医疗服务管理，原则上参照城镇职工基本医疗保险的有关规定执行。

(8) 充分发挥城市社区服务组织等的作用

整合、提升、拓宽城市社区服务组织的功能，加强社区服务平台建设，做好基本医疗保险管理服务工作。

此外，指导意见还提出要深化相关改革，继续完善各项医疗保障制度，协同推进医疗卫生体制和药品流通体制改革；要加强组织领导，建立国务院居民基本医疗保险部际联席会议制度，选择确定试点城市，制定配套政策和措施，精心组织实施，做好舆论宣传等工作。

2. 目前城镇居民基本医疗保险试点的进展情况

截止到2013年年末，参加城镇居民基本医疗保险的人数为29 629万人，比上年年末增加2 474万人。① 从各地的制度运行情况来看，第一，城镇居民基本医疗保险得到社会各界的广泛认同。试点城市的居民参保踊跃，许多患病居民参保后能马上得到支付。居民大病医疗负担大幅减轻，因病致贫、因病返贫状况有所缓解。第二，政府补助资金投入效果良好。中央财政和地方财政的补助标准明确，补助资金及时到位，部分省份还对困难县（市）给予政策倾斜。第三，社区组织的作用得以发挥。由于城镇居民医疗保险参保管理和服务工作的重点在社区，各地重点加强社区平台建设，采取按照参保人数核定经费，聘用社区管理人员和购买公益性岗位的方式进行管理。

4.5.4 全民医保与城乡统筹——未来发展趋势

自20世纪80年代以来，我国关于医疗保险改革的探索从未停止。直至城镇职工基本医疗保险制度的建立，我国医疗保险的改革方向及发展道路才得以明晰。城镇职

---

① 中华人民共和国人力资源和社会保障部. 2013年度人力资源和社会保障事业发展统计公报 [EB/OL]. [2013-05-28]. http://www.mohrss.gov.cn/SYrlzyhshbzb/dongtaixinwen/shizhengyaowen/201305/t20130528_103939.htm.

工基本医疗保险制度出台之后，新型农村合作医疗制度、城镇居民基本医疗保险制度也相继建立，这三项制度的诞生标志着我国基本医疗保险体系的初步形成。至此，关于我国医疗保险的发展模式，社会各界也达成了较为统一的共识，即费用分担、社会统筹、基本保障、定点服务、成本控制及社会化管理。

基本医疗保险体系的建立，为广大群众提供了一张健康保护网，有效缓解了"看病贵、看病难"的局势，极大地减轻了群众的医疗负担。基本医疗保险制度受到群众的广泛认同，医疗保险的参保人数逐年攀升，全民医保目标的实现指日可待。此外，2012年国家发改委等六部门还联合发布了《关于开展城乡居民大病保险工作的指导意见》，旨在进一步完善城乡居民医疗保障制度，健全多层次医疗保障体系，有效提高重特大疾病保障水平。

值得注意的是，目前这种城乡分割的医疗保险体系导致了制度性和结构性的不平等、不公平。随着我国经济的快速发展和城市化的加速进行，必然会带来一些弊端，如阻碍劳动力的合理流动等。从长远来看，一个城乡统筹的医疗保险制度应成为我国医疗保险发展的方向。

本章小结

医疗保险主要有四种模式，即国民健康保障模式、社会医疗保险模式、商业保险主导模式、储蓄医疗保险模式。我国的医疗保险属于社会医疗保险模式。

医疗保险在资金筹集上一般会坚持法制化、共同负担、基本保障、统一费率、相对稳定等原则。根据基金的积累状况，医疗保险的筹资模式可分为统筹分摊式、预提分摊式和部分积累式。根据筹资对象，医疗保险的筹资模式分为政府全额负担式，政府和个人分担式，政府、雇主（单位）和个人三方分担式，雇主（单位）和个人分担式。根据基金的征集形式，医疗保险的筹资模式可分为国家税收式、强制缴费式、自愿投保式和储蓄账户式。

医疗保险的费用偿付遵循以收定支、收支平衡原则，权利与义务对等原则，按时、足额、合理偿付原则。在医疗保险中，医疗服务需方偿付方式有起付线法、按比例分担法以及封顶线法，医疗服务供方的偿付方式有按服务项目付费、按服务单元付费、按病种付费、按人头付费、总额预算制、按工资标准偿付等。

医疗保险的管理包括医疗保险经办机构管理、医疗保险服务管理、医疗保险参保人管理以及医疗保险基金管理等。

我国的医疗保险体系包括城镇职工基本医疗保险制度、新型农村合作医疗制度以及城镇居民基本医疗保险制度。

复习思考题

1. 医疗保险的定义、特征和原则是什么？
2. 医疗保险的四种模式是什么？它们各自的特点有哪些？
3. 医疗保险的筹资原则有哪些？医疗保险的筹资模式有哪些分类？
4. 试简述社会医疗保险费用偿付的特点和原则。

5. 医疗保险的偿付方式有哪些？各有什么样的特点？

6. 为什么要对劳保医疗和公费医疗制度进行改革？

7. 试分析城镇居民基本医疗保险政策与新型农村合作医疗政策的异同。

案例分析题

看病贵，异地报销难上难

“在北京‘漂’着，最害怕的就是生病。我的医保是在老家办的，在北京治病买药全得自己掏腰包！”今年56岁、住在天通苑的崔阿姨是个“北漂”。2009年，她退休后从老家河南平顶山来到北京儿子家，照顾怀孕的儿媳，这一住就住到了现在。

崔阿姨身体不好，患有糖尿病、腰腿疼等多种慢性疾病，每月药费就得四五百元。“每次回老家，我都买上半年的药，一大包一大包地往北京带。”崔阿姨说，在北京，不光看病不能报销，去趟医院也很费劲，“北京太大、人太多，别说去医院，去哪都得让儿子领着。医院离家那么远，还得排好几个小时的号。不像老家，城市小，很方便！”

由于户口在外地，崔阿姨不能享受本地老人体检等优惠政策。上个月在儿子的坚持下，她去医院做了全面的身体检查，加上医药费一共花了2500元。“儿子、儿媳都孝顺，可一次花这么多钱，真叫人心疼！”平时有个头疼脑热，崔阿姨都不愿意和家人讲。一次她颈椎疼得厉害，就自己到小区里的药店买几副膏药贴上，“孩子们工作压力大，不想给他们添麻烦”。

“医保异地报销太难了，我去年生病住院，医药费拖了半年多才报完。”吉林的刘大爷退休后来北京女儿家住。去年，刘大爷突发心梗，在北京一家医院做了心脏支架手术，住了10多天的院，共花了5万多元。由于是住院费，又是突发疾病，医药费可以回老家吉林报销。

“原以为很轻松，没想到整个过程非常复杂，要求一周之内必须将急诊证明等各种材料寄回我原来工作的单位，再由原单位到省医保局备案。”刘大爷说，“那边一会儿要委托书，一会儿要医院病历，不知催了他们多少次，才报销了一部分。”

“我身体不太好，就担心看病这麻烦事！要是能解决老年人异地看病报销难的问题，像我这样的老年人就能安心在北京养老啦！”刘大爷说。

资料来源　冯华，董禹含．“北漂”老人生活调查：面临看病贵物价高等难题［EB/OL］．［2014-12-11］．http：//news. xinhuanet. com/edu/2011-11/24/c_ 122330319. htm.

案例思考题：

1. 结合本案例，谈谈医保异地报销难在哪里。

2. 你认为应如何解决异地就医报销问题？

推荐阅读资料

1. 仇雨临．医疗保险［M］．北京：中国劳动社会保障出版社，2008.

2. 卢祖洵．社会医疗保险学［M］．北京：人民卫生出版社，2003.

3. 中国医疗保险研究会主办的《中国医疗保险》杂志。

4. 胡晓义．医疗保险和生育保险［M］．北京：中国劳动社会保障出版社，2012.

第5章　失业保险

学习目标

失业保险是社会保险制度的重要组成部分，学习本章后你应该：

✓重点掌握失业保险的定义和特点、失业保险的结构和内容

✓了解并熟悉中外失业保险历史

✓掌握我国现行的失业保险制度内容

✓掌握我国现行就业保障制度的定义和主要内容

引例　**史上最难就业季或再持续五年**

昨天，人社部部长尹蔚民走进北京外国语大学，与10所高校千名学生代表围绕就业特别是高校毕业生就业问题进行交流。今年我国高校毕业生数量增加到创新高的699万人，堪称史上最难就业季。尹蔚民透露，未来五年高校毕业生数量还将保持在年均700万人左右的高位。为化解就业难，今年我国将推毕业生担任特岗人员试点，开始打破跨区域求职登记限制。

尹蔚民介绍，根据测算，20～59岁就业年龄组人口将在2020年达到8.31亿人峰值。未来一个时期，我国仍将面对巨大的就业增长压力。我国高校毕业生数量今年增加到699万人。未来五年，高校毕业生就业规模保持在年均700万人左右，约占每年新进人力资源市场劳动力的一半，且这一比例将进一步提高，再加上中等职业院校毕业生、城镇未能升学的初高中毕业生和退役士兵，总量近1 600万人，我国青年就业压力巨大。

尹蔚民强调，经济增长是解决就业问题的根本出路。从发展趋势上看，转方式，调结构，走新型工业化、信息化、城镇化和农业现代化道路，经济会继续保持持续健康增长，会创造许多新的就业需求，从而为拉动就业增长奠定基础。

尹蔚民说，我国首先要结合经济发展大力开发适合毕业生的就业岗位。要结合推进战略性新兴产业发展培育新的就业增长点，开发更多适合青年，特别是高校毕业生的就业岗位。其次，是支持和鼓励高校毕业生到基层就业。随着城镇化发展、新农村建设、城市社区建设，城乡基层管理和服务岗位急需大量高素质人才，尤其是在农村和艰苦边远地区。

尹蔚民透露，继大学生村官之后，今年我国将开展农业技术推广服务特岗计划试点，选拔一批高校毕业生到乡镇担任特岗人员。此外，为鼓励毕业生到基层就业，国家还将逐步扩大科研项目单位吸纳高校毕业生就业规模，鼓励优秀高校毕业生作为科

研助理或辅助人员参与项目实施，鼓励项目单位优先聘用这些参与项目的毕业生。

为更好地帮助离校未就业的高校毕业生，人社部今年专门启动一项新举措，实施“离校未就业毕业生就业促进计划”。这个计划涵盖了毕业生就业的各个环节，基本目标是做到让每一名有就业愿望的毕业生在半年内实现就业或参加到培训、见习等就业准备活动中。有就业愿望的，可以到任何一个想求职地区的公共就业人才服务机构（除直辖市外）办理求职登记手续，政府免费提供职业指导、就业信息等服务，包括就业服务专项活动，过去这只能在户籍地实现，但现在这个方便毕业生跨区域流动就业的渠道已经畅通了。

今年人社部将在全国范围内组织开展“离校未就业高校毕业生技能就业专项活动”，动员1 000所国家级重点以上技工院校和职业培训机构开展有针对性的技能培训，帮助毕业生提升就业能力。

资料来源 赵鹏. 史上最难就业季或再持续五年［N］. 京华时报，2013-06-18.

按照原劳动与社会保障部的定义，失业人员指在法定劳动年龄内，有工作能力，无业且要求就业而未能就业的人员。虽然从事一定社会劳动，但劳动报酬低于当地城市居民最低生活保障标准的，视同失业。就业人员指在男16～60岁、女16～55岁的法定劳动年龄内，从事一定的社会经济活动，并取得合法劳动报酬或经营收入的人员。劳动报酬达到和超过当地最低工资标准的，为充分就业；劳动时间少于法定工作时间，且劳动报酬低于当地最低工资标准、高于城市居民最低生活保障标准，本人愿意从事更多工作的，为不充分就业。对失业人员进行社会保障的方式是多种多样的，失业保险是其中最主要的方面。

5.1 失业保险概述

5.1.1 失业保险的定义及特点

失业保险是国家根据一定的法规，对暂时失去工作的劳动者提供基本生活保障的一种社会保险制度。劳动者达到法定劳动年龄一般都要工作，在市场经济条件下，由于经济波动、行业竞争、产业转型、劳动者之间的就业竞争等原因，对每个就业者来说失业风险是时刻存在的，一旦失业就会失去经济生活来源，后果严重，对雇主来说辞退雇员也要承受经济上和心理上的压力，常常造成劳动关系紧张。这就需要由政府负责建立一种制度，要求雇主与雇员居安思危，为防范可能的失业风险，在平时缴纳失业保险金，由政府负责建立和管理，一旦失业事件发生，失业者就可以从政府有关部门获得失业保险金，有基本生活保障，这种制度就是失业保险制度。

与其他险种相比，失业保险有如下特点：

（1）失业保险是唯一向具有劳动能力者支付保险的险种。失业保险的对象是失去工作机会而没有丧失劳动能力的人，失业保险兼有保护失业者劳动能力的责任。养老、医疗、工伤和生育保险的对象都因为暂时或永久丧失劳动能力而失去工资收入，失业保险的对象是因为失去了工作机会而失去工资收入，而不是因为丧失劳动能力。

（2）失业保险有支付期限。养老、医疗、工伤和生育等其他险种，只要受保原因没有消除（比如劳动能力没有恢复），保险就会延续。而对于失业保险来说，即使依旧失业，当初受保原因没有变化，只要支付期限已满，失业保险就会停止支付。

（3）失业保险一般完全由政府承办，养老、医疗、工伤等险种除了政府负责以外，往往还有商业保险公司参与，作为补充保险。

5.1.2 失业及失业率的概念

失业是在法定劳动年龄之内，有劳动能力并愿意就业的劳动者却找不到工作的这么一种个人状态（或这么一种社会现象）。从这个定义来看，失业者要具备三个条件：一是在法定劳动年龄之内，比如16～67周岁（我国是16～60周岁）被称为劳动年龄人口。二是有劳动能力，能胜任某些工作。即便在法定年龄之内但没有劳动能力，如长期病人，也不能成为失业者。三是愿意工作，比如，正在积极寻找工作。如果不愿工作，自愿失业，那也不是失业者，如果另有角色，如学生、服役服刑人员，也不是失业者。失业从个人角度来看是一种现实状态，从社会角度来看是一种社会现象。

失业率一般用失业人数占经济活动人数（就业人数+失业人数）的百分比来表示，用公示表示为：

失业率=失业人数÷（就业人数+失业人数）×100%

5.1.3 失业的类型

失业分类与失业理论有关，不同的失业理论就有不同的失业分类，并有失业治理的不同政策建议。当前经济学理论界比较有影响的失业理论有马克思主义失业理论、新古典主义失业理论和凯恩斯主义失业理论。马克思主义将失业划分为各种“相对过剩人口”，即流动的过剩人口、潜在的过剩人口和停滞的过剩人口。新古典主义则把失业划分为摩擦性失业和结构性失业，利用摩擦性失业解释短期失业，利用结构性失业解释长期持久性失业。同时，把失业者划分为自愿失业者和非自愿失业者。凯恩斯主义在自愿失业和非自愿失业方面同新古典主义是一致的，但是更强调周期性失业。[①]

1. 摩擦性失业

摩擦性失业是指由于市场关于劳动力供求信息不全或不及时，用人单位找不到本可能找到的人，劳动力找不到本应该找到的用人单位所造成的失业。与其他失业种类相比，摩擦性失业在理论上不是因为劳动力过剩、工作岗位稀缺造成的，在总量上劳动力供求是平衡的，人员素质与岗位要求也能匹配，只是因为信息不灵，求人的单位与求单位的人擦肩而过。摩擦性失业的例子很多，如新生劳动力不知上哪里去找工

① 易定红，张新．失业问题三种分析范式的比较［J］．中国人民大学学报，2007（2）．

作，工人转换工作时可能会暂时没有工作等。治理摩擦性失业，可以从加强劳动力市场建设等方面入手，如增加职业介绍机构、劳动力市场供求信息联网等。

2. 结构性失业

结构性失业是指由于产业结构、职业结构、生产方式和生产规模的急剧变动，原有劳动力结构不能或来不及进行相应调整而产生的失业。这种失业的根源在于劳动力的供给结构不能适应劳动力需求结构的变动，所以称为结构性失业。此时，劳动力的供求在总量上可能是平衡的，但人员素质与岗位要求已经不能匹配。这就会出现一方面有人无工作，另一方面又有工作无人做的情况。例如，中国最近几十年第三产业崛起，新兴高科技开发服务行业亟须大量新型人才，第二产业或升级换代缩小规模，或地区转移，城市老职工大量下岗失业，提前退休，这就是结构性失业的例子。调整教学课程和就业培训是治理结构性失业的有效办法。、

3. 周期性失业

周期性失业是指市场经济国家由于经济的周期性危机而导致的失业。市场经济至今不能打破其危机—萧条—复苏—高涨—危机的宿命，在经济高涨时就业率升高，但在爆发危机时，企业连锁反应，大量倒闭，导致短时间内产生巨大失业人群。治理周期性失业通常依靠国家干预，应用宏观经济政策手段，通过刺激经济增长，达到降低失业率的目的。

4. 季节性失业

季节性失业是指某些行业受气候条件、季节轮换、社会风俗或购买习惯的影响较大，对劳动力的需求出现季节性变化而导致的员工失业。比如，中国北方建筑业，一到冬季就要减员，交通客运业在一年一度的春节前后有大量客源，水果采摘往往集中在秋季，一时急需大量劳动力，用过以后又待来年等。随着科学技术的进步，自然气候对劳动力供求的影响会越来越小。

5. 技术性失业

技术性失业是指由于使用新机器、新设备和新材料，出现机器排挤工人，或由于采用新的管理方式，导致劳动力过剩而失业。技术性失业和结构性失业有共同之处，持续性的技术进步就会导致产业结构和职业结构发生变化。

5.1.4 失业保险的意义

1. 失业保险保障失业者的基本生活，维护社会稳定

失业是人生重大挫折，失业者失去了赖以生存的工资收入，但失业保险金能保障失业者的基本生活，使失业者免去了一落千丈的恐惧，同时也避免一定的社会震荡。

2. 失业保险保护失业者的劳动能力

失业津贴水平一般高于最低社会保障金，这种设计的目的是让失业者在最低生活以外还可以有一定的经济能力寻找“合适”的工作，不至于为了生存而匆忙转业，从事与自己专项劳动能力不符的工作。

3. 失业保险制度造就了剩余劳动力的“水库”，有利于劳动力重新配置

当经济不景气劳动力过剩时，将剩余劳动力引入“劳动力水库”，当经济复苏

时，劳动力水库再向市场供给劳动力。各类用人单位也可以利用“劳动力水库”来调整自己的劳动力结构。这样失业保险就对劳动力市场产生了积极影响。当然，“劳动力水库”大小必须合适，也就是说失业率要“合理”。

4. 失业保险有反经济景气消费的功能，在一定程度上保持市场消费稳定

经济景气时，就业率高，上缴的失业保险费也多，这在一定程度上等于强制储蓄，抑制消费；经济不景气时，失业增多，但由于有失业金发放，消费水平不至于波动太大。

5.1.5 失业保险制度模式

1. 失业保险制度和失业救助制度

世界各国失业保险制度不尽相同，各有特色。总体上来看，各国失业保险制度可以分为三种类型：失业保险制度、失业救助制度、失业保险制度与失业救助制度并存。

（1）失业保险制度

失业保险制度是大多数国家实行的制度模式。在这种模式下，个人一般需要缴费，一旦失业发生，个人即可以兑现失业保险。

（2）失业救助制度

失业救助制度是由政府或雇主为雇员承担失业风险的制度，个人无需缴费，一旦失业发生，政府或雇主必须承担救助责任，根据各种规定支付或者一次性支付失业保险金或解雇费，或根据失业者申请，经过家计调查，对符合救助条件者予以失业救助。实行失业救助的国家和地区有澳大利亚、新西兰、中国香港等。

（3）失业保险制度与失业救助制度并存

失业保险制度与失业救助制度在一些国家并存，各司其职，互相补充。这些国家包括法国、德国、英国、荷兰、西班牙等。比如，在英国，失业救助用于那些虽然已经参加失业保险但还不够参保时间的人，或者用于那些虽然参加失业保险但没有按时足额缴纳失业保险金因此没有资格领取失业金的人。失业救助的对象主要是长期失业者，这项制度在英国两次世界大战之间扮演过重要角色。①

2. 强制性失业保险制度和非强制性失业保险制度

在实行失业保险制度的国家，根据其是否强制性要求雇员参加保险，可以将失业保险制度分为强制性失业保险制度和非强制性失业保险制度。

（1）强制性失业保险制度

在这种失业保险制度下，凡在制度覆盖范围内的雇主、雇员都被强制性地规定参加保险，其理由是互助共济。世界上第一个强制性失业保险制度是英国政府于1911年建立的，目前强制性失业保险制度成为世界失业保险制度的主流，美国、加拿大、比利时、意大利、俄罗斯、韩国等都实行强制性失业保险制度。

---

① 丁建定，杨凤娟．英国社会保障制度的发展［M］．北京：中国劳动社会保障出版社，2004：80.

（2）非强制性失业保险制度

在这种失业保险制度下，雇员可以根据自己的情况权衡利弊，自由选择参加或不参加失业保险。非强制性失业保险往往由工会举办，政府支持。，比如著名的“根特制”就是这样一种非强制性的失业保险制度，它产生在20世纪初的比利时根特市，至今，在比利时、丹麦、芬兰和瑞典等国家依然很有生命力。实行失业保险“根特制”的国家其工会组织一般具有较强的影响力和管理能力。法国于1905年建立的世界上第一个失业保险制度就是非强制性失业保险制度。

5.1.6　失业保险简史

失业是工业社会和市场经济的产物。从微观上看，市场竞争推动科技发展，科技进步使新材料、新工具、新设备、新的生产组织方式产生，这就会干扰和破坏原有劳动力与劳动工具的组合、人与人的组合，代之以新的组合。在这个过程中就会有新的劳动力加入劳动大军，同时也另有劳动者被迫游离出生产领域加入失业者队伍，在劳动就业历史上曾无数次发生工人砸坏机器的事件，工人将自己失业的命运归咎于机器，认为是新的机器抢了他们的饭碗，这就是“技术性失业”。从宏观上来看，市场经济用“看不见的手”来调度安排全社会大生产，最初自由经济学家对“看不见的手”充满信心，后来的事实表明“看不见的手”根本无法阻止周期性的经济危机发生，一旦经济危机来临，生产过剩，供求失衡，工厂倒闭，工人失业。无论从微观上还是从宏观上，技术性失业和周期性失业在市场经济条件下都是不可避免的。政府所能做的不是去消灭失业，而是给失业加上保险，减轻失业者痛苦，缓和社会震荡。

失业保险也有一个发展过程，经历了从失业救济、失业互助到失业保险的不同阶段。16—17世纪，欧洲在进入工业社会以前，就有少数既没有土地也没有所属领主的流浪汉，工业社会初期也大量产生失去土地又找不到工作的“平民失业群”，解救这些人最初的办法就是慈善救济。19世纪，工业社会已经初步发展，工人中间已经有了自发的互助组织，比如法国的“互济会”，德国的“劳动者福利中心”，英国的行业工会也以互助的方式来缓解失业风险。① 这些都发生在失业保险制度建立以前。最后抵御失业风险的任务由政府来完成。

政府资助失业保险最早起源于比利时（1901年），法国是最早以国家立法的形式建立失业保险制度的国家（1905年），挪威、丹麦两国也分别在1906年和1907年建立了类似于法国的失业保险制度。当时这三个国家实行的都是非强制性失业保险制度，即制度覆盖范围内的人员是否参加失业保险取决于个人意愿，政府不强迫扣除保险费，因此，世界上最初建立的失业保险制度是非强制性的。世界上第一个强制性失业保险制度是英国政府建立的，其标志是1911年12月颁布的《国民保险法》。

经过20世纪30年代经济大危机、工人大失业的教训，各国政府普遍感到失业保险的重要性，20世纪30—60年代，各国纷纷建立失业保险制度。在这一时期，国际劳工组织也制定了有关失业保险的公约和建议书：1934年《失业补贴公约》和《建

---

① 杨伟民，罗桂芬．失业保险［M］．北京：中国人民大学出版社，2000.

议书》，1952 年《社会保障（最低标准）公约》，1988 年《促进就业和失业保护公约》和《建议书》。1934 年通过的《失业补贴公约》和《建议书》针对当时工业化国家普遍存在的严重失业问题，要求各国建立一种对非自愿性失业者提供失业补贴的制度，这种制度可以采用强制保险的形式，也可以采取自愿保险的形式，或是采取强制与自愿两种方式混合的形式。

根据原劳动与社会保障部国际劳工研究所 2001 年发表的研究报告，1999 年全世界共有 69 个国家建立了失业保险制度。与养老保险（167 个国家）、工伤保险（164 个国家）、医疗保险（112 个国家）等相比，失业保险制度的建立和发展是比较缓慢的。

5.2 失业保险制度结构和内容

失业制度由许多环节组成，环环相扣，自成体系，以达到失业保险的目的。失业保险制度主要有以下内容：

5.2.1 覆盖范围

任何一项社会保险制度都有其覆盖范围，失业保险也是如此。失业保险组织者如政府或工会，首先要规定本保险覆盖哪些人群，这样才能对这些人群进行保险管理，如收取保险费，然后对覆盖范围的人员承担责任。失业保险的覆盖范围有一个不断扩大的过程，最初是那些职业最不稳定的季节工、临时工，以后逐渐扩大到部分行业雇员，再扩大到所有企业雇员，然后在扩大到教师和公务员等。每个国家失业保险的范围大同小异。“小异”是常有的，如对于毕业后就找不到工作的大学毕业生是否应该纳入失业保险的覆盖范围，各国失业保险的规定是不同的。1988 年国际劳工大会通过《促进就业和失业保护公约》，要求有条件的国家应使参加失业保险的人数达到工资劳动者的 85%，其他国家不应低于 50%。

5.2.2 资金筹集

失业保险资金的来源主要是政府、雇主和雇员。具体到一个国家，其失业保险资金的来源有所不同。有些国家（如德国、英国、日本等），政府、雇主和雇员三方共同负担；有些国家（如意大利），政府和雇主共同负担，个人不缴费；有些国家（如法国），雇主和雇员共同缴费；有些国家（如澳大利亚、新西兰、匈牙利），政府单独负担，这主要是那些实行失业救济模式的国家；有些国家（如印度尼西亚），雇主单独负担。

失业保险费一般按缴费工资的一定比例缴纳，如在中国雇主的缴费率是 2%，雇员缴费率是 1%。

5.2.3 资格条件

失业保险支付对象是“合格失业者”，即领取失业津贴是需要满足一定条件的。各国失业津贴支付一般会要求以下条件：

1. 非自愿失业

如果自己不想工作自动离职，就不能领取失业津贴。

2. 非本人过错被解雇

解雇的发生完全是因为市场或企业的原因，如果因为个人品行不端，或参与非法罢工或反政府游行等被解雇，就不能领取失业津贴。

3. 参加了保险并满足最低缴费时限

没有参加保险或者参加了保险但还没有交够最低保费，也不能领取失业津贴。

4. 及时去社会保障经办部门办理失业登记手续

有的国家要求失业者每隔一段时间要重新声明自己仍处于失业状态。

5. 有劳动能力并在法定劳动年龄之内

如果没有劳动能力就不是失业保险所能关照的，应该由社会救助机构进行救助。即使有劳动能力，如果不到劳动年龄或过了退休年龄，也不能领取失业津贴。

6. 有就业愿望

就业愿望如何表现？一般认为，如果能积极寻找工作，参加政府有关部门组织的职业培训，接受劳动就业部门介绍的“合适工作”，就表明有就业愿望。关于“合适工作”，如果有以下情况之一，就不是“合适工作”：距新工作单位太远；工作条件或工资报酬大不如失业前的工作；与失业者的能力专长不符；所介绍的工作是劳资纠纷空缺出来的，接受这份工作会产生人际矛盾。① 究竟什么是“合适工作”，失业者与劳动就业部门往往会有分歧，这就需要有一个类似“陪审团”的独立机构来裁定。

7. 有过工作经历

这一条规定使得许多找不到工作的中学毕业生和大学毕业生不能成为“合格失业者”，尽管他们有劳动能力，在法定劳动年龄之内，有就业愿望。

8. 停止失业金支付的情况

失业期间有以下情况之一就会停止失业金支付：骗取保险、重新就业、参军入伍、被判入监、移居境外、办理退休，还有当事人除家庭补助外得到了国家立法规定的别的收入补助，而且这种补助数额超过了失业津贴的数额时。

5.2.4 等待期

失业保险等待期是指合格失业者失业登记后并不能马上获得失业津贴，而是需要等待7~10天才开始领取失业津贴②。实际上各国等待期长短不一：瑞士2天，英国3天，芬兰5天，澳大利亚7天，加拿大14天，加纳30天等。等待期设置的理由是：

---

① 侯文若．现代社会保障学［M］．北京：红旗出版社，1993：191.

② 国际劳工组织《促进就业和失业保护公约》（1988年国际劳工大会通过）。

等待期较短，一般不会影响失业者的基本生活；便于核实，减少骗保可能；可以免去许多小额支付，节省管理成本，因为有许多失业者可能不到3天又重新找到工作。当然，有许多国家的失业保险制度不设等待期，如丹麦、法国、德国、中国等，失业时间及津贴从登记之日开始算起。

5.2.5 支付水平

衡量失业津贴（失业保险金）水平的指标是“失业保险工资替代率”，即失业金相当于失业前本人工资的百分比。从原则上说，失业保险金应该高于当地最低生活保障金，低于失业前本人工资。失业金高于当地最低生活水平的理由是保护失业者的人力资本投资，使失业者除了生活以外还有资金承担寻找工作的成本，免于生活所迫接受不合适的工作。失业金也不能太高，太高有可能使失业者落入“失业陷阱”，即鼓励失业者延长失业时间，鼓励在业雇员失业，使他们不珍惜手中的饭碗，同时又导致失业保险征缴率提高。目前，世界上许多国家的失业保险给付标准一般都在本人原工资收入的40%～60%之间。国际劳工组织在1988年召开的第75届劳工大会发布报告，建议失业金数额不低于失业者原工资的50%。有的国家在支付失业津贴时还要考虑失业者家庭生活情况，如果有需要抚养的未成年子女或要赡养的老人，失业津贴会酌情增加。

5.2.6 支付办法

失业保险的具体支付办法，各国差异很大。有的国家按照“本人失业前工资”的一定比例支付，有的按当地“社会平均工资”的一定比例支付，有的按照当地“最低工资”的一定比例支付，有的按照“最低生活保障金”的一定比例支付。

有的国家为了突出平等，凡失业者不论其失业前工资水平高低，都支付同样的数额；有的国家为了突出效率，鼓励员工及早参加失业保险，将失业保险金的高低与缴费时间（或工龄）长短挂钩，缴费时间（或工龄）越长，保险金占工资基数的比例就越高。

5.2.7 支付期限（给付期）

失业保险的支付是有期限的，如果无期限地支付下去，那就一定会打击失业者寻找工作的积极性，培养出许多懒汉。因此，失业制度设计都给支付加上期限。支付期短了也不行，一是有损于失业者的正当权益，二是失业者没等找到合适的工作保险就中断了，不利于保护劳动力资源。国际劳工组织1934年通过的《失业补贴公约》（第44号）规定：支付期应为每年至少156个工作日，在任何情况下，也不能少于78个工作日。实际上失业支付期限各国长短不一，有两个月的，也有两年的。

有的国家将失业保险支付期限与个人缴费年限（或工龄）结合起来，缴费年限越长，失业后获得支付的期限就越长；有的国家将支付期限与经济景气度结合起来，景气度高支付期限就短，景气度低支付期限就长。

5.3 中国失业保险制度历史

5.3.1 中国五次失业高峰及其治理

国家政务院于1951年颁布的《中华人民共和国劳动保险条例》中有养老保险、医疗保险、工伤保险和生育保险的规定，唯独没有失业保险。中国第一个《失业保险条例》的颁布日期是1999年1月，距1951年近半个世纪。在这48年中，难道中国没有发生过失业，政府没有解决过失业问题？中国的失业保险还是一个未开垦的领域？实际回答是否定的，其实中国在这48年的时间里经历过5次失业高峰[①]。每次高峰出现，政府都是通过出台临时政策，动用财政资金，依靠行政力量来消解失业问题。

1. 第一次失业高峰（1950—1952年）

当时为了平抑战后的通货膨胀，政府实行紧缩银根的政策。1950年春夏出现市场萧条，很多企业关门倒闭，失业工人逾百万。1952年，全国城镇失业人数达到376.6万人，失业率高达13.2%。1950年6月至1952年，中央人民政府先后发布了《关于救济失业工人的指示》、《救济失业工人暂行办法》、《关于救济失业工人的总结及指示》和《关于劳动就业问题的决定》一系列法规政策，采取了以工代赈、生产自救、转业训练、返乡务农和发放救济金等具体办法，解决了第一次失业难题。[②]

2. 第二次失业高峰（1961—1962年）

1957年11月，毛泽东提出中国要用15年左右的时间在钢产量等方面赶上英国，由此，从1958年开始了三年的“大跃进”。为了完成过高的各项工业指标，从农村吸收了大量劳动力，城镇职工和城市人口急速增长。1960年国家计划规定全年增加职工200万人，而到了6月底，仅仅过了半年，就已经比1959年增加了235.7万人[③]。1957—1959年，全国城镇人口从9 949万人增加到12 371万人。农业人口减少，再加上三年自然灾害，粮食问题突显出来，政府不得不进行经济调整和紧缩。1961年1月，中共中央召开八届九中全会，全会批准对国民经济实行调整、巩固、充实、提高的“八字方针”。1961年5月21日至6月12日，中共中央在北京举行工作会议，通过《中央工作会议关于减少城镇人口和压缩城镇粮食销量的九条办法》。这次中央工作会议明确提出，要在1960年年底1.29亿城镇人口的基数上，三年内减少城镇人口2 000万人以上。国有企业也在1961年减少215万个的基础上，1962年又减少了118万个，失业问题变得严重起来。政府大规模动员“大跃进”时进城的

---

① 本节采用李培林“五次失业”的说法，见李培林．老工业基地的失业治理：后工业化和市场化［J］．社会学研究，1998（4）。学界也有“三次失业”高峰的说法，见岳颂东．呼唤新的社会保障［M］．北京：中国社会科学出版社，1997。另外，本节“中国五次失业高峰及其治理”中的主要数据除特别指明出处外，均源自李培林《老工业基地的失业治理：后工业化和市场化》一文。

② 李新慧．论建国初期失业的治理及启示［J］．经济史，2007（5）．

③ 罗平汉．国民经济调整时期的职工精简［J］．史学月刊，2007（7）．

农民重返农村，同时动员部分家在农村的城镇职工重新回乡务农，1961 年减少城镇人口 1 000 多万人，其中精简职工 873 万人，1962 年又减少城镇人口 1 000 多万人，其中精简职工 850 万人。

3. 第三次失业高峰（1968—1975 年）

由于人口快速增长超过经济增长，“文化大革命”以前城镇就业压力就已经显露，为缓解就业压力，政府鼓励城镇知识青年到农村去。1968 年 12 月毛泽东发出“知识青年到农村去，接受贫下中农的再教育，很有必要”的指示。其实，早在 20 世纪 50 年代中期为了解决城镇就业问题政府就已经开始动员知识青年到农村去，1962—1966 年已有 100 多万城镇青年下乡落户。1966 年“文化大革命”开始后，经济受破坏，工商业停滞，企业招工规模缩小，同时，大学停止了招生，初高中毕业生既不能升学，也难以工作，城市失业问题骤然严重起来。当年流行于城市大街小巷的标语“我们也有两只手，不在城里吃闲饭”反映了当时城市知青无业可就的状况。从 1968 年年底开始，全国展开了持续 7 年之久的城镇知识青年“上山下乡”运动，在这一时期共有 1 600 多万城镇知识青年从城市移民农村，缓解了城镇失业问题。

4. 第四次失业高峰（1978—1980 年）

“文化大革命”结束以后，百废待兴，经济处于恢复过程，虽然大学恢复招生、工厂恢复招工，吸纳一部分劳动力或推迟了一部分劳动力的就业时间，但知识青年回城大潮却使城镇失业成为社会问题。这三年每年的城镇登记失业率都在 5. 5% 左右，每年的城镇失业人数在 530 万 ~540 万人。1980 年 8 月，中央和国务院召开全国劳动就业工作会议，提出要改革统包统配的就业模式，提出了“三结合”的就业方针，即“在国家统筹规划和指导下，实行劳动部门介绍就业、自愿组织起来就业和自谋职业相结合”。劳动部门介绍就业是指国营和大集体企业、事业单位按国家计划指标招工；自愿组织起来就业是指群众自愿组织各种集体经济单位实现就业；自谋职业是指个体劳动者从事个体商业和服务业。“三结合”的就业方针突破了“统包统配”的传统就业制度。具体办法有：国营企业建立“劳动服务公司”，安置本企业职工的返城子女就业；提前退休，由返城子女顶替就业；鼓励返城青年自谋职业、自己创业，国家减免税收予以支持等。这些办法使第四次失业高峰安全度过。

5. 第五次失业高峰（1996—2005 年）

这次失业高峰是经济体制转型，建立现代企业制度过程中产生的失业问题。直接原因是 1993 年出现经济过热和房地产泡沫，国家又一次连续多年实行收紧银根的宏观紧缩政策，企业普遍不景气；传统产业萎缩，停产倒闭的企业增多，转变产业结构的呼声越来越高；加快国有企业改革的要求也使多年存在的隐性冗员问题暴露出来。这些问题在劳动力市场上的反映就是失业与下岗职工大量出现。1997 年，城镇登记失业人数为 570 万左右，企业下岗人员大量增加。1997 年，多项大范围抽样调查的结果显示，下岗人员的规模为城镇从业总人数的 7% 左右，据此推算全国下岗人员为 1 028 万人，这样，登记失业人员和下岗职工总人数约为 1 500 万人。这次解决失业问题的办法是政府开展了“下岗职工再就业工程”。除此以外，中国在这期间颁布了第一个《失业保险条例》（1999 年），并开始发挥作用。

在基本上没有失业保险制度的条件下，中国政府在1949—2005年的50多年时间里治理了五次失业，政府对上述五次失业的治理实际上起到了失业保险、失业补救的综合作用，是一种具有中国特色的就业保障。政府治理五次失业的行政措施总结见表5-1。

表5-1 **中国五次失业高峰和相应治理措施**

	年份	事实	文件/指示	具体措施
第一次	1950—1952	1950年春夏出现市场萧条，很多企业关门倒闭，失业工人逾百万，1952年，全国城镇失业人数达到376.6万人，失业率高达13.2%	《关于救济失业工人的指示》、《救济失业工人暂行办法》、《关于救济失业工人的总结及指示》、《关于劳动就业问题的决定》	以工代赈、生产自救、转业训练、返乡务农和发放救济金等
第二次	1961—1962	1958年开始的三年“大跃进”，不仅造成严重经济困难，也使城市人口增长过快；国有企业在1961—1962年期间减少333万个	中央实行调整、巩固、充实、提高的“八字方针”，《中央工作会议关于减少城镇人口和压缩城镇粮食销量的九条办法》	动员“大跃进”时进城的农民返回农村务农；动员部分家在农村的城镇职工重回农村
第三次	1968—1975	人口快速增长，城镇就业压力大	1968年12月毛泽东下达“知识青年到农村去，接受贫下中农的再教育，很有必要”的指示	1 600多万城镇知识青年“上山下乡”
第四次	1978—1980	知识青年回城大潮却使城镇失业成为社会问题。这3年每年的城镇登记失业率都在5.5%左右，每年的城镇失业人数在530万~540万人	中央召开的全国劳动就业会议议定的文件《进一步做好城镇劳动就业工作》	“三结合”的就业方针。国营企业建立“劳动服务公司”，安置本企业职工的返城子女就业；提前退休，由返城子女顶替就业；鼓励返城青年自谋职业、自己创业，国家减免税收予以支持
第五次	1996—2005	1997年城镇登记失业人数为570万人左右，全国下岗人员为1 028万人左右，这样，登记失业人员和下岗职工总人数约1 500万人，占城镇职工总数10%以上	《国务院办公厅转发劳动部关于实施再就业工程报告的通知》、《中共中央、国务院关于切实做好国有企业下岗职工基本生活保障和再就业工作的通知》	下岗分流、实施再就业工程；失业和下岗人员“自谋职业”，并向第三产业和非国有经济部门转移；《失业保险条例》颁布（1999年）；2005年年底全国停止实行国有企业下岗职工基本生活保障制度，实现向失业保险并轨

5.3.2 中国下岗职工再就业工程

所谓“下岗职工”是指已经失去工作岗位，但仍与原企业保持劳动关系的人员。由于他们当年不是自己选择单位和工作，而是被分配在一个岗位上，因此国家对这批下岗职工负有责任，他们下岗期间享受比失业人员更好的待遇。

下岗职工再就业工程是一项具有中国特色的集失业预防、失业保险和失业补救为一体的综合性的就业保障工程。根据《劳动部关于实施再就业工程报告》（1995 年 3 月）：再就业工程是充分发挥政府、企业、劳动者和社会各方面的积极性，综合运用政策扶持和就业服务手段，实行企业安置、个人自谋职业和社会帮助安置相结合，重点帮助失业 6 个月以上的职工和生活困难的企业富余职工尽快实现再就业。

1. 再就业工程的背景

第一，中国国有企业在计划经济的庇护下积弊已久，人力物力的行政配置导致效率低下，在城市经济改革 10 年后，资源的行政配置终于要让位于市场配置了。1986 年已经出台的《中华人民共和国企业破产法（试行）》开始兑现，到 20 世纪 90 年代中期，国家加快推进国有企业改革，实行鼓励兼并、规范破产、下岗分流，减员增效的政策，关停并转的企业已经有 6 000 多个，虽然各边区和有关部门制定优惠政策，采取多渠道分流措施，共分流安置富余人员 400 多万人。到 1996 年年底，全国企业尚有下岗职工 814.8 万人。（劳动部、国家统计局《1996 年度劳动事业发展统计公报》）加上每年的新增劳动力和进城打工的农村剩余劳动力，就业压力巨大。

第二，中国失业保险制度才刚刚建立，相对于庞大的失业下岗队伍，失业保险制度作用有限。在这种背景下，政府开始实施下岗职工再就业工程。该工程于 1993 年起在全国 30 个城市进行试点，然后在全国普及。中央和国务院指导性文件是 1995 年 4 月 16 日《国务院办公厅转发劳动部关于实施再就业工程报告的通知》（国办发〔1995〕24 号）以及《中共中央、国务院关于切实做好国有企业下岗职工基本生活保障和再就业工作的通知》（1998 年 6 月 9 日）。

2. 实施再就业工程的具体措施

（1）建立和完善“三条保障线制度”。第一条保障线是企业（或行业）以下岗职工“再就业服务中心”为依托建立下岗职工生活补贴制度，再就业服务中心用于保障下岗职工基本生活和缴纳社会保险费用的资金来源，采取“三三制”的办法解决，即财政预算安排 1/3、企业负担 1/3、社会筹集（包括从失业保险基金中调剂）1/3。下岗职工生活补贴一般高于失业保险津贴，低于本人在岗工资。第二条保障线是建立和完善失业保险制度，从 1998 年开始将失业保险基金的缴费比例由企业工资总额的 1% 提高到 3%，由企业单方负担改为企业和职工个人共同负担，其中，个人缴纳 1%，企业缴纳 2%。进入“再就业服务中心”三年依然没有实现再就业的下岗职工将改变身份，由下岗职工变为失业人员，由失业保险制度接管。第三条保障线是建立和完善城市最低生活保障制度，对于两年后依然没有找到工作的失业人员，符合条件的，由最低生活保障制度予以保障。

（2）利用各种就业服务设施，完善职业介绍信息服务网络，为失业职工介绍职业信息和求职方法。

(3) 大力开展再就业培训，通过开展转业训练和职业指导，提高下岗职工再就业能力。

(4) 大力支持失业职工和富余职工组织起来就业和自谋职业。对所需的场地、设施、能源等，应与有关部门协调，统筹规划，做好安排，对组织起来就业和自谋职业的失业职工，将失业救济金一次付给本人，作为开办资金；对自谋职业的富余职工，由企业按规定支付安置费，并解除劳动关系。

(5) 兴办劳动就业服务企业，组织开展生产自救。支持失业职工和企业富余职工组织起来就业和自谋职业。对劳服企业及自办、联办等多种形式的生产自救基地，安置富余职工达到一定比例的享受国家有关优惠政策。

(6) 鼓励本企业兴办第三产业安置失业职工和富余职工，安置下岗职工。凡安置失业职工和富余职工达到一定比例的，可享受与劳服企业同样的优惠政策；确需扶持的，经劳动部门核准可借给一定数量的失业保险金，作为启动资金或流动资金，必要时可运用适量失业保险金作为企业向银行贷款的贴息。

(7) 鼓励其他用人单位招用失业职工和富余职工。凡招用失业职工并签订1年以上劳动合同的，可将其应享受的失业救济金作为工资性补贴，一次性付给用人单位。

(8) 支持企业主管部门对富余职工进行跨行业和企业的调剂工作，协助办理有关手续，并提供相应的就业指导、信息和咨询等服务。用人单位招用富余职工可先进行试工，试用期一般为3～6个月，试工期内原单位保留其劳动关系，试用合格者，重新签订劳动合同，不合格者可以退回原单位。

(9) 安排下岗要注意职工具体情况，夫妻两个不能同时下岗。为保障职工家庭的基本生活，夫妻在同一企业的，不要安排双方同时下岗；不在同一企业的，如果一方已下岗，另一方所在企业不要安排其下岗。要尽量避免全国及省（部）级劳动模范、烈军属、残疾人下岗。企业要对本企业的职工负责到底。企业拟定职工下岗方案，应同时提出下岗职工基本生活保障和再就业的措施，在充分听取职代会意见后组织实施。

(10) 尽可能减少城市劳动力供给。普遍实行劳动预备制度，对城镇未能继续升学的初、高中毕业生，进行1～3年的职业技术培训。继续鼓励和引导农村剩余劳动力就地就近转移，合理调控进城务工的规模。

从2001年起，实行国有企业下岗职工基本生活保障制度向失业保险并轨，至2004年年底，全国城镇登记失业人数为827万人，城镇登记失业率为4.2%，低于4.7%的控制目标，比2003年低0.1个百分点。这是近十年来，城镇登记失业率首次呈现下降趋势。2005年年底全国停止实行国有企业下岗职工基本生活保障制度，实现向失业保险并轨①，再就业工程基本结束。

---

① 孙宇挺．中国失业率10年来首次下降　国企下岗工人减少［EB/OL］．［2014-12-02］．http：//www.china.com.cn/chinese/news/775481.htm.

5.3.3 失业保险制度建立

新中国成立以后，在国家主流意识上，一直将失业与资本主义制度相联系，不承认新中国会有失业现象，即使有也都是旧社会遗留或者是社会经济发展的一种偶然。因此，新中国成立以来，虽然政府一直在与失业现象抗争，但我国没有建立过正式的失业保险制度。直到计划经济体制以及附属其上的“统包统配”的劳动体制开始瓦解，市场经济体制以及相应的劳动力市场配置开始出现，失业保险制度的建立才提上日程。

1986 年，国务院颁布了《国营企业职工待业保险暂行规定》（1986 年 7 月 12 日），它是新中国成立后第一个正式的失业保险制度，虽然其名称是“待业保险”，但从立法原则到框架设计它都为中国以后的失业保险制度奠定了基础。其主要内容包括：覆盖范围包括四种人，即宣告破产的企业职工，濒临破产的企业法定整顿期间被精减的职工，企业终止、解除劳动合同的工人，企业辞退的职工；缴费率为标准工资的 1%，企业缴费，个人不缴费；保险水平、待业救济金为本人标准工资的 50% ~ 75%，支付期限与工龄挂钩，最多 24 个月。（注：同年同月同日，国务院《国营企业实行劳动合同制暂行规定》（1986 年 7 月 12 日）第二十五条规定：“劳动合同制工人待业期间，按照国家规定领取待业救济金和医疗补助费。”）

1993 年国务院颁布《国有企业职工待业保险规定》（自 1993 年 5 月 1 日起施行）。与 1986 年的暂行规定相比，有三项主要修改：第一，标题上去掉了“暂行”两字，作为一项长期的法规。第二，覆盖范围从“四种人”变成了“七种人”：依法宣告破产的企业的职工；濒临破产的企业在法定整顿期间被精简的职工；按照国家有关规定被撤销、解散企业的职工；按照国家有关规定停产整顿企业被精简的职工；终止或者解除劳动合同的职工；企业辞退、除名或者开除的职工；依照法律、法规规定或者按照省、自治区、直辖市人民政府规定，享受待业保险的其他职工。第三，待业救济金的发放标准发生变化，原来是以本人标准工资为基数，现在待业救济金的发放标准为相当于当地民政部门规定的社会救济金额的 120% ~150%。

1999 年 1 月，国务院颁布了《失业保险条例》，中国名正言顺的失业保险法规终于出台，这在中国失业保险和中国社会保障历史上都是重要事件。与 1993 年《国有企业职工待业保险规定》相比，《失业保险条例》有多项修改，主要体现在以下几个方面：第一，“失业保险”取代“待业保险”正式作为一项制度的名称，表明我国主流意识形态不再排斥“失业”的说法，而是实事求是地承认、接受了“失业”现象，决心与之长期共存并加以治理。第二，失业保险覆盖范围从“七种人”扩大至城镇各类企事业单位的非自愿失业者。第三，职工个人也开始缴纳失业保险费，费率为本人工资的 1%。第四，调整了失业保险费率，单位失业保险费率由 1% 提高到 2%，企业与个人相加，失业保险费率大约为工资总额的 3%。第五，重新规定失业保险水平。失业保险金水平低于当地最低工资，高于当地城镇居民最低生活保障线。第六，对失业保险制度与城市居民最低生活保障制度的衔接作出原则规定。

从 1986 年中国初步有了失业保险制度开始，失业保险制度就产生了积极作用。

第一，有效地保障了失业人员的基本生活。通过施行失业保险制度，给付失业保险待遇，保障了失业人员的基本生活，帮助他们渡过了难关，对维护社会稳定发挥了积极作用。第二，促进了失业人员再就业。按照有关规定，从失业保险基金中支出部分资金，用于失业人员开展生产自救、转业训练、职业介绍活动，帮助其中半数以上人员重新走上了就业岗位，实现了再就业。第三，支持了企业改革。实施失业保险制度，保障了从企业走向社会的失业人员的基本生活，减轻了企业的压力，推动了改革措施的顺利出台和实施。许多地方还运用基金支持"关、停、并、转"企业妥善分流安置富余人员。在治理第五次失业高峰中（1996—2005年），失业保险制度的作用主要体现在参保人数和资金筹集逐年增加，失业保险基金对失业者和下岗职工的帮助和救济。有兴趣的读者可以从原国家劳动与社会保障部历年所发布的《劳动和社会保障事业发展统计公报》中看到这一点。

5.3.4 就业保障制度建立

2007年8月30日，中华人民共和国第十届全国人民代表大会常务委员会第二十九次会议于通过了《中华人民共和国就业促进法》（以下简称《就业促进法》）（2008年1月1日起施行）。《就业促进法》共九章六十九条，内容包括政策支持、公平就业、就业服务和管理、职业教育和培训、就业援助、监督检查、法律责任等多个方面，绝大部分内容涉及政府责任和法律对失业的补救。

国务院2008年9月18日颁布并施行的《中华人民共和国劳动合同法实施条例》（以下简称《劳动合同法实施条例》）规定了解除劳动合同的条件等，是中国的失业预防措施。

2014年2月21日发布的《社会救助暂行办法》（国务院令第649号）单独设置了"就业救助"一章（第八章），分五条重申和补充了我国就业救助或就业补偿的内容。

《失业保险条例》、《就业促进法》、《劳动合同法实施条例》和《社会救助暂行办法》等一系列法规，构建了我国的就业保障制度。

5.4 中国失业保险制度内容

中国现行失业保险制度的法律依据是1999年1月22日国务院颁布的《失业保险条例》。根据该条例，中国失业保险制度的基本内容如下：

5.4.1 覆盖范围

中国失业保险制度的覆盖范围包括城镇企事业单位和城镇企事业单位职工。所谓城镇企事业单位是指国有企业、城镇集体企业、外商投资企业、城镇私营企业以及其他城镇企业。

5.4.2 保险缴费

城镇企业事业单位按照本单位工资总额的2%缴纳失业保险费。城镇企业事业单位职工按照本人工资的1%缴纳失业保险费。城镇企事业单位招用的农民合同制工人本人不缴纳失业保险费。

5.4.3 支付条件

具备下列条件的失业人员，可以领取失业保险金：①按照规定参加失业保险，所在单位和本人已按照规定履行缴费义务满1年的；②非因本人意愿中断就业的；③已办理失业登记，并有求职要求的。

失业人员在领取失业保险金期间有下列情形之一的，停止领取失业保险金，并同时停止享受其他失业保险待遇：①重新就业的；②应征服兵役的；③移居境外的；④享受基本养老保险待遇的；⑤被判刑收监执行或者被劳动教养的；⑥无正当理由，拒不接受当地人民政府指定的部门或者机构介绍工作的；⑦有法律、行政法规规定的其他情形的。

5.4.4 保险支付与支付期限

城镇职工和农民合同制工人的保险支付期限不同。对于城镇职工，失业保险支付期限长短与缴费时间长短挂钩，最长支付期限为24个月。失业人员失业前所在单位和本人按照规定累计缴费时间满1年不足5年的，领取失业保险金的期限最长为12个月；累计缴费时间满5年不足10年的，领取失业保险金的期限最长为18个月；累计缴费时间10年以上的，领取失业保险金的期限最长为24个月。重新就业后，再次失业的，缴费时间重新计算，领取失业保险金的期限可以与前次失业应领取而尚未领取的失业保险金的期限合并计算，但是最长不得超过24个月。对于单位招用的农民合同制工人，连续工作满1年，本单位并已缴纳失业保险费，劳动合同期满未续订或者提前解除劳动合同的，由社会保险经办机构根据其工作时间长短，对其支付一次性生活补助。

5.4.5 保险水平

失业保险金的标准，按照低于当地最低工资标准、高于城市居民最低生活保障标准的水平，由省、自治区、直辖市人民政府确定。

失业人员在领取失业保险金期间患病就医的，可以按照规定向社会保险经办机构申请领取医疗补助金。失业人员在领取失业保险金期间死亡的，参照当地对在职职工的规定，对其家属一次性发给丧葬补助金和抚恤金。

5.4.6 失业保险与城市最低生活保障衔接

失业保险支付期满，失业人员还没有找到工作，如果失业人员符合城市居民最低生活保障条件的，按照规定享受城市居民最低生活保障待遇。

以上是现行失业保险制度规定，关于我国失业保险工作现状，根据2014年国家人社部发布的《2013年全国社会保险情况》，截至2013年年末，全国参加失业保险人数为16 417万人，比上年年末增加1 192万人；失业保险基金收入1 289亿元，比上年增加150亿元；基金支出532亿元，比上年增加81亿元。年末基金累计结存3 686亿元，比上年增加757亿元；全国共有417万失业人员领取了不同期限的失业保险金，比上年增加27万人，月人均失业保险金水平为767元。全年共有77万名劳动合同期满未续订或者提前解除劳动合同的农民合同制工人领取了一次性生活补助。

5.5 失业预防与失业补救

最好的失业预防是不让失业发生，最好的失业补救是帮助失业者重新找到工作，通过失业预防和失业补救让失业保险失去意义——这当然是理想主义者的理想，因为失业是不可避免的，失业保险是必要的。但是，通过失业预防和失业补救无疑能够在一定程度上缓解潜在失业者和失业者的紧张，并减轻失业保险的负担，政府、企业、个人都应该作出努力，让失业能不发生就不发生，如果不幸发生了，就让失业者尽快重新就业或采取其他补救措施。失业预防、失业保险和失业补救构成就业保障制度。①

就业保障制度可以界定为是政府建立的，通过免费服务、货币补贴、税费减免、贷款贴息等手段，促进就业、保障就业的福利制度，旨在一定程度上矫正劳动力配置方面的市场失灵，援助弱势群体实现就业、自食其力，保证社会公平。

5.5.1 失业预防

失业预防的措施主要有两种：第一是职业培训。职业培训能让员工不断更新知识，不断调整和增进他们适应社会、适应市场的素质，否则很容易跟不上市场的发展变化，遭新人排挤从而被淘汰。企业如果不重视职业培训，企业也可能在与同行的竞争中处于劣势，缩小市场份额，进而导致削减员工。第二是对企业解雇的约束。为了减少失业，政府通过界定劳动者的就业权，防止企业随意解雇工人，许多国家制定了相应的法律，如劳动法，约束企业的解雇行为。例如，规定解雇必须有正当理由，必须事先通知政府有关部门、法院、工人代表或被解雇者本人，必须征得政府有关部门或工人代表的同意，必须支付一定数额的解雇费等。企业解雇约束分“单项解雇约束”和“集体解雇约束”。单项解雇即解雇个别员工，集体解雇即同时解雇多人。法规对集体解雇的约束高于对单项解雇的约束。

除了有关劳动法规，劳资协议对雇主解雇也有约束。劳资协议是工会与雇主签订的，协议内容更加具体，劳资协议对雇主解雇的约束至少要达到劳动法的水平，但可以更加严格。2004年，德国共有6.1万多个劳资协议，其中，地区性行业协议3.4

① 孙光德，董克用．社会保障概论［M］．北京：中国人民大学出版社，2000：167.

万个，企业单独劳资协议 2.74 万个，在全国具有普遍约束力的劳资协议 476 个。3/4 的德国企业受劳资协议约束。劳资协议主要包括有效期较长、不经常改变的法律内容，如工作时间、解雇条件、休假权、调解事宜等。①

5.5.2 失业补救

失业发生后，除了失业保险，各项失业补救措施也是帮助失业者的重要方面。1988 年国际劳工大会通过的《促进就业和失业保护公约》与《建议书》，可以看做在失业保险和失业补救方面具有划时代意义的国际劳动立法，因为其帮助失业者的理念和原则发生了变化。以前的相关标准只强调为失业者提供生活保障，而新的标准则倡导把失业保护措施同促进就业结合起来。各国失业补救的办法大概有以下几种：第一，鼓励失业者创办企业；第二，组织失业者从事社区服务；第三，开辟家政服务就业领域；第四，鼓励失业者流动到劳动力短缺的地区；第五，采用特种雇用计划；第六，实施职业轮换制度；第七，建立和完善就业信息网络；第八，做好转业培训。

5.5.3 中国失业预防和失业补救制度

作为失业治理的综合政策措施，中国的失业预防和补救始终在起作用，比如在中国历次失业治理中就可以看到，尤其是在“下岗职工再就业工程”中（见 5.3.2）。比较正式的制度规定梳理如下：

1. 中国“失业预防”制度

中国的“失业预防”主要体现在《劳动合同法实施条例》中，用人单位不能随意解除无固定期限劳动合同，除非有《劳动合同法》规定的下列情形之一：

①用人单位与劳动者协商一致的；

②劳动者在试用期间被证明不符合录用条件的；

③劳动者严重违反用人单位的规章制度的；

④劳动者严重失职，营私舞弊，给用人单位造成重大损害的；

⑤劳动者同时与其他用人单位建立劳动关系，对完成本单位的工作任务造成严重影响，或者经用人单位提出，拒不改正的；

⑥劳动者以欺诈、胁迫的手段或者乘人之危，使用人单位在违背真实意思的情况下订立或者变更劳动合同的；

⑦劳动者被依法追究刑事责任的；

⑧劳动者患病或者非因工负伤，在规定的医疗期满后不能从事原工作，也不能从事由用人单位另行安排的工作的；

⑨劳动者不能胜任工作，经过培训或者调整工作岗位，仍不能胜任工作的；

⑩劳动合同订立时所依据的客观情况发生重大变化，致使劳动合同无法履行，经用人单位与劳动者协商，未能就变更劳动合同内容达成协议的；

⑪用人单位依照企业破产法规定进行重整的；

---

① 吴芹．欧盟失业问题研究［D］．上海：复旦大学，2007.

⑫用人单位生产经营发生严重困难的；

⑬企业转产、重大技术革新或者经营方式调整，经变更劳动合同后，仍需裁减人员的；

⑭其他因劳动合同订立时所依据的客观经济情况发生重大变化，致使劳动合同无法履行的。

2. 中国“失业补救”制度

《中华人民共和国就业促进法》可以看做我国的失业补救制度，其中主要是失业补救的各项措施，也包括失业预防内容。其主要内容如下：

（1）公平就业反对歧视

各级人民政府创造公平就业的环境，消除对妇女、残疾人、少数民族劳动者、传染病病原携带者、进城务工人员的就业歧视。

（2）就业服务和管理（免费和补贴）

县级以上人民政府建立健全公共就业服务体系，设立公共就业服务机构，为劳动者免费提供下列服务：就业政策法规咨询；职业供求信息、市场工资指导价位信息和职业培训信息发布；职业指导和职业介绍；对就业困难人员实施就业援助；办理就业登记、失业登记等事务；其他公共就业服务。

县级以上地方人民政府对职业中介机构提供公益性就业服务的，按照规定给予补贴。

（3）职业教育和培训（允许企业提取教育经费，受训者享受政府补贴）

国家依法发展职业教育，鼓励开展职业培训，促进劳动者提高职业技能，增强就业能力和创业能力。

县级以上人民政府鼓励和支持各类职业院校、职业技能培训机构和用人单位依法开展就业前培训、在职培训、再就业培训和创业培训，允许企业按规定提取职工教育经费。

国家采取措施建立健全劳动预备制度。

县级以上地方人民政府对有就业要求的初高中毕业生实行一定期限的职业教育和培训，使其取得相应的职业资格或者掌握一定的职业技能。

地方各级人民政府鼓励和支持开展就业培训，帮助失业人员提高职业技能，增强其就业能力和创业能力。失业人员参加就业培训的，按照有关规定享受政府培训补贴。

地方各级人民政府采取有效措施，组织和引导进城就业的农村劳动者参加技能培训，鼓励各类培训机构为进城就业的农村劳动者提供技能培训，增强其就业能力和创业能力。

地方各级人民政府鼓励和支持社会各方面为就业困难人员提供技能培训、岗位信息等服务。

（4）就业援助

各级人民政府建立健全就业援助制度，采取税费减免、贷款贴息、社会保险补贴、岗位补贴等办法，通过公益性岗位安置等途径，对就业困难人员实行优先扶持和重点帮助。就业困难人员是指因身体状况、技能水平、家庭因素、失去土地等原因难以实现就业，以及连续失业一定时间仍未能实现就业的人员。最低生活保障家庭有劳动能力的成员均处于失业状态的，县级以上地方人民政府应当采取有针对性的措施，确保该家庭至少有一人就业。(《社会救助暂行办法》第四十二条)

各级人民政府采取特别扶助措施，促进残疾人就业。

法定劳动年龄内的家庭人员均处于失业状况的城市居民家庭，可以向住所地街道、社区公共就业服务机构申请就业援助。街道、社区公共就业服务机构经确认属实的，应当为该家庭中至少一人提供适当的就业岗位。

(5) 监督检查和法律责任

各级人民政府和有关部门应当建立促进就业的目标责任制度。县级以上人民政府按照促进就业目标责任制的要求，对所属的有关部门和下一级人民政府进行考核和监督。对于违反《就业促进法》规定的，有关负责部门及其工作人员滥用职权、玩忽职守、徇私舞弊的，要依法给予处分。

本章小结

失业保险是国家根据一定的法规，对暂时失去工作的劳动者提供基本生活保障的一种社会保险制度。

政府资助失业保险最早起源于比利时（1901 年），法国是最早以国家立法的形式建立失业保险制度的国家（1905 年），挪威、丹麦两国也分别在 1906 年和 1907 年建立了类似于法国的失业保险制度。

失业保险制度结构和内容由以下各项组成：覆盖范围、资金筹集、资格条件、等待期、支付水平、支付办法、支付期限。

失业预防、失业保险和失业补救构成就业保障制度。

1986 年 7 月 12 日国务院颁布的《国营企业职工待业保险暂行规定》是新中国建立后第一个正式的失业保险制度，虽然其名称是“待业保险”，但他从立法原则到框架设计为中国以后的失业保险制度奠定了基础。

1999 年 1 月，国务院颁布了《失业保险条例》，这在新中国失业保险和新中国社会保障历史上都是重要事件，“失业”一词得到了正式承认。在基本没有失业保险制度的条件下，中国政府在此以前的 50 年里治理了五次失业。政府对五次失业的治理实际上起到了失业保险、失业补救的综合作用，是一种具有中国特色的就业保障。其中，下岗职工再就业工程是一项集失业预防、失业保险和失业补救为一体的综合性的就业保障工程。

中国现行失业保险制度的法律依据是 1999 年 1 月 22 日国务院颁布的《失业保险条例》。《中华人民共和国就业促进法》（2008 年 1 月 1 日施行）和《中华人民共和国劳动合同法实施条例》（2008 年 9 月 18 日施行）在一定意义上也是中国的“就业预防和就业补救”制度，与《失业保险条例》一起构建了我国现行就业保障制度。

复习思考题

1. 什么是失业保险？其特点是什么？
2. 最早以国家立法的形式建立失业保险制度的国家是哪一个？是哪一年建立的？
3. 简述失业保险的结构和内容。
4. 在什么样的条件下失业者不能领取失业保险金？
5. 失业保险制度设置“等待期”的意义是什么？
6. 为什么失业保险要规定最高支付期限？
7. 简述中国“再就业工程”。
8. 简述我国现行失业保险制度的主要内容。
9. 简述我国现行失业预防和失业补救制度的主要内容。

案例分析题

失业保险相关案例两则

案例一：

2011年9月，郑某与某公司签订了为期5年的劳动合同。劳动合同签订后，公司一直按规定为郑某缴纳养老、工伤、失业等各项社会保险费。2013年7月，公司在确定岗位工资时，郑某感到公司的办法不公平、不合理，并与车间主任发生矛盾。一怒之下，郑某向公司递交了辞职报告，同公司解除劳动合同。离开公司后，郑某一时没有找到工作，处于失业状态。2013年10月，郑某得知，缴纳失业保险费的人员失业后可以领取失业保险金。于是，郑某到当地社会保险经办机构请求享受失业保险待遇。

资料来源 佚名．职工个人辞职不享受失业保险待遇［N］．工人报，2013-12-04.

案例二：

王某，广东顺德大良人，今年53岁，1976年9月参加工作，原为顺德挂车厂企业干部。2000年年底顺德挂车厂转制，裁减200多人，王某成为其中一员。失业后，他即前往顺德市劳动服务中心办理劳动手册。2001年1月8日，他到顺德市社保局大良办事处咨询办理失业保险待遇事宜，被告知由于他只是在2000年7月才开始参加失业保险，连续缴费未满一年，没有享受失业保险待遇的资格。这时，他查阅了有关社会保险方面的法律法规，发现自己有20多年工龄，完全有资格享受有关失业保险待遇。为此，他多次与有关部门交涉，没有结果。2002年7月，王某一纸诉状将顺德市社保局告上法庭。

资料来源 唐奇．领不到失业保险金 市民将顺德社保局告上法庭［N］．佛山日报，2002-08-21.

案例思考题：

1. 案例一中的郑某能享受失业保险待遇吗？
2. 案例二中的王某能享受失业保险待遇吗？

推荐阅读资料

1. 《国营企业实行劳动合同制暂行规定》(国务院 1986 年 7 月 12 日)。

2. 《国营企业职工待业保险暂行规定》(国务院 1986 年 7 月 12 日)。

3. 《失业保险条例》(国务院 1999 年 1 月 22 日)。

4. 《中华人民共和国就业促进法》(2008 年 1 月 1 日起施行)。

5. 国际劳工组织《促进就业和失业保护公约》(1988 年国际劳工大会通过)。

6. 杨伟民，罗桂芬．失业保险［M］．北京：中国人民大学出版社，2000.

7. 李培林．老工业基地的失业治理：后工业化和市场化［J］．社会学研究，1998（4）．

8. 信长星．失业保险［M］．北京：中国劳动社会保障出版社，2012.

9. 郑功成，等．中国社会保障制度变迁与评估［M］．北京：中国人民大学出版社，2002.

10. 王晓初，信长星．就业促进与职业能力建设［M］．北京：中国劳动社会保障出版社，2012.

第6章 工伤保险

学习目标

工伤保险是五大社会保险项目之一，是历史悠久、有自己特点的社会保险项目，通过本章学习你应该：

- ✓掌握工伤保险的基本概念、特点和制度结构
- ✓了解世界工伤保险制度发展历史
- ✓掌握现行中国工伤保险制度内容
- ✓掌握中国工伤保险制度发展历史
- ✓了解工伤预防和工伤康复的内容

引例

学生实习期间发生事故拟不认定为工伤

人社部发布《关于执行〈工伤保险条例〉若干问题的意见（征求意见稿）》（2013年1月24日）并征求意见。

大中专学生实习期间遭遇的事故伤害，人社部在意见稿中明确其不属于工伤。实习生可通过商业保险保障权益。意见七："全日制普通大专院校和中等职业学校在校学生，到企事业等单位实习，实习学生与实习单位的关系不属于劳动关系，学生实习期间受到事故伤害的，可通过商业保险等途径予以保障。"（注：2013年4月25日人社部正式颁布《关于执行〈工伤保险条例〉若干问题的意见》（人社部发〔2013〕34号），这条意见没有写入。）

目前，我国每年都有大批大专院校和中等职业学校学生到企事业等单位实习。学生实习期间受到的事故伤害是否属于工伤，此前一直没有定论。

人社部在此次意见稿中说明，相关部门研究认为，实习学生与实习单位之间未建立劳动关系，不是劳动法意义上的劳动者。

实习学生权益保护可通过购买商业保险等方式解决。2009年教育部等部门印发了《关于在中等职业学校推行学生实习责任保险的通知》（教职成〔2009〕13号），明确在中等职业学校推行学生实习商业保险制度，保障学生实习期间受到事故伤害后的权益。

资料来源　改编自韩宇明．学生实习期间事故拟不认定为工伤［N］．新京报，2013-01-25.

6.1 工伤保险概述

6.1.1 工伤保险定义

工伤保险是参保人因工伤或者职业病而丧失劳动能力时，本人或其遗属从国家和社会（比如工会）得到物质补偿的一种社会保险制度。

工伤是因工作或与工作相关活动而造成的人身伤害，也称为职业伤害。工伤包括因工伤残、因工死亡和职业病三种形式。因工伤残表现为身体外伤；职业病表现为身体内伤，一般由接触粉尘、放射性物质和其他有毒有害物质而引起。区分工伤和非工伤在工伤保险中很重要，前者可以获得工伤保险待遇，后者因非工作原因患病、负伤、致残或致死，只能按照一般疾病、伤残和死亡来对待，不能享受工伤保险待遇。区分职业病和普通疾病的标准主要有以下四条：①职业病的出现是否和某种化学品的使用及职业接触有着因果联系；②职业病的发生是否和工作环境和特殊工种有关；③该疾病的出现概率是否高于所有作业人员的平均发生率；④是否有科学证据表明职业接触以后发生的疾病和潜在原因之间有着清晰而明确的因果关系。

6.1.2 工伤保险特点

与其他险种相比，工伤保险有以下特点：

1. 补偿不究过错

补偿不究过错原则又称免错补偿，指在劳动者因工负伤，不管是雇主还是雇员本人造成的过错，工伤者均可获得收入补偿。工伤者已经是受害人，往往还是弱势一方，如果按照民事程序来对待工伤事故的补偿问题，费财费力还不人道，对保护劳动者的合法权益非常不利，同时民事诉讼还不利于企业劳资关系和谐。此外，让雇主承担更多责任，既考虑了他们能力所及，也有助于促使企业做好事故预防工作。当然。"补偿不究过错"并不意味着对工伤事故责任不进行追究。一旦发生工伤事故，各方还是要根据自己在事故当中的过失承担相应的责任，只是这种责任追究不影响遭遇工伤的劳动者获得法定工伤待遇。

2. 个人不缴费

世界上绝大多数国家的工伤保险费由企业或雇主缴纳，劳动者个人不缴费。有一种主流观点认为，在生产过程中，劳动者和机器、设备一样都属于生产要素。机器损坏后雇主要出资维修，劳动者因工作原因使劳动能力受到损害，雇主当然也要承担维护的责任，这是雇主维持生产必要的管理支出，要求劳动者承担或分担这笔费用都是不合理的。

3. 待遇较高

工伤保险不要求个人缴费，但在待遇上却比其他社会保险项目都要优厚一些。比如，工伤保险患者免费医疗，而普通的疾病患者自己要承担一定比例的费用。再比如，职工因工致残，退出工作岗位，除享受一次性伤残补助金外，还按月享受伤残津贴，这要远远高于失业保险和养老保险待遇水平。所以，工伤职工达到退休年龄并办理退休手续后，如果领取的养老保险待遇低于伤残津贴，仍由工伤保险基金补足差额。

4. 实行差别费率和浮动费率

与其他社会保险项目不同，工伤保险制度实行差别费率和浮动费率。

差别费率是指根据不同行业工伤风险程度确定行业的基准费率。风险程度较高的行业适用较高的基准费率，风险程度较低的行业适用较低的基准费率。然后根据工伤保险基金使用、工伤发生率等情况在每个行业内再确定若干费率档次。

浮动费率是指在差别费率的基础上，国家根据企业在一定时期内安全生产状况和工伤保险费用支出情况，使企业费率上下浮动。让安全生产状况好的企业下浮费率，安全生产状况差的企业上浮费率，促使企业积极采取预防措施抓好安全生产、减少工伤事故的发生。

6.1.3 工伤保险的意义

1. 有利于消除职工的后顾之忧，保障职工权益

劳动者一旦遭遇工伤，不仅收入中断，还要为救治身体伤害和职业病付出额外的医疗成本；不仅受伤个人要承受身体和精神上的巨大痛苦，其家庭也因此而背上沉重的包袱。所以，建立工伤保险制度，为遭遇工伤的劳动者提供医疗救治、物质补偿以及康复服务体现了社会应有的公平正义，是保护劳动者合法权益，让劳动者能够安心工作所必需的。

2. 有利于分散单个企业的工伤赔付风险，保障企业可持续发展

工伤事故不仅给劳动者带来巨大的伤害，对企业来说通常也意味着不小的损失。由于不同的行业和企业发生工伤事故的概率不同，那些从事危险行业生产的企业，其工伤事故和职业病发生的机会就多。在非投保制的雇主责任制下，这些企业对工伤事故进行赔付的负担很重。特别是在法律不健全的情况下，工伤受害者和企业之间经常发生纠纷，严重影响企业正常的生产经营秩序。所以，建立工伤保险制度，可以通过社会统筹的机制由不同的企业共担工伤风险，并明确雇主在工伤赔付中的责任边界，保障企业生产经营活动的持续性。

3. 有利于降低工伤发生率，促进安全生产

工伤保险通过实行浮动费率机制对那些工伤事故发生率下降的企业降低其缴费率，对那些工伤事故发生率上升的企业则提高其缴费率，借助利益杠杆机制促使企业主动地加强工伤预防，降低职业病和事故率。另外，作为工伤保险的管理机构，人力资源和社会保障行政部门也会借助政府的强制力要求、督促和检查企业的安全生产。可以说，工伤保险和安全生产是一体两翼的关系，二者缺一不可。此外，工伤保险通过赔付和补偿使工伤患者及时得到治疗和康复，尽可能恢复劳动能力，保护人力资源。

4. 有利于缓解企业内部和社会的矛盾，维护社会稳定

工伤事故发生后如果不能及时进行妥善的处理，很容易引发劳动者和企业之间的矛盾和冲突。如果工伤患者伤病不能得到及时治疗和康复，生活没有保障，他们对社会就会充满怨恨，形成潜在的社会不稳定因素。所以，通过工伤保险制度保障工伤劳动者的基本生活和合法权益，对于劳资和谐与社会稳定同样有着非常重要的意义。

6.1.4 工伤保险制度发展简史

工业化之前，劳动者主要靠体力与手工从事经济活动，较少发生因工负伤、致残的情况。工业化之后，因机器的广泛使用以及化工技术的应用，劳动者遭遇职业伤害的情况大大增加，而且伤害程度也要比工业化之前严重得多。但是，在工业化早期，政府和企业并没有立即为劳动者提供工伤保障，工伤保险制度是在劳资博弈和工业文明发展过程中建立起来的。工伤保险制度的建立经历了以下四个阶段①：

1. 自担风险阶段

在工业化初期，工伤一般由工人自己承担后果。英国经济学家亚当·斯密所提出的“风险承担理论”成为风险自负的理论依据。这一理论认为，在工人的工资报酬中，已包含了对工作岗位危险性的补偿，雇主所支付的补偿性工资高低是根据风险大小而定的，工人既然自愿与雇主签订了合同，那就意味着他们是自愿接受了风险。

2. 工伤民事索赔阶段

在工伤事件中，有些明显是雇主过错造成的，因此，如果能证明雇主有错，工伤受害者可以要求雇主补偿，这就到了工伤民事索赔阶段。在有些国家，若能证明雇主在工伤事故中负有责任，可以经过民事诉讼得到赔偿，但劳动者负有举证责任。由于劳动者同雇主相比处于绝对劣势地位，不了解工作流程，很难取得物证和人证，所以工伤受害者很难通过民事诉讼程序获得工伤赔偿，与前一个阶段一样，工伤者境遇同样悲惨。

3. 雇主责任制阶段

随着工业文明的发展，工伤“补偿不究过失”原则确立起来了。所谓“补偿不究过失”就是无论工伤事故责任在谁，雇主都要全部承担责任。19 世纪八九十年代，法国、德国和英国等西方国家普遍开始接受“职业风险”原则，并根据这一原则建立了雇主责任保险制度。“职业风险”原则包括以下几个方面的内容：①凡是利用机器或雇员体力从事经济活动的雇主或机构就有可能造成雇员受到职业方面的伤害；②意外事故无论是由于雇主的疏忽还是受害人的同事的粗心大意甚至根本不存在什么过失，雇主也应该进行赔偿；③雇主支付职业伤害赔偿费是一笔日常开支，就像是修理和维护设备的保养费、给职工工资一样；④赔偿金应该是企业所承担的一部分管理费用②。根据这一原则，工伤事故赔付就从民法中独立出来，进入了雇主责任阶段。雇主责任制从工伤受害者立场和社会舆论方面来看符合道义，但也可能使雇主承担过

① 侯文若．现代社会保障学［M］．北京：红旗出版社，1993：239. 孙树菡，张思圆．工伤保险的历史沿革［J］．劳动保障通讯，2003（6）．

② 陈刚．工伤保险［M］．北京：中国劳动社会保障出版社，2005：6.

重的经济风险，一次工伤赔偿就有可能使雇主倾家荡产，从而影响创业者的积极性。在这种情况下，雇主往往求助商业保险，但成本较高。

4. 工伤社会保险阶段

为了克服雇主责任制的弊端，政府建立工伤社会保险制度顺理成章。工伤保险一般由政府举办，雇主平时必须向社会保险机构投保，一旦发生工伤，由社会保险机构向工伤事故受害者依法赔付，这就大大减轻了单个雇主的经济风险。1884 年，德国颁布了《劳工伤害保险法》，这是世界上第一部工伤保险法。此后，各国纷纷效仿，工伤保险成为世界上历史最悠久、防范职业伤害风险最普遍的形式。

工伤保险范围最初没有包含职业病，最早把职业病纳入职业伤害补偿范围的是 1906 年英国的《职业补偿法修正案》，它将 6 种职业病列入可赔偿的范围之内。德国在 1925 年修改《劳工伤害保险法》时也开始把职业病列入赔偿范围。

1925 年，国际劳工组织的《社会保障（最低标准）公约》（第102 号）对职业伤害保险的范围作了如下界定：①身体受职业病伤害呈疾病状态者；②由于永久或暂时失去劳动能力而完全或部分失去工资收入者；③由于丧失劳动能力并因此中断工资者；④由于供养者因工死亡而失去生活费来源者。此后，对于工伤范围的界定内容不断拓宽，把在工作场所与雇员的居住、用膳等处所之间的直接路线上发生的事故也作为工伤事故处理，即把这种非直接的工伤事故包括在职业伤害范围内。后来把如参与红十字会活动或营救工作，消防、治安、民防等公益活动中的事故伤害也列为工伤。

1925 年国际劳工组织（ILO）编制的第一份《职业病名录》（第 18 号公约），仅包括 3 种职业病，即铅中毒、汞中毒和炭疽病毒感染。1934 年第 42 号公约的附录上，提出了 10 种职业病。1964 年的《职业伤害赔偿公约》（第 121 号）把职业病扩大到 15 种。1980 年国际劳工大会对第 121 号公约的职业病名录进行了修订，认定 29 组职业病。国际劳工组织 2002 年通过的《职业病目录建议书》（第 194 号）建议职业病包括由物理性、化学性和生物性等因素所致疾病、靶器官疾病、职业性肿瘤和其他职业病等 4 类共 70 余种疾病。2010 年 3 月 25 日，国际劳工组织第 307 届理事会正式批准了最新的 2010 年修订版国际职业病目录，新目录在《职业病目录建议书》（第 194 号）的基础上作了增添和修订，将职业病增加至 100 余种。当今世界各国的工伤保险制度都把职业病列入保险范围。

6.1.5 工伤保险模式

世界各国工伤保险制度大体上可以分为以下两种类型：雇主责任制模式和社会保险模式。总体上来说，社会保险模式在逐渐取代雇主责任制模式，但目前世界上依然有许多国家和许多企业选择实行雇主责任制。20 世纪 80 年代，在建立工伤保险的 140 个国家和地区中，大约有 40 个国家通过雇主责任制来对劳动者提供工伤保险。90 年代，全世界有 156 个国家和地区建立了工伤保险，约 30 个国家和地区实行雇主责任制。

1. 雇主责任制模式

工伤雇主责任制是指国家立法强制雇主对工伤受害人实行赔偿的制度。

(1) 雇主责任制的两种形式

雇主责任制有两种形式：雇主自理风险和向保险公司投保。

自理风险是雇主不向保险公司为工伤事故投保，当劳动者遭遇职业伤害时由雇主直接给予赔付。如果在赔付过程中出现争议，可以申请法院或国家有关机构裁决。另外一种形式是雇主为雇员的职业伤害向私营保险公司投保，保险公司根据各企业或行业发生工伤事故的概率核定保费水平，当工伤事故发生后由保险公司代替雇主赔付。

(2) 雇主责任制的利弊

雇主责任制仍存在着很多弊端。如果采取雇主风险自理的形式，那些工伤事故频发或者遭遇重大工伤事故的企业往往承受不起巨大的工伤赔偿责任，特别是那些资金不足的小企业甚至因此而破产倒闭。对于劳动者而言，雇主赔付费时费力，劳动者在遭受身体伤害的同时还要遭受心理上的折磨。赔付大多是一次性的，那些永久丧失劳动能力的人的长期生活缺少保障，一旦企业破产，遭遇工伤的劳动者甚至有可能得不到任何赔偿。即使采取商业保险的形式，商业信誉度也不能与政府信誉度相比。

雇主责任制也有好处，比如企业可根据自己行业的性质自由选择，对那些比较安全、较少发生工伤事故的企业来说可以节约工伤保险缴费成本。

2. 社会保险模式

社会保险模式有利于避免个别企业因为工伤事故而受到过大的冲击，有利于受伤害职工得到可靠的保险待遇，减少工伤争议的发生，还形成规模效应，减少管理费用。

实行社会保险制工伤保险的国家也大致可以分为以下三种类型：①工伤保险作为一项独立的制度存在，在基金和管理方面与其他社会保险项目相对分离，如德国、意大利和日本等。②工伤保险在基金方面是独立的，在行政管理方面却是与其他社会保险项目由同一机构来管理，如法国和奥地利。③工伤及其他意外事故包括在整个社会保险制度之中，如阿尔及利亚和巴拿马。

6.2 工伤保险制度内容

6.2.1 覆盖范围

在工伤保险制度实施初期通常都是先把正规企业及其雇员覆盖进来，随着经济发展、工人斗争和相关技术的不断成熟，工伤保险的覆盖范围也不断扩大。除雇员外，现在发达国家一般还将自我雇佣者和学徒也覆盖进来，公务员和军人则通常由其他保险制度来覆盖。

6.2.2 基金筹集

1. 基金来源

工伤保险基金主要有三个来源，即用人单位缴纳的工伤保险费、工伤保险基金的利息以及依法纳入工伤保险基金的其他资金，其中用人单位缴纳的工伤保险费是最主要的来源。劳动者个人不用缴费。

2. 工伤保险费率

工伤保险费率即工伤保险费与缴费工资总额的一定比率。工伤保险一般实行差别费率和浮动费率，即：工伤保险费率高低与行业风险高低相关，这是为了体现工伤保险费负担上的公平性；同时为了激励企业主动采取措施加强安全生产，大多数国家还实行浮动费率制，对同一行业的不同企业进行奖罚。也有一些国家采用统一费率制。

为了实行差别费率制，各国一般都要进行行业工伤风险评级，制定各行各业的工伤风险等级标准。

6.2.3 资格条件

获得工伤保险的条件主要有两个：一是参加保险；二是因公伤残、死亡和职业病。因此，对工伤和职业病的认定是一项非常重要的工作，这项工作通常是由权威机构和权威专家来完成。

6.2.4 保险待遇

1. 工伤保险待遇构成

工伤保险待遇由下列项目组成：

①治疗工伤的医疗费用和康复费用；

②住院伙食补助费；

③就医交通食宿费；

④伤残辅助器具安装配置费用；

⑤生活不能自理者的生活护理费；

⑥一次性伤残补助金和按月领取的伤残津贴；

⑦因工死亡的，其遗属领取的丧葬补助金、供养亲属抚恤金和因工死亡补助金；

⑧劳动能力鉴定费；

⑨治疗工伤期间的工资福利；

⑩伤残职工按月领取的伤残津贴，等等。

2. 待遇水平

工伤保险待遇与以下两项挂钩：第一，与工资水平相关。待遇所依据的工资可能是本人工资，也可能是社会平均工资。工资水平越高，待遇水平就越高。第二，与工伤程度相关。伤残等级越高，待遇水平就越高。

因此，工伤等级或劳动能力鉴定是一项非常重要的工作，这项工作通常是由国家权威机构和专家来完成。

6.3 中国工伤保险制度历史

中国的工伤保险制度始建于20世纪50年代。此后，为了适应经济社会发展和经济体制、社会结构变迁的需要，中国工伤保险制度经历了逐步发展和改革的过程，大致可以分为以下四个阶段：工伤保险制度建立阶段、从社会保险到雇主责任（单位保险）阶段、重归社会保险阶段和工伤保险制度完善阶段。

6.3.1 工伤保险制度建立

1951 年 2 月中央人民政府政务院颁布的《劳动保险条例》第十二条对因工负伤、残废的待遇作出了明确规定，由此标志着新中国工伤保险制度的建立。1953 年政务院颁布修正后的《劳动保险条例》以及《中华人民共和国劳动保险条例实施细则修正草案》，进一步明确了工伤保险的基本原则、实施范围、工伤范围以及工伤待遇等。

此后，中国工伤保险制度不断调整，主要包括以下几个方面：

1. 从广覆盖到单一覆盖

根据 1953 年《劳动保险条例》，工伤保险的适用范围具有不分所有制与用工形式的广泛性，既包括国营企业，也包括公私合营、私营及合作社经营的企业；既包括正式职工，也包括学徒、临时工、季节工及试用人员。据统计，1956 年享受劳动保险待遇的职工人数相当于当年国营、公私合营、私营企业职工总数的 94%。[①] 但随着以后中国所有制结构发生重大变化，除国营企业和集体企业以外的所有制形式基本消失，工伤保险事实上只在国营企业实行，集体企业参照执行。

2. 工伤范围不断扩大

1964 年 4 月《工伤事故问题解答》将工伤的范围从原来的三项扩大到七项。1957 年 2 月 28 日，卫生部制定并颁布了《职业病范围和职业病患者处理办法的规定》，这是我国首次规定职业病种类，共有 14 种职业病被列入工伤保险的保障范围。1987 年，卫生部、劳动人事部、财政部、中华全国总工会颁布了修改后的《职业病范围和职业病患者处理办法的规定》，进一步将职业病的范围扩大到 99 种。

3. 工伤保险待遇不断提高

1958 年 2 月颁布的《关于工人、职员退休处理的暂行规定》对工伤保险待遇做了调整，实际上是提高了保险待遇；1978 年 5 月颁布的《关于安置工人退休、退职的暂行办法》再次提高了工伤保险的待遇。经过数次调整，工伤保险成为计划经济时期劳动保险制度中待遇最为优厚的项目。

6.3.2 从社会保险到雇主责任（单位保险）

根据《劳动保险条例》，企业缴纳的劳动保险金中的 30% 要上缴中华全国总工会，作为劳动保险统筹基金，在全国范围内统筹使用。由于受到“文化大革命”的冲击，1969 年以后，国营企业停止提取劳动保险金，工伤保险待遇改在营业外列支。工伤保险演变为事实上的工伤雇主责任制，各单位各自负责职工的工伤赔付。

---

① 严忠勤．当代中国的职工工资福利和社会保险［M］．北京：中国社会科学出版社，1987：307.

6.3.3 重归社会保险

随着经济体制改革的不断深化，在计划经济时期建立起来的工伤保险制度越来越不能适应时代的要求，突出表现在覆盖范围窄、待遇水平低、统筹层次低、劳动争议多等若干方面。为此，1996 年原劳动部颁发《企业职工工伤保险试行办法》，于同年 10 月 1 日在全国试行。《企业职工工伤保险试行办法》使工伤保险制度重新回到社会保险模式，并首次把工伤预防、工伤康复和工伤补偿三项工伤保险的任务结合起来，明确了工伤社会保险制度的基本内容。

（1）实行社会统筹，变“企业保险”为社会保险。企业统一向社保机构缴纳工伤保险费，形成工伤保险基金，由基金按规定的标准向工伤职工支付待遇。社会统筹有利于分散企业工伤事故风险，同时保障企业职工的工伤保险权益。

（2）扩大覆盖范围，把工伤保险覆盖面扩大到各类企业及全体职工。

（3）规范待遇项目和标准，使工伤处理有所遵循，维护有关各方当事人的权益，减少工伤争议。

（4）实行工伤保险与安全生产相结合的原则，建立工伤预防机制，其中最重要的手段是实行行业差别费率和企业浮动费率。

《企业职工工伤保险试行办法》是中国第一部关于工伤保险的专项立法，有力地推动了中国工伤保险制度的改革。

6.3.4 工伤保险制度完善

2003 年 4 月 27 日，国务院颁布《工伤保险条例》，并于 2004 年 1 月 1 日起施行。《工伤保险条例》是中国第一部专门的工伤保险行政法规，它提高了工伤保险的立法层次，增强了强制力和约束力；扩大了适用范围，将境内各类企业和有雇工的个体工商户纳入其中，这也就意味着将所有企业雇员，包括农民工全部纳入工伤保险覆盖范围；把以往一些行之有效的政策措施以法规的形式固定下来；明确了用人单位和职工的责任，科学地规范了相关的标准和工作程序。因此，《工伤保险条例》的颁布标志着中国新时期工伤保险制度得到全面完善。

2010 年 12 月 8 日国务院第 136 次常务会议通过了《国务院关于修改〈工伤保险条例〉的决定》，并自 2011 年 1 月 1 日起施行。新修改的《工伤保险条例》主要有以下改变：一是扩大了工伤保险覆盖范围；二是调整了工伤认定范围；三是简化了工伤认定、鉴定和争议处理程序；四是提高了部分工伤待遇标准；五是减少了由用人单位支付的待遇项目，增加了由工伤保险基金支付的待遇项目等。

2011 年 7 月 1 日起施行的《中华人民共和国社会保险法》为工伤保险增加了“代位补偿”的新内容，规定由第三人责任发生的工伤，工伤保险基金可以先期赔付。

关于职业病，随着我国经济快速发展，新技术、新材料、新工艺的广泛应用，以及新的职业、工种和劳动方式不断产生，劳动者在职业活动中接触的职业病危害因素更为复杂多样，其范围和处理办法也有了新的调整。

2013 年 2 月 19 日卫生部公布《职业病诊断与鉴定管理办法》（2013 年 4 月 10 日起施行），共七章六十三条。这七章是总则、诊断机构、诊断、鉴定、监督管理、法律责任和附则，同时宣布废止了 2002 年 3 月 28 日卫生部公布的同名旧办法。

2013 年 12 月 23 日，国家卫生计生委、人力资源和社会保障部、安全监管总局、全国总工会四部门联合发布了《职业病分类和目录》，将职业病分为 10 类 132 种。这 10 类职业病是：职业性尘肺病及其他呼吸系统疾病、职业性皮肤病、职业性眼病、职业性耳鼻喉口腔疾病、职业性化学中毒、物理因素所致职业病、职业性放射性疾病、职业性传染病、职业性肿瘤和其他职业病。

根据 2014 年国家人社部发布的《2013 年全国社会保险情况》，截至 2013 年年底，全国参加工伤保险人数为 19 917 万人，比上年年末增加 907 万人。其中，农民工参加工伤保险 7 263 万人，比上年年末增加 84 万人；事业单位参加工伤保险 2 509 万人。全国工伤保险基金收入 615 亿元，比上年增加 88 亿元；基金支出 482 亿元，比上年增加 76 亿元；年末基金累计结存 996 亿元（含储备金 168 亿元）。全国认定（视同）工伤人数为 118.3 万人，比上年增加 0.9 万人；评定伤残等级人数为 51.2 万人，比上年减少 0.2 万人；全国有 195 万人享受了工伤保险待遇，比上年年末增加 4.6 万人；全国有 1 164 万人次享受工伤保险待遇。全国一次性工亡补助金标准 49 万元，伤残职工月人均伤残津贴 2 019 元，月人均生活护理费 1 191 元，供养亲属月人均抚恤金 1 029 元。

6.4 中国工伤保险制度内容

我国现行的工伤保险制度主要是以《国务院关于修改〈工伤保险条例〉的决定》（2011 年 1 月 1 日起施行）和《社会保险法》（2011 年 7 月 1 日起施行）为法律依据，内容如下：

6.4.1 覆盖范围

中华人民共和国境内的企业、事业单位、社会团体、民办非企业单位、基金会、律师事务所、会计师事务所等组织和有雇工的个体工商户（以下称用人单位）应当依照本条例规定参加工伤保险，为本单位全部职工或者雇工（以下称职工）缴纳工伤保险费。

中华人民共和国境内的企业、事业单位、社会团体、民办非企业单位、基金会、律师事务所、会计师事务所等组织的职工和个体工商户的雇工，均有依照本条例的规定享受工伤保险待遇的权利。

6.4.2 资金来源

1. 缴费

用人单位根据规定费率缴纳工伤保险费，职工个人不缴纳工伤保险费。

2. 费率

我国实行差别费率和浮动费率，国家根据不同行业的工伤风险程度确定行业的差别费率，并根据工伤保险费使用、工伤发生率等情况在每个行业内确定若干费率档次。

(1) 差别费率

根据2003年《关于工伤保险费率问题的通知》（劳社部发29号），我国目前将行业划分为三个层级：一类为风险较小的行业（如银行业、软件业等）；二类为中等风险行业（如房地产业、纺织业等）；三类为风险较高的行业（如石油加工业、煤炭开采业等）。在将总体平均缴费率控制在职工工资总额1%左右的基础上，上述三类行业的基准费率分别控制在0.5%、1%和2%左右，具体由各统筹地区根据工伤事故发生次数、因工负伤总人数、因工伤残死亡总人次数、工伤事故频率以及工伤死亡率等五个指标决定（见表6-1）。

表6-1 **中国工伤保险行业风险评级及缴费率**

类别	行业	费率（%）
一类	银行业，证券业，保险业，其他金融活动业，居民服务业，其他服务业，租赁业，商务服务业，住宿业，餐饮业，批发业，零售业，仓储业，邮政业，电信和其他传输服务业，计算机服务业，软件业，卫生，社会保障业，社会福利业，新闻出版业，广播、电视、电影和音像业，文化艺术业，教育，研究与试验发展，专业技术业，科技交流和推广服务业，城市公共交通业	0.5
二类	房地产业，体育、娱乐业，水利管理业，环境管理业，公共设施管理业，农副食品加工业，食品制造业，饮料制造业，烟草制品业，纺织业，纺织服装、鞋、帽制造业，皮革、毛皮、羽绒及其制品业，林业，农业，畜牧业，渔业，农、林、牧、渔服务业，木材加工及木、竹、藤、草制品业，家具制造业，造纸及纸制品业，印刷业和记录媒介的复制，文教体育用品制造业，化学纤维制造业，医药制造业，通用机械制造业，专用机械制造业，交通运输设备制造业，电气机械及器材制造业，仪器仪表及文化，办公用机械制造业，非金属矿物制品业，金属制品业，橡胶制品业，塑料制品业，通信设备，计算机及其他电子设备制造业，工艺品及其他制造业，废弃资源和废旧材料回收加工业，电力、热力的生产和供应业，燃气生产和供应业，水的生产和供应业，房屋和土木工程建筑业，建筑安装业，建筑装饰业，其他建筑业，地质勘查业，铁路运输业，道路运输业，水上运输业，航空运输业，管道运输业，装卸搬运和其他运输服务业	1.0
三类	石油加工、炼焦及核心燃料加工业，化学原料及化学制品制造业，黑色金属冶炼及压延加工业，有色金属冶炼及压延加工业，石油和天然气开采业，黑色金属矿采选业，有色金属矿采选业，非金属矿采选业，煤炭开采和洗选业，其他采矿业	2.0

资料来源　劳社部发〔2003〕29号《关于工伤保险费率问题的通知》及附件“工伤保险行业风险分类表”。

（2）浮动费率

在我国，用人单位属一类行业的，按行业基准费率缴费，不实行浮动费率；用人单位属二、三类行业的，实行浮动费率。用人单位的初次缴费费率，按行业基准费率确定，以后由统筹地区社会保险经办机构根据用人单位工伤保险费使用、工伤发生率、职业病危害程度等因素，1～3 年浮动一次。在行业基准费率的基础上，可上下各浮动两档：上浮第一档到本行业基准费率的 120%，上浮第二档到本行业基准费率的 150%，下浮第一档到本行业基准费率的 80%，下浮第二档到本行业基准费率的 50%。

6.4.3 缴费公式

用人单位缴纳工伤保险费的公式为：本单位职工工资总额×单位缴费费率。

用人单位上年度月平均工资低于统筹地区上年度社会月平均工资的 60% 时，“社会月平均工资的 60%”就是用人单位本年度的缴费工资；当用人单位上年度月平均工资高于统筹地区上年度社会月平均工资的 300% 时，“月平均工资的 300%”就是用人单位本年度的缴费工资。

6.4.4 资格条件

1. 两个条件

获得工伤保险的条件主要有两个：所在单位参保缴费和被认定为工伤。

2. 三种情形

根据我国《工伤保险条例》（修改版，国务院 2010 年 12 月 8 日通过），工伤认定分为应当认定为工伤、视同工伤和不得认定为工伤或视同工伤三种情形。

（1）应当认定为工伤的情形

①在工作时间和工作场所内，因工作原因受到事故伤害的。

②工作时间前后在工作场所内，从事与工作有关的预备性或者收尾性工作受到事故伤害的。

③在工作时间和工作场所内，因履行工作职责受到暴力等意外伤害的。

④患职业病的。职业病是指企业、事业单位和个体经济组织的劳动者在职业活动中，因接触粉尘、放射性物质和其他有毒、有害物质等因素而引发的疾病。国家一般都有《职业病目录》，只有目录所列的职业病才被认可。

⑤因工外出期间，由于工作原因受到伤害或者发生事故下落不明的。与上述第三种情形类似，只要没有证据否定职工因工外出期间受到的伤害与工作之间的必然联系，在排除其他非工作原因后，应当认定为工作原因。

⑥在上下班途中，受到非本人主要责任的交通事故或者城市轨道交通、客运轮渡、火车事故伤害的。

⑦法律规定应当认定为工伤的其他情形。

（2）视同工伤的情形

在有些情形下，职工受伤或死亡与工作没有直接或间接的关系，但或者后果特别严重，或者为国家和社会作出了突出贡献。对于这样的情形可以视同工伤。视同工伤在待遇上与应当认定为工伤的基本一致。

视同工伤的情形有以下三种：①在工作时间和工作岗位，突发疾病死亡或者在48小时之内经抢救无效死亡的；②在抢险救灾等维护国家利益、公共利益活动中受到伤害的；③职工原在军队服役，因战、因公负伤致残，已取得革命伤残军人证，到用人单位后旧伤复发的。

（3）不得认定为工伤或视同工伤的情形

有下列情形之一的，不得认定为工伤或者视同工伤：

①因犯罪或者违反治安管理伤亡的。工伤保险在性质上是对工伤职工为企业和社会所作牺牲的肯定，所以因犯罪或者违反治安管理伤亡的，即使是在工作时间、工作地点发生的，也不得按工伤对待。

②醉酒导致死亡的。醉酒是一种个人行为，与工作没有必然联系，因此当事人在工作时因醉酒导致行为失控而对自己造成的伤害，不属于工伤。

③自残或者自杀的。因自残或自杀导致死伤的，当事人具有主观故意，按照保险的基本原则不能予以赔付；否则，就有可能出现工伤保险诱导自残或自杀的情形。

职工发生事故伤害或者按照职业病防治法规定被诊断、鉴定为职业病，所在单位应当自事故伤害发生之日或者被诊断、鉴定为职业病之日起30日内，向统筹地区劳动保障行政部门提出工伤认定申请。遇有特殊情况，经报劳动保障行政部门同意，申请时限可以适当延长。用人单位未在规定的时限内提交工伤认定申请的，工伤职工或者其直系亲属、工会组织在事故伤害发生之日或者被诊断、鉴定为职业病之日起1年内，可以直接向用人单位所在地统筹地区劳动保障行政部门提出工伤认定申请，在此期间发生符合规定的工伤待遇等有关费用由该用人单位负担。

6.4.5 保险待遇及其水平

在我国，工伤保险待遇包括工伤医疗待遇、停工留薪期内工资福利待遇、因工致残待遇和因工死亡待遇四个部分。

1. 工伤医疗待遇

职工因工负伤或者患职业病进行治疗必要的费用开支，如挂号费、诊疗费、治疗费、医药费、住院费等，符合规定的应当给予全额报销，具体而言：

（1）治疗工伤所需费用，符合工伤保险诊疗项目目录、工伤保险药品目录、工伤保险住院服务标准的，从工伤保险基金支出。

（2）职工住院治疗工伤的，由工伤保险基金提供住院伙食补助费；经过规定手续到统筹地区以外就医的，由工伤保险基金提供交通、食宿费用。（《工伤保险条例》修改前由所在单位支付）

（3）工伤职工到签订服务协议的医疗机构进行康复性治疗的费用，从工伤保险基金支付。

（4）工伤职工治疗非工伤引发的疾病，不享受工伤医疗待遇。

（5）工伤职工因日常生活或者就业需要，经劳动能力鉴定委员会确认，可以安装假肢、矫形器、假眼、假牙和配置轮椅等辅助器具，所需费用按照国家规定的标准从工伤保险基金支付。

2. 停工留薪期内工资福利待遇

职工因工作遭受事故伤害或者患职业病需要暂停工作接受工伤医疗的，在停工留薪期内，原工资福利待遇不变，由所在单位按月支付；停工留薪期一般不超过12个月，病情严重或情况特殊可适当延长，但延长期不得超过12个月。生活不能自理的工伤职工在停工留薪期间需要生活护理的，由所在单位负责。

3. 因工致残待遇

（1）伤残等级标准

工伤残疾程度共分为十级，一级最高，十级最低。不同的伤残等级有不同的待遇，伤残等级越高待遇越高。伤残等级由劳动功能障碍程度和生活自理障碍程度来决定。当前我国确定伤残等级的主要依据是2006年11月发布、2007年5月1日正式实施的《劳动能力鉴定——职工工伤与职业病致残等级分级》。该标准依据工伤者的器官损伤、功能障碍及其对医疗与护理的依赖程度，适当考虑由于伤残引起的社会心理因素影响，对伤残程度进行综合判定评级。其中，劳动功能障碍分为十个伤残等级：一级至四级为全部丧失劳动能力；五级至六级为大部分丧失劳动能力；七级至十级为部分丧失劳动能力。生活自理障碍分为三个等级：生活完全不能自理、生活大部分不能自理和生活部分不能自理（见表6-2）。

表6-2 **职工工伤与职业病致残等级**

等级	分级原则
一级	器官缺失或功能完全丧失，其他器官不能代偿，存在特殊医疗依赖，或完全或大部分护理依赖
二级	器官严重缺损或畸形，有严重功能障碍或并发症，存在特殊医疗依赖，或大部分护理依赖
三级	器官严重缺损或畸形，有严重功能障碍或并发症，存在特殊医疗依赖，或部分护理依赖
四级	器官严重缺损或畸形，有严重功能障碍或并发症，存在特殊医疗依赖，或部分护理依赖或无护理依赖
五级	器官大部缺损或明显畸形，有较重功能障碍或并发症，存在一般医疗依赖，无护理依赖
六级	器官大部缺损或明显畸形，有中等功能障碍或并发症，存在一般医疗依赖，无护理依赖
七级	器官大部分缺损或畸形，有轻度功能障碍或并发症，存在一般医疗依赖，无护理依赖
八级	器官部分缺损，形态异常，轻度功能障碍，存在一般医疗依赖，无护理依赖
九级	器官部分缺损，形态异常，轻度功能障碍，无医疗依赖或者存在一般医疗依赖，无护理依赖
十级	器官部分缺损，形态异常，无功能障碍，无医疗依赖或者存在一般医疗依赖，无护理依赖

资料来源　2006年发布的中华人民共和国国家标准《劳动能力鉴定——职工工伤与职业病致残等级分级》（GB/T 16180-2006）。

伤残等级鉴定由用人单位、工伤职工或者其直系亲属向设区的市级劳动能力鉴定委员会提出申请，设区的市级劳动能力鉴定委员会负责鉴定。根据鉴定意见，由设区的市级劳动能力鉴定委员会再做出劳动能力鉴定结论。

（2）工伤病残待遇

①一级至四级伤残待遇。职工因工致残被鉴定为一级至四级伤残的，保留劳动关系，退出工作岗位，享受以下待遇：

A. 从工伤保险基金按伤残等级支付一次性伤残补助金，标准为：一级伤残为27个月的本人工资，二级伤残为25个月的本人工资，三级伤残为23个月的本人工资，四级伤残为21个月的本人工资。

B. 从工伤保险基金按月支付伤残津贴，标准为：一级伤残为本人工资的90%，二级伤残为本人工资的85%，三级伤残为本人工资的80%，四级伤残为本人工资的75%。伤残津贴实际金额低于当地最低工资标准的，由工伤保险基金补足差额。

C. 工伤职工达到退休年龄并办理退休手续后，停发伤残津贴，享受基本养老保险待遇。基本养老保险待遇低于伤残津贴的，由工伤保险基金补足差额。

职工因工致残被鉴定为一级至四级伤残的，由用人单位和职工个人以伤残津贴为基数，缴纳基本医疗保险费。

②五级至六级伤残待遇。职工因工致残被鉴定为五级、六级伤残的，享受以下待遇：

A. 从工伤保险基金按伤残等级支付一次性伤残补助金，标准为：五级伤残为18个月的本人工资，六级伤残为16个月的本人工资。

B. 保留与用人单位的劳动关系，由用人单位安排适当工作。难以安排工作的，由用人单位按月发给伤残津贴，标准为：五级伤残为本人工资的70%，六级伤残为本人工资的60%，并由用人单位按照规定为其缴纳应缴纳的各项社会保险费。伤残津贴实际金额低于当地最低工资标准的，由用人单位补足差额。

经工伤职工本人提出，该职工可以与用人单位解除或者终止劳动关系，由用人单位支付一次性工伤医疗补助金和伤残就业补助金。

③七级至十级伤残待遇。从工伤保险基金按伤残等级支付一次性伤残补助金，标准为：七级伤残为13个月的本人工资，八级伤残为11个月的本人工资，九级伤残为9个月的本人工资，十级伤残为7个月的本人工资。

劳动合同期满终止，或者职工本人提出解除劳动合同的，由用人单位支付一次性工伤医疗补助金和伤残就业补助金。

④生活护理费。工伤职工已经评定伤残等级并经劳动能力鉴定委员会确认需要生活护理的，从工伤保险基金按月支付生活护理费。生活护理费按照“生活完全不能自理”、“生活大部分不能自理”和“生活部分不能自理”状态分三个等级，支付标准分别为统筹地区上年度职工月平均工资的50%、40%或者30%。

4. 因工死亡待遇

职工因工死亡，其直系亲属按规定从工伤保险基金领取丧葬补助金、一次性工亡补助金和供养亲属抚恤金。

（1）丧葬补助金

职工因事故或职业中毒在发生伤害时抢救无效直接死亡、因事故伤害或患职业病在停工留薪期内还未进行伤残等级鉴定就死亡，或者工伤职工鉴定伤残为一级至四级后死亡的，其遗属都享受丧葬补助金。丧葬补助金的标准为6个月的统筹地区上年度职工月平均工资。

（2）一次性工亡补助金

一次性工亡补助金标准为上一年度全国城镇居民人均可支配收入的20倍。

（3）供养亲属抚恤金

供养亲属抚恤金按照职工本人工资的一定比例发给由因工死亡职工生前提供主要生活来源、无劳动能力的亲属。标准为：配偶每月40%，其他亲属每人每月30%，孤寡老人或者孤儿每人在上述标准的基础上增加10%。核定的各供养亲属的抚恤金之和不应高于死亡职工生前的工资。为了能够保持供养亲属的基本生活水平，供养亲属抚恤金要根据统筹地区在职职工的平均工资和生活费用变化的情况适时调整。

（4）其他

职工因工外出期间发生事故或者在抢险救灾中下落不明的，从事故发生当月起3个月内照发工资，从第4个月起停发工资，由工伤保险基金支付供养亲属抚恤金。生活确有困难的，可以预支一次性工亡补助金的50%。职工被人民法院宣告死亡的，按照职工因工死亡的规定处理。

5. 特殊情况待遇支付

（1）再次发生工伤者待遇支付

职工再次发生工伤，根据规定应当享受伤残津贴的，按照新认定的伤残等级享受伤残津贴待遇。

（2）工伤保险责任变更待遇支付

用人单位分立、合并、转让的，承继单位应当承担原用人单位的工伤保险责任；用人单位实行承包经营的，工伤保险责任由职工劳动关系所在单位承担；职工被借调期间受到工伤事故伤害的，由原用人单位承担工伤保险责任，但原用人单位与借调单位可以约定补偿办法；企业破产的，在破产清算时，优先支付依法应由单位支付的工伤保险待遇费用。

（3）在两个以上（含两个）用人单位同时就业发生工伤事故

根据2011年5月12日发布的《实施〈中华人民共和国社会保险法〉若干规定》（征求意见稿），职工（包括非全日制从业人员）在两个或者两个以上用人单位同时就业的，依法应当由用人单位承担的工伤保险待遇，由发生工伤事故时工作的单位支付；发生工伤事故时工作单位不确定的，由各工作单位共同分担。

（4）非法雇佣情形的待遇支付

无营业执照或者未经依法登记、备案的单位以及被依法吊销营业执照或者撤销登记、备案的单位的职工受到事故伤害或者患职业病的，由该单位向伤残职工或者死亡职工的直系亲属给予一次性赔偿，赔偿标准不得低于《工伤保险条例》规定的工伤保险待遇；用人单位不得使用童工，用人单位使用童工造成童工伤残、死亡的，由该单位向童工或者童工的直系亲属给予一次性赔偿，赔偿标准不得低于《工伤保险条例》规定的工伤保险待遇。

（5）在境外工作者待遇支付

职工被派遣出境工作，依据前往国家或者地区的法律应当参加当地工伤保险的，参加当地工伤保险，在被派往境外工作期间发生工伤的在国外享受工伤保险待遇；不能参加当地工伤保险的，其国内工伤保险关系不中止，在被派往境外工作期间发生工伤的回国后享受工伤保险待遇，但在境外发生的工伤医疗费用由用人单位负责处理。

（6）商业保险者待遇支付

如果用人单位既为职工缴纳了工伤保险费，又为职工缴纳了意外事故商业保险，当职工发生工伤后，对于工伤医疗费用，只能在社会保险或商业保险一方报销，不能重复支付；但对于工伤职工的其他待遇，只有意外伤害险的赔付是可以兼得的。[①]

6. 代位补偿

《社会保险法》第四十一条规定：职工所在用人单位未依法缴纳工伤保险费，发生工伤事故的，由用人单位支付工伤保险待遇。用人单位不支付的，从工伤保险基金中先行支付。从工伤保险基金中先行支付的工伤保险待遇应当由用人单位偿还。用人单位不偿还的，社会保险经办机构可以依法追偿。第四十二条规定：由于第三人的原因造成工伤，第三人不支付工伤医疗费用或者无法确定第三人的，由工伤保险基金先行支付。工伤保险基金先行支付后，有权向第三人追偿。

7. 停止享受工伤保险待遇

工伤职工有下列情形之一，停止享受工伤保险待遇：

（1）丧失享受待遇条件的

比如：工伤职工的伤情治愈，也就不能再享受工伤医疗待遇了；供养子女年满18周岁且未就学，也不能再继续享受供养亲属抚恤金待遇了。

（2）拒不接受劳动能力鉴定的

只有进行劳动能力鉴定，才能判断职工伤残等级和生活自理能力，才能够确定职工应享受的工伤待遇。如果工伤职工拒不接受劳动能力鉴定，也就无法向其支付工伤待遇。特别地，在劳动能力鉴定后，如果伤情逐渐减轻，也应当再次进行劳动能力鉴定，按照新的鉴定结论确定职工的伤残等级和应享受的工伤待遇标准。有些职工担心再次鉴定，自己的利益会受到损害而拒绝接受有关部门所要求的鉴定，这时候也要停止其享受工伤保险待遇。

（3）拒绝治疗的

工伤事故发生后，有个别职工会因各种原因拒绝接受医疗机构对其受伤部位实施的治疗方案。这时候，一方面相关人员要做好工伤职工的思想工作，解除其顾虑和误会，另一方面对于那些无正当理由拒绝接受治疗的职工也要停止支付工伤保险待遇，鼓励其积极地面对生活。

---

① 陈刚．工伤保险［M］．北京：中国劳动社会保障出版社，2005：128。

(4) 被判刑正在收监执行的

这是因为监狱里设立了医疗机构和生活卫生设施，同时建立了犯罪生活、卫生制度，被判刑收监的工伤职工在改造期间的基本生活是能够得到国家保障的，所以不应当再享受工伤保险待遇。

6.5 工伤预防与工伤康复

要杜绝工伤事故几乎不可能，但减少其发生还是大有可为，这就需要加强工伤预防。既然工伤悲剧总要发生，发生后让受害者早日康复也不失为人道主义的体现，这就需要重视工伤康复。因此，实现工伤预防、工伤保险和工伤康复三位一体是完善制度体系的目标。

6.5.1 工伤预防

1. 工伤预防的定义和意义

工伤预防是指采取积极的措施事先防范职业伤亡事故以及职业病的发生，减少事故及职业病的隐患，改善和创造有利于健康的、安全的生产环境和工作条件，保护劳动者在生产、工作环境中的安全和健康。如果说工伤救治、工伤补偿和工伤康复都属于善后工作的话，工伤预防就是防患于未然。

工伤预防有利于降低事故和职业病的发生率，从而减少社会经济损失和工伤保险费用支出。国外有关专家曾对职业病预防的经济学进行过研究，得出著名的“7∶4∶1”法则：从总体上看，如果企业发生职业病和职业性人身伤亡事故造成的经济损失是7的话，那么在发生这些事件之前采取对生产环境尘毒危害的防护措施和相应的技术改造，所需的经济投资只有4；如果企业在初建时就能考虑到未来可能产生的职业危害隐患，将防护措施与整个项目的设计、建造统筹考虑，其投资仅为1。

2. 工伤预防的主要内容

工伤事故无非是人的不安全行为和物的不安全状态相互作用的结果。因此，工伤预防的关键就是防止人的违章行为，消除生产设备、作业环境和劳动工具存在的隐患，保证生产安全。要保证安全生产，需要有法律与规章制度，需要政府、企业和劳动者各方努力。主要措施如下：

(1) 法律和制度保证

首先要通过立法来保障安全生产。比如，为了加强安全生产监督管理，防止和减少生产安全事故，保障人民群众生命和财产安全，促进经济发展，颁布《中华人民共和国安全生产法》(以下简称《安全生产法》)(自2002年11月1日起施行)，同时各用人单位要建立各项安全生产的监督管理制度，明确政府、企业和个人在工伤预防方面的职责和责任。2014年8月31日第十二届全国人民代表大会常务委员会第十次会议通过全国人民代表大会常务委员会关于修改《中华人民共和国安全生产法》的决定，自2014年12月1日起施行。修订后的《安全生产法》主要在四个方面有较大变动：一是把安全发展战略写进安全生产法，作为科学发展的重要组成部分。二是强化了企业的主体责任，关键还是企业，特别是企业的领导要落实安全工作的各项要求，纳入到法制的轨道。三是政府监管，特别是基层政府的监管执法力量，既明确了责任也明确了权利。四是加大了隐患排查和事故查处的力度，特别是对违法行为的处理，提高了处罚的标准，加大了违法的成本，要让那些违法者和肇事企业的肇事者付出更大的代价，给予更大的震动和教育。

（2）预防和保险结合

单纯的工伤保险补偿不足以为劳动者提供充分的保护，它必须和工伤预防结合起来才能真正发挥“治标又治本”的作用。各国工伤保险和安全生产一般隶属于两个不同的部门，这样两个机构之间的合作就非常重要。1912 年，美国马萨诸塞州在《关于就业过程中伤亡职工的工资问题及伤亡事故的预防》法规中，最早将事故预防与工伤保险补偿联系在一起。德国各工伤保险同业公会在全国自上而下设立安全技术监察部门，配备专职的安全监督员，一直深入到厂矿密集的工业区，形成能够对每个企业进行有效监督检查的管理网络体系。日本则建立集工伤保险与安全生产监督为一体的管理机构，由同一部门兼负工伤保险与安全生产监督管理职责：第一级是厚生劳动省劳动基准局；第二级是各都道府县的劳动基准局，其性质为劳动基准局的派出机构；第三级是厂矿区劳动基准监督署，为全国劳动部门最基层单位。

（3）安全培训与安全服务

对各岗位员工进行安全生产教育和培训，一方面使生产经营单位领导提高安全生产意识，另一方面使员工掌握本职工作所需的安全生产知识，提高安全生产技能，增强事故预防和应急处理能力。工伤保险机构不仅要发挥对安全生产的监督职能，还要主动地为企业提供安全教育培训以及咨询和劳动医疗服务。很多企业搞不好安全生产往往是因为缺乏必要的意识和技术。在澳大利亚，有很多保险机构雇佣检查员及安全调研员，他们的任务是为工伤预防提供建议，并模拟危险实例教育雇主。工伤保险机构必须为雇主、雇员及其他相关机构提供咨询，并与雇主通力合作加强工伤预防工作，或组织安全教育工作①。

（4）实行标准化作业

作业标准化能有效地控制、约束、规范人的行为，从根本上控制违章作业，特别是习惯性违章作业，杜绝酒后作业、疲劳作业、野蛮作业等不良现象；同时规范了物品的放置，使通道畅通，照明充足，消防、防护用品齐全，并规范了设备、工具检修、作业的交出、检查、验收等程序。

（5）安全检查和安全监测

加强安全检查，强化有毒有害岗位的安全监测工作。安全检查是发现生产活动中不安全因素的最主要的手段之一，主要包括查思想、查制度、查管理、查纪律、查教育、查现场、查隐患、查措施等。通过安全检查和安全监测，熟悉现场生产状况，消除隐患，控制不安全因素，纠正人的不安全行为。在安全检查和监察中要充分发挥工

---

① 陈刚．工伤保险［M］．北京：中国劳动社会保障出版社，2005：46.

伤保险机构、本单位工会组织的作用。

（6）资金支持和资金保证

简单要求企业加强安全生产而忽视其实际生产经营状况是不够的。对于那些生产经营困难的企业，再要求他们额外拿出资金加强工伤预防是非常困难的，而工伤事故也大多发生在这样的企业中。所以，在对企业财务状况进行评估的基础上，从工伤保险基金中按照一定比例提取事故预防专项经费，用于特种安全设备检测检验补贴，开展重大事故隐患的调查、评估以及工伤与职业病预防科学研究，组织企业法人代表、安技干部、特种作业人员接受安全技术培训等是非常必要的。德国工伤保险同业公会每年从工伤保险基金中提取大约5%的资金用于工伤预防工作，就取得了很好的经济效益和社会效益①。

（7）发挥经济杠杆作用

要真正实现安全生产，降低工伤事故发生率，最终还是要依靠雇主自觉自愿地采取措施。运用经济杠杆机制，对安全生产搞得好的企业给予奖励，对搞得不好的企业给予处罚，是强化企业安全生产动力的最重要的手段。浮动费率制就是这样一种经济杠杆机制。日本的工伤保险费率每三年调整一次，根据企业的收支比例计算，上下浮动幅度最高达40%；德国也根据企业的安全生产状况上下幅度费率，浮动幅度最高达30%。建立工伤预防基金，对没有发生重大伤亡事故的企业给予基金调剂返还，对工伤事故恶化的企业给予处罚，则是另外一种经济杠杆机制，其效果会更加明显，但力度需掌握得当。

6.5.2 工伤康复

劳动者受到职业伤害，帮助他们尽快恢复劳动能力和生活自理能力，帮助他们尽可能无障碍地回归社会是工伤保险的最高目标。这一目标的实现离不开工伤康复。工伤预防、工伤补偿和工伤康复是工伤保险的三大支柱。所谓工伤康复是指综合运用现代医学、教育、职业、社会等一切措施，对工伤职工进行治疗、训练、教育，并以辅助手段尽可能地补偿、恢复工伤职工丧失或削弱的功能，使工伤职工恢复正常人具备的工作能力，从事适合其身体状况的劳动，并最终无障碍地融入社会。工伤康复主要包括以下工作内容：

1. 医疗康复

医疗康复是指利用各种临床治疗和康复治疗的手段，改善和提高工伤职工的身体功能和生活自理能力的过程。医疗康复应该在治疗过程的最早阶段就要考虑，并在病人病情许可的情况下尽早开始。改革传统的“静态”治疗方法，把所有有利于早期康复的各种基本因素都包含进来是医疗康复的内在要求。医疗康复通常要用到各种专门的技术、设备和人员，需要不断地评估，并在评估的基础上设计和调整康复方案。

2. 职业康复

职业康复是指通过各种方式使工伤职工保持并获得适当的职业，从而促进他们参

① 陈刚．工伤保险［M］．北京：中国劳动社会保障出版社，2005：44.

与或重新参与社会。职业康复对于工伤职工恢复就业能力，获取就业机会进而能够自食其力具有重要意义。职业康复具体又包括职业评定、职业培训、职业咨询、职业指导和职业适应等若干方面。此外，帮助工伤职工解决其面临的实际困难，如缺乏生产工具和场地，让他们首先有机会从事现实的工作，在工作过程中不断提高职业能力，是职业康复的发展趋势。

3. 心理康复

对工伤职工进行心理干预，消除其因工伤造成的心理障碍，对于他们更好地配合医疗康复和职业康复，乐观地回归家庭和社会具有重要意义。心理康复是一个持续的过程，单纯依靠心理医生的治疗往往不能从根本上解决问题，而是要依靠伤残职工本人、家庭社区、用人单位和康复人员的共同努力方可见效。

4. 社会康复

根据国际卫生组织的界定，康复不仅指训练残疾人使其适应周围的环境，而且也指调整残疾人周围的环境和社会条件以利于他们重返社会。可见，在对工伤职工进行康复训练的同时，为其创造一个全面接纳伤残者的社会环境也是非常重要的。这个社会环境包括文化、经济、社会生活、法律等方面，使工伤职工能与健全人获得平等的权利和尊重。

本章小结

中国工伤保险当前施行的法规是《国务院关于修改〈工伤保险条例〉的决定》（2011 年 1 月 1 日起施行）和《中华人民共和国社会保险法》（2011 年 7 月 1 日起施行）。

工伤保险是参保人因工伤或者职业病而丧失劳动能力时，本人或其遗属从国家和社会得到物质补偿的一种社会制度安排。

工伤保险的特点是：补偿不究过失，个人不缴费，待遇较高，差别费率和浮动费率。

工伤保险制度的形成与发展先后经历了工伤自理阶段、雇主责任阶段和工伤社会保险阶段。当前世界各国工伤保险制度可以分为雇主责任制模式和社会保险模式两种。大多数国家采取社会保险模式。

中国的工伤保险制度始建于 1951 年，以《劳动保险条例》颁布为标志，现行的工伤保险制度主要是以《国务院关于修改〈工伤保险条例〉的决定》（2011 年 1 月 1 日起施行）和《社会保险法》（2011 年 7 月 1 日起施行）为法律依据。中国工伤保险发展历史大致可以分为以下四个阶段：工伤保险制度建立、从社会保险到雇主责任（单位保险）、重归社会保险、工伤保险制度完善。

工伤认定结果有三种：应当认定为工伤、视同工伤和不得认定为工伤或视同工伤。

工伤等级分为十级，一级最重，十级最轻。确定工伤等级依据劳动功能障碍和生活自理障碍程度。

我国现行工伤保险制度结构包括覆盖范围、资金来源、缴费公式、资格条件、保险待遇及其水平。

在我国，工伤保险待遇包括工伤医疗待遇、停工留薪期内工资福利待遇、因工致残待遇和因工死亡待遇四个部分。

工伤保险支付责任的总结见表6-3。

表6-3 工伤保险支付责任

	工伤保险基金支付	用人单位支付
支付项目	1. 治疗工伤的医疗费用和康复费用 2. 住院伙食补助费 3. 到统筹地区以外就医的交通食宿费 4. 安装配置伤残辅助器具所需费用 5. 生活不能自理的，经劳动能力鉴定委员会确认的生活护理费（以社平工资为基数） 6. 一次性伤残补助金和一至四级伤残职工按月领取的伤残津贴（以本人工资为基数） 7. 终止或者解除劳动合同时，应当享受的一次性医疗补助金 8. 因工死亡的，其遗属领取的丧葬补助金、供养亲属抚恤金和因工死亡补助金（以社平工资为基数） 9. 劳动能力鉴定费	1. 治疗工伤期间的工资福利和护理费用 2. 五至六级伤残职工按月领取的伤残津贴（以本人工资为基数） 3. 终止或者解除劳动合同时，应当享受的一次性伤残就业补助金

工伤预防是指采取积极的措施事先防范职业伤亡事故和职业病的发生；工伤康复是对工伤职工进行治疗、训练、教育，使工伤职工恢复正常，并最终无障碍地融入社会。

复习思考题

1. 工伤保险的内涵是什么？
2. 世界工伤保险制度经历了哪几个发展阶段？
3. 简述工伤保险模式。
4. 工伤保险的特点是什么？
5. 简述应当认定为工伤、视同工伤和不得认定为工伤的具体情形。
6. 我国劳动能力鉴定结果分为哪几级？
7. 简述我国工伤保险制度发展简史。
8. 我国工伤职工可以享受哪些待遇？
9. 工伤预防的主要措施是什么？
10. 工伤康复包括哪些内容？

案例分析题

“老工伤”人员工伤待遇问题如何解决

所谓“老工伤”人员，是指1996年劳动部颁发的《企业职工工伤保险试行办法》实行以前积累下来的发生工伤的职工。“老”与“新”的根本不同在于：“老工伤”人员的伤残津贴等未纳入工伤保险基金统筹管理，工伤待遇仍由用人单位支付，一旦企业关闭或改制后工伤医疗费难以报销，待遇难以得到保障。“老工伤”人员是我国社会保障制度转轨过程中形成的特殊群体，目前大多数“老工伤”人员集中在原计划经济时期的国有大中型企业，特别是一些高风险行业中。

在计划经济时代，我国的工伤保险事实上是一种“企业保险”，即单位实行自我保障，工伤待遇由职工所在企业负责。随着市场经济的来临，计划经济时期建立起来的工伤保险制度越来越不能适应时代的要求，突出表现在覆盖范围窄、待遇水平低、统筹层次低、劳动争议多等方面。为此，1996年劳动部颁发《企业职工工伤保险试行办法》，明确规定新型工伤保险制度实行社会统筹。这样一来，原国有或集体企业的职工就可能因为所在企业未参加新型工伤保险，导致在发生工伤或者罹患职业病时，无法从工伤保险获得相应待遇。特别是一些困难企业的“老工伤”人员，他们既不能从单位获得工伤待遇，又无法从新型工伤保险制度中获得补偿。

为解决“老工伤”人员的待遇问题，体现制度的公正，人力资源和社会保障部于2009年发布了《关于做好老工伤人员纳入工伤保险统筹管理工作的通知》（人社发〔2009〕40号），明确要求将“老工伤”人员纳入工伤保险统筹管理。截止到2011年年底，我国已将312万名企业“老工伤”人员和工亡职工供养亲属纳入工伤保险统筹管理①。需注意的是，在各省市的具体规定中，对“老工伤”人员的界定可能存在区别。

案例思考题：

1. “老工伤”何以成为问题？

2. “老工伤”人员的待遇问题与养老保险中哪种人的待遇问题相似？

推荐阅读资料

1. 胡晓义. 工伤保险［M］. 北京：中国劳动社会保障出版社，2012.

2. 国务院法制办公室，人力资源社会保障法制司工伤保险司. 最新工伤保险条例释义［M］. 北京：中国法制出版社，2011.

3. 孙树菡. 工伤保险［M］. 北京：中国人民大学出版社，2007.

4. 余飞跃. 工伤保险预防制度研究［M］. 北京：光明日报出版社，2013.

① 温家宝. 政府工作报告［R］. 2012-03-05.

第7章 生育保险

学习目标

生育保险是社会保险制度的重要组成部分，意义特殊，关系到母婴健康、性别公平，学习本章后你应该：

✓掌握生育保险的定义，生育保险制度的框架结构，生育保险的主要内容

✓了解生育保险的意义，掌握中国生育保险的历史和现状

✓了解中国城乡居民生育保障新发展

引例 **生育成本捆缚“单独二胎”：私立医院生产或花10万**

只要看老百姓对孙俪的小女儿、费德勒的第二对双胞胎有多关注，就知道人们对于“子女成双”的期盼有多热切。随着今年3月1日“单独二胎”政策在上海落地，“生还是不生?”这个问题横亘在很多家庭面前。然而，在逐年上升的物价和生育成本面前，这个“好”字并不容易凑。

“特需”水涨船高

回到20世纪80年代计划生育政策实施之前，生二胎乃至三胎、四胎不会成为普通家庭的困扰，因为多一个孩子对家庭造成的经济负担有限。那时孩子就像是春笋，几乎不管不顾就会茁壮成长，兄弟姐妹共享衣服和玩具也是“70后”很多人的记忆。

而走过30多年的独生子女时代，人们习惯以“精养”取代“放养”，衣食住行以及教育上的花费让第二个孩子渐渐成为不可承受之重，通货膨胀、物价上涨更是放大了这个问题。

首先从生育成本来看，几年前就有人调侃，“生不起，剖腹一刀五千几”，但从现在来看，五千元完成生育工程简直算廉价。事实上，公立医院普通产科门诊的涨幅不算大，增加的生育成本大部分是花在医院的特需和VIP服务上。

上海妈妈小艾今年4月刚在一家著名产科医院诞下一个马宝宝，她全程走普通门诊，花费在中等水平。小艾列了几项主要开支：

产检费用：建卡时验血1 500元左右，孕晚期验血500元左右，孕晚期的两次B超共1 000元左右，糖耐、大排畸等检查，以及每次常规60元的检查，总计费用不到4 000元，其中不包括额外开药。

生产费用：顺产费用本身不高，但医院提供各式收费服务供产妇选择，家庭化病房加无痛2 000元，导乐500元，陪产800元等。如果不想住医院提供的六人间，又幸运地碰上有双人间空位，一天加500元或600元。最后小艾选择家庭化病房、无痛、导乐和陪产，在双人间住了6天，总共7 000元。剖腹产价格则更高，费用里包

括小孩的一般护理和镇痛泵。

这些费用并不全在医保范围内，孕妇产检时需要在医院先办一张自费卡，很多项目的收费直接在自费卡中扣除。

公立医院的生育费用在一般家庭的承受范围内，但在医疗资源紧张的上海，医院提供的条件并不那么舒心。想到要忍饥挨饿排一上午队等孕检，生产时挤6~8人间病房，算上家属，小三十人在一间房里闷着，一不小心孩子提前出来没床位还得睡走廊，很多孕妇不禁头皮发麻。

因此近几年，很多妇产专科医院和三甲医院都设立了产科特需门诊或VIP服务。一般特需部和VIP部都另设楼层或另辟大楼，环境舒适，相比普通门诊，护士和医生也更有耐心。

"普通门诊医生一上午看五六十个号，聊不了几句就换人了，特需门诊一般承诺'一医到底'，孕妇可以选择一位有经验的医生，负责产前所有检查，熟悉的医生毕竟安心一些。每次去都预约好下次检查时间，免去排队的辛苦。生产时还能享受单人病房，家属陪伴。"新妈妈晓晓挂了特需门诊，每次产检挂号200元，加上特需病房和手术住院费用，总共花费2万元左右。

特需和VIP服务是费用上升最快的地方。某医院特需门诊挂号费原本200元，今年上涨到400元。单间产房的价格也迅速攀升，直追五星级酒店行政套房，某医院VIP产科病房费用2 800元/天，另一家有4 600元和3 800元等几档房间。特需产房的配备一般为单人床、沙发和独立卫生间。

即使价格飙升，公立医院的特需和VIP服务依旧一号难求，预约电话常常爆满，孕妇8周以后约建卡基本希望渺茫。晓晓笑着说，当初她老公已经做好半夜搬小板凳去医院排队的准备了。

"毕竟这还是比私立医院划算些，如果你到私立医院，同样的服务，没个10万下不来。"晓晓说。

资料来源　任蕙兰．生育成本捆缚单独二胎：私立医院生产或花10万［J］．新民周刊，2014(21)．

7.1　生育保险制度概述

7.1.1　生育保险的定义

生育保险制度是在女性生育期间对生育责任承担者给予收入补偿、医疗服务和生育休假的社会保障制度。生育保险一般由政府发起，由法律保证。生育责任的承担者既包括女性，也包括男性。

7.1.2　生育保险待遇

生育保险待遇一般包括：

(1) 生育津贴，即在法定的生育休假期间对保险人的工资收入损失给予经济补偿，俗称“产假工资”。生育津贴还包括家属生育津贴，即对生育保险对象没有工作的家属（如妻子）的生育费用给予补贴。

(2) 医疗护理，即承担与生育有关的医护费用，包括住院费、接生费、产前检查费等。

(3) 生育补助，比如“婴儿补助”和“保姆补助”等。

(4) 生育休假，包括母育假（产假）、父育假（母亲产假期间的父亲育儿假）和育儿假（母亲产假后父母双亲任何一方的育儿休假）。

7.1.3 生育保险特点

1. 生育保险与其他保险项目相比较

(1) 保险对象以女性为主。虽然男性也是生育保险对象，但享受保险的绝大多数是女性。其他保险项目没有性别之分。因此，生育保险更多关系到女性权益和性别公正。

(2) 生育保险的对象是因为正常的生理变化而暂时丧失劳动能力，是正常的生理变化（工伤和疾病是不正常的生理变化，养老是永久丧失劳动能力）。①

(3) 保险的时间短而固定。国际劳工组织建议产假时间为14周，各国产假各有长短。其他险种或者时间不固定，或者时间较长，比如失业保险时间不固定且可达2年。

(4) 生育过程类似医疗过程，生育费用类似医疗费用，因此许多国家将生育保险与医疗保险合并。生育津贴（产假工资）类似失业津贴，都是向已经不在岗的投保人短期发放保险金，因此少数国家将生育保险并入失业保险。

2. 生育保险制度与女工劳动保护制度的重合之处

生育保险制度与女工劳动保护制度有所不同，但二者又有许多重合之处。女工劳动保护制度包括对一般女工的保护和对孕产妇的劳动保护，重合之处主要是指该制度中对孕产妇的劳动保护。比如：①产前产后工时减免，如女工孕期检查、产后哺乳时间计作劳动时间。②孕期工作量减免，如不上夜班、减轻工作量不减工资等。③母婴保护设施，如哺乳室、托儿所、幼儿园等。④女性就业保障，即保障女工不会因为怀孕生育而遭受解雇等。这些项目可以包括在广义的生育保障制度之内。但由于实施①至③项保护的经费（如产前检查时间津贴、产后哺乳时间津贴、哺乳室建设费用等）并不由“生育保险基金”支付，而是被看做企业女职工福利，因此将它们列入“女工劳动保护制度”，而“产前检查费”由“生育保险基金”支付，因此归入“生育保险制度”。

3. 生育保险制度与计划生育制度

计划生育是我国的一项基本国策，鼓励计划生育也体现在社会保障的政策之中，其中与生育保险也有关联。与生育保险相关的事项有实施节育（包括绝育）措施的

---

① 何文若．现代社会保障学［M］．北京：红旗出版社，1993.

各项费用、独生子女费、女性休假、独生子女母亲延长的产假、晚婚晚育父亲护理假以及各项休假津贴等。最初，实施计划生育所发生的费用属于医疗保险费用，都在“劳动保险金”项下开支，文件依据可见《国务院关于职工绝育、因病施行人工流产的医药费和休息期间工资待遇问题的通知》（1957年10月12日）。《国务院批转卫生部、财政部关于计划生育工作经费开支问题的规定》（1964年4月4日），将计划生育各项费用纳入“计划生育经费”、“医药卫生补助费”或“公费医疗经费”之中。根据国计生委字〔1983〕第6号文件，“独生子女保健费”在企业的“职工福利基金”项下开支。以后，在各地改革试点中，计划生育费用开始与生育保险基金相关联，根据《关于妥善解决城镇职工计划生育手术费用问题的通知》（劳社部发〔1999〕32号），计划生育手术费用有的地方可以纳入“医疗保险统筹基金”支付范围，有的地方已经可以纳入“生育保险基金”支付范围。正在修改中的《城镇职工生育保险规定（征求意见稿2000）》准备将此统一纳入生育保险。

7.1.4 生育保险的意义

1. 生育保险保障母婴健康

生育关系到人类自身繁衍，母亲在此承担主要角色。生育往往给母婴健康甚至生命造成损害，妇女常常死于生产过程或分娩并发症。享受生育保险，由社会保险机构支付生产就医费用，使得妇女能毫无顾虑地上正规医院生产，不会因为生育费用而用土法接生或找街头游医，从而大大降低产妇和婴儿死亡率；同时也能使妇女足时休养，不会因为经济原因产后提早寻找工作，影响身体健康。

2. 生育保险保护女性劳动力

保障产妇健康也是保障女性劳动力的恢复与再生。从历史上看，建立生育保险是因为越来越多的女性成为产业工人。如今，随着劳动工具和劳动环境的改善，随着产业结构的变化，第三产业的崛起，女性劳动力早已成为世界经济发展中不可缺少的人力资源。据国际劳工组织的统计，在全部领取报酬的劳动者（非农业）中，女性有酬劳动者占30%以上的国家至少已达70个（中国为39%），其中，冰岛、瑞典、挪威、英国、芬兰、乌克兰、匈牙利等11国的比例已经达到50%或以上。① 因此，职工生育保险是保护女性劳动力的需要。

3. 生育保险保障家庭正常生活水平

妇女自己承担生育责任会导致本人及其家庭生活水平的突然下降。本来添丁加口就会加重全家经济负担，如果没有生育保险，还要减少原来的经济收入，贫困家庭就会增多。由于女性已经大规模地参与经济活动，女工的经济收入对于大多数家庭来说已经不再是无足轻重。中国过去长期实行男女平均工资，目前男女工资差距也是世界上最小的国家之一，女性工资收入是家庭总收入中不可缺少的一部分。

4. 生育保险实现生育社会补偿，保证性别公正

女性生育不仅是家庭私事，也是人类永续的公事，现在的婴儿是未来的劳动力，

---

① 联合国妇女发展基金会．目标与指标．2000.

女性承担人类永续发展和劳动力再生产的责任却要自己承担休假经济损失，有悖于社会公正。生育保险实现生育休假损失社会补偿，保证了社会公平。《贝弗里奇报告》(1942 年) 认为："绝大多数已婚妇女尽管没有报酬，也应视为从事重要工作，因为没有她们的无偿劳动，国家也就难以为继。"①

5. 生育保险保障了妇女公平就业的权利

生育保险使企业不必担心因本企业女职工生育造成经济上损失，使想就业和已就业的女性不必担心今后因生育而遭到雇主的拒绝。没有生育保险，女工一旦怀孕生育，就有失去工作、减少收入的危险。让妇女独自承受由生育带来的就业风险是不公平的。在生育保险的条件下，企业就能排除女工生育因素而更准确地评价男女雇员的劳动能力，男女就业机会更加平等。因此，可以说，职工生育保险是劳动力市场上男女公平竞争的平台。当然，这里所说的"生育保险"是指生育保险金由国家或社会保险经办机构支付的生育保险。如果生育保险金由每个企业各自支付，企业自然就会规避"性别亏损"，减少对女性的雇用。因此，国际劳工组织《保护生育公约》(第 103 号) 第四条约定："对于提供生育津贴的强制社会保险计划，其所应交纳的任何保险费和为提供此种津贴而设立的根据工资总额征收的任何税，不论由雇主和雇员共同交纳或由雇主交纳，均应不分性别，按有关企业所雇男子和妇女总数予以交纳。在任何情况下，不应责成雇主个人对其所雇用的妇女承担此种津贴的费用。"

6. 生育保险配合国家人口政策实施

我国为降低人口实行计划生育政策，因此对符合计划生育的家庭发放"独生子女保健费"，规定"农村实行生产责任制的地区和单位，对独生子女家庭包产低一些，或多承包责任田"(《中共中央、国务院关于进一步做好计划生育工作的指示》，1982 年)。2010 年 1 月 6 日，"单独二孩"政策开始试点，我国生育保险政策也一定会作适当调整。另一些国家则配合鼓励生育的政策，如芬兰，在 20 世纪 90 年代，无论是在业女性还是无业女性，生儿育女都有生育津贴和孩子津贴。在业女性的生育津贴按产假前工资收入的 80% 领取，无业女性每月可获得大约 2 000 芬兰马克的生育津贴。孩子津贴为：第一个孩子每月 570 马克；第二个孩子每月 720 马克；第三个孩子每月 910 马克；第四个孩子每月 1 030 马克；第五个孩子以后，每生育一个孩子每月 1 220 马克，直至孩子年满 17 周岁。

7.1.5 生育保险历史起源

生育保险制度的建立，是由于资本主义机械化大生产需要大量劳动力，越来越多的年轻未婚妇女走出家门，参与有工薪的劳动。1883 年《德国劳工基本保险法》中就已经产生了有关生育保险的内容。1919 年第一届国际劳工大会通过了《妇女产前产后就业公约》(第 3 号公约)，对生育待遇作出建议，当时只有 9 个国家建立了生育保险。该公约在 1952 年进行了修订，产生了《保护生育公约》(第 103 号公约)，

① 贝弗里奇. 贝弗里奇报告——社会保险和相关服务 [M]. 劳动和社会保障部社会保障研究所，译. 北京：中国劳动社会保障出版社，2004：51.

有生育保险的国家增加到40个。公约对产假时间、产假津贴等提出了具体标准。1952年制定的《社会保障最低标准公约》（第102号公约）也有关于生育保险的规定。2000年国际劳工大会第88届年会又修改了《保护生育公约》（第183号），以304票赞成、22票反对、116票弃权通过了新的规定，将产假标准从原来12周增加到了14周。目前，在全世界165个建立社会保险体系的国家和地区中，约有135个建立了生育保险。我国的产假标准目前为90天，略低于新的国际标准。而我国生育保险工资替代率为100%，高于国际标准（67%）。

由于各国在社会制度、经济发展水平和民族文化方面的不同，生育保险条款加入社会保险法规的时间或单独设立生育保险制度的时间也有所不同。由于工业革命和妇女成为市场劳动力首先发生在欧洲，因此欧洲国家一般较早设立生育保险，亚洲国家除了日本，建立生育保险项目一般是在20世纪30—40年代以后。

下面是世界部分国家所属法规及首次立法时间：19世纪末至20世纪初，有奥地利、比利时、丹麦、德国、瑞典等；20世纪初至20世纪30年代，有卢森堡、英国、爱尔兰、意大利、希腊、法国等；20世纪30年代至60年代，有荷兰、葡萄牙和芬兰等。

亚洲国家生育和疾病保险的立法相对较晚。例如：日本，1922年；印度，1948年；中国，1951年；马来西亚，1951年；菲律宾，1954年；印度尼西亚，1957年；巴基斯坦，1962年；韩国，1963年；新加坡，1968年；泰国，1990年。

从首次立法发展至今，许多国家对生育保险制度的法律进行了多次修订和完善。

7.2 生育保险制度结构和内容

生育保险是一个相对较小的险种，但它的制度结构与其他险种基本相同，内容有它自己的特殊性。

7.2.1 覆盖对象

1. 男人也是生育保险的对象

生育保险覆盖对象按性别可以分为男人和女人。传统上都认为，生育保险的对象是女人，其实男人也是生育保险的对象，全世界规定“父亲育儿假”的国家越来越多。目前全世界约有40个国家规定了父亲育儿假，主要是欧洲、美国等发达工业国家。我国为了鼓励晚婚晚育，对晚育的“男方”也实行为期7天左右的带薪休假。

生产行为由女性完成，生育责任要男女共同承担。因此，生育保险不仅与女性有关，与男性也有关系。男性与生育保险的关系主要体现在以下几个方面：

（1）生育保险费由男女共同承担

国际劳工组织《保护生育公约》第四条规定：交纳生育保险费，无论由雇主交纳还是由雇主和雇员共同交纳，都应该不分男女，包括全部职工。我国的生育保险费由雇主（企业）交纳。在我国最早（1988年9月）试行职工生育保险基金社会统筹的江苏南通，就规定企业按男女职工人数每人每年 20 元向社会保险部门交纳保险费。

(2) 育儿假（Parental Leave）和父育假（Paternity Leave）

男性不仅是生育保险费的承担者，也是生育保险的对象。从全世界的范围来看，男性作为生育保险的对象，或者说，男性享有生育保险的权利主要表现为：有权休"育儿假"和"父育假"，做节育手术有权享受生育保险。

"育儿假"由父亲和母亲共同享有，假期一般紧接着法定产假（或母育假，Maternity Leave），父母双方可以商定由某一方休假照顾婴儿。比如，在芬兰，产假（母亲）为 105 天，育儿假（母亲或父亲）为 158 天，在这 263 天时间里，休假母亲或休假父亲均可获得育儿津贴。"父育假"只属于父亲，假期是在母亲产假期间。芬兰的"父育假"为 6～18 天。这两种假期的目的是要改变由母亲单方面休假抚育婴儿的传统做法，让父亲也承担一份养育婴儿的责任，享受一份做父亲的天伦之乐。

"父亲休假"的产生与妇女越来越多地介入社会经济生活、就业比例不断上升、工资收入不断提高有关。如前文已表明，已经有相当数量的职业女性对其家庭收入的贡献达到了 50%，"父亲"休假对家庭经济状况的影响已变得不那么严重了。此外，"父亲休假"也是男女公平就业价值观的体现。

(3) 男职工接受节育手术享受生育保险

在我国，男职工与女职工一样，接受计划生育手术一般都享受广义的生育保险，但是各省市的做法有所不同。根据《关于妥善解决城镇职工计划生育手术费用问题的通知》（劳社部 1999/32 号），手术费用有的地方在医疗保险中支出，有的地方在生育保险中支出。《城镇职工生育保险规定（征求意见稿）》准备将此统一纳入生育保险。依据该规定第十五条，"职工实施计划生育手术，符合规定的医疗费用，由生育保险基金支付"。

2. 生育保险惠及职工未就业家属

生育保险可以减轻在职职工（主要是男性职工）的后顾之忧，使其保持正常的劳动效率，同时，使那些"全职太太"的基本生活有所保障，承认其家务劳动的社会贡献。生育保险的受保人"家属"一般是指"配偶"，有的国家还包括"女儿"，如比利时、德国、法国、荷兰等。覆盖家属的生育保险是一种普遍的国际理念。1952 年国际劳工大会通过的《社会保障最低标准公约》（102 号公约），第八部分"生育津贴"第 48 条规定："受保护人应含：a. 规定类别雇员中的所有妇女，这几类雇员在全体雇员中的构成不低于百分之五十，在涉及生育医疗津贴时，还包括这几类雇员中的男性雇员的妻子；b. 规定类别经济活动人口中的所有妇女，这几类人在全体居民中的构成不低于百分之二十，在涉及生育医疗津贴时，还包括这几类人中的男人的妻子；c. 在雇用二十人或二十人以上的工业工作场所中的规定类别雇员中的妇女，这几类雇员在全体雇员中的构成不低于百分之五十，在涉及生育医疗津贴时，还包括这几类人中的男性雇员的妻子。"

3. 生育保险对象按覆盖面由窄而宽依次为在业女工、未就业配偶或全体国民

生育保险主要覆盖在业女工，男性雇员未就业配偶也往往能享受保险，少数国家覆盖全体国民。在覆盖全民的情况下，所有居民都可享受生育补助及医疗待遇，只是要求居民在本国有一定居住期限。例如：芬兰规定入境移民满180天的等待期就有资格获得“生育现金补助”；韩国生育保险覆盖范围为“除了受医疗援助项目覆盖的低收入者，所有居民，包括长期居住在韩国的非本国居民”。

4. 生育保险对象按职业可以分为正规就业者和非正规就业者

在我国，“职工生育保险”的对象主要是“城镇女职工”，但仍有千千万万的城镇女工不能享受生育保险。她们虽然也是在城镇工作的劳动者，但她们主要在“非正规部门”工作，或者以“非正规方式”就业，一般还不能参加生育保险。在世界其他国家，“职工生育保险”的对象也主要是在“正规部门”、以“正规方式”就业的女工，在“非正规部门”或者以“非正规方式”就业的女工也往往被排除在外。这些女工主要是个体户、家庭保姆、钟点工、临时工、非全日工和在自己家里包活干的人。从女性利益的角度来看，由于“非正规部门”的女工比例要高于“正规部门”的女工比例，如1996年，在非全日制就业的劳动者中，女性占80%以上的国家有德国（1995年）、英国和法国等，占70%以上的国家有捷克、匈牙利和西班牙等，① 因此，非正规部门缺少社会保险，对女性更加不利。将社会保险的覆盖面扩大到非正规就业者，是各国政府努力的目标，虽然在财力上和管理上有很大的困难，如巴哈马、哥斯达黎加、芬兰、菲律宾、葡萄牙、斯洛伐克和突尼斯等国已经将正规就业者所享有的生育保险扩大到了自业者（个体户）。

7.2.2 资金来源

世界上大多数国家没有单列“生育保险”，在管理上往往都将生育保险与医疗保险等融合一体，合并收费，只有少数国家，如中国有单独的生育保险缴费。因此，这里所说的生育保险资金来源一般是指包括生育保险缴费的多险种合并缴费。基金来源主要有如下几种方式：

（1）由受保人、雇主和政府三方共同负担。欧亚大多数国家都采用这种方式，如欧洲的奥地利、比利时、芬兰、法国、德国、希腊、爱尔兰、卢森堡、荷兰和西班牙等国家，亚洲的印度、日本、韩国和泰国等国家。

（2）由受保人和雇主共同负担，如巴基斯坦。

（3）由雇主全部负担，如瑞典、印度尼西亚、新加坡等国家。

（4）由雇主和政府负担，如丹麦、意大利、英国、菲律宾等国家。

7.2.3 支付条件

关于生育保险支付条件，不同的国家有不同的要求。支付条件一般有参保缴费及缴费时间、在业及在业时间、收入水平、居住年限等。以下为世界部分国家的支付条件：

瑞典，规定所有公民都有资格得到法定的基本生育补助。如果产前至少已投保240天，父母每方都有资格得到生育现金补助。

---

① 国际劳工局. 世界就业报告：1998—1999年［M］. 北京：中国劳动社会保障出版社，2000：119.

荷兰，年收入低于32 600欧元的工薪雇员可以得到医疗补助，所有居民都有特殊医疗费用，所有工资收入者和薪金雇员都有现金补助。

芬兰，对于入境移民，规定享受生育现金补助必须满180天的等待期。

日本，规定只要在受保职业工作就可以享受待遇。如果受保人离职，只要在其离职前12个月内是受保者，也可以得到待遇。

丹麦，规定休产假前8周内有74小时的工作记录。

法国，规定最近3个月内须受雇200小时。

印度，规定享受生育现金补助者在指定的6个月内，必须有78天在受保范围内。

新加坡，要求享受生育现金补助者在生育前至少有180天的就业期。

葡萄牙和比利时，规定享受生育保险待遇是在预产期前连续缴费6个月。

希腊，规定受保妇女最近2年缴费200天。

卢森堡，规定享受生育现金补助的人员是生育前或收养子女当年的前1年内已参加生育保险6个月。

西班牙，规定子女出生之前或正式收养子女之日起，最近5年缴费180天。

巴基斯坦，规定享受生育现金补助的条件是最近12个月缴费180天。

菲律宾，要求在生产或流产前的12个月内缴费3个月。

泰国，规定享受生育与医疗现金补助者在治疗前15个月内缴费7个月。

7.2.4 生育保险基金管理

生育保险从资金收支上来看是一个相对较小的社会保险险种，在管理上常常与其他险种合并收费。各国管理方式不同，生育保险基金来源也有所不同：有的国家将生育保险基金与另一险种结合，如与养老、医疗、失业或工伤保险结合；有的国家将所有的保险项目放在一起管理，向雇主、雇员征收单一的保险费等。

生育保险基金管理方式大致有如下几种情况：

（1）将生育保险与养老、医疗、工伤、失业补助基金一起合并管理，如爱尔兰、英国、西班牙、葡萄牙等国家。

（2）将生育保险与医疗保险合并管理，如比利时、意大利、卢森堡、德国、芬兰、丹麦、奥地利、希腊、瑞典等国家。

（3）将生育保险与医疗工伤（残疾）保险合并管理，如法国、巴基斯坦、泰国、新加坡等国家。

（4）将生育保险与医疗失业保险合并管理，如荷兰。

（5）将生育保险与失业保险合一，如加拿大和南非。

7.2.5 保险待遇水平

生育保险待遇水平主要包括医疗费用、休假天数、产假津贴、岗位保留等。2000年国际劳工大会第88届年会再次修改《保护生育公约》，将最低产假标准从1952年的12周增加到了14周，产假最低津贴还是本人原工资的67%（原工资的2/3）。在实际操作上，各国的待遇标准各有差别：

丹麦规定女性雇员最多可享受52周的产假，同时其丈夫可以有2周假期。在第14周之后，夫妇双方可以分享一个38周的假期，假期可以分开享受，也可以推迟，但必须在孩子9岁生日前使用完。若领养子女，自领养之日起享受46周的带薪假，同样，在第14周之后，父母双方可以分享一个32周的假期，这个期限可以分开享受，也可以推迟，但必须在孩子9岁生日前使用完。

瑞典规定育儿夫妇的现金补助为：在390天假期内，补助额为其替代收入的80%（法定标准为每天180克朗），额外的90天以每天60克朗的基本标准支付。父母联合领取的总补助为每一子女支付480天，直到子女年满8岁。390天期间最高日补助限额为646克朗。

英国规定生育津贴支付26周，从预产期以前的第15周的任何时间开始。支付标准为每周100英镑，周收入少于100英镑者，支付平均周收入的90%。法定女性生育工资支付26周。前6周支付平均收入的90%。随后的20周标准为每周100英镑，周收入少于100英镑者，支付平均周收入的90%。法定男性生育工资由雇主支付1周或2周（由雇员选择），每周100英镑，周收入少于100英镑者，支付平均周收入的90%。

美国规定只有产假没有产假津贴，保留岗位。

表7-1和表7-2是欧洲和亚洲部分国家产假待遇。

表7-1 **欧洲部分国家产假待遇**

国家	产假天数
奥地利	16周（产前8周和产后8周，在特殊情况下产后可达到12~16周）
比利时	最多15周（多胞胎生育17周）：产前最多7周（多胞胎9周），最少1周，产后最少8周
丹麦	母亲雇员最长可休假52周（领养子女者可休46周带薪假）；父亲可以有2周假期
芬兰	263天（预产期前50至30天开始，延续105个工作日，此后支付给父母任何一方158个工作日；多胞胎给付218天）
法国	16~48周（第1、2个子女，产前6周，产后10周；第3个子女后，产前8周，产后18周；双胞胎产前12周，产后22周；三胞胎或以上，产前24周，产后22周）
德国	14周（产前6周，产后8周）
希腊	15周（产前至多56天，产后63天）
爱尔兰	18周（产前至少4周，最多10周）
意大利	20周（产前8周，产后12周）
卢森堡	16周（产前产后各8周）；收养子女，给予8周父母亲假
荷兰	16周
葡萄牙	约17周（120天，产后必须90天）

续表

国家	产假天数
西班牙	16 周（多胞胎 18 周）
瑞典	480 天（约 69 周）
英国	26 周（从预产期前第 15 周的任何时间开始到产后的相应时间）

资料来源　根据 Social Security Administration. Social Security Programs throughout the World: Europe 2004 整理。

表 7-2　**亚洲部分国家产假待遇**

国家	产假天数
印度	12 周（产前不超过 6 周），小产 6 周；如因医疗原因，必要时可延长 4 周
印度尼西亚	3 个月（12 周）
日本	14 周：产前 42 天（多胞胎 98 天）和产后 56 天
韩国	90 天（约 13 周）
马来西亚	至少 60 天（8 周以上）
巴基斯坦	12 周（产前至多 6 周）
菲律宾	非剖宫产 60 天，剖宫产 78 天（8～11 周）
新加坡	8 周
泰国	至多 90 天（少于 13 周）

资料来源　根据以下文献整理：（1）Social Security Administration. Social Security Programs throughout the World: Asia and Pacific 2002；（2）www. idic. gov. tw/content/pdf/印度尼西亚 . pdf；（3）蒋永萍．日韩妇女就业有后劲［N］．中国妇女报，2004-02-25；（4）佚名．在马来西亚投资应注意的问题［EB/OL］．［2014-12-03］．http://my. mofcom. gov. cn/aarticle/ddfg/laogong/200211.

7.3 中国生育保险制度简史

中国生育保险制度在 60 多年里的发展变化主要有：第一，生育保险基金从全国统筹到单位保险，再到社会统筹；第二，覆盖对象一开始包括“职工未就业配偶”、临时工等，“文化大革命”后曾一度只强调在业女工，目前又明确包括“职工未就业配偶”；第三，产假从 56 天增加到 90 天，再增加到 98 天；第四，生育津贴计发标准从按“本人工资”到按“职工所在用人单位上年度职工月平均工资”计发；第五，城镇居民社会保障制度试行，享受生育医疗费津贴的人群增加。

中国生育保险制度的建立和发展大致可以分为三个时期：新中国成立初期生育保险、“文化大革命”时期生育保险、经济转轨时期生育保险。

7.3.1 新中国成立初期生育保险

新中国成立初期生育保险覆盖面广，职工、职工配偶、临时工等都包含其中；内容全面，其基本框架和项目沿用至今；支付慷慨，产假津贴为休假前工资的100%；全国互济，保险费用的30%由全国总工会掌握，统筹互济。

我国生育保险制度在新中国成立初期就已经建立，主要体现在新中国第一部全国统一的社会保障法规——《中华人民共和国劳动保险条例》（1951年2月23日政务院第73次政务会议通过）——之中。其保障对象为"女工人与女职员"。1955年4月26日《国务院关于女工作人员生产假期的通知》使"机关女工作人员"也有了基本相同的制度保障。根据《中华人民共和国劳动保险条例》和以后的《中华人民共和国劳动保险条例（修正草案）》（政务院1953年1月2日〔53〕政财申字11号命令），我国生育保险制度的内容如下：

（1）覆盖对象：①雇用工人与职员人数在一百人以上的国营、公私合营、私营及合作社经营的工厂、矿场及其附属单位与业务管理机关；②铁路、航运、邮电的各企业单位及附属单位；③丙、工、矿、交通事业的基本建设单位；④国营建筑公司。

（2）生育保险金包括在劳动保险金之中，实行全国统筹与企业留存相结合的基金管理制度。劳动保险金由企业行政或资方按工资总额的3%提留，其中30%上缴中华全国总工会，70%存于该企业工会基层委员会户内。

（3）生育休假及生育津贴：女工人与女职员生育，产前产后共给假五十六日，产假期间，工资照发。

（4）生育补助：女工人与女职员或男工人与男职员的配偶生育时，由劳动保险基金项下付给生育补助费，其数额为五市尺红布，按当地零售价付给。如系双生或多生，其生育补助费应按所生子女数加倍发给（每人发给十市尺红布）。后来，由现金四元取代"五市尺红布"。此外，劳动保险基金对经济确有困难者在企业托儿所的婴儿给予伙食费补助。

（5）医疗服务：女工人与女职员怀孕，在该企业医疗所、医院或特约医院检查或分娩时，其检查费与接生费由企业行政方面或资方负担。

（6）女性临时工、季节工及试用工的生育保险：怀孕及生育的女工人女职员，其怀孕检查费、接生费、生育补助费及生育假期与一般女工人女职员同；产假期间由企业行政方面或资方发给产假工资，其数额为本人工资的60%。

（7）其他：关于小产、难产和多胎的保险规定。

7.3.2 "文化大革命"时期生育保险

"文化大革命"时期我国生育保险制度发生了一些变化，社会保险变成了企业保险，每个企业只对本企业职工负责，原来的统筹互济机制取消了。

20世纪60年代初，中国已完成了对私营经济的"社会主义改造"，私营经济和公私合营经济都转制成了国营经济，"市场经济"转变成了"计划经济"，劳动者"单位所有制"逐步形成。"文化大革命"使这种变化得到了加强。1969年2月，财政部颁发了《关于国营企业财务工作中几项制度的改革意见（草稿）》，规定"国营企业一律停止提取工会经费和劳动保险金"，"企业的退休职工、长期病号工资和其他劳保开支，改在企业营业外列支"。从此，我国社会保险的统筹制度中断了，生育保险制度随之也发生了变化。生育保险的国家统筹消失，企业生育保险形成，各企业只对本企业的女工负责。随着“临时工”实际上都成了“固定工”，生育保险从适合多种用工制度变成了单一的用工制度。这些变化使生育保险制度从“社会”走向“企业”，它的“多层次”与“灵活性”也消失了，在以后的经济体制改革中这种“企业生育保险”实际上成了影响女性公平就业的障碍。

7.3.3 经济转轨时期生育保险

配合经济体制和企业管理机制转型，试点改革成为这个时期的主基调。

20 世纪 70 年代末，“文化大革命”结束，随着我国的计划经济逐步走向社会主义市场经济，企业自负盈亏、独立核算的原则已有共识，企业用人制度和用工制度的改革也有了新的气象，但是生育保险成本依然由企业各自负担。为避免更多的“性别亏损”，追求利润最大化，企业或者减少使用女工，或者在落实企业生育保险规定时打折扣，妇女公平就业的权利因此而受到损害。为了不让招收女工较多的企业在就业竞争中吃亏，为了不让妇女因承担生育责任而影响就业，变“企业生育保险”为“社会生育保险”，生育保险基金社会统筹就成了我国生育保险制度改革的方向。

1. 在经济体制转轨中生育保险改革滞后

1988 年，国务院颁布《女职工劳动保护规定》（1988 年 7 月 21 日），女职工产假由原来的 56 天增加至 90 天（其中产前 15 天）。1953 年的《中华人民共和国劳动保险条例（修正草案）》中有关女工人、女职员生育待遇的规定，以及 1955 年 4 月 26 日颁布的《国务院关于女工作人员生产假期的通知》同时废止。

1988 年我国关于生育保险的规定有三点作用：一是增加了产假天数（从 56 天增加到 90 天）；二是对 20 世纪 60 年代初—70 年代末形成的“企业生育保险制度”由默认到正式承认；三是宣布废除 1953 年 1 月 2 日政务院修正发布的《中华人民共和国劳动保险条例》中有关女工人、女职员生育待遇的规定，其中关于配偶生育保险的规定也同时被废除。

2. 全国各地生育保险制度改革尝试

原有的生育保险制度已经与市场经济条件下的企业制度不相适应，国家又没有统一的新政策，各地的生育保险制度改革也就各显神通。1988—1994 年，各地改革措施归纳起来主要有两种：

（1）生育保险基金社会统筹

1988 年 9 月 1 日，江苏省南通市开始实行《南通市全民、大集体企业生养基金统筹暂行办法》，企业按男女全部职工人数每年一次性向社会统筹机构上缴一定数额的资金，建立女职工生养基金，企业女职工生育医疗费和生育津贴由社会统筹机构负责支付。湖南省株洲市在 1988 年也试行生育保险基金社会统筹。企业按工资总额的一定比例上缴生育保险费，通过银行划归劳动部门统筹。生育女工凭企业证明按月从当地劳动部门领取生育津贴。在这段时间里，试行生育保险基金社会统筹的地区还有昆明、曲阜、绍兴、宁波、德州等几十个市县。

（2）夫妇双方所在企业平均分担生育保险费用

1988年，辽宁省鞍山市实行《鞍山市保护老人、妇女、儿童合法权益的规定》，要求：生育津贴由夫妻双方所在企业各自承担50%，若男方在部队、外地或机关工作，由女方单位全部承担。实行类似规定的还有苏州等市县。

生育保险基金社会统筹或生育保险费用分担在很大程度上减轻了试行企业生育保险费用的压力，对妇女就业产生了积极作用。但由于地方法规的非权威性、各地操作管理上的复杂性，基金的收缴有一定的困难，尤其是对于男职工较多的企业。各地办法不统一，也增加了管理与监督上的难度。因此，很需要有全国统一的法规出台。

3. 生育保险从企业保险走向社会统筹

1994年12月劳动部发布《企业职工生育保险试行办法》（1995年1月1日起试行），全国有了统一的生育保险基金统筹办法。1995年7月27日，国务院发布《中国妇女发展纲要（1995—2000）》，在生育保险上的目标是：20世纪末“在全国城市基本实现女职工生育费用的社会统筹”。劳动部相应于1995年和1996年分别发布了《关于贯彻实施〈中国妇女发展纲要〉的通知》和《关于印发“劳动部贯彻〈中国妇女发展纲要（1995—2000）〉实施方案”的通知》。

《企业职工生育保险试行办法》的新内容：（1）目的是“为了维护企业女职工的合法权益，保障她们在生育期间得到必要的经济补偿和医疗保健，均衡企业间生育保险费用的负担”（第一条）；（2）企业按不超过工资总额1%的资金向劳动部门所属的社会保险经办机构交纳生育保险费（职工个人不交纳生育保险费），社会保险经办机构负责生育保险基金的收缴、支付和管理（第四、八条）；（3）生育保险基金支付项目有生育津贴、与生育有关的医护费用和管理费，其中，生育津贴按本企业上年度职工月平均工资计发（第五、六条）。

劳动部《关于贯彻实施〈中国妇女发展纲要（1995—2000）〉的通知》要求，全国80%左右的县（市），到20世纪末实现生育保险社会统筹，并将保险覆盖面扩大到城镇各类企业。

《企业职工生育保险试行办法》是第一个试图与经济转型相适应的生育保险法规。《中国妇女发展纲要（1995—2000）》和劳动部上述两个相应文件推动了《企业职工生育保险试行办法》在全国实行。

4. 生育保险制度与时俱进，不断完善

2009年7月31日，《关于妥善解决城镇居民生育医疗费用的通知》（人社厅发〔2009〕97号）发布，城镇居民第一次可以享受生育津贴，除了“女职工”以外，“女居民”也能有生育津贴了。2011年7月1日《中华人民共和国社会保险法》正式实施，明确“职工未就业配偶”包括在社会保险覆盖范围之内。2012年国务院颁布《女职工劳动保护特别规定》，女职工产假从90天提高到98天。

生育保险制度与时俱进，在不断完善过程中。

7.4 中国生育保险制度现状

生育保险在中国是一项基本独立的险种，许多国家的生育保险都与医疗保险等合并在一起。生育保险在中国基本上是“企业职工生育保险”，城乡居民生育保障制度在试点过程中。

本节先介绍企业职工生育保险，然后介绍城乡居民生育保障。

7.4.1 职工生育保险制度

中国现行生育保险制度的法律依据主要是《企业职工生育保险试行办法》（1995年）、《中华人民共和国社会保险法》（2010年）和《女职工劳动保护特别规定》（2012年），与《中华人民共和国人口与计划生育法》（2001年）也稍许有些相关。

职工生育保险制度主要内容如下：

1. 覆盖范围

城镇企业及其职工，职工未就业配偶。

2. 资金筹集

企业按不超过工资总额的1%向社会保险经办机构交纳。职工个人不交费。

3. 支付项目

生育保险基金支付项目有生育津贴、与生育有关的医护费用（如检查费、接生费、手术费、住院费和药费等）和管理费。

4. 待遇水平

（1）产假98天，其中产前休假15天。难产增加15天。多胞胎生育的，每多生育一个婴儿，增加产假15天。女职工怀孕流产的，其所在单位应当根据医务部门的证明，给予一定时间的产假。女职工怀孕未满4个月流产的，享受15天产假；怀孕满4个月流产的，享受42天产假。

（2）生育津贴按本企业上年度职工月平均工资计发（1995年以前是按本人原工资的100%计发）。

（3）生育医疗费用，按照生育保险规定的项目和标准，对已经参加生育保险的，由生育保险基金支付；对未参加生育保险的，由用人单位支付。

超出规定的医疗服务费和药费（含自费药品和营养药品的药费）由职工个人负担。女职工生育出院后，由生育引起疾病的医疗费，由生育保险基金支付；其他疾病的医疗费，按照医疗保险待遇的规定办理。女职工产假期满后，因病需要休息治疗的，按照有关病假待遇和医疗保险待遇规定办理。女职工生育或流产后，由本人或所在企业持当地计划生育部门签发的计划生育证明，婴儿出生、死亡或流产证明，到当地社会保险经办机构办理手续，领取生育津贴和报销生育医疗费。女职工违反国家有关计划生育规定的，应当按照国家有关计划生育规定办理，不享受上述各项待遇。

5. 保险管理

生育保险按属地原则组织，生育保险费用实行社会统筹。生育保险基金由劳动部门所属的社会保险经办机构负责收缴、支付和管理。生育保险基金的筹集和使用，实行财务预、决算制度，由社会保险经办机构作出年度报告，并接受同级财政、审计监督。

2017年1月19日，国务院办公厅印发《生育保险和职工基本医疗保险合并实施试点方案》，提出按照保留险种、保障待遇、统一管理、降低成本的思路，在河北省邯郸市等12个城市开展两项保险合并实施试点。试点在2017年6月底前启动，试点期限为一年左右。

6. 生育保险实际情况

根据2014年国家人社部发布的《2013年全国社会保险情况》：

截至2013年年底，全国参加生育保险人数为16 392万人，比上年年末增加963万人。

2013年全国生育保险基金收入368亿元，比上年增加64亿元。基金支出283亿元，比上年增加63亿元。年末基金累计结存515亿元，比上年增加87亿元。

2013年，全国有522万人次享受了各项生育保险待遇，人均生育待遇13 455元，比上年增加2 168元。其中，为205万人支付生育医疗费，人均3 857元，比上年增加260元；有164万人领取女职工生育津贴，人均11 962元，比上年增加1 582元。

另根据劳动与社会保障部门的资料，2006年年底生育保险覆盖率为52%[①]，2010年覆盖率已达90%[②]。

7. 计划生育保障

中国计划生育保障与城镇职工生育保险分属于不同的系统，两者在覆盖范围、资金来源、管理机构等方面都有所不同（覆盖对象有所重合），因此国内讨论生育保险时常常忽略计划生育保障的内容。但如果从国外看中国生育保险制度，我国优惠独生子女家庭的政策，比如，独生子女费以及有些省市规定的父亲护理假等，应该属于中国生育保障制度的一部分。

《中华人民共和国人口与计划生育法》（2001年12月29日第九届全国人民代表大会常务委员会第二十五次会议通过）规定，国家对实行计划生育的夫妻给予奖励。比如：公民晚婚晚育，可以获得延长婚假、生育假的奖励或者其他福利待遇；公民实行计划生育手术，享受国家规定的休假；地方人民政府可以给予奖励；自愿终身只生育一个子女的夫妻，国家发给“独生子女父母光荣证”；获得“独生子女父母光荣证”的夫妻，按照国家和省、自治区、直辖市有关规定享受独生子女父母奖励；地方各级人民政府对农村实行计划生育的家庭发展经济，给予资金、技术、培训等方面的支持、优惠；对实行计划生育的贫困家庭，在扶贫贷款、以工代赈、扶贫项目和社会救济等方面给予优先照顾。

有些省市（如上海、四川等地）对符合计划生育的家庭还给予3~7天的父亲护理假。独生子女本人的托幼管理费和医药费等均可以按规定报销。对违反计划生育的

---

① 佚名．劳动保障部公布近年来我国社会保险事业基本情况［EB/OL］．［2014-12-03］．http://www.gov.cn/gzdt/2007-11/29/content_820307.htm.

② 佚名．我国生育保险覆盖面达90%［J］．中国医疗保险，2011（4）．

家庭则给予相应的处罚。

2010 年 1 月 6 日，国家人口计生委发布《国家人口发展“十二五”规划思路（征求意见稿）》，提到要“稳妥开展实行‘夫妻一方为独生子女的家庭可以生育第二个孩子’的政策试点工作”。2013 年 12 月，我国全面实施“单独二孩”政策。2015 年 10 月，党的十八届五中全会公报指出：全面实施一对夫妇可生育两个孩子政策。

7.4.2 城镇居民生育保障

1. 城镇居民生育保障制度

我国尚未有城乡居民生育保险制度，城镇居民生育保障在试点过程中。

2009 年 7 月 31 日人力资源和社会保障部办公厅一则《关于妥善解决城镇居民生育医疗费用的通知》（人社厅发〔2009〕97 号），使参加城镇医疗保险城镇居民也可以报销生育医疗费用。具体内容如下：

①住院分娩发生的医疗费用纳入城镇居民基本医疗保险基金支付范围。开展门诊统筹的地区，参保居民符合规定的产前检查费用可以纳入基金支付范围。

②城镇居民生育医疗服务管理，参照城镇居民基本医疗保险有关规定执行。要综合考虑城镇居民生育的基本医疗需求和基金承受能力，合理确定医疗服务范围和标准。

③统筹考虑城镇居民基本医疗保险和城镇职工生育保险制度的衔接，积极探索保障城镇居民生育相关费用的具体措施，妥善解决城镇居民生育医疗费用问题。

2009 年 9 月 10 日，人力资源和社会保障部发出《关于确定城镇居民生育保障试点城市的通知》（人社厅函〔2009〕355 号），我国城镇居民生育保障试点工作开始。其宗旨是为了贯彻落实中共十七大提出的加快建立统筹城乡社会保障制度的要求，解决城镇居民生育保障问题。

人力资源与社会保障部确定吉林省长春市、江苏省南通市、安徽省马鞍山市、湖南省常德市、广东省惠州市、四川省成都市、陕西省铜川市等 7 个城市作为城镇居民生育保障试点城市。

2. 城镇居民生育保障案例

城镇居民生育保障具体办法各地不同，下面的案例分别是四川成都市和辽宁沈阳市的做法，供参考了解。

（1）成都市

2009 年，成都市将新型农村合作医疗、城镇居民基本医疗保险、大学生基本医疗保险“三合一”，全面实施城乡居民基本医疗保险一体化制度，并对参保人员中符合计划生育政策的孕产妇给予生育补助，其中产前检查每人补助 100 元，在乡镇卫生院、社区卫生服务中心和一级医院住院分娩每人补助 700 元，在二、三级医院住院分娩每人补助 800 元，实现了城乡居民基本医疗保险全市政策统一、待遇一致。

2010 年 1 月 22 日《成都市城乡居民生育保险暂行办法》（2010 年 4 月 1 日起施行）发布，主要内容如下：

适用对象：参加了成都市城乡居民基本医疗保险，并在保险有效期内的参保人员。

资金来源：由城乡居民基本医疗保险基金予以解决，参保人员不再另行缴纳生育保险费用。待遇标准由市劳动保障行政部门会同市财政、卫生等部门制定，根据经济社会发展水平、基金收支结余情况、医疗费用增长幅度等因素适时调整。

支付范围：按照本市城乡居民基本医疗保险的药品目录、诊疗项目、医用材料目录及支付标准的有关规定执行，包括妊娠期间门诊常规检查费用，住院分娩期间发生的检查费、接生费、手术费、住院床位费和药品费等费用，分娩期间新生儿护理费用，治疗生育并发症所发生的住院医疗费用，依法应当纳入待遇支付范围的其他费用。

违反人口与计划生育法律、法规、规章及城乡居民生育保险政策规定的生育医疗费用，超出城乡居民生育保险药品目录、医疗服务项目、医用材料目录和支付标准规定范围的生育医疗费用，因自伤、自残、醉酒、吸毒、斗殴和其他违法犯罪行为造成妊娠终止的生育医疗费用，生育前实施人工辅助生殖术产生的费用，除急救、抢救外，在本市非定点医疗机构就诊产生的费用，在国外及中国港、澳、台地区生育或终止妊娠产生的费用，不予支付。

（2）沈阳市

参加城镇居民基本医疗保险的人员生育住院医疗费实行限额补贴。参保人员在待遇期内，符合计划生育政策规定，因生育（含妊娠28周及以上引产）住院发生的医疗费，补贴标准调整为：正常产1 500元，剖宫产及难产2 000元；多胞胎生育的，补贴标准增加300元；剖宫产术中同一切口下行子宫肌瘤、卵巢肿瘤（包括卵巢囊肿）等手术的，补贴标准增加600元。

参加城镇居民基本医疗保险的人员，在待遇期内，生育住院后给予产前检查一次性补贴，补贴标准为300元。

参保人员生育住院后，其生育医疗费补贴及产前检查补贴与定点医疗机构结算。应由基金支付的费用，由生育保险经办机构审核后，按月拨付给定点医疗机构。

本章小结

生育保险制度是在女性生育期间对生育责任承担者给予收入补偿、医疗服务和生育休假的社会保障制度。生育保险所承担的责任（待遇）主要包括：生育津贴、医疗护理、生育补助和生育休假。

生育保险在中国是一项基本独立的险种。另外，生育保险在中国基本上是“企业职工生育保险”，城乡居民生育保障制度在试点过程中。

生育保险的意义主要有：保障母婴健康，保护女性劳动力，保障家庭正常生活水平，通过生育社会补偿实现性别公正，保障妇女公平就业的权利，配合国家人口政策实施，保障“未就业配偶”基本生活，承认其家务劳动的社会贡献。

生育保险制度结构和内容一般包括覆盖对象、资金来源、保险待遇和水平、支付条件、基金管理等。

中国生育保险历史分为三个时期：新中国成立初期生育保险、“文化大革命”时期生育保险、经济转轨时期生育保险。

新中国生育保险制度在60多年里的发展变化主要有：第一，生育保险基金从全国统筹到单位保险，再到社会统筹；第二，覆盖对象一开始包括“职工未就业配偶”、临时工等，“文化大革命”后曾一度只强调在业女工，目前又明确包括“职工未就业配偶”；第三，产假从56天增加到90天，再增加到98天；第四，生育津贴计发标准从按“本人工资”到按“职工所在用人单位上年度职工月平均工资”计发；第五，城镇居民社会保障制度试行，享受生育医疗费津贴的人群增加。

中国现行生育保险的法律依据主要是《企业职工生育保险试行办法》（1995年）、《中华人民共和国社会保险法》（2010年）和《女职工劳动保护特别规定》（2012年）。

复习思考题

1. 生育保险的定义是什么？
2. 生育保险的主要意义是什么？
3. 生育保险的对象为什么也包括男性？
4. 生育保险惠及职工“未就业配偶”的意义何在？
5. 生育保险待遇包括哪些内容？
6. 中国现行生育保险制度内容是什么？所依据的是哪些法规？
7. 简述中国生育保险制度发展演变。
8. 简述城镇居民生育保险制度及其意义。
9. 国际劳工组织第一个有关生育保险的公约是是哪一年通过的？

案例分析题

南昌市辖区内参加居民医保的大学生可享受生育保险待遇

近日，有媒体报道称，在南昌市辖区内参加居民医保的大学生可享受生育保险待遇，并设顺产1 000元和剖腹产2 000元的最高限额。

对此，南昌市人力资源和社会保障局医保处相关负责人表示，南昌市大学生并没有享受单独的生育保险。2009年9月起，根据国家有关规定，南昌市将大学生纳入城镇居民基本医疗保险中。参保人员中的生育妇女，住院分娩费用及产后并发症纳入住院医疗补助范围，并设报销最高限额，具体标准为顺产1 000元，剖腹产2 000元。

在校大学生中生育妇女与普通城镇居民一样，享受基本医疗保险，并不是特殊对待。2008年，国务院办公厅下发《关于将大学生纳入城镇居民基本医疗保险试点范围的指导意见》，规定各类全日制普通高等学校（包括民办高校）的全日制本、专科生，研究生，其住院和门诊大病医疗，按照属地原则通过参加学校所在地城镇居民基本医疗保险解决。根据国家有关规定，只有婚姻符合法律规定，生育符合国家和省、市计划生育政策规定，相关费用才能享受医保报销。对于非婚生育不予报销。

据南昌市人力资源和社会保障局统计，南昌市辖区内57所高校55.6万名大学生均已参加居民医保。截至目前，南昌市在校大学生有62人生育享受了医疗补助，其中，2010年5人，2011年8人，2012年10人，2013年25人，2014年上半年有14人。从历年的数据可以看出，享受这一政策的人数并没有呈现爆炸性增长态势，人数虽然在平稳增长，但占比仍然较小。

意见一：大学生毕竟年龄还小，对于很多事情的自制力和判断力都十分有限。将生育费用纳入医保范畴，会不会让很多人误以为是政府鼓励大学生在校生育，这样可能会给学校带来更多管理方面的压力。

意见二：大学生生育费用能有医保补助是社会进步、思想观念转变的表现。

一些人认为在校学习期间应当以学业为重，还不具备组建家庭和养育小孩的经济能力和基本条件，因而不会选择在校生育。

意见三：在校生育是女性面对就业压力的无奈之举。研究生毕业普遍都二十四五岁了，如果在校生完孩子，以后就不需要再因为生育而使工作中断，在找工作时也有更多优势。

记者采访南昌多所高校学生工作处了解到，大部分学校表示对大学生在校生育的情况，会遵照国家有关政策法规管理。校方会本着人文关怀的角度，建议在孕产期的大学生暂时休学，回家生育。“毕竟学校条件有限，女学生生育期间休学，对学校的教学质量、对学生自身健康和婴儿健康都有好处。”

资料来源　程迪，沈洋，李放．南昌市辖区内参加居民医保的大学生可享受生育保险待遇［EB/OL］．［2014-07-02］．http：//news. xinhuanet. com/politics/2014-07/02/c_ 1111418151. htm.

案例思考题：

1. 大学生可享受生育保险待遇所依据的是什么法规？

2. 对记者收集到的“意见”你怎么看？

3. 你有什么不同意见？

推荐阅读资料

1. 《中华人民共和国劳动保险条例》（1951年）。

2. 《中华人民共和国劳动保险条例（修正草案）》（1953年）。

3. 财政部《关于国营企业财务工作中几项制度的改革意见（草稿）》（1969年）。

4. 国务院《女职工劳动保护规定》（1988年7月21日）。

5. 劳动部《企业职工生育保险试行办法》（1995年1月1日起试行）。

6. 国务院《中国妇女发展纲要（2001—2010）》。

7. 《中华人民共和国人口与计划生育法》（2001年12月）。

8. 劳动与社会保障部历年《中国劳动与社会保障年鉴》。

9. 邓大松，杨红燕．医疗保险与生育保险［M］．北京：人民出版社，2013.

10. 胡晓义．医疗保险和生育保险［M］．北京：中国劳动社会保障出版社，2012.

11. 潘锦棠．生育保险中的女性利益、企业利益和国家利益［J］．浙江学刊，2001（6）．

12. 潘锦棠．中国生育保险制度历史与现状［J］．人口研究，2003（2）．

13. 潘锦棠. 促进女性就业的政府责任 [J]. 甘肃社会科学, 2009 (2).

14. 孙光德, 董克用. 社会保障概论 [M]. 4 版. 北京: 中国人民大学出版社, 2012.

第8章 社会救助

学习目标

社会救助是帮助社会脆弱群体摆脱生存危机的一种生活保障制度，学习本章后你应该：

✓理解贫困与社会救助的关系

✓掌握社会救助的功能和特征，区分三种不同的社会救助管理模式

✓熟悉最低生活保障制度的管理体制

✓掌握基本的贫困线计算方法

✓了解家计调查方法，医疗救助、教育救助、住房救助的基本内容

引例

永年县李沟村低保“保”了谁？

李沟是一个有2 100口人的村庄，地处河北永年县西部丘陵区，耕地贫瘠干旱，多是“望天收”，属于贫困村之一。因而，从实行农村最低生活保障制度以来，陆续有127名村民获得“低保”照顾。

韩某已去世两年多，其名字一直在民政局的“低保登记簿”上“不朽”着，县财政局仍按期给他拨付低保金。李某，2010年6月辞世，到2011年一季度还领着低保金。据该县民政局低保科侯科长介绍，不久前，县纪检部门对李沟村的村务问题进行查处，发现五六个死人吃低保的事。

在李沟，不仅死人吃低保，而且一些开着小轿车、住着楼房的富裕户也吃低保。据一位李姓老党员说：“俺村吃低保的户都是与村干部关系好或者十分亲近的人，跟村干部没那些（关系）的，再穷也没人管。”李A在外地做着生意，家有小轿车、运货车3辆，几年前盖了新房，还在县城买了楼房，村干部也为其办了低保。还有杨B、郭C等低保户，进进出出都是二三十万元的小轿车“伺候”着，令众多贫困户唏嘘不已。

李须廷老人今年59岁，两个儿子均为智障人士，生活难以自理，一家人靠几亩耕地维持开销，却一直没有享受低保。另一位智障村民叫李志国，40岁，不事农活，每天在街上游逛，靠80岁的父亲养活，一家两口都没有吃低保。

在2007年7月至2011年3月期间，村支书、村主任等7名村干部的直系亲属都享受低保照顾，领取低保金。据了解，村支书李某的母亲、爱人、弟弟等直系亲属都是低保对象，村主任的媳妇等也是低保对象，其他5名两委班子成员低保“人均一份”。值得一提的是，一位村干部的亲属本人是非农业户口，也在李沟村办了低保。

低保制度已成为我国社会救助的核心组成部分，它保障了生活最困难群体的基本生活，维护了社会稳定，但是在实施过程中也存在一些违规现象，引起社会公众的不满。如何准确地识别受助对象、杜绝骗保现象是当前需要解决的一个难点问题。

资料来源 摘编自李月锋．永年县李沟村低保“保”了谁？［N］．河北农民日报，2011-10-29.

社会救助是指国家和社会针对由贫困人口与不幸者组成的社会脆弱群体，由政府为其提供物质和服务帮助，从而帮助他们摆脱生存危机的一种生活保障制度。社会救助通常被称为“最后的安全网”，是保证底线公平的基本制度安排之一，对促进社会公平与社会融合具有重大意义。

8.1 社会救助概述

在中国，社会救助不仅指针对贫困问题的生活救助，还包括受灾后的生产救助。而大多数国家的社会救助只包括生活救助。遵循这一惯例，本章将救灾排除在社会救助的讨论范围之外。

8.1.1 贫困的含义

1. 狭义贫困与广义贫困

贫困的定义可以分为狭义的定义和广义的定义。

狭义贫困主要集中于物质的贫乏，通常是指没有足够的收入维持基本生活水平的一种状态。例如，国内学者康晓光将贫困定义为：不能合法地获得基本的物质生活条件和参与基本的社会活动的机会，以至于不能维持一个人生理和社会文化可以接受的生活水准。① 国家统计局将贫困定义为：一个人或一个家庭的生活水平达不到一种社会可接受的最低标准，他们缺乏某些必要的生活资料和服务，生活处于困难境地。②

广义贫困不仅包括狭义贫困，还从物质扩展到精神和权利等方面。例如，英国经济学家汤森从社会剥夺的视角将贫困定义为：缺乏获得各种食物、参加社会活动和最起码的生活和社交条件的资源的个人、家庭和群体，就是所谓的贫困。③ 奥本海默认为贫困是指物质上的、社会上的和情感上的匮乏，它意味着在食物、保暖和衣着方面的开支要少于平均水平。④ 阿玛蒂亚·森将贫困理解为“能力的缺乏”，即贫困不仅仅指相对地比别人穷，而且还指得不到某些基本物质福利的机会，即不拥有某些最低限度的能力。⑤

---

① 康晓光．中国贫困与反贫困理论［M］．南宁：广西人民出版社，1995：6.

② 国家统计局“中国城镇居民贫困问题研究”课题组和“中国农村贫困标准”课题组研究报告，1990。

③ TOWNSEND P. Poverty in the kingdom: a survey of the household resource and living standard ［M］. London: Allen Lane and Penguin Books, 1979: 39.

④ CAREY O. Poverty: the facts ［M］. London: Child Poverty Action Group, 1993: 83.

⑤ 森．衡量贫困的社会学［M］．国务院贫困地区经济开发领导小组办公室，编译．北京：改革出版社，1993.

2. 贫困的内涵

一般来说，贫困的内涵包括以下几层意思：

（1）在一定的社会生产方式和生活方式下，个人和家庭所得和其他合法收入不能维持其基本的生存需要，衣服、食品、住房和医疗等基本需求得不到满足。

（2）解决贫困问题，不仅需要给予物质的帮助，也需要从政治、社会、文化等方面全面改善和提升贫困人口的参与能力和生存状态。

（3）随着人们对贫困认识的深化，贫困从物质层面发展到能力层面，甚至还包括风险和面临风险时的脆弱性。

3. 绝对贫困与相对贫困

通常贫困被划分为绝对贫困和相对贫困两种类型。绝对贫困的概念最早是由英国社会学家布思（Charls Booth）和朗特里（Seebohm Rowntree）提出的。他们对贫困的理解只停留在物质的层面上，准确地说，贫困被理解为物质的匮乏，是指缺乏为维持身体健康而必须购买的物品的状态。绝对贫困的基本特征主要有：

（1）绝对贫困是指必需品的缺乏而导致生存受到威胁，这些必需品通常是指维持生存的物质，如食品、住房、衣服等。

（2）绝对贫困在消费方面表现为，由于收入极低，难以满足人类在衣食住行等方面的基本消费。

（3）绝对贫困在发展方面表现为，由于生产资料的缺乏，难以维持简单再生产，更难以扩大再生产，从而陷入“贫困循环”之中。

相对贫困是相比较而言的贫困。阿尔柯克认为，一个相对贫困的定义是建立在将穷人的生活水平与其他较为不贫困的社会成员的生活水平相比较的基础上的，通常这要包括对作为研究对象的社会的总体平均水平的测度。[①] 相对贫困的基本特征有：

（1）相对贫困是一种主观判断，是由社会作出的，它实际上是社会上多数人对于较低生活水平的一定确认，如有的国家以全国人均纯收入的一定比例作为贫困标准，而有的国家则以中等收入水平的一定比例作为贫困标准。

（2）相对贫困具有历史动态性，随着不同时期的社会生产力和生活方式的变化而变化，因而贫困标准有很大差别。

（3）相对贫困具有长期性，相对贫困实质上是不平等，只要社会存在不平等，就存在相对贫困。在现实中，不平等是常态，因而相对贫困普遍存在。

8.1.2 社会救助简史

虽然社会救助的起源和发展与贫困问题密切相关，但是直到18世纪工业革命以后，随着对贫困研究的深入，现代意义上的社会救助体系才逐步形成。从社会救助的发展过程看，现代社会救助经历了“兴起—取代—重视”的过程。

在前工业时期，无论是在东方文化中还是在西方文化中，救助的责任主要由个人或家庭及家族来承担，国家只有在重大灾害事故发生后才承担起有限救助的责任，因

① ALCOCK P. Understanding Poverty ［M］. London：Palgrave Macmillan，1993：106.

而社会救助呈现出不正规的、临时性的特征。当然在东方，特别是在中国，政府救助责任明显，政府救助一直处于主导地位，而在西方，政府长期处于缺位的状态。为了填补政府职责的缺位，民间慈善组织发展起来，实施主体以宗教团体为主。当时采取的形式并不是现金救助，而是实物救助，如给饥饿的人施舍食物，给干渴的人施舍水，给衣不蔽体的人施舍衣物。

工业社会的到来虽然使个人面临自然灾害的风险降低，但是却增加了个人面临的社会风险，特别是失去土地的农民和失去工作的雇员面临着生存问题。同时，流浪人员、乞讨人员的增多，给社会的稳定带来了威胁。这使前工业时期的社会救助体制面临两难选择：扩大救助面，势必增加政府的财政负担，同时也不符合“看不见的手”的理念；而维持前工业时期的施舍性救助，将大量的穷人排除在外，势必威胁到当权者的统治。面对这种情势，英国在1601年伊丽莎白时期颁布了世界第一部关于社会救助的立法——《济贫法》（The Poor Act）。《济贫法》的目标有两个：一是缓解贫困；二是建立一套惩罚体制，以鼓励贫民的自立。颁布《济贫法》的意义在于，它第一次明确规定了政府对穷人实施救助的责任，克服了前工业时期社会救助小规模和施舍的性质，确立了工业时代社会救助的框架。1834年，英国又对《济贫法》进行了修正，确立了劣等处置原则。

19世纪后期，德国率先建立了工伤保险制度、医疗保险制度和老年保险制度，标志着社会保险时代的来临。社会保险表明，预防贫困风险比缓贫更重要。各种社会保险面向所有有工作的雇佣队伍，其规模远远超出贫困人口，缓贫也就成为为特定人群提供最低生活标准的问题。随着各种保险制度的建立和成熟，工业国家向福利国家演变，贫困不再是一个问题，社会救助成为仅次于社会保险的一项工作。对英国社会保障发展历史的研究表明，第一次世界大战前英国公共救助支出在社会保障支出中的比例就已迅速下降，到1949年，公共救助几近消失，新的家计调查项目也降到最低点。随着福利国家的兴起，以及社会保险特别是养老保险在社会保障支出中所占比重的日渐上升，社会救助被相对忽视。

20世纪50—60年代，贫困“重返”欧洲和美国，这使人们再次认识到贫困问题的复杂性，也使人们重新认识到社会救助的重要性。自1980年以来，大部分发达国家社会保障支出中社会救助份额均有所增长，增长最快的是北欧国家，紧随其后的是英国、法国和葡萄牙。在某些国家（如新西兰和澳大利亚），社会救助占有绝对重要的地位。福利改革的一个趋势是向工作福利的转向，但许多国家很难实现充分就业，未能进入劳动力市场的贫困人群只能依赖于社会救助。同时，在改革中越来越多的人由于福利项目范围缩小、期限变短、条件限制更严而被排除在社会保险范围之外，这样他们便掉入“最后的安全网”。因而，社会救助越来越显示出重要性。

8.1.3 典型社会救助项目

1. 英国的家庭津贴和工作家庭税收津贴计划

英国的家庭津贴和工作家庭税收津贴计划建立于1971年，当时英国政府针对单亲家庭问题建立了家庭收入补充（Family Income Supplement，FIS）计划，受益资格条件为家庭中的成年人必须每周至少工作24小时，并抚养一个未成年孩子。家庭税收津贴只付给18岁或以下的未成年人，家庭能否申请家庭税收津贴取决于三条：一是税前家庭年总收入；二是家庭中需要照护的孩子数；三是孩子的年龄。工作税收津贴付给外出工作并且最低时间符合规定数量的雇员或自雇者，其受益资格与家庭税收津贴相同。工作家庭税收津贴计划给付水平更为慷慨，尤其是家庭中的未成年人津贴补助标准较高。

2. 美国的医疗救助

美国的医疗救助制度是联邦政府和州政府合办的、针对无医疗保险的贫困群体的相关救助项目，救助对象主要有三类，即贫穷的老年人，智力严重缺陷者、盲人、残疾人，由单身父亲或母亲抚养的穷苦儿童及其父或母。医疗救助的资金来源于联邦政府和州政府的财政拨款，其中联邦政府承担50%～83%的费用，各州分担的比例按照州人均收入的高低而有所区别，一般高收入的州分担比例高，低收入的州分担比例低。此外，联邦政府还负担各州50%的管理费。医疗救助覆盖的项目包括：入院病人和门诊病人服务，X光透视和体检服务，农村卫生门诊服务，对成年人的专业护理服务，医生服务，家庭保健计划和设备供给服务，对有资格享受熟练护理人员的家庭卫生服务，对合格儿童进行检查、诊断和治疗以及护士和助产专业人员提供的服务。除此之外，各州也可以提供一些选择性的医疗服务。

3. 中国香港的综合社会保障援助

中国香港的综合社会保障援助制度资格条件有两条，即已成香港居民最少7年和在申请日期前在香港连续居住最少1年（在该年内如离港不超过56天，亦视为符合连续居港1年的规定）。援助金大致分为三类：一是标准金额，不同类别的受助人可获得不同的标准金额；二是补助金，包括长期受益补助金、单亲补助金和社区生活补助金；三是特别津贴，如租金、学费及其他教育费用、必需的交通费用、医生建议的膳食支出、康复及医疗用具支出等的补贴。综合社会保障援助制度建立之初，以满足最低食物支出为标准，后来修订基本金额时，将其他必需的家庭开支也包括在内。目前，标准金额分健全个案与伤残个案。按申请理由，分独居长者、单身的健全成年人、50%伤残的儿童，以及没有自理生活能力需要家人经常护理的残疾儿童四个标准金额类别。除了吃饭、穿衣、住房之外，还把人们是否能参与正常的社会活动当做基本需要，即考虑了他们的生活方式。

8.1.4 现代社会救助的功能

1. 缓解贫困

社会救助计划是旨在通过在社会服务领域进行公共投资，更好地保护贫困者和弱势群体，提供就业机会，鼓励自立的一种保障制度。社会救助通过及时地对处于贫困线之下或者最低生活标准之下的贫困群体实施救助，帮助他们解决基本的生活问题，使他们不致因此而危及生存，直接保障了贫困群体的生存条件。这种直接功能既体现在对遭遇灾害、急难而难以维持生活的群体实施救助以帮助他们应对突发的急难事件，也体现在改善贫困人口的生存状况上，即社会救助可以让每一个贫困人口都能维持其最低生活水准，而且还应随着国家财力的增强和人们生活水平的提高，提高社会救助水平，促进受益群体全面发展，享受与其他群体同等的教育、政治和社会权利，从而从根本上摆脱贫困的威胁。

2. 改善收入分配

在现代社会，社会救助在保障社会成员最低生活需求的同时，也会部分地实现国家对生产、分配、交换与消费等的有效调节，进而对经济运行起到“自动稳定器”的作用。在这一方面具体表现为：当社会需求不足、经济衰退时，就业岗位减少，失业人口增加，低收入阶层人口会扩大，享受社会救助的人口也会自动增加，政府的社会救助金支出亦会增加，进而使社会需求由于社会救助支出的增加而保持一定规模，缓和社会供求之间的矛盾，推动经济增长；反之，在社会需求膨胀，供给相对不足，经济发展过热的情况下，就业岗位增加，失业人口减少，低收入阶层人口规模会收缩，享受社会救助的人口亦会自动减少，从而客观上起到了收缩社会需求，稳定经济发展速度的作用。

3. 社会规制

社会救助的社会规制是指政府通过向受助者提供社会救助，强化社会主流的行为规范与价值观念，强制或敦促受助对象遵从社会的主流行为规范，认同主流的价值观念。中国早期的社会救助往往与文化道德密切相关，不符合当时文化价值观的人往往被排除在社会救助的范围之外，尤其是有劳动能力或有手艺之人皆不属于救济范围，而对于有利于维护统治者需要的人群则慷慨救济，如忠孝之子、节妇和贫宦等。英国在济贫法时代，开始严格区分有劳动能力的穷人和没有劳动能力的穷人。对于前者，往往采取严厉的惩罚措施和限制人身自由，以达到教化之目的；对于后者，则要求进入济贫院接受救济，并对受助者的生活方式进行规范。福利国家建立之后，社会救助的社会规制作用越来越小，但是仍然有所体现，如对受助者的工作时间要求。

4. 促进社会融合

从20世纪60年代开始，福利国家逐渐强调社会救助的社会整合功能，尤其是进入21世纪后，欧盟实施了著名的“国内行动计划（National Action Plans on Social Inclusion，NAPs/incl）”，建立了衡量贫困的指标体系，即贫困不仅是物质的缺乏，也表现为社会参与渠道不畅、缺乏与其他人平等的社会地位与权利。这意味着解决贫困问题需要新的视角——从纯粹的经济上的“救济”到消除“社会排斥”。

8.1.5　现代社会救助的基本特征

1. 国家是责任主体

在社会保障发展早期，社会救助的责任主要由民间承担。即使中国这样高度集权的国家，民间慈善、宗族和宗教团体也是社会救助的主要承担者，国家对边缘群体的救济责任非常有限。1601年，英国伊丽莎白女王对已有的法令进行编纂，形成英国历史上著名的《济贫法》，确立了政府对社会救助承担主要财政责任的原则。随着社会和经济的进步，国家财政实力雄厚，而且来源稳定，因此国家承担社会救助的主要财政责任是社会救助发展的必然规律。当然由于各国的社会保障制度有很大差别，社会救助在整个社会保障体系中的作用和地位完全不同，因而国家承担社会救助的责任也有所区别。但无论社会救助经费支出多少，政府承担主要财政责任都是普遍现象。

2. 享受社会救助是公民权利

在社会保障发展的早期，政府对穷人的救助不但附带各种苛刻条件，接受严格的经济调查，丧失人的尊严，而且还用价值取向将边缘群体排除在社会保障网之外。随着工业文明的到来和福利国家的建立，公民权意识深入人心，获取社会救助成为公民的一项基本权利。世界上大多数国家，无论是福利型国家，还是市场取向型国家，都把社会救助看成政府行为，是政府的一项义不容辞的社会责任，是每个公民的基本权利。《中华人民共和国宪法》第四十五条明确规定："中华人民共和国公民在年老、疾病或者丧失劳动能力的情况下，有从国家和社会获得物质帮助的权利。"

3. 受助者需要进行家计调查

为了防止社会救助的不当利用，激励受益者的工作动机，越来越多的社会救助项目实施家计调查（means testing）。家计调查是在社会救助制度中被用来考察救助申请人家庭收入等方面状况的一种做法，是鉴定申请者是否符合获得某项津贴或服务的资格的必要环节。但是，对于家计调查也存在一些争议。批评者认为，家计调查迫使家庭成员用其微薄的资源相互扶持，对于很多以前没有申领过这种救助的人来讲，存在着一种迫使其依赖其他家庭成员的烦琐的、倍感羞辱的程序，它既没有起到促使家庭和睦的作用，也没有鼓励诚实。此外，家计调查还存在侵犯申领人的隐私、领取率低、贫困陷阱、储蓄陷阱和诚实陷阱等问题。

8.1.6 社会救助管理模式

1. 地方政府制定政策，并实施管理

由地方政府负责社会救助事务的管理模式在发达国家相当普遍，特别是在北欧国家。例如，瑞典由中央政府制定建议标准，地方政府根据本地区的实施情况进行调整，除少数项目外，其余均由地方政策出资。芬兰由中央政府确定标准，地方政府具体实施，近些年来，地方政府的权力增加，可以根据本地情况调整救助标准。挪威完全由地方政府制定标准，自行实施，中央政府根据自己掌握的补助标准和各地实际情况予以一定的补助。荷兰的救助标准由中央政府确定，中央财政拨款达80%，但具体事务由地方政府负责。瑞士联邦政府只确定社会救助的大方向，由地方政府制定救助标准，自行解决资金问题。日本根据不同地区制定不同的救助标准，中央财政拨款75%，地方政府负责实施。

2. 中央政府集中管理

中央政府集中管理方式主要存在于自由型福利国家，如英国、爱尔兰、澳大利亚、新西兰等，由中央政府确定社会救助标准并负责具体管理，由中央财政拨款。英国的国民救助委员会负责全英国的社会救助事务，隶属于卫生与社会保障部。全英国被划分为12个区，每个区设一个国民救助委员会（补充给付委员会），每个区委员会下设400多个地方办事处，每个地方办事处各设一个顾问委员会，协助地方办事处主管人员解决困难及特殊问题。各地方政府仅负责设置各种安置及教养机构。

3. 中央政府、地方政府分别负责不同项目

中央政府、地方政府分别负责不同项目。例如，法国的最低生活保障制度由中央政府制定，并由中央政府负责管理，部分专项救助由相应的社会保险管理机构统一管理，资金来源于中央政府拨款和缴费，其他非现金救助由地方政府管理并自行解决资金。卢森堡也属于这种管理模式。美国的管理模式比较特别，有联邦政府管理、联邦政府制定标准、联邦财政负担的制度（如食品券），有联邦政府制定标准、地方政府管理、共同出资的制度，也有地方政府制定标准、地方政府管理并负责全部资金的制度。

8.1.7 社会救助提供形式

1. 实物救助（即以实物的形式加以救助）

在中国早期的社会救助形式中，实物救助发挥着重要作用，如政府民政机构和民间慈善组织的施药、施棺、保婴、保节、灾时建立粥厂、日常设立义仓、赈谷等，都可以视为实物救助。新中国成立之初，实物救助逐渐减少，现金救助发挥越来越重要的作用。在美国的社会救助中，食品券是一种非常重要的实物救助。食品券是发放给有资格的人员让其当做现金使用以便在规定的零售商店购买食物的有价凭证，其目的在于通过向家庭提供花费少、有营养而又充足的食物来提高低收入家庭的营养水平。除了食品券计划之外，美国的实物救助项目还包括学校早餐与午餐项目，特别牛奶项目，夏季食品供应项目，儿童及成人看护食品项目，日常副食项目，妇女、婴儿和儿童的特别营养补充项目，低收入家庭能源援助项目。实物救助方式针对性强，可以防止受助者的不当利用，而且能较好地抵御通货膨胀，维持基本生活水平。缺点是实物救助限制了穷人的生活形态，减少了穷人对生活必需品的选择，而且政府管理成本较高。

2. 现金救助

现金救助方式可以降低运输与物流成本，操作方便，增加了受助者的自由选择度，因而在现代社会救助中发挥越来越重要的作用，如中国的最低生活保障主要以现金方式发放，美国的收入补充保障项目也是以现金方式或税收返还补助低收入家庭。但是，现金救助易产生欺诈行为，受助者有可能将现金花在一些非必需商品的支出上，从而减弱受助效果。

3. 服务救助（即向受助者提供服务）

在中国的早期救助中，安老服务和医疗救助服务等大多采取服务救助的方式，如宋代的安济坊，宗旨即为“养民之贫病者”，以救疗重病之人为主要职能。清代设栖留所，专门收养“无依流民及街衢病人”。医疗救助也主要通过治疗和服务达到救济穷人的目的。在现代救助体系中，服务救助的对象主要为行动不便者、贫困流浪者及病患者，如针对“三无”和流浪乞讨人员建立福利机构和救助机构，解决其基本的生存问题，针对贫困的病患者，给予免费治疗。

8.1.8 社会救助主要受益对象

1. 长期受益对象

长期受益对象主要由鳏寡孤独及废残者组成。中国传统社会救助对象主要由老年人、婴幼儿、孤儿、鳏寡孤独者组成。随着社会的进步和社会福利体系的完善，这些边缘性群体的人口数量大量减少，但仍然是社会救助的主要组成人员，如在中国现代社会救助体系中，“三无”人员、“五保户”、弃婴、流浪儿童等仍然是民政救助的主要对象。除此之外，贫困老年群体和残疾人也是中国传统社会救助的主要受益对象。各个国家的长期受益对象稍有区别。在意大利、比利时、冰岛、澳大利亚、加拿大和美国，残疾人及其家庭成员是主要的受益对象。在美国、加拿大、英国、澳大利亚、芬兰和新西兰，单亲家庭是一个巨大的社会救助长期受益群体。

2. 临时受益对象

临时受益对象主要由以下几类人群组成：

（1）突发性灾害造成的生活一时拮据的公民

这类公民有劳动能力，也有收入，只是由于意外的灾害降临而遭受沉重的财产损失甚至人身损失，生活临时发生困难，包括遭受自然灾害、巨额医疗支出等情况。

（2）失业人员

失业导致收入急剧减少，家庭生活发生临时困难，如果没有政府提供的救助，可能危及生存，因此失业救助是现代社会救助的主要项目之一，而且随着经济的周期性变化，失业人群的规模也相应发生变化。

（3）在职贫困人员

在我国的最低生活保障受益对象中，在职人员所占比例较高。2004年，在享受城镇居民最低生活保障的人员中，在职人员有141万人，占6.96%。这些群体一般在质量不高的岗位就业，多表现为非正规就业和临时就业。解决这些群体的贫困问题，一般需要采取提高最低工资、完善社会保障制度等措施，它是一个综合性的问题。

8.2 中国社会救助

8.2.1 中国社会救助发展历史

1. 新中国成立以前中国社会救助简史

中国早期社会救助的雏形可以追溯到奴隶社会向封建社会转型时期。《周礼》记载的“十二荒政”[①]和六条“保息”[②]制度高度概括了当时社会救助的实践。春秋战

① 十二荒政为“一曰散利，二曰薄征，三曰缓刑，四曰弛力，五曰舍禁，六曰去几，七曰眚礼，八曰杀哀，九曰蕃乐，十曰多昏，十有一曰索鬼神，十有二曰除盗贼”。

② 六条“保息”政策为“一曰慈幼，二曰养老，三曰振穷，四曰恤贫，五曰宽疾，六曰安富”。

国时期，社会救助措施思想得到了进一步发展，以《管子》的“行九惠之教”① 和“德有六兴”② 为典型代表。

秦汉时期的社会保障基本上是围绕救灾而展开的。③ 这一时期的备灾措施主要是兴建仓储，储粮备荒，比较著名的粮仓有中央政府控制的京太仓、京师仓等，另外地方政府也建了不少中小型粮仓。至汉代，出现常平仓制度。这一制度对中国的救灾备荒制度影响深远，后来的大部分朝代均沿袭此制，并加以完善，形成具有中国特色的、以仓储制度为主的社会救助制度。这一时期，灾害救济措施多样化，采取的应急措施主要有赈谷、赈粥、赈钱、赈物、减免租赋、赈贷、以工代赈、假民公田、节省用度等。政府还曾施行过募富民出钱粟、省用、宽贷赋等社会救助措施。④

唐代是中国社会救助发展的“黄金时期”，不但官方的社会救助制度比较完善，民间也出现了“社邑”互助组织及宗教的慈善活动。唐代兴建了大量的救助机构。唐开元二十三年，官府在京城设置病坊，收养弃婴和乞丐。后又设置“悲田养病坊”，救济乞丐和残疾人。唐长安年间，官府设置悲田使，管理寺院慈善事业。唐代病坊的经济来源除官置本钱收利之外，其他来源主要有官府提供米食及杂物、寺院中部分寺田收入和信众的供施。⑤ 病坊制度影响深远，为后世所沿袭，如五代置“悲田院”、“养病院”，宋代置“福田院”、“安济坊”，金代置“普济院”，元明置“惠民药局”，清置“养济院”，民国时期置“救济院”等慈善机构，虽多为官府所设，但部分地仿效了唐代病坊。⑥

宋朝高度重视荒政问题，并建立了完备的救荒制度。在赈济方面，实行赈谷、赈钱、赈粥、工赈、兵赈并行；在蠲免方面，有免赋、免税、免役、免积欠、免支移折变、缓征等；在仓储方面，有义仓、常平仓、广惠仓、丰储仓等；在调粟救济方面，有平粜、截漕、移民就粟；在安辑方面，有给田、给复、赍遣流民；在借贷方面，有贷粮、贷种、贷牛；在养恤方面，有居养、赎子、葬死；在劝分方面，有入粟拜爵、度僧、募富民出钱粟，等等。⑦

两宋时期救助机构得到进一步发展。朝廷先后设置了福田院、居养院、安济坊、养济院等或贫病兼收或专养病患的社会救济机构。崇宁四年十月设置安济坊，后又要求各县依条例增置居养院、安济坊。后来居养院、安济坊逐渐被养济院所取代。养济院创办于南宋初年，是一个兼顾居养院和安济坊功能的综合救济机构。从设置初衷看，养济院主要针对无依无靠、流浪街头的患病乞丐。

明清时期，民间慈善得到快速发展。明代后期，民间葬会、育婴社、同善会兴

---

① “九惠之教”是“一曰老老；二曰慈幼；三曰恤孤；四曰养疾；五曰合独；六曰问病；七曰通穷；八曰赈困；九曰接绝”。

② 管子的“德有六兴”思想包括以下六个方面：一是“辟田畴，制坛宅，修树艺，劝士民，勉稼穑，修墙屋，此谓厚其生”；二是“发伏利，输墆积，修道途，便关市，慎将宿，此谓输之以财”；三是“导水潦，利陂沟，决潘渚，溃泥滞，通郁闭，慎津梁，此谓遗之以利”；四是“薄征敛，轻征赋，弛刑罚，赦罪戾，宥小过，此谓宽其政”；五是“养长老，慈幼孤，恤鳏寡，问疾病，吊祸丧，此谓匡其急”；六是“衣冻寒，食饥渴，匡贫窭，振罢露，资乏绝，此谓振其穷”。

③ 王文涛．秦汉社会保障研究［M］．北京：中华书局，2007.

④ 高永建．中国历代社会救济政策之研究［J］．首都经济贸易大学学报，2000（4）：40-43.

⑤ 张志云．唐代悲田养病坊初探［J］．青海社会科学，2005（2）：106-108.

⑥ 张志云．唐代悲田养病坊初探［J］．青海社会科学，2005（2）：106-108.

⑦ 李向军．宋代荒政与《救荒活民书》［J］．沈阳师范学院学报，1993（4）：40-45.

起，数量逐步增加。清代，育婴社发展为育婴堂，同善会发展为同善堂（或会馆、公所），养济院演变为普济堂。晚清，政府和民间在保持原有慈善救济组织的同时，开始改变长期以来重养轻教的传统，建立各种工艺局（所），实行养教并重。这一时期，慈善机构呈现多样化趋势，包括会馆、育婴堂、善会等。明清时期的慈善主体也呈现多元化趋势，本土慈善事业得到快速发展，同时由外部力量举办的慈善事业也开始起步。外部力量主要以传教士为主体，他们兴办了安老院、济良所、麻风救济会等设施，收养和接济男女贫老、沦落妇女及麻风病人。

民国时期，慈善事业开始走上制度化、法制化的道路。在南京政权以及北洋军阀统治时期，中央常设专门掌管抚恤、救济、慈善的专门机构，除此以外还设有专门的临时赈济机构救济灾荒。面对众多的慈善机构，政府颁布专门的法规对其进行规范。针对此时期战争频发，进行了兵灾救护与赈济。抗战时期，国民政府对赈济机构进行了调整，成立了“非常时期难民救济委员会”，颁布了统一的规则，并统一了难民救济机构，成立了难民大区，设立难民收容所和难民遣送站，这些措施起到了救济难民、维护社会稳定的作用。抗战结束后，国民政府成立行政院善后救济总署，接受国际救助，并通过急赈、遣送难民、医疗救助等应急手段帮助灾民渡过困境，同时通过工赈、农贷等方式为灾民的未来生活奠定基础。

2. 新中国社会救助制度简史

自新中国成立以后，党和政府高度重视社会救助的建立。在救灾方面，提出“节约救灾，生产自救，群众互助，以工代赈”的救灾方针；在济贫方面，为了帮助城市贫民从根本上解决生活问题，提出“生产自救”的基本原则，使城市贫困问题得到缓解。在农村，实现合作化后，农民的生、老、病、死基本上依靠集体经济力量给予保障；对无依无靠无劳动能力的孤寡老人、残疾人和孤儿，则由集体实行“五保”供养。当时的救助对象主要为孤老病残人员和特殊人员①两类。从救助形式上看，可分为定期定量救济和临时救济两种。经过20多年的发展，到改革开放前，建立了与计划经济相配套的传统社会救济制度框架。在城镇，以充分就业为基础，以单位保障为主体，解决了绝大部分城镇人口的社会救助问题；在农村，建立了以救灾为重点，以“五保”为主要内容的集体救助制度。

改革开放以后，农村实行联产承包责任制，人民公社体制解体，以集体经济为基础的农村社会救济工作失去了物质保障而陷入一个艰难时期。为了适应新形势的需要，各地对农村社会救助制度进行了探索和改革。其中最重要的措施就是实行救济与扶贫相结合的办法。同时，对老弱病残和不具备扶持条件的贫困户，由民政部门继续给予救济，特别是在农村推广定期定量救济。在城市，经济转轨造成城市失业问题突出，加剧了贫困，产生了所谓的“新贫困”。由于体制的原因，新增贫困人口基本被排除在救助体制之外。1993年6月1日，上海市率先建立了城市居民最低生活保障制度，开始了城市社会救济制度的改革。1997年9月2日，《国务院关于在全国建立

① 主要包括原国民党起义投诚人员、错判当事人家属、归侨侨眷侨生、工商业者遗属、特赦释放战犯、外逃回归人员、摘帽右派人员、下乡返城知青、麻风病人、外国侨民、企业职工遗属、因计划生育手术事故造成死亡和丧失劳动能力人员，等等。

城市居民最低生活保障制度的通知》（国发〔1997〕29号）下发，标志着这一制度正式在全国城镇开始建立。1999年9月28日，国务院正式颁布《城市居民最低生活保障条例》。2007年，《关于在全国建立农村最低生活保障制度的通知》（国发〔2007〕19号）正式下发，标志着全体居民均纳入最低生活保障范围。

20世纪90年代以后，与社会主义市场经济体制相适应，政府逐步构建了以低保救助、五保供养为核心，以专项救助为辅助，覆盖城乡的新型社会救助体系，初步实现了新型社会救助制度的定型化、规范化和体系化，实现了济贫理念由“救济”向“救助”的转变[①]。2014年5月1日，《社会救助暂行办法》正式实施，首次将社会救助上升为根本性、稳定性的法律制度，以行政法规的形式编织兜住困难群众基本生活的安全网，标志着社会救助理念从“恩赐”到“权利”的转变。

8.2.2 中国社会救助原则

1. 托底线、救急难、可持续

社会救助事关困难群众基本生活和衣食冷暖，是“保基本”中的基本制度。“托底线”是指社会救助应以维持困难群体的基本水平为目标，通过编织最后的“安全网”，保障公民的生存权。“救急难”是指社会救助不仅要缓解长期贫困者的贫困程度，也要保障临时困难群体的生存问题。这一原则体现在临时生活救助制度上。我国规定，对因火灾、交通事故等意外事件，家庭成员突发重大疾病等原因，导致基本生活暂时出现严重困难的家庭，或者因生活必需支出突然增加超出家庭承受能力、导致基本生活暂时出现严重困难的最低生活保障家庭，以及遭遇其他特殊困难的家庭，给予临时救助。“可持续”是指社会救助项目和救助水平要适当，以保证制度的可持续发展。

2. 与其他社会保障制度相衔接

社会救助制度与其他社会保障制度密切相关。如医疗救助制度与医疗保险和医疗福利制度相关，医疗保险和医疗福利越完善，医疗救助对象越少；教育救助制度与教育福利制度相关，教育福利越发达的国家，教育救助范围越窄。因此，社会救助制度应与其他社会保障制度相衔接，不仅有利于节约社会资源，也有利于社会保障网的完善。

3. 社会救助水平与经济社会发展水平相适应

社会救助资金主要来源于财政，因此经济发展水平决定了社会救助水平。救助水平过高，会给财政带来沉重的负担，最终导致制度的不可持续；相反，救助水平过低，难以保障困难群体的基本生活，最终影响社会救助效果。

8.2.3 社会救助管理体制

1. 工作机制

社会救助的工作机制是“政府领导、民政部门牵头、有关部门配合、社会力量

---

① 刘喜堂．建国60年来我国社会救助发展历程与制度变迁［J］．华中师范大学学报（人文社会科学版），2010（7）．

参与”。

国务院民政部门统筹全国社会救助体系建设。国务院民政、卫生计生、教育、住房城乡建设、人力资源和社会保障等部门，按照各自职责负责相应的社会救助管理工作。

县级以上地方人民政府民政、卫生计生、教育、住房城乡建设、人力资源和社会保障等部门，按照各自职责负责本行政区域内相应的社会救助管理工作。

乡镇人民政府、街道办事处负责有关社会救助的申请受理、调查审核，具体工作由社会救助经办机构或者经办人员承担。

村民委员会、居民委员会协助做好有关社会救助工作。

国家鼓励单位和个人等社会力量通过捐赠、设立帮扶项目、创办服务机构、提供志愿服务等方式，参与社会救助。社会力量参与社会救助，按照国家有关规定享受财政补贴、税收优惠、费用减免等政策。县级以上地方人民政府可以将社会救助中的具体服务事项通过委托、承包、采购等方式，向社会力量购买服务。

2. 监督机制

申请或者已获得社会救助的家庭，应当按照规定如实申报家庭收入状况、财产状况。县级以上人民政府民政部门根据申请或者已获得社会救助家庭的请求、委托，可以通过户籍管理、税务、社会保险、不动产登记、工商登记、住房公积金管理、车船管理等单位和银行、保险、证券等金融机构，代为查询、核对其家庭收入状况、财产状况；有关单位和金融机构应当予以配合。

县级以上人民政府社会救助管理部门和乡镇人民政府、街道办事处在履行社会救助职责过程中，可以查阅、记录、复制与社会救助事项有关的资料，询问与社会救助事项有关的单位、个人，要求其对相关情况作出说明，提供相关证明材料。有关单位、个人应当如实提供。县级以上人民政府财政部门、审计机关依法对社会救助资金、物资的筹集、分配、管理和使用实施监督。

申请或者已获得社会救助的家庭或者人员，对社会救助管理部门作出的具体行政行为不服的，可以依法申请行政复议或者提起行政诉讼。

3. 法律责任

有下列情形之一的，由上级行政机关或者监察机关责令改正；对直接负责的主管人员和其他直接责任人员依法给予处分：

（1）对符合申请条件的救助申请不予受理的；

（2）对符合救助条件的救助申请不予批准的；

（3）对不符合救助条件的救助申请予以批准的；

（4）泄露在工作中知悉的公民个人信息，造成后果的；

（5）丢失、篡改接受社会救助款物、服务记录等数据的；

（6）不按照规定发放社会救助资金、物资或者提供相关服务的；

（7）在履行社会救助职责过程中有其他滥用职权、玩忽职守、徇私舞弊行为的。

违反规定，截留、挤占、挪用、私分社会救助资金、物资的，由有关部门责令追回；有违法所得的，没收违法所得；对直接负责的主管人员和其他直接责任人员依法给予处分。采取虚报、隐瞒、伪造等手段，骗取社会救助资金、物资或者服务的，由有关部门决定停止社会救助，责令退回非法获取的救助资金、物资，可以处非法获取的救助款额或者物资价值1倍以上3倍以下的罚款；构成违反治安管理行为的，依法给予治安管理处罚。构成犯罪的，依法追究刑事责任。

8.2.4 社会救助内容

1. 最低生活保障

国家对共同生活的家庭成员人均收入低于当地最低生活保障标准，且符合当地最低生活保障家庭财产状况规定的家庭，给予最低生活保障。

2. 特困人员供养

国家对无劳动能力、无生活来源且无法定赡养、抚养、扶养义务人，或者其法定赡养、抚养、扶养义务人无赡养、抚养、扶养能力的老年人、残疾人以及未满16周岁的未成年人，给予特困人员供养。特困人员供养的内容包括：提供基本生活条件；对生活不能自理的给予照料；提供疾病治疗；办理丧葬事宜。

3. 受灾人员救助

国家建立健全自然灾害救助制度，对基本生活受到自然灾害严重影响的人员提供生活救助。受灾人员救助的内容包括：紧急疏散、转移、安置受灾人员，及时为受灾人员提供必要的食品、饮用水、衣被、取暖、临时住所、医疗防疫等应急救助；对住房损毁严重的受灾人员进行过渡性安置；支持住房恢复重建；为冬寒或者次年春荒遇到生活困难的受灾人员提供基本生活救助。

4. 医疗救助

医疗救助对象包括最低生活保障家庭成员、特困供养人员和县级以上人民政府规定的其他特殊困难人员。医疗救助的方式有：对救助对象参加城镇居民基本医疗保险或者新型农村合作医疗的个人缴费部分，给予补贴；对救助对象经基本医疗保险、大病保险和其他补充医疗保险支付后，个人及其家庭难以承担的符合规定的基本医疗自负费用，给予补助。

5. 教育救助

国家对在义务教育阶段就学的最低生活保障家庭成员、特困供养人员，给予教育救助。对在高中教育（含中等职业教育）、普通高等教育阶段就学的最低生活保障家庭成员、特困供养人员，以及不能入学接受义务教育的残疾儿童，根据实际情况给予适当教育救助。教育救助根据不同教育阶段需求，采取减免相关费用、发放助学金、给予生活补助、安排勤工助学等方式实施，保障教育救助对象基本学习、生活需求。

6. 住房救助

国家对符合规定标准的住房困难的最低生活保障家庭、分散供养的特困人员，给予住房救助。住房救助通过配租公共租赁住房、发放住房租赁补贴、农村危房改造等方式实施。

7. 就业救助

国家对最低生活保障家庭中有劳动能力并处于失业状态的成员，通过贷款贴息、社会保险补贴、岗位补贴、培训补贴、费用减免、公益性岗位安置等办法，给予就业救助。最低生活保障家庭有劳动能力的成员均处于失业状态的，政府采取有针对性的措施，确保该家庭至少有一人就业。

8. 临时救助

国家对因火灾、交通事故等意外事件，家庭成员突发重大疾病等原因，导致基本生活暂时出现严重困难的家庭，或者因生活必需支出突然增加超出家庭承受能力，导致基本生活暂时出现严重困难的最低生活保障家庭，以及遭遇其他特殊困难的家庭，给予临时救助。

8.3 最低生活保障

1993年6月1日，上海市正式实施最低生活保障制度，这标志着我国最低生活保障制度正式建立，它的实施保障了城市贫困人口尤其是困难职工家庭的基本生活。

8.3.1 最低生活保障管理

最低生活保障的管理涉及以下几个方面的内容：

1. 最低生活保障对象管理

最低生活保障制度的保障对象主要有：

（1）无生活来源，无劳动能力，又无法定赡养人、扶养人或者抚养人，以及虽有法定赡养人、扶养人或者抚养人但其无赡养、扶养或者抚养能力的城市居民。

（2）在职人员领取工资（最低工资）及离退休人员领取离退休费，家庭月人均收入仍低于城市低保标准的城市居民。

（3）下岗职工进入再就业服务中心期间，足额领取基本生活费后，家庭月人均收入仍低于城市低保标准的城市居民。

（4）失业人员领取失业保险金期间，或者期满后未能再就业，家庭月人均收入低于城市低保标准的城市居民。

此外，一些特殊群体也可以纳入到最低生活保障制度之中。例如：持有非农业户口、按国家有关政策享受政府定期定量救济的20世纪60年代初精减退职老职工、因公致残返城知青及其他民政部门管理的特殊救济对象；持有非农业户口、按国家有关政策享受政府定期抚恤补助、家庭月人均收入低于低保标准的优抚孤老及其他优抚对象；未参加社会保险且已经停产多年，并无力缴纳社会保险费的集体企业中的退休人员；在下岗职工基本生活保障制度实施期间，未参加社会保险且已经停产多年，并无力支付下岗职工基本生活费的集体企业中的下岗职工。

2. 最低生活保障资金管理

最低生活保障的资金主要有两个来源，即财政拨款和社会捐赠。由于城市居民最低生活保障的性质和我国的财政管理体制，最低生活保障的资金主要由地方财政负责。对于中西部不发达地区，则主要依靠中央财政转移支付。各省市对最低生活保障资金主要采取分级负担方式解决资金筹措问题。从各地的实践来看，城镇居民最低生活保障资金的主要承担者是市、区（县、县级市）两级财政，绝大部分省份也在省级财政中列支了省级调剂资金。农村居民最低生活保障资金，东部地区主要依靠省、县二级解决，中西部地区则主要依靠中央的财政转移支付，省、县二级财政适当承担部分责任。社会捐赠资助是城市居民最低生活保障制度保障资金的来源之一。目前，自发性的民间捐赠用于最低生活保障的资金微不足道，主要依靠福利彩票发行募集部分资金。

3. 最低生活保障工作程序

申请最低生活保障，按照下列程序办理：

（1）由共同生活的家庭成员向户籍所在地的乡镇人民政府、街道办事处提出书面申请；家庭成员申请有困难的，可以委托村民委员会、居民委员会代为提出申请。

（2）乡镇人民政府、街道办事处应当通过入户调查、邻里访问、信函索证、群众评议、信息核查等方式，对申请人的家庭收入状况、财产状况进行调查核实，提出初审意见，在申请人所在村、社区公示后报县级人民政府民政部门审批。

（3）县级人民政府民政部门经审查，对符合条件的申请予以批准，并在申请人所在村、社区公布；对不符合条件的申请不予批准，并书面向申请人说明理由。

4. 最低生活保障管理体制

最低生活保障制度实行地方各级人民政府负责制，实行的是政府领导，民政部门、有关部门、基层组织和社会各界相互配合的管理体制。县级以上地方各级人民政府民政部门具体负责本行政区域内最低生活保障的管理工作；财政部门按照规定落实城市居民最低生活保障资金；统计、物价、审计、人力资源和社会保障等部门分工负责，在各自的职责范围内负责最低生活保障的有关工作。县级人民政府民政部门以及街道办事处、乡镇人民政府负责最低生活保障的具体管理审批工作。居委会和村委会根据管理审批机关的委托，可以承担最低生活保障的日常管理、服务工作。国务院民政部门负责全国最低生活保障的管理工作。

8.3.2 贫困线计算方法

贫困线的计算方法主要分为三种，即绝对贫困线计算方法、绝对与相对相结合的贫困线计算方法以及相对贫困线计算方法。

1. 绝对贫困线计算方法

绝对贫困线计算方法主要有两种：

（1）预算标准法

预算标准法首先要求确定一张生活必需品的清单，内容包括维持社会认定的最起码的生活水准的必需品的种类和数量，然后根据市场价格来计算拥有这些生活必需品需要多少现金。预算标准法的优点有：直观明了，通俗易懂，而且可以罗列得很详尽细致，因而也便于公众参与意见；能够保证受援者的最起码的需要。但是，预算标准法有几个问题需要解决：谁来定义“必需品”，由专家、管理者还是由民众来决定？如何定义“必需品”的内容？“必需品”清单究竟要添加多少内容才够？如何将必需品转化为价格？事实上，确定生活必需品或者说最低生活标准是很困难的。

（2）国际贫困标准

世界银行在1990年将370美元作为衡量各国贫困状况的国际通用标准。按1985年购买力平价计算的每年370美元的高贫困线很快被简化成"1天1美元"的贫困标准。2008年8月26日，世界银行对所有发展中国家提出了新的贫困标准，那就是"1天1.25美元"，以2005年的物价指数为标准。

2. 绝对与相对相结合的贫困线计算方法

绝对与相对相结合的贫困线计算方法主要有两种：

（1）马丁法

这一方法要求在确定基本食品支出的基础上，通过有关统计资料建立总支出与食品支出之间关系的数学模型，进而计算出贫困线。马丁提出了两条贫困线：一条是"低的"贫困线，即食品贫困线加上最基本的非食品必需品支出；另一条是"高的"贫困线，是那些达到食物贫困线的一般住户的支出。食品线往往以人体最低热量支出为基础，将热量转化为食品，再根据这些食品的价格计算贫困线。马丁法虽然已经涵盖了绝对与相对两条贫困线，但在实际操作中，由于人们对于哪一条算低贫困线，哪一条算高贫困线是很难达成一致的，而且如何来确定这部分刚达到所谓的食物贫困线的人是比较困难的，所以难以计算。

（2）恩格尔系数法

恩格尔系数法以食品消费支出除以已知的恩格尔系数（即食品消费支出占总消费支出的比例）来求出所需的消费支出。我国一些城市在测定最低生活保障标准时使用了这一方法。恩格尔系数法有以下的优点：方法简便易行；可以用代表一般市民的生活水平的恩格尔系数来求得社会救助受助者的消费水平。但是，采用这一方法要求恩格尔系数比较稳定，由于受价格、地域等因素的影响，我国恩格尔系数变化较大，易受主观判断影响，且反映的贫困过于绝对。

3. 相对贫困线计算方法

相对贫困线计算方法主要有两种：

（1）比例法

从贫困居民的收入低于其他大多数居民的收入这一相对概念出发，把一定比例的最低收入居民定义为贫困居民。例如，经济合作与发展组织提出：以一个国家或地区社会中位收入或平均收入的50%～60%作为这个国家或地区的贫困线。国际贫困标准的计算简单明了，可以使受助者得到的救助金额与社会上大多数人的收入同步增长，分享经济、社会发展成果。但是国际贫困标准是根据发达国家的统计数据和贫困状况制定的，发展中国家如果机械地套用其既定的比例就会脱离实际，对社会救助或最低生活保障线制度带来不利影响。

（2）生活形态法

生活形态法，也称"剥夺指标法"。它首先从人们的生活方式、消费行为等"生活形态"入手，提出一系列有关贫困家庭生活形态的问题，让被调查者回答，然后选择出若干"剥夺指标"，再根据这些剥夺指标和被调查者的实际生活状况计算出

“贫困门槛”，从而确定哪些人属于贫困者。生活形态法沟通和融合了主观和客观情况，从社会大众的主观评价中得出了客观存在的贫困家庭的生活形态（包括生活方式、消费行业等)，使贫困的定义和度量不再被静态地看成是特定人群的特有现象，而且使贫困的定义和度量不再仅仅局限于“生活必需品”，而是扩大到与此相关的不同领域，不但涵盖了物质方面的需求，也涵盖了社会方面的需求。但是在具体的调查中，由于生活方式比较抽象，虽然每一个人都能体验到，但要被调查者清楚地、具体地表达出来却不容易，而且生活方式与收入或资源并不完全相关，有一些人的生活习惯是不会随收入的增减而发生变化的。

8.3.3 家计调查

对每一个申请者都必须认定其财产与需要，这已成为社会救助的基本特征和原则。在现代社会救助中，财产调查是接受救助的必要条件。只有经过财产调查，才能确定申请者是否符合条件，才能将穷人与一般人区别开来，并向其提供差别服务，以达到消除贫困、节约资源的目的。

1. 家计调查与贫困调查

家计调查并不等同于贫困调查，它是区分合法救助者的一种方法。家计调查往往通过对更大范围的收入组进行调查，判断受益者与当前资源的相关受益，它更是一个准入制度的调查。贫困调查是指提供资源给一些人，这些人如果得不到这些资源就会掉入某一水准之下，如官方最低生活水平。

2. 家计调查的内容

（1）家计调查的第一项内容是收入

在审核收入时，首要工作是确定哪些人的收入应计入家庭总收入，哪些人的收入不计入家庭总收入。大多数国家的经济状况的调查范围只扩展到申领者本人及配偶。但在有些国家，家庭的概念不仅局限于核心家庭，还包括申请人的父母、祖父母、成年子女。在法国，申请老年救助金（属专项救助）时，还要调查法定继承人的财力状况。美国的低收入能源救助项目要求所有家庭成员作为一个申请单位享受能源救助；同样，在食品券项目中，家庭也是作为一个收入单位，共同购买食品。在如何对待所得收入方面，各项目也有所区别。大多数国家在社会救助标准之外都规定一个“豁免”额度，即允许申领人持有少量的资产或收入，视同无资产、无收入，因而不抵扣社会救助金。但在有些国家（如瑞典)，申领人几乎要等到一无所有时才有资格领取救助金。在家计调查中遇到的最常见的困难是各个救助项目对家庭的定义不同，因而导致家庭收入的计算方法也有所差别。在美国的食品券项目中，一个住户(household）通常是指在一起吃饭和共同购买食品的所有成员；在 TANF 项目中，家庭（family）是一个住户单位（household unit)，但通常只包括未成年儿童、兄弟姊妹和父母或其他相关监护人。于是，一个家庭成员在一个项目中是住户中的一员，但在另一个项目中却被看成是与家庭分离的、不符合救助资格的一分子。

（2）家计调查的第二项内容是财富

各个国家对待财富的态度和做法大相径庭。一些国家把财富计算在内，而另一些国家却对财富特别是住房有相对高的漠视。在英语体系的国家中，有较宽松的财富处理模式（美国除外）；欧盟的大多数成员国，包括社会救助很不发达的地中海国家，对储蓄和自住房都有相当大的回旋余地；在斯堪的纳维亚半岛、日本、奥地利和瑞士，财富调查则相当严格，甚至部分国家要求申请者耗尽所有的财产后才能申请社会救助。

（3）家计调查的第三项内容是就业测试

自20世纪80年代以来，大部分国家在社会救助中引入或强化就业测试制度，要求社会救助对象必须努力寻找就业机会，积极与政府管理的职业介绍机构联系，并接受适当的工作安排。未通过就业审查的人，降低其社会救助水平，甚至剥夺领取资格。大多数国家要求受益者进行失业登记，并且愿意接受提供的工作。当然，所有国家对于遭受疾病的人、残疾人、超过或接近退休年龄的人还是相当宽松的，而对于单亲家庭，特别是抚养未成年儿童而被免除寻找工作的单亲家庭，工作测试的变动比较大。

3. 最低生活保障家计调查

中国部分社会救助项目也实施家计调查，如最低生活保障制度。调查人员一般是居委会、街道办事处、镇人民政府、专门的社会救助机构、区县民政局、市以上民政部门和各级政府的相关部门以及这些组织、机关委托的调查机构和调查人员。调查对象主要是申请者本人和家庭成员，除此之外还包括申请人的邻居、亲戚、朋友，所在单位，法定赡养人、抚养人和扶养人，当事人所涉及的劳动部门、社会保障机构等。

最低生活保障家计调查的方式有三种：①入户调查，即调查人员找到申请者本人或家庭成员了解和感受其主活状态和生活水平；②间接寻访，即通过间接地寻访保障对象的邻居、亲戚、朋友、领导、同事等，了解保障对象的背景、历史和所处困境的严重程度，进一步佐证书面资料和入户调查的结果，解决各种疑问；③信函索证，即通过信函了解相关情况，这种方式节省人力、物力，减轻工作量，但是真实性往往大打折扣。

最低生活保障家计调查的主要内容是收入核查。《城市居民最低生活保障条例》对收入的界定是："共同生活的家庭成员的全部货币收入和实物收入，包括法定赡养人、扶养人或者抚养人应当给付的赡养费、扶养费或者抚养费，不包括优抚对象按照国家规定享受的抚恤金、补助金。"具体来说，应当计入收入的项目包括各类工资、奖金、津贴、补贴及其他劳动收入，储蓄存款及利息、股票等有价证券及红利，基本生活费、离退休金、失业保险费，出租房屋的租金，亲属的赡养费、扶养费、抚养费及继承的遗产、遗赠等。不宜计入家庭收入的项目有：优抚对象的抚恤金、补助金、护理费、保健金等，军队干部、志愿兵转业费和退伍军人退伍费，义务兵津贴，独生子女费，异地安家的安家费，政府的一次性奖金，工伤或因公死亡人员及其供养的亲属享受的津贴、护理费、一次性抚恤金、补助金、丧葬费等，因公致残返城知青的护理费，特殊岗位补贴，商业保险赔偿费，在职人员按规定缴纳的住房公积金，社会保险费，其他不列入个人收入所得税范围的各种奖励金等。各地对收入的定义有一定的区别，对于应计入和不应计入的内容也有所区别。

家计调查要求受助者将家庭收入、生活条件等告知相关部门，在一定程度上泄露了受助者个人和家庭的隐私，并给受助者以一种屈辱感，因而有许多人宁愿受穷也不愿申请救助，这造成了社会救助中普遍的不利用问题。

8.4 专项社会救助

8.4.1 医疗救助

1. 概述

医疗救助是政府通过提供财务、政策和技术上的支持以及社会通过各种慈善行为，对贫困人群中因病而无经济能力进行治疗的人群，或者因支付数额庞大的医疗费用而陷入困境的人群，实施专项帮助和经济支持，使他们获得必要的卫生服务，以维持其基本生存能力，改善目标人群健康状况的一种医疗保障制度。

2003 年，我国首先在农村建立医疗救助制度。《关于实施农村医疗救助的意见》［民发〔2003〕158 号］要求各省、自治区、直辖市全面推行农村医疗救助制度，并对医疗救助对象、资金来源、救助方式等作出了规定。2005 年，国务院办公厅转发民政部等部门《关于建立城市医疗救助制度试点工作意见的通知》，要求从 2005 年开始，用 2 年时间进行城镇医疗救助试点，之后再用 2 ~ 3 年时间在全国建立起管理制度化、操作规范化的城市医疗救助制度。2012 年，民政部等部门发布《关于开展重特大疾病医疗救助试点工作的意见》［民发〔2012〕21 号］，要求各地开展重特大疾病救助试点。2013 年，《国务院办公厅关于建立疾病应急救助制度的指导意见》下发，对需要急救但因身份不明、无能力支付医疗费用等原因得不到及时有效的治疗的患者进行救助。自此，我国建立了比较完善的医疗救助体系。

2. 农村医疗救助

（1）救助对象

一是农村五保户；二是农村贫困户家庭成员；三是地方政府规定的其他符合条件的农村贫困农民。

（2）救助办法

一是开展新型农村合作医疗的地区，资助医疗救助对象缴纳个人应负担的全部或部分资金，参加当地合作医疗，享受合作医疗待遇。因患大病经合作医疗补助后个人负担医疗费用过高，影响家庭基本生活的，再给予适当的医疗救助。二是尚未开展新型农村合作医疗的地区，对因患大病个人负担费用难以承担，影响家庭基本生活的，给予适当医疗救助。三是国家规定的特种传染病救治费用，按有关规定给予补助。

（3）申请、审批程序

第一步，申请人（户主）向村民委员会提出书面申请，填写申请表，如实提供医疗诊断书、医疗费用收据、必要的病史材料、已参加合作医疗按规定领取的合作医疗补助凭证、社会互助帮困情况证明等，经村民代表会议评议同意后报乡镇人民政府审核。第二步，乡镇人民政府对上报的申请表和有关材料进行逐项审核，对符合医疗救助条件的上报县（市、区）民政局审批。乡镇人民政府根据需要，采取入户调查、邻里访问以及信函索证等方式对申请人的医疗支出和家庭经济状况等有关材料进行调查核实。第三步，县级人民政府民政部门对乡镇上报的有关材料进行复审核实，并及时签署审批意见。对符合医疗救助条件的家庭核准其享受医疗救助金额，对不符合享受医疗救助条件的，书面通知申请人，并说明理由。

（4）医疗救助服务

一是已开展新型农村合作医疗的地区，由农村合作医疗定点卫生医疗机构提供医疗救助服务；未开展新型农村合作医疗的地区，由救助对象户口所在地乡（镇）卫生院和县级医院等提供医疗救助服务。二是提供医疗救助服务的医疗卫生机构等应在规定范围内，按照本地合作医疗或医疗保险用药目录、诊疗项目目录及医疗服务设施目录，为医疗救助对象提供医疗服务。三是遇到疑难重症需转到非指定医疗卫生机构就诊时，要按当地医疗救助的有关规定办理转院手续。

3. 城镇医疗救助

（1）救助对象

主要是城市居民最低生活保障对象中未参加城镇职工基本医疗保险人员、已参加城镇职工基本医疗保险但个人负担仍然较重的人员和其他特殊困难群众。

（2）城镇医疗救助基金

通过财政预算拨款、专项彩票公益金、社会捐助等渠道建立医疗救助基金。地方财政每年安排城市医疗救助资金并列入同级财政预算，中央和省级财政对困难地区给予适当补助。城市医疗救助基金纳入社会保障基金财政专户，专项管理、专款专用。

（3）救助标准

对救助对象在扣除各项医疗保险可支付部分、单位应报销部分及社会互助帮困等后，个人负担超过一定金额的医疗费用或特殊病种医疗费用给予一定比例或一定数量的补助；对于特别困难的人员，可适当提高补助标准。

（4）申请、审批程序

救助对象本人向社区居民委员会提出申请城市医疗救助的书面材料并提供有关证明材料；街道办事处（乡镇人民政府）对上报的申请表和有关证明材料进行审核；县级政府民政部门对街道办事处（乡镇人民政府）上报的有关材料进行审批。救助金由街道办事处（乡镇人民政府）发放，也可以由县级政府民政部门直接发放，有条件的地方要实行社会化发放。

4. 重特大疾病医疗救助

（1）救助人群

主要是患重特大疾病的低保家庭成员、五保户、低收入老年人、重度残疾人以及其他因患重特大疾病难以自付医疗费用且家庭贫困的人员。

（2）救助病种

优先将儿童急性白血病和先天性心脏病、妇女宫颈癌、乳腺癌、重度精神疾病等病种纳入救助范围。

（3）救助内容

重特大疾病救助主要帮助解决符合条件的重特大疾病贫困患者经基本医疗保险和大病医疗保险或补充医疗保险补偿后仍然难以负担的住院医疗费用，同时可兼顾门诊医疗费用。

（4）定点医疗机构

救助范围内重特大疾病患者在居民医保和新农合定点医疗机构诊治。重特大疾病救助只对救助对象在医疗保险定点医疗机构发生的医疗费用给予救助。鼓励有条件的地方探索向救助对象提供低成本的医疗服务。

（5）救助程序

对于符合医疗救助条件，患重特大疾病的患者，到定点医疗机构就诊后，应及时报民政部门备案；对于申请重特大疾病医疗救助的其他困难群体，应持相关证明材料到民政部门申请救助。

（6）救助方式

对于重特大疾病救助对象在定点医疗机构发生住院和门诊医药费用，城乡医疗救助经办机构可通过降低或取消医疗救助起付线、提高救助封顶线和救助比例等方式提高救助水平。各省（区、市）可根据试点病种的临床路径等标准化诊疗方案，测算并限定相应病种的合理诊疗费用，探索实行按病种确定救助标准。

（7）费用结算

要通过城乡医疗救助和相关保障制度信息管理平台，为救助对象提供“一站式”服务。救助对象所发生的医疗费用可先由定点医疗机构垫付城乡医疗救助基金支付的部分，救助对象出院时只支付自负部分。定点医疗机构垫付部分由民政部门与定点医疗机构定期及时结算，城乡医疗救助基金可以先期向定点医疗机构支付适当的周转金。

（8）资金筹集

重特大疾病救助所需资金在当地城乡医疗救助基金中统筹安排，同时，各地要动员和发动社会力量，通过慈善和社会捐助等，多渠道筹集资金。

5. 疾病应急救助

（1）救助对象

在中国境内发生急重危伤病、需要急救但身份不明确或无力支付相应费用的患者为救助对象。医疗机构对其紧急救治所发生的费用，可向疾病应急救助基金申请补助。

（2）救助基金支付范围

一是无法查明身份患者所发生的急救费用，二是身份明确但无力缴费的患者所拖欠的急救费用。救助基金先由责任人、工伤保险和基本医疗保险等各类保险、公共卫生经费，以及医疗救助基金、道路交通事故社会救助基金等渠道支付。

（3）部门职责

卫生部门牵头组织专家制定需紧急救治的急重危伤病的标准和急救规范；监督医

疗机构及其工作人员无条件对救助对象进行急救；基本医保管理部门保障参保患者按规定享受基本医疗保险待遇。民政部门要协助基金管理机构共同做好对患者有无负担能力的鉴别工作；公安机关协助医疗机构和基金管理机构核查患者的身份。

（4）医疗机构职责

各级各类医疗机构及其工作人员必须及时、有效地对急重危伤患者施救，不得以任何理由拒绝、推诿或拖延救治。对救助对象急救后发生的欠费，应设法查明欠费患者身份；对已明确身份的患者，要尽责追讨欠费。对救助对象急救的后续治疗发生的救治费用，医疗机构应及时协助救助对象按程序向医疗救助机构等申请救助。

8.4.2 住房救助

1994年，我国正式开始城镇住房制度改革，实行住房货币分配制度，职工不能依靠单位解决住房问题，而需要通过市场解决。这也决定了低收入人群甚至部分中等收入人群无法通过市场解决，必然要通过政府解决住房问题。1998年，国务院发布《关于进一步深化城镇住房制度改革、加快住房建设的通知》，要求对不同收入家庭实行不同的住房供应政策：最低收入家庭租赁由政府或单位提供的廉租住房；中低收入家庭购买经济适用住房；其他收入高的家庭购买、租赁市场价商品住房。自此，全国各地廉租房制度相继建立起来。

1. 廉租房申请条件

申请廉租房需要符合下列条件：

（1）申请家庭人均收入符合当地廉租住房政策确定的收入标准。

（2）申请家庭人均现住房面积符合当地廉租住房政策确定的面积标准。

（3）申请家庭成员中至少有1人为当地非农业常住户口。

（4）申请家庭成员之间有法定的赡养、扶养或者抚养关系。

（5）符合当地廉租住房政策规定的其他标准。廉租住房保障对象的家庭收入标准和住房困难标准，由城市人民政府按照当地统计部门公布的家庭人均可支配收入和人均住房水平的一定比例，结合城市经济发展水平和住房价格水平确定。

2. 廉租房保障标准

廉租房保障标准包括两个方面的内容：

（1）廉租房的保障面积标准，即补贴后每人（户）达到的最低住房面积。

（2）以保障面积为准每人（户）每月每平方米补贴多少元。

我国城镇最低收入家庭廉租房保障水平以满足基本需要为原则，依当地财政承受能力和居民住房状况合理确定，保障面积一般不超过当地人均住房面积的60%。廉租住房保障面积标准，由城市人民政府根据当地家庭平均住房水平及财政承受能力等因素统筹研究确定。廉租住房租金标准由维修费、管理费两项组成，也可以根据现有公有住房租金标准和政策予以确定。单位面积租赁住房补贴标准，按照市场平均租金与廉租住房租金标准的差额计算。

3. 廉租房保障方式

廉租房保障主要有两种方式：

（1）实物配租

实物配租是指政府向符合条件的申请对象直接提供住房，并按照廉租住房租金标准收取租金。政府采用实物配租的廉租住房保障支出方式，主要有两种类型：新建廉租住房、在存量房市场收购合适的房源。实物配租可以迅速提高城镇住房困难家庭的住房福利，但是政府财政压力过大，尤其是一些经济欠发达的城市，无法提供足够的资金用于廉租房的建设。

（2）租金补贴

租金补贴指政府为符合廉租住房保障条件的城镇低收入家庭按其家庭的配租标准发放补贴租金，由其到市场上自行租赁住房。租金补贴又分两种方式：一种是政府核定补贴金额后直接发放给符合廉租住房保障条件的城镇低收入家庭，由其到市场上自行租赁合适的住房；另一种是政府核定补贴金额后，由符合廉租住房保障条件的城镇低收入家庭在市场上自行租赁合适的住房，凭租赁合约直接发放给出租房业主。提供现金补贴不会产生政府直接提供廉租房所带来的巨大财政压力的弊端，不会影响房地产市场的发展等，而且在一定条件下，使接受补贴者获得比政府提供廉租房更高的社会福利，这一形式被越来越多地采用。

我国城市廉租住房保障实行货币补贴和实物配租等方式相结合，主要通过发放租赁补贴，增强低收入家庭在市场上承租住房的能力。每平方米租赁补贴标准由城市人民政府根据当地经济发展水平、市场平均租金、保障对象的经济承受能力等因素确定。其中，对符合条件的城市低保家庭，可按当地的廉租住房保障面积标准和市场平均租金给予补贴。

4. 廉租房资金来源

廉租房资金由地方各级人民政府负责，资金来源于以下几个渠道：

（1）住房公积金增值收益扣除计提贷款风险准备金和管理费用后的全部余额；

（2）从土地出让净收益中按照不低于10%的比例安排用于廉租住房保障的资金；

（3）市县财政预算安排用于廉租住房保障的资金；

（4）省级财政预算安排的廉租住房保障补助资金；

（5）中央预算内投资中安排的补助资金；

（6）中央财政安排的廉租住房保障专项补助资金；

（7）社会捐赠的廉租住房保障资金；

（8）其他资金。

5. 廉租房管理

廉租房管理包括申请、审批和公示、轮候、配租等环节。

（1）申请

申请人向户口所在地街道办事处或乡镇人民政府（简称受理机关）提出书面申请，并提供：民政部门出具的最低生活保障、救助证明或政府认定有关部门或单位出具的收入证明；申请家庭成员所在单位或居住地街道办事处出具的现住房证明；申请家庭成员身份证和户口簿；地方政府或房地产行政主管部门规定需要提交的其他证明材料。

（2）审批和公示

材料齐备后，受理机关签署意见并将全部申请资料移交房地产行政主管部门。接到受理机关移交的申请资料后，房地产行政主管部门会同民政等部门组成审核小组予以审核。经审核符合条件的，房地产行政主管部门在申请人的户口所在地、居住地或工作单位将审核决定予以公示。经公示无异议或者异议不成立的，由房地产行政主管部门予以登记，并书面通知申请人。

（3）轮候

对于已登记的、申请租赁住房补贴或者实物配租的家庭，由房地产行政主管部门按照规定条件排队轮候。经民政等部门认定的由于无劳动能力、无生活来源、无法定赡养人、扶养人或抚养人、优抚对象、重度残疾等原因造成困难的家庭可优先予以解决。轮候期间，申请家庭收入、人口、住房等情况发生变化，申请人应当及时告知房地产行政主管部门，经审核后，房地产行政主管部门应对变更情况进行变更登记，不再符合廉租住房条件的，由房地产行政主管部门取消资格。

（4）配租

已准予租赁住房补贴的家庭，与房地产行政主管部门签订《廉租住房租赁补贴协议》。房地产行政主管部门按规定标准向该家庭发放租赁补贴。已准予实物配租的家庭，应当与廉租住房产权人签订廉租住房租赁合同。

8.4.3 教育救助

从20世纪90年代开始，我国在普及义务教育的同时，开始积极探索和建立教育救助制度。主要的做法是：对于义务教育阶段家庭困难学生，采取“两免一补”政策，或通过设立助学金、建立助学基金等形式给予资助；对于高中教育阶段家庭困难学生，学校采取“缓、减、免”交学费的办法，各地政府还拨专款设立助学金资助困难学生；对于高等教育阶段家庭经济困难的学生，初步建立起以奖学金、学生贷款、勤工俭学、特殊困难补助和学费减免为主要内容的资助经济困难学生政策体系。

1. 教育救助对象

（1）国家对在义务教育阶段就学的最低生活保障家庭成员、特困供养人员，给予教育救助。

（2）对在高中教育（含中等职业教育）、普通高等教育阶段就学的最低生活保障家庭成员、特困供养人员，以及不能入学接受义务教育的残疾儿童，根据实际情况给予适当教育救助。

2. 义务教育救助

（1）义务教育救助的对象

①持有农村五保供养证的未成年人；

②属于城市“三无”对象的未成年人；

③持有城乡最低生活保障证和农村特困户救助证家庭的未成年子女；

④当地政府规定的其他需要教育救助的对象。

不同的项目对受助对象的规定也有所不同。

（2）义务教育救助的内容

①两免一补。“两免一补”是指国家向农村义务教育阶段（小学和初中）的贫困家庭学生免费提供教科书、免除杂费，并给寄宿生补助一定生活费的一项资助政策。“两免一补”政策对于促进农村税费改革、减轻农民负担、加快贫困地区脱贫致富步伐、巩固农村义务教育“以县为主”的管理体制、加快农村义务教育事业的发展，具有十分重要的意义。

②义务教育阶段人民助学金、义务教育阶段特教伙食补助。

3. 高校家庭经济困难学生资助

高等教育阶段社会救助体系由“绿色通道”、奖学金、国家助学金、国家助学贷款、师范生免费教育、勤工助学、特殊困难补助、学费减免等组成。

（1）“绿色通道”

“绿色通道”制度是国家为切实保障家庭经济困难学生顺利入学，规定各公办全日制普通高等学校都必须建立的制度，即高校对被录取入学、因家庭经济困难筹集不到学费的新生，先办理入学手续，再根据核实后的情况，分别采取不同办法予以资助。家庭经济困难学生在入学前需填写“高等学校学生及家庭情况调查表”，到家庭所在地的乡（镇）或街道民政部门核查盖章，报到时递交给学校，在学校的组织下，通过“绿色通道”办理入学手续。

（2）奖学金

奖学金包括国家奖学金、国家励志奖学金、地方政府奖学金、研究生奖学金以及学校设立的其他奖学金。国家奖学金用于奖励特别优秀的全日制普通本专科（含高职、第二学士学位）在校生，无论家庭经济是否困难，只要是在学习成绩、社会实践、综合素质等方面特别优秀的二年级以上（含二年级）的学生，经过规定程序的评审就可以获得国家奖学金。国家励志奖学金用于奖励资助家庭经济困难且品学兼优的全日制普通本专科（含高职、第二学士学位）学生。符合规定条件的二年级以上（含二年级）在校生可以申请。

（3）国家助学金

国家助学金主要用于资助家庭经济困难的全日制普通本专科（含高职、第二学士学位）在校学生。

（4）国家助学贷款

国家助学贷款是由政府主导、财政贴息、财政和高校共同给予银行一定风险补偿金，银行、教育行政部门与高校共同操作的，帮助高校家庭经济困难学生支付在校学习期间所需的学费、住宿费的银行贷款。国家助学贷款是信用贷款，学生不需要办理贷款担保或抵押，但需要承诺按期还款，并承担相关法律责任。符合规定条件的普通高校全日制本专科（含高职）学生、第二学士学位学生、研究生中的家庭经济困难学生均可提出申请。

（5）师范生免费教育

从2007年秋季入学的新生起，国家在北京师范大学、华东师范大学、东北师范大学、华中师范大学、陕西师范大学和西南大学（原西南师范大学）六所教育部所属大学实行师范生免费教育。录取为免费师范生的学生，入学前与学校和生源所在地省级教育行政部门签订协议，承诺毕业后从事中小学教育十年以上。免费教育师范生在校学习期间，免除学费、免缴住宿费，并补助生活费。

（6）勤工助学

勤工助学是指学生在学校的组织下利用课余时间，通过自己的劳动取得合法报酬，用于补助学习和生活费用的社会实践活动。勤工助学是学校资助工作的重要组成部分，是提高学生综合素质和资助家庭经济困难学生的有效途径。

（7）特殊困难补助

它是各级政府和高校对家庭经济困难学生遇到一些特殊性、突发性困难时给予的临时性、一次性的无偿资助。

（8）学费减免

国家对公办全日制普通高校中家庭经济特别困难，无法缴纳学费的学生，特别是其中的孤残学生、少数民族学生及烈士子女、优抚家庭子女等，实行减免学费政策。具体减免办法由学校制定。

4. 家庭经济困难学生的认定

家庭经济困难学生认定工作每学年进行一次。学校制定认定工作程序，学校学生资助管理机构、院（系）认定工作组、年级（或专业）认定评议小组，按照各自的职能分工，共同完成认定工作。各机构的分工如下：①学校学生资助工作领导小组全面领导本校家庭经济困难学生的认定工作，学校学生资助管理机构具体负责组织和管理全校的认定工作；②院（系）成立以分管家庭经济困难学生资助工作的院（系）领导为组长，院（系）学生辅导员、学生工作办公室主任等担任成员的认定工作组，负责认定的具体组织和审核工作；③以年级（或专业）为单位，成立以学生辅导员任组长，班主任、学生代表担任成员的认定评议小组，负责认定的民主评议工作。

家庭经济困难学生认定工作程序如下：

①学校在向新生寄送录取通知书时，同时寄送“高等学校学生及家庭情况调查表”。在每学年结束之前，向在校学生发送“高等学校学生及家庭情况调查表”。需要申请认定家庭经济困难的新生及在校学生要如实填写“高等学校学生及家庭情况调查表”，并持该表到家庭所在地乡、镇或街道民政部门加盖公章，以证明其家庭经济状况。已被所在学校认定为家庭经济困难的学生再次申请认定时，如家庭经济状况无显著变化，可只提交“高等学校家庭经济困难学生认定申请表”，不再提交“高等学校学生及家庭情况调查表”。

②每学年开学时，学校学生资助管理机构布置启动全校认定工作。

③认定评议小组根据学生提交的“高等学校家庭经济困难学生认定申请表”和“高等学校学生及家庭情况调查表”，以学生家庭人均收入对照学校所在地省级教育、财政部门确定的认定标准，并结合学生日常消费行为，以及影响其家庭经济状况的有关情况，进行评议，确定本年级（或专业）各档次的家庭经济困难学生资格，报院（系）认定工作组进行审核。

④院（系）认定工作组要认真审核认定评议小组申报的初步评议结果。

⑤院（系）认定工作组审核通过后，将家庭经济困难学生名单及档次，以适当方式、在适当范围内公示5个工作日。

⑥学校学生资助管理机构负责汇总各院（系）审核通过的“高等学校家庭经济困难学生认定申请表”和“高等学校学生及家庭情况调查表”，报学校学生资助工作领导小组审批，并建立家庭经济困难学生信息档案。

本章小结

社会救助是指国家和社会针对由贫困人口与不幸者组成的社会脆弱群体，由政府为其提供物质和服务帮助，从而帮助他们摆脱生存危机的一种生活保障制度。

贫困被划分为绝对贫困和相对贫困两种类型。

在世界范围内有几项典型的救助项目：（1）英国的家庭津贴和工作家庭税收津贴计划；（2）美国的医疗救助；（3）中国香港的综合社会保障援助。

现代社会救助的功能：缓解贫困，改善收入分配，社会规制，促进社会融合。

现代社会救助的基本特征：国家是责任主体，享受社会救助是公民权利，受助者需要进行家计调查。

社会救助管理模式：一是地方政府制定政策，并实施管理；二是中央政府集中管理；三是中央政府、地方政府分别负责不同项目。

社会救助的提供形式主要有三种：实物救助、现金救助和服务救助。

社会救助主要受益对象：长期受益对象和临时受益对象。

中国社会救助主要由最低生活保障、特困人员供养、受灾人员救助、医疗救助、教育救助、住房救助、就业救助和临时救助组成。

最低生活保障的管理内容有：最低生活保障对象管理，最低生活保障资金管理，最低生活保障工作程序，最低生活保障管理体制。

贫困线的计算方法主要分为三种：绝对贫困线计算方法、绝对与相对结合的贫困线计算方法、相对贫困线计算方法。

家计调查是一个准入制度的调查，是区分合格救助者的一种手段。

专项社会救助包括医疗救助、住房救助、教育救助等。

复习思考题

1. 绝对贫困和相对贫困的内涵是什么？它们各有什么特点？
2. 现代社会救助的特征和功能是什么？
3. 家计调查在最低生活保障中的作用是什么？它有什么负面影响？
4. 贫困线的计算方法有哪些？
5. 中国社会救助项目包括什么内容？其管理体制是怎样设置的？
5. 医疗救助有多少种形式？如何控制医疗救助支出？
6. 廉租房的来源主要有哪些？
7. 教育救助有哪些种类？

案例分析题

上海市建立居民经济状况电子比对系统

2006 年 7 月，上海市开始探索经济状况核查方法的改革，目的是建立一个面向全市居民家庭收入、资产的核对综合信息处理平台，通过信息化手段为核对部门提供详尽的、客观的数据信息。2007 年 3 月上海市居民经济状况核对的试点工作正式开展，到 2009 年 6 月“上海市居民经济状况核对中心”正式揭牌，所用时间前后不到 3 年。同时，为开展核对工作提供法律依据，2009 年 7 月 22 日，上海市政府颁布《上海市居民经济状况核对办法》，从核对内容、核对方式、核对途径、书面报告的出具、核对对象的义务及核对工作规范等方面进行了规定。

上海市的信息比对系统主要核对两个方面的内容：①家庭成员。根据《婚姻法》的有关规定，家庭成员是指具有法定的赡养、扶养、抚养关系，且共同生活的人员。②家庭经济状况。家庭经济状况是指共同生活的家庭成员的全部可支配收入（包括工资性收入、经营性收入、财产性收入、转移性收入、临时性收入等）和家庭财产（包括银行存款、股票、债券、房产、机动车等）。

收入核对工作是以申请人书面委托授权为前提，在入户调查、邻里访问等传统方式的基础上，实行“以部门比对相关政务信息为主、以个案抽样调查为辅”的方式开展收入核对。通过申请、审核、流转、比对、核实等一整套特定的流程实现对申请对象的评估，尤其是整个系统通过信息化手段实现与政府涉及收入财产的相关部门以及社会机构（银行、证券等）进行自动电子比对，整合分散在各相关部门的相关收入信息，为核对机构提供一个详尽的、客观的数据参照。

工作方式是利用已经建立的多条“电子比对专线”，对居民经济状况进行比对核查。上海市收入核对信息系统能够通过劳动部门核查到申请人的就业状态、社会保险费缴纳金额等信息，通过公积金部门核查到申请人的公积金月缴存额等信息，通过税务部门核查到申请人的申报收入、缴纳税额等信息，通过公安部门核查到申请人的车辆信息，通过交通部门核查出租车司机收入信息等。最后经过收入核对的专业人员对上述信息进行汇总，根据特定的核对模式和核对流程进行深入分析，从而得出客观、公正的核对结果。

上海市建立居民信息比对系统在全国是一个尝试和创新，它虽然始于扩大廉租住房受益面的试点，业务却逐步延伸服务于需要核对家庭经济状况的社会救济、社会福利等各类公共政策，如经济适用房、租金减免、购房贴息、最低生活保障、医疗救助、教育救助帮困等社会保障项目。截止到 2011 年 3 月，上海市居民经济状况核对中心共出具核对报告 19 431 份，发现 5 677 户家庭不符合申请廉租住房、经济适用房等项目条件，为公共财政节省资金 1.06 亿元。

案例思考题：

结合本材料，分析居民经济状况电子比对系统的优势及其局限性。

推荐阅读资料

1. 杨立雄. 社会救助研究［M］. 北京：经济日报出版社，2008.

2. 江亮演. 社会救助的理论与实务［M］. 台北：桂冠图书有限公司，1990.

3. 时正新，廖鸿. 社会救助体系研究［M］. 北京：中国社会科学出版社，2002.

4. 多吉才让. 中国最低生活保障制度实践与研究［M］. 北京：人民出版社，2001.

5. 米勇生. 社会救助与贫困治理［M］. 北京：中国社会出版社，2012.

6. 杨立雄. 当代中国社会救助制度回顾与展望［M］. 北京：人民出版社，2012.

第9章 社会福利

学习目标

社会福利是最高层次的社会保障，学习本章后你应该：

✓了解社会福利的概念、类型及与其他概念的关系

✓掌握老年人福利、残疾人福利、儿童福利和社区福利服务的主要内容

✓了解我国社会福利的有关政策法规和社会福利管理体制

引例

独居老人家中离世多日无人知

老人独居，直至离世多日都无人知晓，实属人间悲剧。3月31日，《新疆都市报》记者从石河子警方获悉，近日，一名独居空巢老人被发现死在屋内，遗体已腐烂发臭。这个发生在十几天前的事件，再次引起社会对空巢老人问题的关注。

“去了好几次，都没见到人，怎么回事？”最近几天，石河子市工二社区综治员小张觉得奇怪，他多次到小区66岁的张大爷家去核查户口，怎么敲门都没人应答。

综治员小张向周围邻居打听，有人说最近一次见张大爷，是在十几天前他出门买菜，还打了招呼。还有人说，他不常出门，大家也不知道他是不是去了外地。

楼下的邻居表示，已有十几天没见过老张了，但最近不知道怎么了，楼道里总飘着一股腐臭气味，他怀疑是从张大爷家散发出来的。

3月20日16时许，小张向石河子市公安局城区公安分局西三路派出所报了警。

民警从张大爷家门缝处闻到臭味，便找到张大爷的前妻打开了房门。

在现场，民警看到老人双脚着地仰面躺在床上，地面有血迹。经刑警大队技术室人员现场勘查，老人身体无搏斗外伤，确认因心脏急病死亡，排除他杀。

独居老人张大爷的黯然离世，引发了众多市民的思考。

记者在采访中了解到，截至2011年年底，乌鲁木齐地区60岁以上老年人口32.77万人，占户籍总人口的13.12%，这也意味着乌鲁木齐已进入老龄化社会，他们中的独居老人也不在少数。独居老人身体条件差、起居生活无人照顾，长期一人独自生活，更需要专业人员给予生活上的照料、患病后的照顾和心理上的关注。这些老人的起居安全值得全社会共同关注。

“孩子不在身边时，一个人待在家里感觉空落落的，我就常常出去转转看看。”76岁的刘淑卿老人是沙依巴克区雅山街道泰裕社区的独居空巢老人，她虽然有三个子女，但是都在外地工作，刘淑卿也不愿意成为孩子们的负担，坚持一个人生活，她生病的时候最多求助的还是自己门对门的邻居。

独居老人成因复杂，有的老人是无儿无女，有的则是儿女在外地，或家住本市但

每周只来往一两次。如何关爱空巢、独居老人？去年，新修改的《中华人民共和国老年人权益保障法》将“常回家看看”作为法律条款写了进去。

“‘常回家看看’不应该仅仅是口号，即使不写入法律条款，做子女的也应该这样做，独居老人一般都很难照顾好自己，万一有个意外谁也不知道，这就需要子女们时常去看看老人。”乌市锦福苑社区居民甘女士表示。

“大力挖掘社区内的家属、朋友、邻里以及各种志愿者组织等公益力量，培育和发展社区民间组织，强化一些专业机构，如医院、文艺团体等的社会责任感，共同参与，纳入社区居家养老的内生性支持网络，形成一个全社会共同关注的常态化模式。”乌市政协委员虞梅提议。

关爱空巢、独居老人，不光需要政府的养老保障机制，也应引起全社会的高度重视和积极参与。作为子女，常回家看看；作为邻居，多加强沟通交流；作为社区，多关怀独居老人。这都是我们能够做到，而且应该做到的。安享晚年是我们共同的期盼，也需要全社会共同的努力。愿独居老人离世多日无人知晓的悲剧不再重演。

资料来源　姜岚，赵锦书．独居老人家中离世多日无人知［N］．新疆都市报，2014-04-01.

随着全球老龄化社会的来临，如何面对人口结构的变化带来的养老压力，不仅成为每个人和每个家庭都要考虑的问题，也成为政府必须面对的社会问题。如何构建有效的社会福利体系，也成为当今世界各个国家社会保障制度建设的重要方面。

我们通常所理解的“福利”（welfare）一词，具有“幸福”、“富足”等多种含义，在日常生活和学术研究中都是常用词。综合起来看，福利不仅指人们社会生活的一种良好的状态和总体上的利益，包含了富裕、幸福、平等等人们追求的价值理想，而且还指对特殊社会成员提供帮助或者特殊服务的方式，常用来指一些专门针对贫困者、残疾人、孤寡老人和孤儿等特殊群体的社会救济和特殊服务。

9.1 社会福利概述

9.1.1 社会福利的概念

“社会福利”（social welfare）一词，最早见于1941年美国总统罗斯福与英国首相丘吉尔所签订的《大西洋宪章》和1945年所签订的《联合宪章》中。但是，在不同的国家和地区，对于社会福利的界定是不同的。即便是在同一个国家和地区，由于研究者的研究视角不同，对于社会福利的理解也有很大的差异。

社会福利的概念总体上有两种理解：一种是广义的社会福利概念；另一种是狭义的社会福利概念。广义的社会福利是有关通过再分配惠及民生的各种制度的总和，比如福利制度模式分类就是从广义上来使用社会福利的概念；狭义的社会福利是国家和社会通过福利津贴、实物供给和社会服务，满足社会成员的生活需要并促使其生活质量不断得到改善的一种制度安排，是社会保障体系中与社会保险、社会救助相并列的一个组成部分。本章讲的是狭义的社会福利。

社会福利与社会救助的不同表现在：社会救助是最低层次的社会保障，而社会福利则是最高层次的社会保障；[①] 社会救助的对象是所有实际生活水平低于贫困线的困难者及其他社会弱势群体，社会福利的对象则是符合国家规定的所有公民；社会救助以保障贫困者的基本生活为目的，旨在"保生存"，社会福利则以提高人民的生活水平和生活质量为目的，旨在"增水平"；社会救助通常以现金、实物为主实施救助，而社会福利则以提供各种社会服务和生活照料为主。社会福利工作与社会救助工作很多时候交叉在一起，社会福利与社会救助的概念有时候也常常相互替代，比如福利工厂、儿童福利院等实际上是实现社会救助的目的。

9.1.2 社会福利分类

对于社会福利类型的划分，有的学者根据社会福利的对象，划分为老年人福利、残疾人福利、妇女儿童福利等；有的根据社会福利的内容，划分为医疗卫生福利、教育福利、住房福利等。对于社会福利类型的划分，因标准界定、逻辑起点不同，不一而足。这里主要介绍以下几种类型：

1. 按照社会福利的资源提供方式来划分

按照社会福利的资源提供方式来划分，可以分为现金给付型社会福利、实物给付型社会福利和社会服务型社会福利。

现金给付一般被称为社会津贴或社会补贴，它是政府在实施某项可能影响居民物质利益的经济社会政策时，为了使居民能够分享政策实施推动经济发展的成果，或者使居民不致因新政策的出台使生活水平降低，而为居民普遍提供的一种津贴。如，因农产品提价而由政府普遍为居民提供的物价补贴等。

实物给付是指政府和社会通过举办各种社会福利事业，向社会提供社会福利设施等实物的形式来体现社会福利待遇，它是社会福利最主要的实现形式，如食品券供应；或者国家通过兴办教育事业，实行义务教育或者低费教育来提高社会成员的教育福利；通过兴建各种文体娱乐设施以丰富人民群众文化体育生活；通过举办疗养院、社会福利院等为社会成员提供生活和康复福利等。

社会服务是指政府和社会为了解决社会成员的生活困难，使其生活更加方便和愉快，由社会福利组织及其人员，向社会成员提供服务的方式来实现的社会福利形式。它主要通过社区组织和福利机构来实现，主要形式是社区服务，或通过举办各类福利院、福利工厂、福利卫生医疗机构、福利性娱乐场所等来为社会成员提供服务，以提高他们的生活质量和水平。

2. 按照社会福利的服务对象来划分

按照社会福利的服务对象来划分，可以分为老年人福利、残疾人福利、儿童福利。

老年人福利是指国家和社会为了安定老年人生活、维护老年人健康、充实老年人

---

① 侯文若．现代社会保障学［M］．北京：红旗出版社，1993：317，343.

精神文化生活，而采取的政策措施和提供的设施和服务。它作为养老保险的延续和提高，在解决老年人基本物质生活需要的基础上，进一步满足老年人物质文化生活的需要，努力实现“老有所养、老有所医、老有所为、老有所乐”的社会目标。从老年人的生活保障出发，老年人的福利需求可以归纳为老年人的经济需求、老年人的健康需求、老年人的情感需求、老年人的照料需求等几个方面。老年人对生活保障的需要是多方面的，也是复杂的，它需要一个健全、完备的社会福利系统。因此，随着人口老龄化高峰的到来，老年人福利事业必定成为社会福利制度乃至整个社会保障体系中的重要项目。

残疾人福利是指国家和社会对残疾的公民在年老、疾病、缺乏劳动能力及退休、失业、失学等情况下提供基本的物质帮助，并根据社会的经济、文化发展水平，给予其相应的康复、医疗、教育、劳动就业、文化生活、社会环境等方面的权益保障。虽然各国的残疾人福利制度存在一定的差异，但总体而言，残疾人福利的基本内容是一致的。按残疾人福利的领域来划分，一般包括生活保障、残疾预防、残疾康复、特殊教育、文化娱乐、无障碍环境建设。

儿童福利是国家和社会为满足未成年人的特殊需要和维护其特殊利益而提供的照顾和福利服务。儿童福利项目是根据未成年人的生理、心理特点以及可能受到的歧视和侵害而设立的，对于保障和满足未成年人的特殊利益需要和促进整个社会的和谐发展，均具有重要的意义。

9.2 社会福利的主要对象

9.2.1 老年人福利

1. 老年人的福利需求

随着人口老龄化乃至高龄化时代的到来，老年人已经不仅仅满足于对养老金的需要，而是对社会福利提出了更高的要求。因此，老年人福利构成了许多国家社会福利中的主体内容。由于人生皆有老，而人到老年必然体力衰退、劳动能力下降甚至完全丧失，难以再行劳动创造收入，而且生活照料能力亦持续下降，因此，老年人是各个历史时代和各个社会存在的一个社会问题。不过，在现代社会中，随着老年人口比例的持续增长、家庭规模的缩小、人口流动的加剧、文化观念的变化等，老年人问题便日益由个人或家庭问题演变成为社会问题。老年人福利正是解决老年人上述问题的一种重要的制度安排。

从老年人的生活出发，老年人的福利需求可以归纳为这几个方面：

第一，老年人的经济需求。人进入老年后，必然退出劳动领域，其收入由此中断，而生活仍要继续，因此，老年人面临的最突出的问题还是收入中断或减少所带来的经济问题，从而使经济需求的满足成为老年人安度晚年的必要保障。在各国，老年人的经济保障除来源于家庭或自己的积蓄外，社会化的保障主要来源于养老保险及老年救济金等。

第二，老年人的健康需求。人进入老年后，生理功能衰退，抗御疾病的能力下降，患病的几率增加，并且容易患老年性疾病，影响其行动能力和独立生活能力。因此，对健康保障的需求尤显迫切。

第三，老年人的情感需求。减少或失去实际的或潜在的收入、减少对社会和经济活动的参与、社会地位降低等，都可能导致感情空虚，尤其是家庭结构小型化和少子化已经成为现代社会不可逆转的趋势，许多老人的子女不在身边，加之年老丧偶，更容易产生孤独感。因此，老年人需要转换角色，同时也需要相应的情感保障。

第四，老年人的照料需求。由于生理机能的衰退，老年人随着年龄的增高，其自我照料能力也会持续下降，从而特别需要有相应的生活照料服务等。如果子女不在身边，这种需求会表现得更加突出。

第五，老年人的其他需求。例如，老年人寿命延长，而他们的知识和技能可能不能适应社会的需要，对教育培训和教育亦会有新的需要；同时，在脱离原有的工作环境后，老年人亦需要参与娱乐及其他社会活动。

2. 老年人福利的主要内容

（1）经济保障

经济保障是指对退出劳动领域或无劳动能力的老年人实行的社会保险和社会救助措施，主要包括养老年金、医疗保险、贫困救助等。例如，英国政府规定，凡就业的英国国民均参加社会保险，男年满65岁、女年满60岁就达到了法定退休年龄，可以领退休金；男年满70岁、女年满65岁，无论有无另外工作，都可以领取额外退休金。凡残疾不能参加保险或者超龄不能投保，合乎下列条件之一者可以领取养老年金：①年满70岁以上的老人；②年龄超过40岁的残疾或盲人；③在英国居住5年以上的英国籍国民；④未领国民保险的退休年金及寡妇给付。①

（2）老年照顾

老年照顾是指对于因年事已高而在生活中存在困难的老年人所进行的照料，主要包括吃穿住行以及医疗卫生方面的照顾。老年照顾可以分为三种形式：家庭照顾、机构照顾和社区照顾。②

①家庭照顾。家庭照顾指将需要照顾的老年人留在家中，或让其待在自己熟悉的环境里得到生活上的照顾。主要有以下几种形式：

A. 家庭辅助及公共救济金。它是指对于生活能够自理的老年低收入户，政府每月发给家庭补助，或是副食费及燃料费。例如，美国对那些收入不足以维持最低生活标准的老年人，给予随生活指数调整的补助金；英国也有补充年金和补充津贴，只要老年人的收入未达到保障标准，即可以获得救助；在日本的老年人所得维持方案中，公共救助占有重要角色。

B. 家庭寄养。为了使一些孤单老人可以享受家庭生活而不必进入养老院，社会

① 陈银娥．社会福利［M］．北京：中国人民大学出版社，2004：127.
② 李迎生．社会工作概论［M］．北京：中国人民大学出版社，2004：276-278.

服务机构就会征募一些愿意收养老年人的家庭。英国对这些老年人寄养家庭每个星期都发给照顾老年人所需费用、津贴。

C. 家庭助理服务。在许多国家，如丹麦，依据其社会救助法案，在地方上由政府负责对老年人家庭提供家政服务，对于低收入户更是免费服务。在美国，也有针对那些需要照顾的老年人家庭所提供的家庭健康服务、饮食服务以及家事管理员服务等措施。

②机构照顾。有些老年人因为没有自己的住处，或是因长期性疾病身体行动不便，需要他人或者医务人员的照顾。机构照顾就是在一定的专门机构内为老年人提供护理、食宿、生活服务的照顾。老年人照顾机构可以根据其收住对象和所提供的相对不同的服务分为以下几种：

A. 安老院（Residential Homes）：主要是针对那些没有亲属并且也没有工作能力的老年人，所提供的服务主要是住宿与饮食，以及一些像协助穿衣等非医疗性的服务。

B. 疗养院（Nursing Homes）或者称为护理中心（Nursing Care Centers）：提供全天候的专业护理以及医疗服务。住在疗养院的费用会随着所提供的医疗服务的专业性和密集性的不同而有所不同。欧美国家老人疗养院的设备都很完善，几乎每位老人都有其私人房间。

C. 日间照顾中心（Day Care Centers）：有些老年人虽然住在家中，但由于自己的家人忙于工作难以对老年人照顾周全，因此也需要机构提供的某些服务。日间照顾中心就是针对这类老年人，在白天为老年人提供保护性的环境以及情绪上的支持。老年人在这里可以享受到生活上、医疗上的帮助以及精神上的支持。

D. 身心障碍中心：针对具有身心障碍老人的需要，除了特别的医疗照顾外，还需要一些医疗设备。在丹麦，每一个郡都设有康复中心，来帮助有此需要的老年人。服务的项目包括提供外科整形、假肢、绷带、特别椅、床垫、浴室设备、助听器和室内外的轮椅等。购买和修复假肢的费用也可以申请政府帮助。

③社区照顾。社区照顾是让那些需要照顾的老年人住在自己的家中，由他们所在的社区提供照料服务。社区照顾建立在老年人自立、与社会保持接触和常态生活的基础上，其目的是帮助老年人体现出作为社区成员的角色，尽可能地让他们生活在一个“常态”的社会环境中。社区照顾的服务项目包括：

A. 解决老年人的住房安置。

B. 提供家庭之外的医疗卫生服务，包括从基本护理到技术性较强的专业护理，这些服务由不同行政结构的组织者提供。

C. 为促进老年人的全面健康而提供的专业咨询和情感援助，具体包括：为老年人提供社区日间活动中心、俱乐部、休闲及健身场所，让老年人接受继续教育，让老年人参加假日活动以及志愿者活动，等等。

（3）老年服务

①心理和情感服务。一是个人的协助。主要是减轻老年人生活压力、改善家庭关系或社会关系、提供老年人福利咨询、解决老年人各种困难等。二是团体活动。主要

是促进团体成员之间相互认识了解、改进老年人生活观念或态度、增加老年人生活知识等。三是社区交流。主要是为了促进老年人与社区居民交流，参与社区中各种活动，促进老年人积极价值观与生存目标的建立等。四是促进人际关系。主要是了解妨碍老年人人际关系的各种因素，如过敏或迟钝的性格、不卫生、有不良嗜好、好斗、喜欢争吵、不顾他人立场、不愿与他人互动，以及不主动与他人来往的消极思想和态度等，通过正式或非正式团体推动老年人积极参与社会活动，改变不良习惯和原有的消极态度，做好老年生活安排，充实老年生活。五是老年人活动中心等。主要为老年人提供文体娱乐服务，充实老年人生活，增进老年人之间的交流。

②教育服务。老年人教育服务的实现途径多种多样。例如，通过兴办老年大学，为老年人传授知识和提供技术培训。老年大学的教学活动不但能为老年人的晚年生活增加丰富的活动内容和生活情趣，更能使老年人获得养生保健知识和增加户外活动的机会。再如，对老年人免费开放图书馆、博物馆及艺术馆等。老年人退休后有较多的空闲，有的因行动不便，无法自行充分利用许多公共的设施。瑞典的图书馆就提供了专门职员来为老年人服务，调查其阅读的兴趣，老年人可以通过电话借书在家中阅读。至于博物馆和艺术馆等社教机构，除了对老年人予以优惠或免费外，还设立了老年人休息的座椅。除此之外，还可以通过举办老年人职业学校、老年人讲座或补习教育、老年人学习俱乐部等方式，为老年人提供退休前的教育等方面的服务。

③就业服务。许多老年人在退休后都有再就业的想法。虽然社会普遍重视的是年轻人的就业问题，但老年人再就业的问题同样不应忽视。老年人就业也是“老有所为”的体现，而一些学历高、年龄低、身体健康的老年人，尤其是老年科技人才具有丰富的实践经验，他们继续在各行业中发挥作用，对社会经济发展是十分有利的。老年人就业服务还包括退休者再雇用训练与辅导、退休制度的改进、老年人创业或老年人就业专案计划等。

9.2.2 残疾人福利

1. 残疾人群体的分类

残疾人，是在情理、生理、人体结构上，某种组织、功能丧失或者不正常，全部或部分地丧失以正常方式从事某种活动能力的人，它包括视力残疾、听力残疾、言语残疾、肢体残疾、智力残疾、精神残疾、多重残疾和其他残疾等多种类型，是一个特殊的社会群体。1980年，世界卫生组织首次编写出版了一本关于残疾的国际分类手册，精细地区分了疾病引起的不同后果。根据这本手册，残疾具有三方面的含义：①身体或心理方面的缺点或限制，通常以损害（impairment）来表示；②这些损害必定会导致身体功能丧失或减少，通常以失能（disability）来表示；③这些失能者倘若遭受社会的歧视或环境的限制，就会形成障碍，使其无法发展潜能或独立生活，这就成为残疾。[①] 简单地说，残疾人是指因先天或后天病伤造成身体缺损或生理功能障碍，

---

① World Health Organization. International Classification of Impairments, Disability and Handicaps. 1980. 参见李迎生. 社会工作概论［M］. 北京：中国人民大学出版社，2004：315.

在心理适应和社会适应方面出现问题，影响日常生活的人。

以缺陷为标准，残疾人一般可分为智力残疾、肢体残疾、听力残疾、视力残疾、语言残疾等五种。

（1）智力残疾

智力残疾指智力明显低于一般人的水平（通常是指智商在70以下），并表现出适应行为的障碍的状况。智力障碍通常以智能不足程度的轻重予以分类，多数国家将智力残疾者分为三种：轻度、中度、重度。

（2）肢体残疾

肢体残疾是指由于发育迟缓、中枢或周围神经系统发生病变、外伤，或其他先天、后天性骨骼肌肉系统的缺损，或疾病而形成的功能丧失或功能障碍的状况。肢体残疾的种类分为：上肢、躯干或下肢残疾。三类残疾程度，各分为重度、中度、轻度。

（3）听力残疾

听力残疾指由于各种原因导致双耳不同程度的听力丧失，听不到或听不清周围环境声及言语声（经治疗一年以上不愈者）。听力残疾包括：聋（听力完全丧失）及重听（有残留听力但辨音不清，不能进行听说交往）两类。

（4）视力残疾

视力残疾指由于各种原因导致双眼视力障碍或视野缩小，通过各种药物、手术及其他疗法而不能恢复视功能者（或暂时不能通过上述疗法恢复视功能者），以致不能进行一般人所能从事的工作、学习或其他活动。视力残疾包括盲和低视力两类。

（5）语言残疾

语言残疾指声音机能或语言机能障碍，与人沟通困难或完全无法沟通。类别包括：发声器官失常；声音失常；口吃；语言发展落后；裂颚；脑麻痹；听力损害；失语症。如果一个人同时患有上述两种或两种以上的残疾则为多重残疾。

2. 残疾人群体的基本特征

残疾人群体具有生理上的障碍性、经济上的低收入性、生活上的贫困性、政治上的低影响力和心理上的高度敏感性等特征。①

第一，生理上的缺陷或障碍是残疾人群体的首要特征。这一特征源于残疾人自身的特殊性：他们不像弱势群体中的其他群体（老人、儿童、贫困者）那样，由于社会或者自然环境条件的限制而使自己的生活处于困境中，残疾人一般是由于生物器官（组织）的缺陷、损伤，而使他们难以像正常人那样生活，更不用说公平地参与社会竞争。

第二，经济上的低收入性是残疾人群体的普遍特征。残疾人群体通常都是经济上的低收入者，其经济收入低于社会人均收入水平。在残疾人群体中，一部分具有劳动能力或部分劳动能力，另一部分则不具备劳动能力或丧失劳动能力。其中，有劳动能力或部分劳动能力的残疾人中的一部分人在福利企业就业，但是收入较低；而没有劳

---

① 李迎生．社会工作概论［M］．北京：中国人民大学出版社，2004：316-317.

动能力或者丧失劳动能力的残疾人，则只能依靠国家救济或家人抚养。经济上的低收入也进一步造成了残疾人群体的生活脆弱性，一旦遭遇疾病或其他灾害，他们很难具有足够的承受能力。

第三，生活上的贫困性。经济上的低收入性决定了残疾人群体在社会生活中的贫困性，既表现为生活必需品的占有量低下，也表现为生活质量的低层次性。在其消费结构中，绝大部分或全部的收入用于食品，入不敷出；日常生活中使用廉价商品，穿破旧衣服，没有文化、娱乐消费，并有失学等后果。生活上的贫困性也是残疾人群体的典型特征。

第四，政治上的低影响力。残疾人群体在社会分层体系中处于底层，他们的政治参与机会少，对于社会生活的影响力低，属于社会的弱势群体。通常，弱势群体由于“远离社会权力中心”，较少参与社会政治活动，难以影响公共政策的制定。同时，这也意味着弱势群体仅仅依靠自身的力量很难迅速摆脱自身的困境，解决自己的问题。弱势群体问题的解决必须依靠社会的力量，制定更加公正的社会政策，建立社会保障体系，从各个方面为弱势群体提供社会支持，保护弱势群体的权利，维护弱势群体的利益。

第五，心理上的高度敏感性。由于残疾人群体自身的缺陷及在经济上的低收入性和社会生活中的贫困性，他们在社会中承受的心理压力高于一般社会弱势群体。他们的职业技能缺乏市场竞争力，或者已经失去年龄优势，因而没有职业安全感，收入较低且不稳定，“常有衣食之忧”，对生活前途悲观，心理压力巨大。同时，由于弱势群体在政治上的低影响力，他们难以依靠自身的力量改变目前的处境。这些都造成了他们在心理上的高度敏感性，觉得自己是市场竞争中的失败者，或者感到自己被社会所抛弃。他们有比较严重的相对剥夺感和较为强烈的受挫情绪，在社会生活中缺乏社会支持，对他人的评价比较消极，而对自己本身则产生人际交往无能、焦虑及社会排斥感，在心理上容易产生不满、苦闷、焦虑、急躁情绪，难以自我调适，进而容易对生活失去信心。

3. 残疾人福利的主要内容

虽然世界各国残疾人福利的内容存在一定的差异，但总的来说，残疾人福利的基本内容是一致的，一般包括残疾预防、残疾康复、特殊教育、劳动就业、文体娱乐和无障碍环境。残疾人福利的实现方式包括残疾人社会福利行政和残疾人社会福利立法，以及残疾人社会福利设施、残疾人社会福利服务或者残疾人社会工作。①

（1）残疾预防

残疾预防是指采取一些行动来避免出现生理、智力、精神或感官上的缺陷（初级预防）或防止缺陷出现后造成永久性功能限制或残疾（二级预防）。预防可包括许多类别的行动，如产前产后的幼儿保健、营养学教育、传染病免疫运动、防治地方病的措施、安全条例、在不同环境中防止发生事故的方案，包括改造工作场所以防止职业残疾和疾病，预防由于环境污染或武装冲突而造成残疾。简单地说，残疾预防是指

① 陈银娥．社会福利［M］．北京：中国人民大学出版社，2004：178-179.

在了解致残原因的基础上，利用现有的卫生医疗技术，积极采取各种有效措施、途径，防止、控制或延迟残疾的发生。

（2）残疾康复

残疾康复旨在使残疾人达到和保持生理、感官、智力、精神和（或）社交功能上的最佳水平，从而使他们借助于某种手段，改变其生活，增强自立能力，即通过专业化的程序和技术，对生理的、心理的、行为的残障者实施再教育和再塑造，增强他们适应社会的能力，以便进入正常的社会生活，乃至成为具有建设性的社会一员。它具体包括医疗康复、心理康复、教育康复、职业康复、社区康复、社会康复等，其目的在于通过各种康复手段，使残疾人回归社会。

（3）特殊教育

特殊教育是国家提供给患有残疾的儿童、青年和成年人，享有平等教育机会的一种制度安排。它由政府财政扶持，是现代国民教育系统的一个有机组成部分，包括学前教育、基础教育、高等教育、职业技术教育和成人教育等。特殊教育是对有特殊需求的人实施的教育，在教育过程中，需要有特殊的教具、学具和特殊的教学方式。

特殊教育的制度安排包括以下三个方面：①有关残疾人教育的法律、法规。一般而言，世界各国都在相应的法律、法规中明确规定，残疾人有平等的受教育的权利。②残疾人教育机构。除了一般教育机构中的特殊教育外，还有专门的残疾人教育机构，比如聋哑学校和特殊教育学校等。③与残疾人康复相关的教育训练，如残疾人职业训练等。

（4）劳动就业

与残疾人教育一样，劳动就业也是残疾人福利的重要内容之一。现代残疾人福利重视残疾人自身的发展，倡导残疾人自立，其中一个重要表现就是采取各种措施保障残疾人就业。保障残疾人就业的福利措施一般包括两个方面：第一，利用法律或政策手段保护残疾人的劳动就业机会。世界各国都有相应的法律，明确规定企业有义务雇用一定比例的残疾人。第二，开展残疾人职业康复，提供残疾人职业咨询、职业评估、职业治疗、职业培训等福利服务。

（5）文体娱乐

早期的残疾人福利，一般比较注重残疾人物质生活方面需要的满足。随着残疾人福利的不断发展，残疾人文化体育活动开始活跃，注重残疾人的精神生活。现在许多国家都把残疾人文化体育的发展，视为本国经济发展水平与文明程度的标志，并予以高度重视。

（6）无障碍环境

无障碍环境包括物质环境、信息和交流的无障碍。物质环境无障碍，要求城市道路、公共建筑物和居住区的规划、设计、建设，应方便残疾人通行和使用。如，城市道路应满足坐轮椅者、拄拐杖者通行和方便视力残疾者通行，建筑物应考虑在出入口、地面、电梯、扶手、厕所、房间、柜台等处，设置残疾人可使用的相应设施和方便残疾人通行等。信息和交流的无障碍，要求公共传媒应使听力、言语和视力残疾者能够无障碍地获得信息，进行交流，如影视作品、电视节目可配备字幕和解说，运用电视手语，出版盲人有声读物等。

在物质环境无障碍设计上，世界各国都制定了相应的法律、法规，并在实际的建筑设计中实施，为残疾人创造了开放、方便、安全的行动空间。在信息和交流的无障碍环境上，网络信息技术的发展也对无障碍环境建设提出了新的要求。一个令人关注的问题是残疾人的数字鸿沟（Digital Divide）问题，即残疾人在信息社会的信息权利的问题，这包括两个方面：一个是残疾人获取信息的机会权利；另一个是残疾人使用网络的无障碍，包括计算机硬件辅助的问题及计算机软件的设计问题等。

9.2.3　儿童福利

1. 儿童福利的界定

儿童福利，也叫未成年人福利。在我国，儿童或未成年人是指未满18周岁的公民。未成年人由于身体、心理均在发育成长过程中，他们对自身的保护能力和对社会的适应能力还未形成，从而特别需要家庭和社会的关心、帮助和教化。我国现行的儿童福利，是一个相对狭义的概念，专指以社会福利为保障手段的社会收养、社会服务机构和设施，向孤儿、残疾儿童提供的社会福利型服务，也叫孤残儿童福利事业。而广义的儿童福利，则面向社会全体未成年人，是国家和社会为满足未成年人的特殊需要和维护其特殊利益而提供的照顾和福利服务。它的主要目的在于保护未成年人的身心健康，维护未成年人的合法权益，促进未成年人的健康发展。

2. 儿童福利的内容

（1）医疗健康

国家为儿童的健康成长提供医疗卫生保障。例如，对儿童实行预防接种制度，积极防治儿童常见病、多发病，提供必要的卫生保健条件，做好预防疾病工作；兴办专为儿童医疗保健服务的儿童医院，或者在全科医院中设立儿科；开展儿童保健工作，定期进行儿童健康检查，预防接种等，使儿童健康成长。在实施上述项目中，一般由国家财政提供专门拨款，用以补贴。

（2）文化娱乐

国家建立和完善适合未成年人文化生活需要的场所和设施，同时，鼓励社会团体、企事业单位和其他社会组织、公民个人参与未成年人福利事业。在具体内容方面，主要是建立和普及托儿所、幼儿园，为婴、幼儿提供良好的活动、生活条件和保育服务；建立儿童活动中心、少年之家、少年宫、少年活动站以及儿童公园、儿童乐园等儿童活动、学习场所等。

（3）义务教育

普及义务教育，保障每一位学龄儿童有受到教育的机会，对接受义务教育的儿童免收学费，对家庭经济困难的学生减免杂费，对贫困家庭的儿童给予教育补贴，实施免费营养午餐计划，等等。

（4）孤残儿童福利事业

对于孤残儿童，建立相应的福利机构来集中收养，或者在财政补贴下通过家庭领养、家庭寄养的方式提供保障。例如，儿童福利院是政府部门在城市举办的、以孤儿为主要收养对象的社会福利事业单位，其主要任务是收养城市中无家可归、无生活来源、无法定义务抚养人的孤儿，收养家庭无力看管的残疾儿童。此外，为减轻残疾儿童的残障程度、恢复其自理生活和从事劳动的能力，建立残疾儿童康复中心，专门为残疾儿童提供门诊和家庭咨询，开展各种功能训练和医疗、教育、职业培训，等等。

9.2.4 社区福利服务

我们现在经常见到的“社区”（community）一词，最早是由德国社会学家滕尼斯（Ferdinand Tonnies）在其《共同体与社会》（Community and Society）一书中提出的，其含义是共同体和亲密的伙伴关系。滕尼斯为了说明从传统社会向现代工业化社会转型过程中，人们共同生活的形态发生的转变，就提出“社区”和“社会”两个相对应的概念。前者是指在传统的地区狭小的社会中人们交往面窄，但交往程度相当密切，共同体意识很强的一种共同生活形态，而后者则指在现代工业化和都市化社会中交往面很宽，但交往程度较浅的生活形态。我国社会学界在定义“社区”这一概念时，一般指聚集在一定地域范围内的社会群体和社会组织，是根据一定规范和制度结合而成的社会实体，是一个社会共同体。因此，社区是指具有某种互动关系和共同文化维系力的人类群体进行特定社会活动的区域，它一般为地域的、规模较小的基层社会共同体。我国目前所称的社区在城市一般指街道，在农村则指乡、镇或自然村。

1. 社区福利服务的含义

社区福利服务是在政府的倡导下，发动社区成员开展互助性的社会服务活动，就地解决本社区的社会问题。进一步说，社区福利服务是在社区内，为人们的物质生活和精神生活所提供的各种社会福利与社会服务的统称。随着社区服务的不断发展，其含义也在不断延伸，目前在理论和实践界有不同的提法。概括来说，社区服务就是在政府倡导下，为满足社会成员的生活需求，以街道、镇和居委会的社区组织为依托，具有社会福利性的居民服务，是社会福利体系和社会化服务体系中的一个重要方面。

2. 社区福利服务的内容

社区福利服务的内容主要有：面向老年人、残疾人及特殊人群的社会福利服务；面向社区居民的便民利民服务；面向社区企事业单位和机关团体开展的双向服务等。

在社区福利服务中，面向老年人、残疾人及特殊人群的社会福利服务是社区福利服务的主要内容，具体来说，包括以下三个系列：

（1）老年人服务系列

它包括孤老包户组、孤老服务站、敬老院、托老所、老年人公寓、老年庇护所、老年婚姻介绍所、老年人活动站、老年人医疗保健站、老年人康复中心、老年人康复门诊、老年人学校等。

（2）残疾人服务系列

它包括残疾人服务站、残疾人医疗站、精神病人医疗站、康复中心、残疾人婚姻介绍所、弱智儿童启智班、伤残儿童寄托所等。

（3）儿童服务系列

它包括托儿所、幼儿园、学前班、课后辅导班、小学生午餐点、儿童医疗保健站、失足青少年帮教组等。其中，居民委员会对特殊居民提供的从物质到精神、从有形到无形的救助、关爱和照顾，都是对国家福利体系的补充和延伸。

一般来说，社区福利服务的重点对象是老人、城市弱势人群，其服务内容侧重于社区救济和生活照料，精神服务是社区福利服务的突出特征。通过社区福利服务，让居民真切感受到社区远非单纯的地域或行政共同体，而是由许多成员利益结合在一起的生活共同体、道德共同体，从而对人们生活质量的提高提供最根本的保障。

9.3 社会福利政策和管理

9.3.1 我国社会福利的政策法规

1. 有关老年人福利的政策法规

《中华人民共和国宪法》规定，“中华人民共和国公民在年老、疾病或者丧失劳动能力的情况下，有从国家和社会获得物质帮助的权利”。在《中华人民共和国民法通则》、《中华人民共和国刑法》和《中华人民共和国婚姻法》等有关法律中，都有保护老年人合法权益的明确规定。1996年，《中华人民共和国老年人权益保障法》正式颁布实施，这是中国第一部专门保障老年人合法权益的法律，它的制定和实施进一步丰富、健全了我国老年人福利的法律体系。《中华人民共和国老年人权益保障法》在家庭赡养和扶养、社会保障、参与社会发展、法律责任等方面，对老年人应有的权利做出了明确规定，为老年人特别是为处在特殊困境下的老年人，实现“老有所养、老有所医、老有所乐、老有所学、老有所为”提供了法律保障。国务院1994年颁布、2006年修订的《农村五保供养工作条例》，标志着我国的农村老年人福利走上了法制化和规范化的轨道，为处在特殊困境下农村老年人合法权益的保护提供了制度保障。2013年9月，国务院《关于加快发展养老服务业的若干意见》明确提出，到2020年，全面建成以居家为基础、社区为依托、机构为支撑的，功能完善、规模适度、覆盖城乡的养老服务体系。

2. 有关残疾人福利的政策法规

新中国成立后，我国残疾人福利获得了长足发展，国家已颁布多部与残疾人福利有关的法律法规，如《残疾人教育条例》、《中华人民共和国残疾人保障法》等。2008年7月1日实施的《中华人民共和国残疾人保障法》规定，国家采取辅助方法和扶持措施，对残疾人给予特别扶助，减轻或者消除残疾影响和外界障碍，保障残疾人权利的实现。2013年5月1日实施的《中华人民共和国精神卫生法》规定，精神障碍患者的教育、劳动、医疗以及从国家和社会获得物质帮助等方面的合法权益受法律保护。精神卫生工作实行政府组织领导、部门各负其责、家庭和单位尽力尽责、全社会共同参与的综合管理机制。

3. 有关儿童福利的政策法规

国际社会对保护未成年人非常重视。例如：1920年第二届国际劳工大会就通过了《最低年龄（海上）公约》，规定禁止 14 岁以下儿童在海上工作；1921 年第三届国际劳工大会通过《最低年龄（扒炭工和司炉工）公约》，将禁止未成年人就业的领域扩展到扒炭工与司炉工等工业领域；1937 年第 23 届国际劳工大会通过《最低年龄（工业）公约》，全面规定禁止 15 岁以下儿童受雇于工业企业；1999 年第 87 届国际劳工大会通过《最有害童工形式公约》，更明确规定在全世界范围内有效禁止童工受雇。上述国际公约为各国保护未成年人提供了国际性的法律依据。

我国对未成年人的成长高度重视。《中华人民共和国宪法》规定：儿童受国家保护；父母有抚养教育未成年子女的义务；禁止虐待儿童。1991 年 9 月 4 日，全国人大常委会还专门通过了《中华人民共和国未成年人保护法》，对如何保护未成年人制定了系统的法律规范。《中华人民共和国婚姻法》规定：父母有管教和保护未成年子女的权利和义务；禁止溺婴和其他残害儿童的行为；非婚生子女，养子女，受继父、继母抚养的子女，享有与婚生子女同等的权利。在刑法中，我国政府对各种侵害儿童合法权益的违法犯罪行为依法予以制裁。《中华人民共和国义务教育法》则对儿童享受国家义务教育的权利和禁止使用童工作了一系列规定。2013 年 6 月，民政部下发《关于开展适度普惠型儿童福利制度建设试点工作的通知》，决定开展适度普惠型儿童福利制度建设试点工作，逐步建立覆盖全体儿童的普惠福利制度。

9.3.2 我国社会福利的管理体制

1. 我国福利管理体制的沿革

新中国成立以来，我国福利管理体制大致经历了两个发展阶段：第一阶段是传统福利模式时期（20 世纪 50 年代至 80 年代）。这一时期在改造旧中国遗留下来的社会福利设施的基础上，形成了由国家负责、官方包办的民政福利和单位包办的职工福利等组成的传统福利制度，并获得巩固和发展。第二阶段是传统福利制度向新型福利制度变革的时期，它自 20 世纪 80 年代末开始至今。

从管理体制上说，新中国成立以后政府采取了将福利责任分散化的做法：一方面，将社会成员划分为国家机关事业单位工作人员、企业职工、农民等群体并实施分割管理；另一方面，将提供福利的责任交给了各个单位（包括城市中的企业、机关事业单位和农村人民公社或后来的乡镇等）。因此，中国的社会福利管理体制实际上一直处于分割管理状态，并在发展中经历了许多变化。其中，民政福利主要面向无依无靠的孤老残幼，一直由政府序列中的民政部门主管并具体组织实施：1959 年前由内务部（民政部前身）社会司主管，1959—1968 年由内务部城市社会福利指导司、农村救济福利司主管，1968 年撤销内务部但地方仍然由民政部门主管；1978 年 2 月全国人大决定重新设置民政部，1978—1988 年由民政部城市社会福利局主管，1988—1998 年由民政部社会福利司主管，1998 年以来则由民政部社会福利与社会事务司（现为民政部社会福利与慈善事业司）主管。

在城镇企业职工福利方面，劳动部承担着制定企业职工福利政策的职能，工会则直接参与管理。1998 年中央政府进行机构改革，在原劳动部的基础上组建了劳动和社会保障部（现为人力资源和社会保障部），专门负责全国职工的社会保险事务，职工福利逐步演变为企事业单位的内部事务。国家机关、事业单位工作人员的福利事务则由政府人事部门负责制定政策并进行管理，中国共产党的组织部门同时参与政策制定与管理。此外，在传统福利体制下，国家计划委员会负责制定中国福利方面的中长期发展规划，财政部门、粮食部门主管价格补贴等，城市房屋管理部门主管公房分配即住房福利，教育部门主管教育福利，卫生部门主管有关卫生福利等。这种传统的分工一直延续至今，构成了中国社会福利管理体制的历史与现实格局。不过，改革以来尤其是中央政府机构改革和整个社会保障制度的改革，使得民政部门作为政府主管部门在整个社会福利体制中负有日益重要的职责。

2. 我国社会福利的机构管理

我国社会福利机构主要包括养老福利机构、残障福利机构和儿童福利机构三种类型。改革以来，我国社会福利机构持续发展。民政部统计数据显示，截止到 2012 年年底，全国有各类养老服务机构 44 304 个，拥有床位 416.5 万张，年末收养老年人 293.6 万人。全国民政部门管理的智障与精神疾病服务机构共有 257 个，其中：社会福利医院（精神病院）156 个，床位数 4.1 万张，年末收养各类人员 3.6 万人；复退军人精神病院 101 个，床位数 2.6 万张，年末收养各类人员 2.2 万人。全国共有儿童收养救助服务机构 724 个，拥有床位 8.7 万张，年末收养各类人员 5.4 万人，其中：儿童福利机构 463 个，床位 7.7 万张；流浪儿童救助保护中心 261 个，床位 1.0 万张，全年救助生活无着流浪乞讨未成年人 15.2 万人次。[①]

我国城市社会福利机构主要包括：

（1）社会福利院。这是民政部门在城镇举办的收养孤老、孤儿和残疾人的综合性社会福利事业单位，其任务是收养城镇丧失劳动能力的无依无靠、无生活来源的孤老、孤儿、弃婴、残疾儿童和精神病人等，同时也收养一部分自费代养的老弱病残人员。

（2）精神病人福利院。这是由民政部门举办的接收和治疗城镇中属“三无对象”的精神病人的福利事业单位，同时也收养一部分自费的家庭无力看管的精神病人。

（3）孤残儿童福利院。这是民政部门在城市举办的以孤残儿童为主要收养对象的社会福利事业单位，其任务主要是收养城市中属“三无对象”的孤儿残儿，也收养一部分自费的家庭无力照管的残疾儿童。

（4）老人公寓。这是由社会各方面力量举办的各种形式的养老服务机构，一般是以自费代养的形式为社会上有需要的老年人提供养老服务。

（5）中国 SOS 儿童村。这是国际 SOS 儿童村组织与我国合作举办的以家庭形式收养、管理、教育孤儿的社会福利事业单位。按照国际惯例，每个 SOS 儿童村设有 10～20 个家庭，每个家庭由 6～8 名不同年龄的孤儿组成，有独立的住宅，由一位妈妈负责照顾。

（6）特教学校以及各种类型的康复中心。这是我国为残疾儿童、残疾人提供各

---

① 民政部．2012 年社会服务发展统计公报［EB/OL］．［2013-06-19］．http：//cws.mca.gov.cn/article/tjbg/201306/20130600474746.shtml.

类知识技能教育和康复服务的社会福利事业单位。

（7）光荣院。这是民政部门举办的以无家可归、无依无靠的复转退军人为主要收养对象的社会福利事业单位，同时也收养一部分其他的代养、寄养对象。

我国农村的社会福利机构，主要有农村乡镇敬老院和光荣院两种基本类型。其中，乡镇敬老院是收养农村“三无”老人的福利机构，也收养一些自费代养老人，光荣院主要收养无家可归、无依无靠的老革命伤残军人和烈军属，除此以外，也收养一些“五保”老人和自费代养老人。[①] 我国社会福利机构管理体例参见图 9-1。

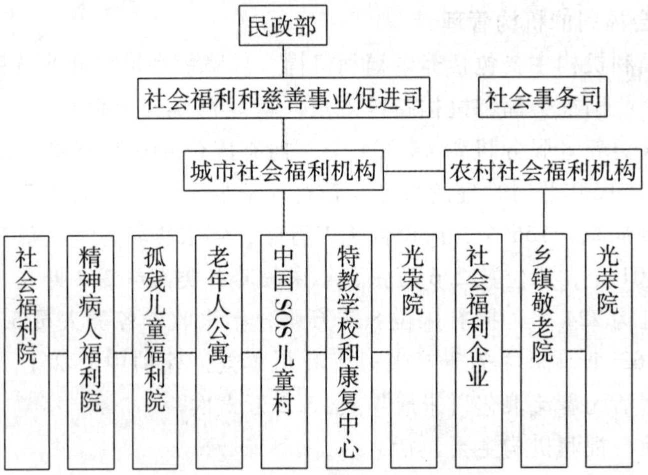

图 9-1　我国社会福利机构管理示例

3. 我国社会福利管理的未来发展

随着我国社会福利社会化目标的提出，目前，越来越多的民办福利机构应运而生。为了加强社会福利机构的监督管理，促进社会福利事业的健康发展，民政部于 1999 年 12 月 30 日发布《社会福利机构管理暂行办法》，明确指出社会福利机构是指国家、社会组织和个人举办的，为老年人、残疾人、孤儿和弃婴提供养护、康复、托管等服务的机构。社会福利机构应当遵守国家法律、法规和政策，坚持社会福利性质，保障服务对象的合法权益。国务院民政部门负责指导全国社会福利机构的管理工作，县级以上地方人民政府民政部门是社会福利机构的业务主管部门，负责对社会福利机构进行管理、监督和检查。在民政部门监管下，社会福利机构应当与服务对象或者其家属（监护人）签订服务协议书，明确双方的责任、权利和义务。社会组织和个人兴办以孤儿、弃婴为服务对象的社会福利机构，必须与当地县级以上人民政府民政部门共同举办；社会福利机构收养孤儿或者弃婴时，应当经民政业务主管部门逐一审核批准，并签订代养协议书。2001 年 3 月，民政部颁发了《中华人民共和国行业标准——老年人社会福利机构基本规范》、《中华人民共和国行业标准——残疾人社会福利机构基本规范》和《中华人民共和国行业标准——儿童社会福利机构基本规

① 康士勇．社会保障管理实务［M］．北京：中国劳动社会保障出版社，1999：461-462.

范》，制定了社会福利机构的基本规范和最低标准。2001 年 1 月，民政部转发了财政部、国家税务总局下发的《关于老年服务机构有关税收政策问题的通知》，对政府部门和社会力量兴办的老年服务机构有关税收政策问题作出了明确规定。该通知规定，对政府部门和企事业单位、社会团体以及个人等社会力量投资兴办的福利性、非营利性的老年服务机构，暂免征收企业所得税，以及老年服务机构自用房产、土地、车船的房产税、城镇土地使用税、车船使用税。对企事业单位、社会团体和个人等社会力量，通过非营利性的社会团体和政府部门向福利性、非营利性的老年服务机构的捐赠，在缴纳企业所得税和个人所得税前准予全额扣除。为了进一步支持社会力量兴办社会福利机构，推进社会福利社会化改革的步伐，2005 年民政部颁发《关于支持社会力量兴办社会福利机构的意见》，强调民政部门要根据政府宏观管理、有关部门配合、社会力量兴办、社会福利机构自主经营的管理体制的要求，充分发挥职能作用，依法做好指导、协调、扶持和管理工作，促进社会办福利机构健康发展。具体要求是：

（1）要坚持社会化的发展方向，将社会办福利机构纳入当地社会福利机构发展规划，引导社会力量多渠道、多形式参与社会福利事业，并严格按照社会福利机构发展规划和设置标准依法审批社会福利机构，使各种所有制的社会福利机构平等竞争，共同发展。

（2）要根据《社会福利机构管理暂行办法》和《社会福利机构基本规范》的要求，加强对社会办福利机构的管理；要指导社会办福利机构建立健全以岗位责任制为核心的规章制度，开展从业人员的岗前培训和定期业务培训，不断提高管理水平和服务质量，增强自我发展的能力。

（3）要主动发现和培育典型，对于管理规范、服务优质、社会效益和经济效益良好的社会办福利机构给予表彰，大力宣传和推广他们的先进经验；同时，也要对社会办福利机构进行定期检查，受理服务对象和社会公众的投诉，对未达标的单位，要限期整改，对违反国家有关法律、法规以及有关规定的，视情形予以处罚。

本章小结

社会福利是国家和社会通过福利津贴、实物供给和社会服务，满足社会成员的生活需要并促使其生活质量不断得到改善的一种制度安排。

社会福利可以指社会福利状态，也可以指社会福利制度。按照社会福利的资源提供方式来划分，可以分为现金给付型社会福利、实物给付型社会福利和社会服务型社会福利；按照社会福利的服务对象来划分，可以分为老年人福利、残疾人福利、儿童福利。

老年人福利，是以老年人为对象的社会福利项目，指国家和社会为了安定老年人生活，维护老年人健康、充实老年人精神文化生活而采取的政策措施和提供的设施和服务。其主要内容是经济保障、老年照顾和老年服务。

残疾人福利是指国家和社会对有残疾的公民在年老、疾病、缺乏劳动能力及退体、失业、失学等情况下提供基本的物质帮助，并根据社会的经济、文化发展水平，给予其相应的康复、医疗、教育、劳动就业、文化生活、社会环境等方面的权益保障。残疾人福利的主要内容是残疾预防、残疾康复、特殊教育、劳动就业、文体娱乐和无障碍环境。

儿童福利是国家和社会为满足未成年人的特殊需要和维护其特殊利益而提供的照顾和福利服务，是社会福利项目之一。

社区福利服务是在政府倡导下，为满足社会成员的生活需求，以街道、镇和居委会的社区组织为依托，提供的具有社会福利性的居民服务，是社会福利体系和社会化服务体系中的一个重要方面。进一步说，社区福利服务是在社区内为人们的物质生活和精神生活所提供的各种社会福利与社会服务的统称。

复习思考题

1. 简述社会福利的分类。
2. 简述老年人福利的含义和内容。
3. 简述残疾人的分类和特征。
4. 残疾人福利的主要内容有哪些？
5. 简述儿童福利的概念和内容。
6. 简述社区福利服务的含义和内容。

案例分析题

案例 1　　兰考“爱心妈妈”袁厉害家中失火 7 名孩童丧生

1 月 4 日上午，河南兰考县城关镇一居民楼发生火灾事故，“爱心妈妈”袁厉害收养的孩童中 7 人不幸丧生。

记者从兰考县政府办公室获悉，当日上午 8 时 42 分，兰考县消防队接到报警称，城关镇一居民楼发生火灾事故。8 时 48 分，消防人员赶赴现场。经全力抢险，火势于 10 时 30 分被完全扑灭。经现场清理，事故造成 4 人死亡，3 人在送医途中抢救无效死亡，1 人目前正在抢救中。

兰考县宣传部常务副部长孙理胜告诉记者，火灾事故发生在常年收养弃婴的袁厉害家中，伤亡孩子的详细情况尚在调查中。

袁厉害是兰考县的一名村妇，从 1987 年收养第一名兔唇男婴开始，至今 20 多年收养的弃婴已超过百名。其中年龄大的已经工作、结婚并离开了，年龄小的只有几个月。袁厉害因自费收养这些先天性残疾的弃婴获得了“爱心妈妈”的美誉。但也有人指责她“拿弃婴骗低保”、“利用孩子拢财”，不断向政府部门“伸手”提条件等。在公众眼里，她是个备受争议的人物。

事故发生后，兰考县党委政府高度重视。县委书记王新军组织召开相关部门负责人参加的紧急会议，对事故应急处理作出部署。王新军要求，卫生部门要不惜一切代价，全力以赴抢救伤员，及时成立事故处理领导组，分工负责、安排部署事故紧急处理及善后事宜。

兰考县政府还迅速成立了“1.04”火灾事故应急处置指挥部，由县长周辰良任指挥长，常务副县长毛卫丰任常务副指挥长，相关领导和部门任成员，下设事故抢险及技术指导、医疗救护、后勤处理、善后保障、信息新闻、事故调查等6个工作组，妥善处理事故善后事宜。

目前，事故原因正在调查中。

资料来源 门杰丹．兰考“爱心妈妈”袁厉害家中失火7名孩童丧生［EB/OL］．［2014-12-03］．http：//www.chinanews.com/gn/2013/01-04/4455871.shtml.

案例思考题：

结合本案例材料，分析我国孤残儿童福利事业存在的问题及解决对策。

案例2　　“广场舞大妈遭泼粪”引各方热议

由于不堪小区内广场舞音乐的噪声干扰，临近高楼住户愤而向舞群泼洒粪便(本报昨日18版报道)。报道刊发后，不少读者对此议论纷纷，并称问题要圆满解决，还要靠双方的相互理解和宽容。

昨天，记者再次联系到小区的熊女士，她说，昨天物业公司在社区领导的带领下，召集2号楼和3号楼的住户代表与小区的广场舞爱好者进行了协商。由于熊女士等人始终不同意另选地点，有居民提出，希望由物业公司出面，在广场上加装隔音设施降噪，但尚未得到具体答复。

本报的报道被新浪、网易、腾讯等多家门户网站转载，在社会上引发了热议。不少市民通过本报热线82333333和微博对此发表意见。其中，不少人都表示，虽然泼粪之举并不可取，但广场舞的爱好者们也应当多替他人着想。只有双方相互宽容体谅，才能形成和谐的邻里氛围。网友@阿斯兰-萨拉D说：爹爹婆婆广场舞健身娱乐没错，但是要适可而止。当然楼上居民泼脏东西也不文明。

为解决广场舞扰民的问题，浏阳、长春、乌鲁木齐等地都陆续出台了“广场舞公约”。其中，湖南省浏阳市由居民代表、广场舞代表、相关部门共同制定广场舞公约，内容包括：广场舞活动一般以夜间和早晨为主，时间限定在上午7时以后，晚上8时30分之前；一旦在公共场所噪音扰民被人举报，执法部门可给予没收工具及罚款200元以上的处罚。

资料来源 杨京．“广场舞大妈遭泼粪”引各方热议［N］．武汉晚报，2013-10-26.

案例思考题：

结合本案例材料，分析我国老年人福利和社区福利服务方面存在的问题。

推荐阅读资料

1. 韩克庆．转型期中国社会福利研究［M］．北京：中国人民大学出版社，2011.

2. 李迎生．社会工作概论［M］．北京：中国人民大学出版社，2004.

3. 孙光德，董克用．社会保障概论［M］．北京：中国人民大学出版社，2012.

4. 陈银娥．社会福利［M］．北京：中国人民大学出版社，2004.

5. 黄黎若莲．边缘化与中国的社会福利［M］．香港：商务印书馆，2001.

6. 尚晓援．“社会福利”与“社会保障”再认识［J］．中国社会科学，2001（3）．

7. 熊跃根．论国家、市场与福利之间的关系：西方社会政策理念发展及其反思［J］．社会学研究，1999（3）．

第10章 企业员工福利

学习目标

员工福利中的法定社会保险、企业补充保险已经成为社会保障体系的重要组成部分，学习本章后你应该：

- 掌握员工福利的概念、特征和分类
- 理解员工福利的设计、规划与管理过程
- 熟悉几种典型的员工福利计划
- 了解我国员工福利制度的变革与发展

引例

谷歌：员工福利之王

即使在硅谷，谷歌（Google）也不失为一个巨无霸。它共拥有约3.2万名员工，这些人工作在从手机软件到搜索算法的各个业务部门。“大型企业组织的员工往往会形成自己的层级。为避免这种倾向，让员工关系更加亲密，我们付出了巨大努力。”谷歌人力运营高级副总裁拉兹罗·博克称。

这种努力包括，为了让员工保持愉快的心情，谷歌制定了高标准的员工福利政策，包括免费美食，现场洗衣、干洗以及改衣服务，户外运动中心，邀请各路名人到访演讲。待遇之丰厚，鲜有公司能与之匹敌。正是这些措施帮助谷歌成功入选《财富》（Fortune）杂志评选出的最适宜工作的公司排行榜。

综合户外运动中心不惜血本

为了让员工保持健康体魄，谷歌从来不惜花费重金。去年夏天，该公司开设了一座大型的户外体育中心。加菲尔德运动中心以其所在街道的名字命名，内设一个足球场、一个篮球场、两个网球场、两个室外地滚球场、两个用于掷马蹄游戏的马蹄坑、一个高尔夫球场、一个曲棍球场。

室内娱乐设施丰富多彩

如果员工们不想在山景市谷歌总部的室外地滚球场上打地滚球，谷歌园区中还有保龄球等其他运动项目供其选择，谷歌总部共有4条保龄球道供用户预订。谷歌舞蹈工作室（Google Dance Studio）共有31种每周一次的课程供员工选择，其中包括卡波卫勒舞（Capoeira）以及实用的“聚会舞蹈入门”，授课的老师既有专业的教练，也有谷歌员工中经验丰富的志愿者。

天下美食应有尽有

谷歌一向不吝为员工提供免费美食，并因此而享有盛誉。尽管公司规模不断壮大，但这项政策迄今仍然没有改变。谷歌曾于2007年荣登《财富》评选出的最适宜工作的公司榜首。此后，这家公司员工数量增长了3倍多。为了适应员工数量的增长速度，公司在烹饪方面也下了大工夫。在位于山景市的谷歌总部，职工食堂的数量已经由11家增加到了25家。新增的食堂中包括专门供应亚洲美食的Cafe Gia和Cafe 150，后者供应的食物原材料全部来自于方圆150英里内的地方。

工作方式坐立自由

久坐不利于健康。美国癌症学会（American Cancer Society）指出，每天坐着的时间超过6个小时的妇女英年早逝的几率比每天坐着的时间不足3小时的妇女高出37%（男性的相应数字是18%）。也许这就是为何一些谷歌员工宁愿站着工作的原因所在。去年开始，用立式办公桌代替标准的坐式办公桌在谷歌蔚然成风。谷歌员工只需使用公司的Ergolab软件下单，从众多的办公桌类型中任意选择一款，然后就能收到一台与其身高相配的办公桌。据非官方数字统计，目前谷歌已有数百人在使用立式办公桌。

福利海鲜新鲜环保

2011年5月，主厨利夫·吴和昆廷·托平推出了鱼补贴计划，并得到了谷歌社区的支持。根据该计划，谷歌员工可以登记申请每周作为补贴发放的本地海鲜，海鲜全部由半月湾渔夫协会（Half Moon Bay Fisherman's Association）提供。最多花上25美元，每名员工就可买到2磅重的生鱼片。运抵谷歌总部之前，这些生鱼片冷冻保存在中央仓库中。员工们以折扣价买到的这些海鲜并不以其他野生动物为食。

名人到访大开眼界

名人造访谷歌绝非什么稀奇事，反而是司空见惯的现象。对于巴拉克·奥巴马和约翰·麦肯恩来说，位于山景市的谷歌园区是其竞选总统期间的"必访"之地。"写作名家在谷歌"（Authors@ Google）等项目则向公司员工引见一系列当红作家，蒂娜·费伊和《纽约客》（New Yorker）的记者简·梅尔等人都悉数包含在内。此外，谷歌也从不缺少音乐元素。去年年末，拉伯尔·考曼和小提琴家约书亚·贝尔就曾受邀到谷歌位于纽约市的几个办公区进行表演。

安卓新品免费派发

效力于拥有全球最大移动操作系统的公司有一个优厚的条件，那就是可以免费使用高科技产品。谷歌有向员工派发安卓智能手机的传统，去年12月也不例外。据报道，去年12月，该公司向大量（如果不是全部的话）员工免费发放了三星Galaxy Nexus手机，作为假期礼物。这些手机零售价通常为299美元，其中含有为期2年的Verizon合约。而且，每部手机的背板都是定制的，嵌有谷歌服务部门的图标。

育儿服务一条龙

谷歌为新晋父母们提供了宽裕的假期，初为人母的女员工可享受18周的假期，初为人父者假期为12周，远远超过了一些州规定的标准假期。谷歌每月都举行新生儿送礼会，除了讲授育儿经，员工还会收到优惠券以及在公司免费享受一次现场按摩。此外，每名初为人父人母者还会收到500美元，公司称之为"宝宝感情培养费"。这笔钱会存入这些员工的账户，用于支付宝宝诞生头几个月中洗衣、清洁，甚至园艺等各项用得到的服务。

资料来源　佚名．谷歌：员工福利之王［EB/OL］．［2012-02-03］．http：//www.fortunechina.com/career/c/2012-02/03/content_88348_2.htm.

员工福利的价值就在于相对于直接薪酬（工资和奖金、津贴）来说，它更加多样化、个性化、人性化。尽管工资收入等货币薪酬是人们工作的最基本需要，但它对员工的激励作用也是有限的，特别是在员工的工资收入达到一定水平后，员工福利对员工的激励作用就会提高，毕竟人们除了有物质需求外，还有感情、心理、家庭、社会生活等方面的需求，而员工福利恰恰可以满足人们的这些需求，因此越来越得到企业的重视和员工的欢迎。

10.1 员工福利概述

10.1.1 员工福利的定义和特征

员工福利是企业基于雇佣关系，依据国家的强制性法令及相关规定，以企业自身的支付能力为依托，向员工所提供的、用以改善其本人和家庭生活质量的各种以非货币工资和延期支付形式为主的补充性报酬与服务。①

员工福利具有以下特征：

（1）它是劳动关系的产物，经过集体协议或个体协商，由企业向员工支付；

（2）它属于间接性薪酬支付，是对直接货币性薪酬的补充；

（3）多以实物和延期支付为主，延期支付在当期表现为一种承诺，属于既定受益权益；

（4）它具有补偿未来社会风险的风险保障作用和长期激励员工生产积极性的作用；

（5）依托企业分配计划，它正在向制度化、福利项目和支付形式多样化方向发展，且日趋完善。②

10.1.2 员工福利的分类

员工福利是一个非常复杂的系统。根据不同的划分标准，可以将员工福利划分为不同的类型：③ 一般来说，根据福利项目是否具有法律强制性，可以分为国家立法强制实施的法定福利和企业自主实施的非法定福利。在各种非法定福利中，又可以分为很多类型。例如：根据员工福利的功能，可以分为企业安全和健康福利、企业设施性福利、企业文娱性福利、企业培训性福利以及企业服务性福利；根据员工福利的价值或目标，可以分为风险保障型福利和物质激励型福利；根据员工福利的享受时间，可以分为即期性福利和延期性福利；根据员工福利的给付形式，可以分为现金型福利和非现金型福利；根据员工福利的实施范围，可以分为全员性福利、特种福利以及特困福利；根据员工是否有选择权，可以分为固定福利和弹性福利等。

---

① 仇雨临. 员工福利概论 [M]. 北京：中国人民大学出版社，2007：7.
② 肇越，杨燕绥，于小东. 员工福利与退休计划 [M]. 北京：中信出版社，2004：4.
③ 仇雨临. 员工福利概论 [M]. 北京：中国人民大学出版社，2007：84-100.

1. 法定福利

法定福利是国家通过立法强制实施的对员工的福利保护政策，在我国包括社会保险和各类休假制度，以及住房公积金制度。

（1）社会保险

我国的社会保险包括养老保险、医疗保险、失业保险、工伤保险和生育保险五大险种。

①养老保险。我国的企业职工养老保险按照社会统筹与个人账户相结合的原则实施。企业按照职工工资总额的20%缴费，进入统筹基金，职工按个人工资的8%缴费，计入个人账户。缴费累计满15年的职工，退休后按月发给基本养老金。

②医疗保险。我国城镇职工基本医疗保险也是按照社会统筹与个人账户相结合的原则实施。用人单位缴费率为职工工资总额的6%左右，进入统筹基金，职工缴费率为本人工资的2%，计入个人账户。社会统筹基金主要用于支付住院费用，个人账户主要用于支付门诊费用。

③失业保险。我国的失业保险基金由单位和职工共同缴纳，单位按照本单位工资总额的2%缴纳，个人按照本人工资的1%缴纳。失业保险基金的支付范围包括：失业保险金、失业期间的医疗补助金、丧葬补助金和抚恤金、职业培训和职业介绍的补贴。

④工伤保险。我国的工伤保险基金由用人单位缴费，职工个人不缴费。待遇支付主要包括：工伤医疗费用，伤残补助金、伤残津贴、伤残护理费，丧葬补助金、抚恤金和一次性工亡补助金等。

⑤生育保险。我国的生育保险基金由用人单位缴费，职工个人无需缴费。生育保险的待遇主要包括：产假、生育津贴、生育医疗服务等。

（2）法定假期

我国的法定假期包括：

①法定节假日，如元旦、春节、劳动节、国庆节等。

②公休假日，即星期六和星期日。

③带薪年休假，职工累计工作已满1年不满10年的，年休假5天；已满10年不满20年的，年休假10天；已满20年的，年休假15天。[①]

（3）住房公积金

我国的《住房公积金管理条例》规定，职工和单位住房公积金的缴存比例均不得低于职工上一年度月平均工资的5%，职工和单位缴纳的住房公积金，计入职工的公积金账户。住房公积金应当用于职工购买、建造、翻建、大修自住住房。没有动用或公积金账户有余额的，在职工退休时返还职工。[②]

2. 非法定福利

非法定福利是指企业自主建立的，为满足职工的生活和工作需要，在工资收入之

① 佚名．职工带薪年休假条例［EB/OL］．［2014-12-03］．http：//www.gov.cn/zwgk/2007-12/16/content_835228.htm.

② 佚名．住房公积金管理条例［EB/OL］．［2014-12-03］．http：//www.cin.gov.cn/zcfg/xzfg/200611/t20061101_158961.htm.

外，向职工本人及其家属提供的一系列福利项目，包括货币津贴、实物和服务等形式。

（1）根据员工福利的功能划分

①企业安全和健康福利。这类福利旨在防范员工的安全和健康风险，具有风险分散的保障性功能，包括企业年金、人寿保险、健康保险计划、住房援助计划等。

②企业设施性福利。它是指为了满足员工日常需要所提供的福利，包括员工餐厅（或就餐补贴）、茶水间、休息室、浴室、阅览室、班车（或交通补贴）、托儿所等。

③企业文娱性福利。它是指企业为了促进员工身心健康，丰富员工业余文化生活而提供的福利，如一些企业会提供健身房和健身器材，举办健康讲座，组织文艺表演，安排集体旅游等。

④企业培训性福利。它是指为了提高员工素质和能力的福利计划，包括内部培训计划和外部培训计划。内部培训计划主要在企业内部进行，外部培训计划是将员工送出企业接受培训。

⑤企业服务性福利。它是指企业提供的旨在帮助员工及其家庭克服生活困难，支持员工事业发展的福利，如雇员援助计划、雇员咨询计划、家庭援助计划、家庭生活安排计划等。

（2）根据企业的价值或目标划分

①风险保障型福利。此类福利旨在保障员工的基本生活水平，包括抵御老年风险的企业年金、抵御疾病风险的健康保险和补充医疗保险、帮助困难员工的家庭援助计划等。

②物质激励型福利。此类福利主要是为了对员工进行激励，包括时间奖励（带薪和不带薪的休假、病假等）、现金奖励（教育资助、住房补助、交通补贴等）、服务奖励（托儿所、财务和法律咨询等）。

（3）根据员工福利的享受时间划分

①即期性福利。一般指在职期间可以获得的福利，大部分福利项目都属于即期福利。

②延期性福利。一般指退休后可以获得的福利，如企业年金。

（4）根据员工福利的给付形式划分

①现金型福利，即以货币形式给付的福利，如前面提到的企业安全和健康福利、住房援助计划以及各种补贴等基本上都属于现金型福利。

②非现金型福利，即以非货币形式给付的福利，如企业设施性福利、企业文娱性福利、企业服务性福利等都属于非现金型福利。

（5）根据员工福利的实施范围划分

①全员性福利，即面向全体员工开展的福利。前面论述的福利计划都属于全员性福利。

②特种福利，指针对企业中的高级人才设计的福利，如高档轿车服务、出差时飞机和星级宾馆待遇、股票优惠购买权、高级住宅津贴等。

③特困福利，指专门为特别困难的员工提供的福利，如工伤残疾补助、重病员工

的生活补助等。

（6）根据员工福利的选择权划分

①固定福利，是指由企业设定的，无论员工愿意与否都要参与或接受的福利项目，如社会保险和休假制度等法定福利项目。

②弹性福利，是指允许员工在规定的时间和现金范围内，根据自己的需要自愿进行选择和调整的福利项目。

10.2 员工福利的设计、规划与管理

10.2.1 员工福利设置的影响因素①

员工福利设置的影响因素有很多，可以归纳为社会因素、企业因素和员工因素。

1. 社会因素

（1）国家经济发展水平

从某种程度上讲，经济发展水平决定了一个国家总体的员工福利水平。在经济发达的国家，就企业而言，它们有能力提供较高水平的员工福利，并且出于吸引人才的战略考虑，企业也愿意这样做；对员工来说，他们有着更加多样化、更高水平的福利需求；就市场而言，市场上有各种能为企业实施员工福利提供帮助的公司，如保险公司、咨询公司、信托机构等。

（2）法定福利的政策法规

国家的相关政策法规综合影响着企业提供法定福利的项目、支付水平以及所采取的模式。在我国，工时制度、社会保险制度、劳动保护制度、住房公积金制度等规定了相应类型法定福利必须采用全员普惠制的模式，同时它们也明确规定了相应福利所应提供的待遇水平。

2. 企业因素

（1）企业文化和管理理念

企业如何对待员工属于企业文化理念的一部分，这种文化理念可以在福利制度中得到体现。不同的企业文化和管理理念将会对企业的福利政策产生重要影响。它往往决定着员工福利政策制定的理念和原则，决定着员工福利计划的定位。例如，企业是否愿意支付较高水平的福利，是否注重培训性福利，是否增加福利政策的弹性等。

（2）企业的薪酬策略

员工福利属于间接薪酬，是薪酬计划的一部分。因此，企业的薪酬策略包括薪酬水平策略和薪酬横向结构策略，它们必然是员工福利水平最为重要的决定因素，共同决定了企业愿意为员工支付福利水平的高低。

薪酬水平策略主要决定了企业愿意提供薪酬的总支出，同时，也部分地影响了薪

① 仇雨临．员工福利概论［M］．北京：中国人民大学出版社，2007：105-122.

酬内部板块的结构以及不同人员的薪酬水平。影响企业薪酬水平策略的主要因素是人力资源战略，此外还有行业状况、劳动力市场供求状况、竞争对手的薪酬策略、社会物价水平以及企业的财务支付能力等。

薪酬横向结构策略主要决定了福利开支在总体薪酬中所占的比例。影响企业薪酬横向策略的主要因素是人力资源战略，此外，还有企业的发展阶段、外部对工资和福利总额的限制、福利的成本效能以及企业避税的考虑。

(3) 工会的态度和力量

工会对员工福利的影响不容忽视，尤其在西方国家，工会是员工福利发展的重要推动因素。工会对员工福利的态度和自身的力量决定了其对企业政策和福利计划的影响力。工会通过与企业谈判，推动员工福利计划的开展。

3. 员工因素

(1) 员工的工作绩效

员工的绩效主要影响福利提供对象的确定，即福利项目的设置。目前企业在福利管理中越来越多地考虑员工的工作绩效。通常，员工的工作绩效对福利计划的影响表现在当期福利水平高低或项目多少以及福利计划的晋升两个方面。

(2) 员工的工作年限

工作年限是指员工在企业里的工作时间。一般来说，工作年限会影响员工个人福利水平的确定。通常，工作年限越长，企业为其提供的福利水平越高。

(3) 员工的福利需求

员工对福利政策的影响最主要的还是体现在个人需求方面。在福利支付水平一定的情况下，员工的福利需求往往会成为决定企业选择福利项目种类的最为重要的因素。能否有效满足员工的福利需求也成为衡量员工福利政策优劣的重要指标。影响员工福利需求的因素主要包括：员工的公平感、员工所属国的文化、员工的工作压力和紧张程度、员工的传记特点、员工的工资水平等。

10.2.2　员工福利计划的设计模式①

1. 员工福利计划的内容

员工福利在企业已经成为一种普遍的制度安排，其激励作用日益受到企业的重视。但任何企业都不能盲目地实施员工福利，为了保证制度的持续性和有效性，应当根据企业情况和员工的特点设计员工福利计划。

一般来说，员工福利计划应包括以下六个方面：①员工福利提供的理念，即企业为什么要向员工提供福利；②员工福利提供的水平，即企业要向员工提供多少福利；④员工福利提供的项目，即企业向员工提供什么样的福利；④员工福利的纵向结构，即企业应该采用何种福利水平及福利内容和形式；⑤员工福利享受的条件，即员工如何做才能享受到福利计划；⑥福利实施的主体，即福利计划由谁来实施。

---

① 仇雨临．员工福利概论［M］．北京：中国人民大学出版社，2007：133-161.

2. 员工福利计划模式的种类①

（1）按员工福利的水平划分

将企业所提供的员工福利水平与外部市场福利水平进行比较，可以将员工福利计划分为市场领先型、市场追随型和市场滞后型三种模式。

市场领先型模式是指企业的福利水平整体上高于市场平均水平。这种福利模式有诸多优点：其一，可以使企业的薪酬具有较强的竞争力，从而吸引大量的优秀人才；其二，提高了员工离职的机会成本，从而降低员工的离职率；其三，可以降低员工不满意的程度，有利于保持员工队伍的稳定。但该种福利模式也会给企业带来一定的成本压力，影响企业的效益和利润。

市场追随型模式是指按照市场平均水平确定本企业员工福利水平。这种模式可以使员工福利水平的决策变得相对简单，并且福利支出不会给企业的经营造成很大压力。

市场滞后型模式是指企业的福利水平整体上低于市场平均水平。尽管这种模式减少了企业的福利支出，降低了人工成本，但其弊端也很明显，如企业吸引不到优秀人才，员工离职率高等。

（2）按员工福利的内容和形式划分

依据员工福利内容和形式的不同，可以把员工福利模式划分为实物型和货币型两种模式。

实物型模式是指企业以直接发放实物或提供服务的方式来向员工提供福利。在实物型模式中，企业以团体采购的方式集中购买，比员工单独购买具有价格优势。同时，员工的福利待遇不会受到物价水平的影响。但该模式无法满足员工更高层次的需求。

货币型模式是指企业以货币或者准货币的形式为员工提供福利。其中，准货币形式的福利是指健康保险、企业年金、员工持股等福利内容。该模式一方面能降低福利的管理成本，另一方面能满足员工的个性化和高层次需求。但该模式在增强企业的凝聚力方面不如实物型模式。

（3）按员工福利计划的制订过程划分

根据员工福利计划制订过程中企业和员工所扮演的角色不同，可以将员工福利计划分为企业主导型、员工主导型以及共同参与型三种模式。

企业主导型模式是指福利计划的内容主要由企业来决定。这种模式的好处是：其一，最符合企业的利益；其二，能简化制订过程，提高决策效率。该模式的不足之处在于员工无法表达自己的心愿。

员工主导型模式是指福利计划的内容主要由员工来决定。该种模式的好处是员工的需求得到尊重和满足，福利的激励效果明显。该种模式的不足之处在于，员工往往考虑的是个人利益的最大化，其设计的福利计划一般不太符合企业的实际情况，甚至与企业的利益相悖。

---

① 仇雨临．员工福利概论［M］．北京：中国人民大学出版社，2007：138-150.

共同参与型模式是指企业和员工共同制订员工福利计划。该种模式是企业主导型模式与员工主导型模式的结合，因此更好地发挥了二者的优势，同时有效避免了它们的劣势。

(4) 按员工福利覆盖对象划分

根据员工福利覆盖的对象是否一致，员工福利计划可划分为统一型和差异型两种模式。

统一型模式也叫全员型模式，是指所有员工享受到的福利项目都是一样的。这种模式的好处是降低了福利计划的制订成本和实施成本，不足之处是很难满足员工的个性化需求。

差异型模式是指企业向员工提供不同的福利项目，以满足员工的不同需求。其中，弹性福利计划就是最有代表性的一种。

(5) 按员工福利的享受条件划分

根据员工享受福利的条件，员工福利计划可以分为免费型、绩效型和资历型三种模式。

免费型模式是指不论员工的工作绩效如何以及员工是否在岗，只要是企业的正式员工，都可以无条件获得企业提供的福利计划。在我国计划经济时代，国有企业往往采用此种模式。

绩效型模式是指员工只有达到一定的工作绩效标准，才能享受相应的福利待遇。此种模式有显著的激励作用，有助于企业整体绩效的提升。

资历型模式是指由员工在企业的工龄决定其享受的福利待遇。这种模式适用于强调终身雇用的企业，有利于企业挽留核心人才。

(6) 按员工福利的实施主体划分

根据员工福利实施主体的不同，可以将员工福利计划划分为自主型和外包型两种模式。

自主型模式是指由企业作为员工福利的实施主体。该模式有诸多优点：其一，能避免实施过程中出现偏差，保证福利计划执行的有效性；其二，福利计划的针对性较强；其三，企业对福利计划的控制程度较高，保证了福利计划实施的灵活性。该模式的不足之处在于，会增加企业的管理成本，影响企业的生产经营效率。

外包型模式是指企业将员工福利的实施责任全部或部分地委托给外部专门从事员工福利管理的组织机构，由这些组织机构作为员工福利的实施主体。一方面，这种模式可以使企业摆脱事务性活动，集中精力进行生产经营；另一方面，也可以使福利计划制订得更加科学、专业。

当然，这种模式也会使福利计划执行的有效性和灵活性丧失。

以上是员工福利计划按照不同角度所划分的不同模式。需要注意的是，在实践中企业不可能只采用一种模式，往往是综合采用两种或多种模式。

10.2.3 员工福利规划①

1. 员工福利规划的定义

员工福利规划是人力资源规划的一部分，是企业结合自己的发展目标以及对未来各影响因素的预测和分析，基于特定的阶段对未来一定时间内员工福利的发展走向和具体路径所作的全面、规范、系统的计划。②

2. 员工福利规划的特点

（1）系统性

员工福利规划的系统性体现在两个方面：一方面，员工福利规划不仅要符合企业的薪酬战略，还要结合人力资源管理的其他模块系统设计，从而使人力资源管理的整体作用得到发挥；另一方面，企业的福利体系纷繁复杂，员工福利规划要综合各方面因素进行系统考虑，从而使福利效用最大化。

（2）可行性

规划所设定的员工福利的未来发展目标应该是可以实现的，是企业的经济实力和支付能力所能达到的，这主要是从经济层面来要求员工福利规划的。

（3）可操作性

规划所设定的目标和路径应该是可以执行和操作的，不能说无处下手或根本进行不下去，这主要是从技术角度来要求员工福利规划的。

（4）动态性

随着企业内外部生存和竞争环境的变化，员工福利规划应能够进行相应的调整，以适应新的环境。这主要是从时间角度来要求员工福利规划的。

3. 员工福利规划应遵循的原则

（1）统筹规划原则

统筹规划原则是指员工福利的规划应从长远的角度考虑，应从多角度考虑，深入分析各个影响因素，整体考虑，全盘规划。

（2）目标性原则

在规划员工福利的发展时，应该明确员工福利规划的目标，服从于整个人力资源规划的需要，服从于企业发展战略目标的需要。对员工福利的统筹规划有助于企业发展目标的实现。

（3）系统性原则

系统性原则就要遵循系统的开放性和动态性原则。应将员工福利规划放入企业整体的发展规划中考虑，甚至放到整个国家经济和社会发展的大系统中考虑。遵循开放性原则是为了进行调整和变化，以适应不断变化的宏观和微观环境。另外，还应遵循系统的动态性原则。

（4）适应性原则

适应性原则指员工福利规划应适应国家政策的变化，适应企业发展的需要，适应

---

① 仇雨临．员工福利概论［M］．北京：中国人民大学出版社，2007：166-181.
② 仇雨临．员工福利管理［M］．上海：复旦大学出版社，2004：166.

员工的成长和发展等。

（5）协调性原则

协调性原则主要是企业在规划员工福利未来的发展时，要注意平衡和处理好这几方面的关系，即整体和局部、当前和长远、需要和可能、数量和质量、速度和效益的关系①，使影响员工福利规划的诸多因素相协调。

（6）科学预测原则

企业在制订具体的员工福利规划时，应立足于现实基础，对未来进行科学的预测。预测内容主要包括：一是企业未来的发展；二是未来员工福利需求可能的变化。不以预测为基础的员工福利规划一定是低效的，必将造成企业资源的浪费。

（7）合理性原则

员工福利系统的建设需要企业提取和筹集一定比例的资金。这一比例应该合理，既在企业的支付能力以内，又能提高企业的竞争力，争取以最低的费用达到最好的效果。

4. 员工福利规划的流程

制订员工福利规划的流程如图10-1所示，主要包括下列步骤：

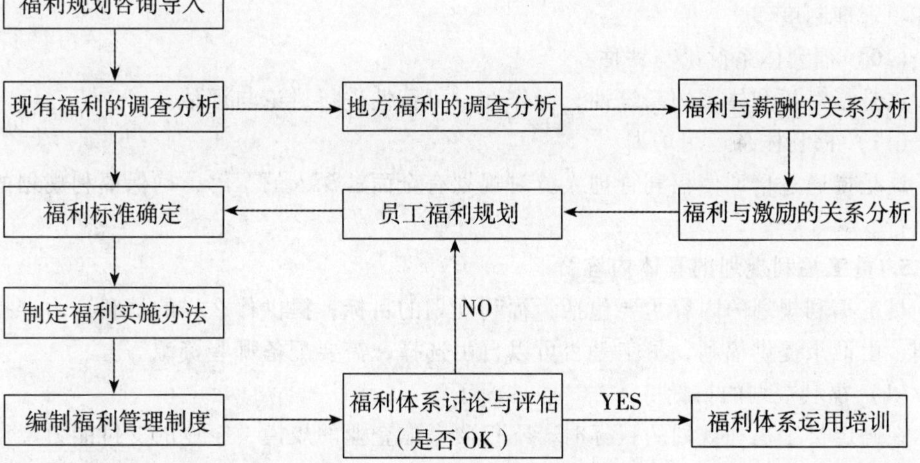

图10-1　员工福利规划流程图②

（1）福利规划咨询导入

主要是借助外部专业的福利管理或薪酬管理咨询公司的资源，对福利规划及其制订有一个系统的了解和安排，同时在企业内部进行动员与培训，确保福利规划制订的顺利进行。企业可以根据自身的情况决定是否导入福利咨询服务。

（2）现有福利的调查分析

企业现有福利调查的范围包括现有福利种类和待遇水平、筹资方式与费用成本、既定受益期限与资格要求、员工福利选择弹性等方面，通过评估和分析以发现当前员

① 吴之为．公司职员管理规划考核激励［M］．北京：首都经济贸易大学出版社，2000：28.
② 仇雨临．员工福利概论［M］．北京：中国人民大学出版社，2007：176.

工福利计划的缺陷或重复。

(3) 地方福利的调查分析

这是对外部市场福利水平的了解与评估，为企业自身福利设置提供决策依据。

(4) 福利与薪酬的关系分析

福利是整体薪酬的组成部分，福利的设计要契合企业的薪酬战略，通过基本工资、奖金和福利的科学设置，使薪酬的激励作用得到最大限度的发挥。

(5) 福利与激励的关系分析

这是指充分考虑影响福利激励效果的各项因素，提高福利资源的使用效率。

(6) 员工福利规划

这是指根据前面的调查分析制订系统、可行的福利规划。

(7) 福利标准确定

这是指确定不同福利项目的标准。

(8) 制定福利实施办法

它主要包括具体实施福利计划的一系列手段和措施。

(9) 编制福利管理制度

它主要包括各项福利的实施细则、福利组织规章与管理办法、福利资金管理办法等各项管理制度。

(10) 福利体系讨论与评估

这是指对福利体系的系统性、操作性、可行性进行讨论与评估。

(11) 福利体系运用培训

这是指通过培训使福利管理人员对规划有全面、深入的了解，确保福利规划的顺利执行。

5. 员工福利规划的具体内容①

员工福利规划的内容主要包括：福利规划的目标，提供什么样的福利，为谁提供福利、由谁来提供福利，员工是否可以自由选择，需要配备哪些资源等。

(1) 福利规划的目标

在确定员工福利规划的目标时，不仅要考虑企业的规模、企业的支付能力、竞争对手的福利情况、与企业的经营战略是否一致、是否符合企业的整体薪酬战略等因素，还要考虑员工的即期需要和远期需要，以及能否调动员工的积极性、是否有助于吸引和留住人才等。

(2) 提供什么样的福利

福利是由庞杂的福利项目组成的，企业有很多福利项目可以选择，而不同的福利组合又会产生不同的影响。员工看待福利的观点会因他们自己的需要不同而有所不同，不同组织中的员工队伍构成不同，员工对于福利的需要和期望自然也不一样。在决定设立什么样的福利时，企业应着重从国家的政策法规、内外部福利调查信息、企业的财务状况以及工会的影响等方面考虑。

---

① 仇雨临．员工福利管理［M］．上海：复旦大学出版社，2004：176-181.

（3）为谁提供福利、由谁来提供福利

①员工福利的提供者。员工福利的提供者不单单是企业，还包括政府。这是因为在企业的福利项目中，有一部分是政府强制实施或引导实施的。例如，企业和个人所缴纳的社会保险费都是在税前支出，故政府也承担了员工福利的部分成本。因此，在进行员工福利规划时要充分考虑政府的税收优惠政策，合理实施纳税筹划，使福利资源配置最优化。

②员工福利的享受者。员工福利是具有补偿性和激励性的间接薪酬。随着市场竞争环境的日益激烈，利用一切可能的手段来吸引人才、使用人才、挽留人才已成为企业共同的做法，这使员工福利的激励性越来越得以强化，员工福利的补偿性逐渐被淡化。为了既能挽留少数骨干员工，又能使大多数员工感到满意，企业就必须提供有差异的员工福利。换句话说，员工福利的享受者包括企业的所有员工，但不同员工享受的福利项目和待遇水平又有所差别。

（4）员工是否可以自由选择

在一般的福利方案中，员工通常没有选择福利项目的权力，这会导致实施的福利不能与员工的需求相吻合，这会使员工不满。为了提高福利的满意度，员工福利规划有必要考虑企业提供的福利在多大程度上可以让员工进行选择。目前越来越多的大公司为了吸引和挽留人才，正逐渐采用更为灵活、更多选择的弹性福利政策，让员工自己选择那些他们认为最有价值的福利项目。

（5）需要配备哪些资源

福利规划的实施需要有配套的资源。一般来讲，福利规划要系统地考虑实施福利计划所需要的人力资源、财务资源、物质资源和制度资源。

①人力资源。由于福利规划是一项对专业知识要求比较高的工作，当企业实施较为复杂的福利计划时，就需要拥有专业化的福利管理人员，或聘用熟悉和精通福利分析的专家。

②财务资源。在福利的刚性增长规律下，随着员工福利发展阶段的递升，员工福利的支出占总成本的比重会逐渐加大。如果福利管理者不能考虑整个福利计划的成本，不能对福利耗费的财务资源做系统安排，那么企业未来必然要承受高昂的福利成本带来的效益损失。

③物质资源。在员工福利系统中，物质资源的投入主要体现为福利设施的建设。在企业日益追求高效化、精简化和专业化的今天，许多传统福利项目已经采取“外包”的形式解决或用经济的方式进行补偿，但福利设施在增加员工的福利感知度和满意度方面仍发挥着重要的作用。例如，文化室、俱乐部、图书馆、健身房、游泳池、运动场等文化休闲福利设施就得到越来越多的青睐。[①]

④制度资源。企业管理要想做到规范化、科学化和程序化，必然需要一套系统的制度来规范约束。制定员工福利的各项规章制度，应从企业实际出发，根据员工福利工作的具体需要制定，要具有权威性、系统性、科学性和稳定性。不同制度之间应该

---

① 赵曼．人力资源开发与管理［M］．北京：中国劳动社会保障出版社，2002：323.

成为一个系统并相互配套。

10.2.4 员工福利管理①

1. 员工福利管理的定义

员工福利管理是指为了保证员工福利按照预定的轨道发展、实现预期的效果而采用各种管理措施和手段对员工福利的发展过程和路径进行控制或调整活动。员工福利管理一方面要确保福利决策公平，提高员工福利的满意度，另一方面要降低管理成本，实现福利资源的效用最大化。

2. 员工福利管理应遵循的原则

（1）公平性

员工福利管理的公平性，一是强调所有员工都应享有员工福利，这是实现福利保障功能的必然要求；二是福利的管理工作要确保程序公平、结果公平和交往公平，以提高员工满意度为目标，增强员工对企业的忠诚度和归属感。

（2）激励性

在员工福利管理过程中，要重视和强化管理的激励功能。这种激励性主要是指通过设置符合员工需要的福利项目、调节员工福利的分配方案、改进员工福利管理的方式方法以改善员工福利的效果，从而达到激励和引导员工的目的。

（3）经济性

作为一个经济组织，企业的根本目标是追求利润。因此，企业在强调竞争力和激励性的同时也要重视经济性，尽量降低员工福利的管理成本。提高管理效率是经济性原则在员工福利管理中的具体体现。

（4）透明性

与工资奖金不同，企业大多对员工福利采取透明化的原则。这样做一方面是为了让员工全面了解福利体系，以便从中获益；另一方面是为了广泛听取员工意见，以便改进员工福利的管理工作。

（5）先进性

先进性是指员工福利管理的方法和手段应利用科学技术的最新成果，不断更新，体现时代特征，尽可能地提高员工福利的管理效率。

（6）动态性

为了适应社会经济环境的变化，员工福利必须实施动态管理。其动态性体现在三个方面：其一，要随时根据企业所需人才的类型和特点调整福利政策；其二，员工福利的管理理念、方法和手段要具有创新性和时代性；其三，福利管理者应对国家的相关法律法规进行动态跟踪，并随之进行调整，以确保福利的合法性并充分利用国家对福利的税收优惠政策。

3. 员工福利管理的具体内容

员工福利管理主要包括方案制订、财务预算、管理机构、人员配备、成本控制、

---

① 仇雨临．员工福利概论［M］．北京：中国人民大学出版社，2007：182-188.

调整变动和效果评估等内容。

（1）方案制订

方案制订是计划职能和实施职能的具体体现。

（2）财务预算

财务预算是执行员工福利控制职能必须考虑和依据的因素。财务预算直接决定了员工福利的水平，并且在很大程度上决定了员工对福利的满意度以及员工福利对员工激励作用的发挥。

（3）管理机构

管理机构决定了管理人员工作职责的分工框架。管理机构的设置与企业规模、企业所处的发展阶段、员工福利的指导思想、具体目标等因素相适应。

（4）人员配备

人员配备，即有关管理人员的安排、配置、选拔、培养和考核的管理工作。制订和实施员工福利计划、控制员工福利管理过程乃至整个员工福利系统的正常运转都需要人来实现，因此提升相关管理人员的管理水平是十分必要的。

（5）成本控制

在财务预算的基础上，如何保证员工福利的各项成本都能按照既定的预算方案进行，是成本控制的主要内容以及要达到的根本目的。这就需要计划准确、预算可行、制度规范、实施严格、相关管理人员恪守职责等。

（6）调整变动

福利管理者要对员工福利进行跟踪，对员工福利的实施效果进行评估，以便有针对性地进行调整。

（7）效果评估

为了改善员工福利的实施效果，需要对员工的反应和满意度进行评估。效果评估的方法有问卷调查法、访谈法、合理建议法、意见反馈法等。

4. 员工福利管理的流程

按员工福利管理的各项职能来安排，应该遵循如图10-2所示的程序。

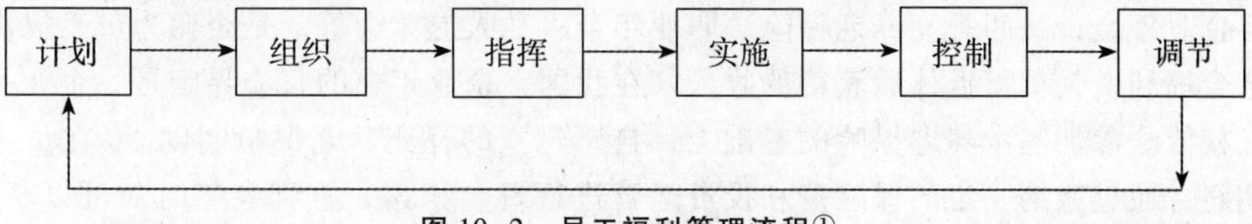

图10-2　员工福利管理流程①

由于管理是由一个个具体的工作内容组成的，而管理职能是对管理内容的抽象化，用管理内容来安排员工福利管理的流程更为合理。

按员工福利管理内容来安排，对一个具体的福利项目的管理应遵循以下程序：②

（1）明确具体的福利目标

每设计一个具体的福利制度都应建立特定的目标。该目标不仅要考虑企业的规

---

① 仇雨临．员工福利概论［M］．北京：中国人民大学出版社，2007.
② 李燕萍．人力资源管理［M］．武汉：武汉大学出版社，2002：324.

模、企业的支付能力、竞争对手的情况、与企业经营战略是否一致、企业的薪酬策略等因素，还要考虑员工的即期需要和远期需要、是否能调动员工的积极性、是否有助于吸引人才等。

（2）福利调查与基准确定

与工资和奖金薪酬制度一样，企业要设计出具有竞争性的福利制度，一个重要的工作就是要了解企业竞争对手的情况。通过各种有利的途径与方法对竞争对手的福利计划组合、福利标准等情况进行调查，以确定本企业的福利制度。

（3）福利基金的筹集

员工的福利基金是企业依法筹集的、专门用于员工福利支出的资金。管理者在进行福利管理时，必须确定基金的来源渠道。福利基金一般有三种筹集渠道：按规定从企业财产和收入中提取、企业自筹、向员工个人征收。

（4）员工福利成本控制[①]

企业在对福利投资时，应进行成本核算。某些福利项目成本在当前是可以接受的，但其增长率可能导致企业在未来承受巨大的成本。

（5）福利的组织与实施

此环节应做好以下几方面的工作：一是利用各种有效的渠道宣传各项福利，做好福利沟通工作；二是针对员工进行福利调查，收集员工对各项福利项目的看法与要求；三是实施福利计划。在实施过程中，要落实每项福利计划与预算，定期检查实施、反馈、改进情况，以增强员工对企业的认同感，增强企业的凝聚力。

10.3 几种典型的员工福利计划

10.3.1 企业年金计划[②]

1. 企业年金的概念和特点

企业年金，又叫补充养老保险、职业年金、私人退休金等，是企业为员工提供的养老金福利，是员工退休后获得的收入。在我国，企业年金的官方界定是：企业及其职工在依法参加基本养老保险的基础上，自愿建立的补充养老保险制度。[③] 在员工工作期间，通过缴纳一定的保险费和投资运营进行资金积累，直到老年时才可以享用。因此，企业年金的实质是以延期支付方式存在的员工劳动报酬和分享企业利润权益的一部分。[④]

企业年金具有以下五个特点：第一，一般由企业自愿决定是否建立企业年金，并自主选择管理和运作方式；第二，企业年金属于私人产品，政府对企业年金一般不直

---

① 诺伊．人力资源管理：赢得竞争优势［M］．北京：中国人民大学出版社，2001：591.
② 仇雨临．员工福利概论［M］．北京：中国人民大学出版社，2007：209-249.
③ 参见劳动和社会保障部．企业年金试行办法［EB/OL］．［2014-12-03］．http://www.gov.cn/gongbao/content/2004/content_62935.htm.
④ 肇越，杨燕绥，于小东．员工福利与退休计划［M］．北京：中信出版社，2004：310.

接承担责任；第三，企业年金则大多采用积累制，实行个人保障；第四，企业年金主要是通过资本市场运作，投资手段多样化；第五，企业年金注重效率原则，是具有激励机制的福利手段。

2. 企业年金的功能

（1）保障功能

企业年金是对基本养老金的补充，提高了老年人的收入水平。在工业化国家，企业年金的目标替代率（相当于退休前工资的比例）一般为20%～30%，与公共年金合起来可达到60%～70%的总替代率水平。

（2）分配功能

企业年金属于延期分配收入。员工不仅关心当期利益，而且还关心长远利益，特别是中老年员工，更加看重退休后的收入分配。因此，企业年金为企业提供了满足不同需求的分配方式。

（3）激励功能

企业年金一般是按照效率原则建立的，工资收入高、工作年限长的员工可以积累更多的养老金，所以能激励员工努力工作、长期工作。

（4）理财功能

企业年金一般是委托给专业公司进行投资经营，因而能获得较高的回报。与雇员个人投资相比，由雇主进行的投资能为雇员的养老基金提供一定的保护，减少投资风险，提高投资收益。

3. 企业年金与人力资源管理

企业年金计划与人力资源管理的关系是十分密切的。具体表现在：第一，企业年金有利于企业留住核心员工，稳定员工队伍并吸引急需人才，促进企业经济效益的增长；第二，企业年金能够建立远期激励机制，提高员工的忠诚度，实现企业的长远发展战略；第三，企业可以自主决定年金的缴费水平，特别是企业方面的缴费水平，因而能够实现对不同贡献程度员工的激励。

4. 企业年金的分类

企业年金可以依不同的标准划分为不同的种类。

（1）根据创立主体划分

企业年金可分为由单个企业创立和由多个企业（行业）创立。单个企业的企业年金计划在英美国家比较多见，行业的企业年金计划在欧洲大陆国家较为常见。

（2）根据供款来源划分

企业年金可分为个人缴费企业年金计划和个人不缴费企业年金计划。多数国家实行的是个人缴费企业年金计划（个人一般负担1/3～1/2）。

（3）根据决定因素划分

企业年金可分为强制性、自愿性和集体谈判决定三种。强制性企业年金通过政府立法实施，每个企业都必须举办，职工个人也不得退出，如法国、瑞士、丹麦、荷兰和澳大利亚等国家。自愿性企业年金由企业自主决定是否举办，大多数国家都采用这种制度安排。还有的国家通过劳资双方集体谈判的方式决定是否举办企业年金，如瑞典。

(4) 根据缴费和受益关系划分

企业年金可分为待遇确定制（defined benefit）和缴费确定制（defined contribution）。前者的给付水平是事先规定好的，取决于退休前员工的收入水平和就业年限。后者的缴费比例是预先确定的，雇员退休后根据个人账户上的资金领取养老金。缴费确定制年金给付水平受制于积累基金的规模和投资收益，雇员要承担基金的投资风险。从工业化国家的情况看，国家公务员及军官的职业年金一般采取待遇确定制，私营部门则多数实行缴费确定制。

企业年金正成为中国多层次养老保险体系的重要组成部分。2012 年年末全国有 54 737 户企业建立了企业年金，缴费职工人数为 1 846.55 万人，积累基金 4 821.04 亿元。[①] 2013 年年底，全国有 6.6 万户企业建立了企业年金，比上年增加 1.1 万户；参加职工人数为 2 056 万人，比上年增加 210 万人；企业年金基金累计结存 6 035 亿元，比上年增加 1 214 亿元。[②]

10.3.2 住房福利计划[③]

1. 我国的住房福利计划

目前，许多企业都已经建立住房福利计划。大多数国有企业基本上都在停止实物性分房以后，采取发放购房补贴的方式为员工提供购房资助，而其他的民营、外资企业为了能够保证其在人才市场上的竞争优势，也将住房计划作为本企业的重要福利项目之一。

总的来说，企业的住房福利计划可分为两种：一种是国家强制性实施的住房公积金计划；另一种是企业自主建立的补充性住房福利计划。

(1) 住房公积金计划

我国《住房公积金管理条例》（简称《条例》）规定："住房公积金是指国家机关、国有企业、城镇集体企业、外商投资企业、城镇私营企业及其他城镇企业、事业单位、民办非企业单位、社会团体及其在职职工缴存的长期住房储金。"

我国住房公积金是由企业和员工共同缴费构成的。《条例》规定，职工和单位住房公积金的缴存比例均不得低于职工上一年度月平均工资的 5%，有条件的城市，可以适当提高缴存比例。

住房公积金实行专款专用，"住房公积金应当用于职工购买、建造、翻建、大修自住住房，任何单位和个人不得挪作他用"。

住房公积金可以享受国家政策优惠。第一，税收优惠。企业所缴纳的住房公积金在其成本中列支，员工个人缴费部分直接从工资中扣除，并且免交个人所得税。第二，较高的存款利率。住房公积金存款是按 3 个月定期整存整取存款的利率计息。第

---

① 人力资源和社会保障部.2012 年度全国企业年金基金业务数据摘要［EB/OL］.［2014-12-04］. http://www.cnpension.net/images/zt/2013/qgqynjjjywsjzy2012.pdf.

② 人力资源和社会保障部.2013 年全国社会保险情况［EB/OL］.［2014-06-24］. http://politics.people.com.cn/n/2014/0624/c1001-25194397.html.

③ 仇雨临.员工福利概论［M］.北京：中国人民大学出版社，2007：258-277.

三，低息住房公积金贷款。职工申请获取的住房公积金贷款利率要低于一般的市场贷款利率。

（2）补充性住房福利计划①

①现金补助类。这类计划包括补充性住房公积金和现金住房补贴。补充性住房公积金是指企业向员工住房公积金账户所缴存的超过员工个人公积金缴存额的部分。这种补充性住房公积金的管理与住房公积金基本相同。我国上海市首先推出了这种形式的住房福利计划。现金住房补贴是指企业直接以现金形式发放给员工的用于住房消费的福利工资。国家最初是针对国家机关、行政事业单位和国有企业出台的政策，但实际上，许多合资甚至是外资企业也会参照这一规定实施补充性住房福利计划。

②实物资助类。这类计划也包括两种形式：一种是企业直接为无房员工提供宿舍或公寓；另一种是企业与房地产开发商谈判，以较低的价格帮助员工购房。前者往往有特定的受益群体，如新员工或被派遣到外地的员工；后者在很大程度上取决于企业自身的经营管理理念以及企业中员工自身对于住房的需求情况和购房意愿。

③购房贷款类。在这类计划中，企业通过其所建立的员工福利基金或专门的住房基金为购房的员工提供低息或无息的借款，或帮助员工偿还住房贷款，主要包括低息或无息购房贷款计划、利息补助计划以及折扣购房计划等。对于企业而言，这类计划通常是针对贷款购房的员工提供的，而且在实施中通常将这类计划与企业的奖励制度结合起来应用。

2. 住房福利计划的选择

前面简要介绍了几种住房福利计划，那么，企业应该选择哪种住房福利呢？企业可以从以下三个角度进行比较（以现金型和实物型为例）：

（1）哪种方式更有吸引力

两种类型的住房福利计划在面对不同的需求群体时有不同的优势。实物型的住房福利计划对迫切需要解决住房问题的员工，尤其是新员工的吸引力更强。而对于已经有住房的员工，或是对住房条件、环境等要求较高的员工，现金型的住房福利计划可能吸引力会更强。

（2）成本-产出分析

长期来看，实物型和现金型的住房福利计划在资金投入上不会有太大差异。而从效果来看，差异却较为明显。就实物型的计划而言，员工居住在同一生活区，有利于增进员工之间的沟通和了解，同时也便于企业组织员工活动。现金型的计划通常不具备这些优势，但其对员工离职却有较强的“约束”作用。例如，低息或无息购房贷款计划一般会有明确的贷款期限，员工如果在这一年限当中离职，则需支付较高的成本。

（3）管理成本

实物型住房福利计划管理比较复杂，企业在初期一次性投入之后，还要在后期管理和修缮中投入较多的人力进行管理；而现金型住房福利计划是由员工自行购买或租

---

① 仇雨临．员工福利管理［M］．上海：复旦大学出版社，2004：279-283.

赁房屋来解决住房问题，管理起来比较方便，管理成本也较低。

10.3.3 健康保障计划[①]

1. 健康保障计划的概念

企业健康保障计划，也叫企业补充医疗保险计划或企业医疗保障计划，是企业为员工建立的、用于提供医疗服务和补偿医疗费用开支的福利计划。

作为一种补充性的医疗保障计划，企业健康保障计划的发达程度与社会医疗保障制度是否完善紧密相关。在英国、加拿大等实行全民医疗保障制度的福利国家，企业的健康保障计划就不那么重要，而在没有建立全民医疗保障制度的国家如美国，企业健康保障计划就显得非常重要。

2. 我国的企业补充医疗保险

由于我国现行的城镇职工基本医疗保险的保障水平有限，国家鼓励用人单位为职工建立补充医疗保险。我国规定，企业补充医疗保险费在工资总额4%以内的部分，企业可直接从成本中列支。企业补充医疗保险资金由企业或行业集中使用和管理，单独建账，单独管理。

在实践中，企业补充医疗保险运作模式主要有四种类型：一是社会保险模式，即由社会保险机构经办的职工补充医疗保险。例如，北京制定了“大额医疗互助制度”，由社会保险经办机构负责互助资金的筹集和管理，用于解决门诊、急诊和封顶线以上的大额医疗费用问题。二是社会保险与商业保险合作模式。社会保险管理部门利用商业保险公司的技术和经验为社会保险提供服务，同时商业保险公司利用社会保险部门所拥有的信用发展自己的保险业务。例如，太平洋保险公司厦门分公司接受厦门市参保职工的投保，负责赔付参保职工发生的超出基本医疗保险支付最高限额的医疗费用。三是职工医疗互助保险模式。由工会组织经营的职工互助保险，主要利用原有的工会组织系统开展互助保险业务。四是商业保险模式。不少企业通过购买商业团体健康保险的方式，自主建立企业补充医疗保险。

3. 企业保健项目

员工生病后能够得到及时有效的治疗固然重要，但预防保健更是维护健康的根本。企业可以通过一系列的保健项目来保障员工的健康。

（1）体检计划

企业定期组织员工进行体检是企业保健福利中最常见的项目，其目的是了解员工的身体健康状况并及时发现疾病隐患。通常这种体检每年举行一次。

（2）生活方式改善计划

它也叫生活习惯管理计划，主要是鼓励员工通常还有其家属改正他们的不良生活习惯，以保持更好的身体健康状况。这类计划主要有戒烟计划、健身计划、减肥计划、营养计划、压力调节计划等。此外，企业还会开办健康讲座，为雇员订阅健康杂志等。

---

① 仇雨临．员工福利概论［M］．北京：中国人民大学出版社，2007：282-300.

（3）健身计划

健身计划包括在工作场所配置健身房、开设健身课程、就如何处理工作压力进行培训、开展户外旅游、举办运动会等各种方式。

10.3.4 利润分享计划①

1. 利润分享计划的界定

广义的利润分享计划指的是与员工分享公司利润的所有形式的计划，它包括现金计划、延期支付计划及混合计划。

在现金计划中，利润分享账户的资金通常以津贴或者薪资补充的形式分配给员工。分享的利润不享受税收优惠。

延期支付计划则只是将分配的利润记入员工个人账户，资金由信托机构管理，并为未来的支付作积累。积累的资金只有在员工退休或者其他诸如死亡、残疾、解除雇佣关系等情况下才支付给员工。

混合计划是现金计划与延期支付计划的综合，即分享利润的一部分以现金的形式现期支付给员工，余下部分则延期支付。

狭义的利润分享计划指的是延期利润分享计划，不包括现金利润分享计划及混合计划。本节采用的是狭义的利润分享计划概念。

2. 利润分享计划的特征

利润分享计划是一种典型的缴费确定型养老计划。② 它具有以下特点：

第一，雇主可以在计划中规定，雇主的缴费必须从企业的利润中提取，雇主缴费多少取决于企业盈利状况。另外，雇主还可以规定缴费额，或者通过一个公式来确定缴费额，也可以不作设计，由董事会决定当年缴费额度。

第二，在雇员或其受益人符合提款条件时，其所提款的数额是雇主为其缴费与该缴费额所获得的任何投资收益的总和。

第三，在收入避税方面，利润分享计划在一定额度内享受税收优惠。当然，为了得到这些税收优惠，利润分享计划需要满足必要的条件，即计划具有必要的、正式的书面形式，计划要具有长期性，计划必须由雇主与雇员协商交流后制订，计划要对所有雇员公平对待，不能向某些高收入员工倾斜等。

3. 利润分享计划的优点和缺点

利润分享计划有以下优点：其一，增加员工退休后的收入，提供更高水平的生活保障。其二，利润分享计划在激励员工方面能发挥重要作用，刺激员工改善绩效水平，从而提高企业的生产率。其三，利润分享计划在资金筹集上具有很大的灵活性，雇主可以根据企业的盈利情况自主安排缴费。其四，雇主可以更好地吸引年轻的雇员加入公司。

当然，利润分享计划也存在一系列不足之处：第一，利润分享计划很难体现员工

---

① 仇雨临．员工福利概论［M］．北京：中国人民大学出版社，2007：304-321.
② 林羿．美国的私有退休金体制［M］．北京：北京大学出版社，2002：95-96.

的历史贡献，员工在计划建立之前为公司所作的努力无法在计划中得到回报。第二，利润分享计划对年长的员工或即将退休的员工不利，使他们无法公平地分享企业发展带来的收益。第三，员工需要承担通货膨胀的压力、投资风险以及企业的经营风险，因而退休时不一定能得到理想的退休收入。

10.3.5 员工持股计划

1. 员工持股计划的界定

员工持股计划（employee stock ownership plan，ESOP）是企业内部员工根据协议与合同，通过法定程序有条件地拥有企业股份的一种企业分配制度。[①]

2. 员工持股计划的类型

按照员工购买公司股票的资金来源，ESOP 可以分为两大类：杠杆型 ESOP 与非杠杆型 ESOP。

（1）杠杆型 ESOP[②]

杠杆型 ESOP 也称为贷款型 ESOP，主要是利用信贷杠杆来实现的。这种做法涉及员工持股计划基金会、公司、公司股东和贷款银行四个方面。具体做法是：成立一个员工持股计划信托基金会，由公司担保，该基金会出面，以实行员工持股计划为名向银行贷款购买公司股东手中的部分股票，购入的股票由信托基金会掌握，并利用因此分得的公司利润及由公司其他福利计划（如企业年金等）中转来的资金归还银行贷款的利息和本金。随着贷款的归还，按事先确定的比例将股票逐步转入员工账户，贷款全部还清后，股票全部归员工所有。

（2）非杠杆型 ESOP[③]

非杠杆型 ESOP 也称为非贷款型 ESOP，是指由公司每年向 ESOP 贡献一定数额的公司股票或用于购买股票的现金（一般为参与者工资总额的 15%），以逐步获得公司的股份。然后，股份被转移到员工持股计划，随即又被分配到参加人的名下。这种职工持股计划无法享受贷款低息方面的优惠，但企业每年对持股计划贡献的现金（分配给员工持股计划的红利，不是指直接分配到员工个人手上的部分）仍是可以免税的。

3. 员工持股计划的特征[④]

（1）ESOP 是一种特别的养老金计划

与其他类型的养老金计划相比，ESOP 有三个特别之处：一是必须将大部分资金投资于公司的股票上；二是可以借钱购买企业股份；三是可以享受税收优惠。

（2）ESOP 属于缴费确定型的养老金计划

作为一项缴费确定型的养老金计划，ESOP 有下列特点：其一，虽然公司投入的现金被分配到员工的个人账户上，但并不是直接交给员工个人，它们统一由专门的信

① 肇越，杨燕绥，于小东．员工福利与退休计划［M］．北京：中信出版社，2004：346.
② 肇越，杨燕绥，于小东．员工福利与退休计划［M］．北京：中信出版社，2004：348.
③ 艾伦，等．退休金计划［M］．北京：经济科学出版社，2003：195-196.
④ 仇雨临．员工福利概论［M］．北京：中国人民大学出版社，2007：338-339.

托机构代为管理。其二，资金分配一般以参加者的相对工资为标准，同时也考虑其在公司的服务年限。其三，公司的缴费积累额既可以退休后使用，也可以作为他用。

（3）注重利益而淡化股权的充分行使

一般来说，持股员工只有在公司重大问题上（如公司的兼并、分立和股权的转让等）有表决权，而对于公司董事会的选举、高级管理人员的聘用等问题，员工一般不参加表决。此外，除非在正常离职或退休的情况下，否则员工没有股份的转让权和继承权。

10.4 中国员工福利制度的发展

10.4.1 计划经济体制下的职工福利制度

我国的“职工福利”这一概念，其内涵与“员工福利”一致。在计划经济时期，职工福利主要包括三部分：社会保险、集体福利设施以及各项职工福利补贴。① 关于社会保险制度的建立和发展，本书前面相关章节已有叙述，不再重复。这里主要介绍集体福利设施以及各项职工福利补贴。

1. 兴建集体福利设施

1950—1957年，国家出台了一系列法律和政策，积极促进职工福利事业的发展。

职工福利设施，分为生活服务设施和文化娱乐设施两类。生活服务设施主要是职工食堂，职工住宅，托幼园所和哺乳室，浴室、理发室、休息室等；文化娱乐设施包括俱乐部、图书馆、电影院（队）和体育场等。职工可以免费或优惠享受福利设施。

在政府的重视和工会的努力下，职工文化福利事业也很快发展起来。有条件的企业还建立了职工俱乐部、图书室、电影院，以及职工体育场、溜冰场、游泳池、乒乓球室、棋牌室等文化体育设施。

2. 建立职工福利补贴制度

国家法定的职工福利补贴主要包括职工生活困难补助、探亲假补贴、上下班交通费补贴和冬季宿舍取暖补贴制度。

1962年10月，劳动部、财政部、全国总工会联合发出《关于做好当前职工生活困难补助工作的通知》，对职工生活困难补助标准作了具体规定。补助资金的来源主要有工会会费、企业劳动保险基金、企业奖励基金、企业的福利基金和机关事业单位的福利费。

1958年，国务院颁布了《关于工人、职员回家探亲的假期和工资待遇的暂行规定》。城镇正式职工，连续工龄满一年，与父母、配偶不在一地居住，可以享受2~3周带薪（按工资标准100%发给）探亲假。1981年3月，国务院又延长了探亲假期，增加了已婚职工探望父母的规定。

---

① 仇雨临．员工福利概论［M］．北京：中国人民大学出版社，2007：69-74.

1978 年国家建立了全国统一的职工上下班交通费补贴制度，在 50 万人口以上的城市和主要工矿区实行。

1955 年，国务院制定《中央国家机关工作人员宿舍取暖补贴办法》，规定在冬季取暖期间，按每人每月工资的 6% 发给取暖费。同年又发出通知，允许各地的事业、企业单位参照执行。1956 年国务院发出通知，淮河、秦岭以北地区的地区分甲、乙两类不同标准发给取暖补贴，其余地区不发给宿舍取暖补贴，并规定职工宿舍装有暖气的，不发给取暖补贴，由供暖单位定额收费。1977 年决定对住在装有暖气设备宿舍的职工实行免费供暖。1978 年扩大了实施冬季宿舍取暖补贴的范围。

10.4.2 新时期我国职工福利的变革与发展

1. 建立企业年金制度和企业补充医疗保险制度

由于城镇企业职工的基本养老保险和基本医疗保险制度为参保职工提供的保障水平有限，国家颁布了一系列的政策法规，鼓励企业建立企业补充养老保险（企业年金）和企业补充医疗保险，提高参保职工所享受的待遇水平。

2004 年，《企业年金试行办法》和《企业年金基金管理试行办法》的出台，标志着我国企业年金的发展进入了法制化、规范化和国际化轨道。① 2014 年 1 月 1 日，《关于企业年金职业年金个人所得税有关问题的通知》开始实行，企业年金参加者可以享受递延纳税的优惠政策。

2002 年，原劳动和社会保障部、财政部联合发布了《关于企业补充医疗保险有关问题的通知》，允许企业在按规定参加当地基本医疗保险基础上建立补充医疗保险。企业补充医疗保险费在工资总额 4% 以内的部分，可直接从成本中列支。2009 年，这一比例调整为 5%。② 企业补充医疗保险资金由企业或行业集中使用和管理，单独建账，单独管理。

2. 住房公积金制度和住房补贴

改革开放后，随着城市化进程的加快和物价水平的提高，职工住房问题日益严重。20 世纪 90 年代初，一些地区开始提高房租和建立住房公积金的试点工作。1994 年国务院发布《关于深化城镇住房制度改革的决定》，1995 年又发布《国家安居工程实施方案》，我国住房改革的大幕由此全面拉开。取消福利分房、提高住房租金、建立住房公积金制度、住房商品化、住房分配货币化等一整套制度开始有计划有步骤地实施。1999 年国务院发布《住房公积金管理条例》，对住房公积金的管理机构和职责、缴存比例、提取使用、监督等作出统一规定。

3. 企业自主举办的补充职工福利得到发展

随着国民物质生活的改善，计划经济时期曾经让职工兴奋的实物型福利渐渐失去凝聚作用，实物型福利的效用明显降低。一些企业开始学习外资企业的经验，重新认

---

① 自 2011 年 5 月 1 日起，《企业年金基金管理办法》开始施行，2004 年 2 月发布的《企业年金基金管理试行办法》同时废止。

② 参见财政部、国家税务总局《关于补充养老保险费补充医疗保险费有关企业所得税政策问题的通知》（财税〔2009〕27 号）。

识和设计职工福利，寻找职工福利改革的突破点。

除了在政府指导下举办各种企业补充保险外，利润分享计划（我国习惯上称劳动分红）、员工持股计划逐步试行。带薪休假、旅游补贴等享受性的福利项目也在效益好的企业出现。理财服务、无息或低息贷款等金融服务也在走入企业。一些企业根据自身特点设计福利，力求职工福利与企业战略目标匹配的意识日见明显。他们不再被动地执行政府的福利规定，不再简单地认为开展职工福利仅仅是为了规避工资总额的监管，而是把职工福利作为薪酬的一部分认真设计。这些都说明我国的企业职工福利正步入一个新的发展阶段。

本章小结

员工福利属于间接性薪酬支付，它多以实物和延期支付为主，具有补偿性和激励性。从不同的角度，员工福利可以划分为不同的类型。

员工福利设置的影响因素有很多，可以归纳为社会因素、企业因素和员工因素。社会因素包括国家经济发展水平以及法定福利的政策法规等。企业因素包括企业文化和管理理念、企业的薪酬策略、工会的态度和力量等。员工因素包括员工的工作绩效、员工的工作年限、员工的福利需求等。

员工福利计划应包括员工福利提供的理念、员工福利提供的水平、员工福利提供的项目、员工福利的纵向结构、员工福利享受的条件以及福利实施的主体等六个方面。依据不同的标准，员工福利计划可以划分为不同的模式。

员工福利规划有系统性、可行性、可操作性和动态性等特点。员工福利规划应遵循统筹规划原则、目标性原则、系统性原则、适应性原则、协调性原则、科学预测原则以及合理性原则。

员工福利管理应遵循的原则有公平性、激励性、经济性、透明性、先进性以及动态性。员工福利管理主要包括方案制订、财务预算、管理机构、人员配备、成本控制、调整变动和效果评估等内容。

企业年金计划、住房福利计划、健康保障计划、利润分享计划、员工持股计划是几种典型的员工福利计划。企业年金，是企业为员工提供的养老金福利，是员工退休后获得的收入，具有保障功能、分配功能、激励功能、理财功能。

复习思考题

1. 什么是员工福利？员工福利有哪些分类？
2. 员工福利的设置受哪些因素的影响和制约？
3. 员工福利计划应当包括哪些内容？
4. 员工福利计划有哪些设计模式？简要分析每一种模式的优点和缺点。
5. 试简述员工福利规划与管理过程中应遵循的原则。
6. 试对几种典型的员工福利计划进行描述。
7. 我国职工福利的主要内容有哪些？改革开放以来，职工福利的内容发生了哪些变化？

案例分析题

比德文“中国版遗嘱福利”走红

谷歌的遗嘱福利曾经引起无数人艳羡，近日，全国领先的电动车品牌比德文亦推出了中国版的遗嘱福利，率先将员工的身后事纳入到企业对员工的保障制度当中。据了解，这也是目前国内首家推出遗嘱福利的民营企业。

比德文公司有关遗嘱福利条款具体内容为：凡在比德文电动车工作满一年的员工，如遇身故（不包括从事违法活动或自杀原因），公司将会在未来十年内每月向其亲生父母支付其生前基本工资的50%，代其尽孝；同时，其亲生子女可以领取每月1 000元的成长补助金，直到年满18岁为止。与谷歌的遗嘱福利相比，比德文版福利制度最明显的差异在于受益人为员工父母而非员工妻子。而之所以作出这样的改变，则主要源于中国与美国的国情差异。

比德文的相关负责人告诉笔者，中国的国情为，大多数上班族承担着整个家庭的生活重担，“上有老，下有小”的家庭模式凸显了主心骨成员的重要性，但据权威数据显示，目前中国15岁至30岁的独生子女总人数约有1.9亿人，这一年龄段的人年死亡率为4‰，每年约产生7.6万个失独家庭，失独总数已超百万。而全国孤儿人数在最近5年内也增长了约24%，总数超过71万人。如何在员工不幸身故后，让员工的父母老有所依，孩子有所依靠，不仅是社会需要解决的难题，也是企业迫切需要为员工考虑的问题。正是基于这一背景，比德文推出了遗嘱福利，该福利不分职位高低，所有员工都可享受。

除了遗嘱福利外，比德文还推出了孝文化福利、购房福利等共计20项企业福利。孝文化福利中最令员工称赞的是，员工的父母因重大疾病（保监会所规定的25种重大疾病）住院，员工的陪护假不设上限，且陪护期间员工的薪资照发，给予员工更多的时间来照顾父母，让病床上的父母不再孤单。此外，比德文还推出了每日给员工父母发放孝金，员工生日为员工父母送礼金等一系列推广孝文化的福利。

该负责人表示，“百善孝为先”，孝是中华民族的传统美德，当代的年轻人并不缺“孝心”，但在白热化的竞争压力下，很多人身不由己。比德文孝文化福利的出台，让“孝心”从普遍的倡导呼吁升级到为员工提供尽孝的条件，更具社会意义。

资料来源　佚名．秒杀谷歌比德文电动车版“中国好福利”走红［N］．经济导报，2013-01-14.

案例思考题：

结合本案例材料，思考为什么“遗嘱福利”受到推崇？结合现实情况，就企业员工福利的发展趋势进行分析。

推荐阅读资料

1. 仇雨临．员工福利管理［M］．2版．上海：复旦大学出版社，2010.

2. 仇雨临．员工福利概论［M］．2版．北京：中国人民大学出版社，2011.
3. 宿春礼．现代公司员工福利计划方案设计［M］．北京：中国财政经济出版社，2003.

第11章 住房保障

学习目标

住房保障是社会保障体系中的重要组成部分，学习本章后你应该：

✓了解住房保障制度建设较有成效的发达国家是如何发展其住房保障体系的

✓重点掌握我国现阶段正在建设的多层次住房保障体系

✓理解经济适用房、廉租房、公共租赁住房、住房公积金制度的运作模式和发展现状

引例 香港的住房保障制度：多层次住房保障体系

中国香港土地资源稀缺，人多地少，是世界上人口最稠密的地区之一，对住房的需求巨大，而且香港是典型的高房价地区。据美国媒体2012年年底的调查报告，香港的房价排名挤入了全球TOP10，其中别墅每平方英尺平均房价4 406美元、公寓每平方英尺平均房价2 625美元。面对人多地少和高房价的双重压力，如何解决香港普通居民的住房需求成为香港政府历年的重要任务。

香港政府通过建立私人开发商和政府部门共同发展的双轨制住房供应体系——私人机构主要负责建造别墅、公寓等高档住宅，为中高收入者提供高档、舒适的住房；政府部门（主要包括香港房委会及房委署）负责建造公营房屋，为低收入者提供低价住房——成功解决了不同收入阶层的住房需求，使香港成为世界上公认的住房问题解决的比较好的典范地区。截止到2007年，居住在各类型公共房屋的港民占了全港市民的49%。截止到2013年3月，香港房委会辖下有接近728 000个公屋单位，分布在全港160多个公屋村，为逾200万港民提供安居之所，这还不包括居屋等其他类型保障房的数量，这足以说明香港住房保障制度之完善。①

香港的保障性住房（公共住房，public housing）被称为共营房屋，是香港政府、政府资助机构或非牟利机构为满足低收入居民的住屋需要而兴建的公共房屋。主要分为公屋（租赁型公共住房）和居屋（出售型公共住房）两类。香港住房保障制度自1954年开始实施，至今历经60年的实践，日臻完善。

自20世纪50年代以来，香港政府先后制定和实施了徙置计划、廉租屋计划（1961年）、临时住房计划、十年建屋计划（1972年）、居者有其屋计划（1977年）、私人机构参建居屋计划（1978年）、租者置其屋计划（1998年）、可租可买计划

① 数据资料来源于香港房委会2012/13年年报。

(1999年)、公屋清洁扣分制计划(2003年)、改善居住空间调迁计划(2006年)和公屋租金调整机制(2010年)等住房保障计划和政策。[①] 香港政府为满足广大中低收入者的基本住房需求作出了巨大的努力,其中公屋的租金仅为市场租金的一半左右,居屋的价格约为私人住宅价格的40%~60%。香港政府不仅为低收入者提供租金援助、货币补贴、房价消减,也为低收入者提供一系列贷款、税收优惠,而且很注重居住环境的可持续发展、存量公共住房的运作效率和特殊群体优待。比如:香港政府为促进公共住房的合理分配和有效运转,对公共住房者的收入等情况进行动态性监管,一旦公共住房者不符合公共住房标准,则会勒令其退出公共住房,让渡给更需要公共住房的低收入者;香港政府为保障公共住房的质量,减缓其折旧速度,采取公屋清洁扣分制,对公共住房者的公屋的环境、清洁度进行定期检查,按其清洁度高低进行扣分,若扣分超过规定分值,则勒令其限期维修整改或退出公共住房;为改善低收入者的居住质量,实行居住空间调迁计划,对公屋实行全方位的维修;香港的住房保障制度设置非常人性化,对特殊群体如长者、残疾者、家庭问题者等实行更为特殊的照顾政策,赋予他们优先申请、特殊设施配置、申请更改住屋编配等权利。

总之,香港的住房保障制度为实现港民的住房需求,解决香港的住房问题发挥了不可磨灭的作用,为实现香港地区的繁荣昌盛、市民安居乐业作出巨大贡献。

香港政府为更好的解决港民住房问题和改善港民居住条件,提出了进一步落实和完善住房保障政策的规划,致力于实现五年目标:由2012/13年度开始的五年内建造79 000个公屋单位;为满足未来住房需求,房委会已物色足够土地在2017/18年度开始的五年内建造100 000个公屋单位。为协助中低收入家庭置业,政府已订立规划目标,由2016/17年度起的四年内建造约17 000个居屋单位公开发售。[②③]

住房的本质属性是居民的基本消费品,又是价值量相当大,且在长时期内使用和消费的耐用消费品。居民住房需求的满足状况和消费能力在很大程度上反映着一个国家(或地区)居民的生活质量和福祉的改善。因此,世界各国政府都高度重视住房这一重大民生问题,把保证公民的居住权利、提供住房的基本保障、解决较低收入家庭和特殊群体的住房困难,作为政府公共政策的重要内容,并围绕公共住房政策的实施和为较低收入家庭和特殊群体提供的相关住房服务,形成了各具特色的管理和服务系统,即住房保障体系。

11.1 住房保障概述

11.1.1 住房保障制度建设的意义

"居者有其屋"是中华民族的传统观念。中国古代著名思想家孟子在著作《孟

① 数据资料来源于香港房委会官网。
② 数据资料来源于香港房委会及房委署《2012/13年度可持续发展报告》。
③ 刘佳燕,万旭东. 借鉴香港经验谈租赁型公共住房在我国的发展前景[J]. 北京规划建设,2007(6).

子·梁惠王》中将这一思想精确地阐述为：居者有其屋，病者有其医，勤者有其业。孟子还提出了一个重要的治国思想：民之为道也，有恒产者有恒心，无恒产者无恒心。这说明只有让人民有稳定的财产和收入，从而拥有稳定平和的思想，这样才能实现一个国家的社会稳定、国家富强。不仅中国特别强调居住权，世界各国也通常把住房问题看做重大的社会问题。1981 年 4 月在伦敦举行的"城市住宅问题国家研讨会"上通过了《住宅人权宣言》，指出"一个环境良好、适宜人的住所是所有居民的基本人权"。1982 年第 37 届联合国大会在确定 1987 年为"无家可归者收容安置国际年(国际住房年)"后，又于1985 年12 月17 日第40 届联合国大会一致通过决议，确定每年 10 月的第一个星期一为"世界人居日"（World Habitat Day)，亦称"世界住房日"。

然而随着人口的增长，工业和人口在城市的高度集中，现代工业化的过程产生了对城市土地和住房供应的巨大需求，导致住房价格上涨，形成住房供应的绝对短缺和房价超越广大中低收入家庭支付能力这两个同一根源而又相互矛盾的问题。其结果是在各地农村人口离开乡村不断涌向大都市的同时，大批低收入居民拥挤在城市边缘地带的贫民窟中，在大城市原有的规划中心地区周围形成一个个无序发展地带，相应带来疾病、犯罪、社会规范和社会道德约束力下降等一系列社会问题，影响着整个社会经济的健康发展和政治安定。

住房问题是基本的社会问题，同时又与经济发展有密切联系。住房是不动产，具有投资品属性，是家庭财富的重要来源，住房投资和消费是国民经济的重要组成部分，涉及宏观经济的平稳运行。因此在住房问题日益加剧的今天，为了保障居民的居住权以及整个社会的稳定和发展，政府必须担负起修建住房、提供住房保障、调控住房市场的重任，即建立住房保障制度，使得"住有所居"或"居者有其屋"。

11.1.2 住房保障的基本内涵

住房保障指政府为社会上买不起、租不起房子的家庭提供经济、法律等方面的支持，使每个公民都享有居住权。住房保障制度主要是指针对这些住房困难家庭的一系列制度安排和政策措施。值得注意的是，住房保障的基本目标并不是让所有的人都拥有住房产权，而是保障所有的人都有一个较好的环境作为栖身之所，所以各个国家在经济困难时期，一般以为低收入家庭提供廉价的可租赁住房作为住房保障的主要形式，待国家和政府财力逐渐雄厚，才将重点放在解决低收入家庭住房产权上。住房保障体系改善了中低收入家庭的居住权，改善了各国的人权状况，同时也避免了由住房问题引起的一系列社会问题的发生，对促进社会公平以及推进经济健康发展有重要意义。住房保障和失业保障、养老保障、医疗保障等共同组成了社会保障体系的主要覆盖面。

住房保障对象一般包括所有无法从市场上获得住房的低收入居民家庭。各个国家之间以及各国不同时期的住房保障对象和保障标准均存在差异，但收入相对较低、竞争能力较差的人群一直是住房保障对象的主体，如失业人群、残疾人群、丧失劳动能力的其他居民。在政府财力逐渐雄厚的阶段，应该不断扩大保障对象的范围，提高保障标准，让越来越多的中低收入家庭通过住房保障体系解决居住问题和改善居住条件。

11.2 世界各地区的住房保障体系概览

世界上绝大多数国家和地区都建立了住房保障体系，特别是一些发达国家，如英国、美国、德国等，有将近百年的现代住房保障体系发展史，其住房保障制度也相对完善，了解和学习这些国家的住房保障体系有利于我们开阔思路，正确地认识和建设我国的住房保障体系。

11.2.1 以公共住房为主体的英国住房保障制度

19世纪初，英国是世界上最发达的资本主义国家。英国也是最早实现政府干预住房市场的国家，于1919年颁布《住房法》，明确规定住房问题属于公共事务，应由国家对公共住房提供支持。经济的发展以及人口的迅速增长使英国最先遇到亟待解决的住房问题，如租金过高、卫生设施相对人口数量明显偏少等。面对这些问题，英国政府迅速对资金实行管制，并推动地方政府建设公共住房，以较低的价格出租给低收入者。第二次世界大战中，大量住房在战争中倒塌或者变成危房，致使英国住房严重短缺。政府大力集中建设公共住房并出租，以缓解严峻的住房短缺问题。环境交通和区域部根据中央财政每年的预算，结合地方政府的住房供给数目，以满足低收入居民住房需求为目的，确定合适的建房数量，并向地方政府提供相应的资金支持。在这一时期，英国修建了大量公共住房，并以低于市场将近一半的租金出租给低收入家庭。

20世纪60年代，英国公房的年租金一般不到住房价值的1.1%，大大低于西方国家5%的水平。通常，租住公房的居民需要付出占收入10%的租金，租用私房的居民的房租支出占收入的20%。同时，英国租住私房的居民由19世纪初的90%下降到1985年的9%。

然而公房的建造、运营为政府带来了严重的经济负担。20世纪80年代，保守党领袖撒切尔夫人上台执政，她遵循自由市场是有效配置资源最有利手段的原则，认为过去的几十年中政府深入介入经济建设是造成财政赤字的主要原因，并就此开始了大刀阔斧的改革。

在住房改革方面，主要是推行公房私有化。撒切尔政府修改了《住房法》，从多个方面支持住房的私有化。首先，最重要的是规定了“优先购买政策”，租住公房的住户有权优先以低廉的价格购买公房。租住公房的居民，住满两年后有权以市场价格的70%优先购买租住的公房，超过两年后，每超过一年再减房价的1%。居住满三十年的租户可以以房屋40%的优惠价格购买，但是最优惠的价格不得低于房屋价值的30%。其次，“部分产权购买”也成为私有化的重要力量，租住公房的租户可申请为住房支付部分款项，其余部分仍然租用，等到经济条件转好后再支付剩余的款项。在租户购买公房后，若遇到修缮、装修方面的困难，还可向政府申请资助。

为了提高居民购买公房的积极性，在住房融资方面，政府规定了更加宽松的借款政策，最多可以贷到100%的购房款。同时，贷款还款期限延长到30年甚至40年，并可以以浮动利率或者固定利率的任意一种形式贷款。在借款人还款遇到困难时，给予“宽限期”。英国的住房私有化浪潮建立在经济较为发达的基础上，让广大的低收入家庭获得拥有住房产权的机会，更大程度地改变了低收入家庭的居住条件。

11.2.2 住房补贴与金融、税收支持政策相结合的美国住房保障制度

1. 美国政府对低收入家庭的住房补贴

美国的住房保障主要是通过公共住房补贴、租金补贴、利息补贴、住房融资支持等手段建立的。

美国针对低收入家庭的住房政策经历了三个阶段：第一阶段，美国政府效仿英国的做法，实施的是直接向低收入者提供住房的公共住房政策；第二阶段，政府又实施补贴开发商建房资金的住房建设补贴政策；第三阶段，美国政府的住房政策主要是通过补贴制度来提高低收入群体的住房支付能力。住房补贴可以分为两大类：对居民购买住房产权进行的补贴和租金补贴。

对居民购买住房产权进行的补贴以这种方式进行：购房者通过抵押贷款获得住房，并拥有住房的所有权，政府对抵押贷款提供部分补贴，如补贴一部分首期付款、补贴全部抵押贷款的交易成本、对抵押贷款提供担保、补贴一部分抵押贷款利息。这项措施极大地刺激了收入较低但有稳定工作的家庭购房。

租金补贴分为租金凭单和住宅优惠券两种形式，但接受对象都是低收入家庭。具体操作是，联邦政府按照住房市场一般租金水平确定补助金额，承租者自己寻找和选择想要承租的住房，经过讨价还价协商确定租金。选定住房的质量及承租者和房主之间的租约须经地方政府住房局确认，地方政府住房局直接以住房证或住房券的方式向房主支付一部分租金。租金凭单要求承租者的实际支付租金低于公平市场租金，它的补贴额等于承租者实际所付租金与其30%收入的差额，即实际所付租金高于其30%收入的部分皆由政府补贴。住宅优惠券的补贴额为公平市场租金与承租者30%收入的差额。

租金凭单和住宅优惠券略有区别。租金凭单补贴始于1974年，20世纪90年代末约有110万户居民享受此种补贴。住宅优惠券始于1983年，受惠户约40万。享受租金凭单的住户不能承租房租高于联邦政府确定的租金水平（即所谓的公平市场租金）的住房，而享受住宅优惠券的住户则没有这个限制。如果选择的住房房租高于政府的规定，由承租者负担租金差价；如果承租者选择的住房房租低于政府的规定，租金差额归承租者。

表11-1总结了一些国家不同的住房补贴方式。

表11-1 各个国家住房补贴方式一览表

	美国、加拿大、日本	法国	德国	英国	瑞士
方案种类	低租金公房	房租补贴	租补贴	地方政府公房	房租补贴
补贴形式	建造费用（美、加 100%；日 50%～75%）+日常管理维护补贴	利率补贴+（最高至建造费用20%的）拨款	利率补贴（第12年后减少）	利率补贴+部分维修管理补贴	利率补贴（第10年以后减少）+小笔成本补贴
租户付租占成本租金	32%或更低	初租时 60%，30年后补贴减少、房租增加	初租时 70%，12年后补贴减少、房租增加	55%～60%	初租时 76%，10年后补贴减少、房租增加
其他补贴	福利补贴	家庭补贴	家庭补贴	减免部分房租	家庭补贴

资料来源 琼斯．社会政策方式［M］．伦敦：伦敦出版社，1985．转引自孟晓苏．住房政策的国际经验与启示［J］．中国软科学，1998（7）：101-108．

2. 金融政策在美国住房保障体系中的运用

美国政府利用金融支持手段为中低收入家庭购房提供了较多的支持，特别是住房抵押贷款制度以及由美国政府出面为中低收入家庭的住房抵押贷款提供保险和担保的制度，对刺激住房的消费起了积极、显著的作用。美国的住房金融机构较多，如1931年成立的美国联邦住房借贷系统、联邦全国抵押金融协会、政府全国抵押贷款协会和联邦住宅借贷抵押公司。美国的住房抵押贷款素以额度大、成数高、年期长著称，甚至零首期，金融机构因此承受着相当大的信用风险，仅靠银行自身努力或采取预定的防范措施是难以奏效的。

在美国有两种住房抵押贷款的信用风险比较大：一种是中低收入户购房贷款，因其资产积累较少，在就业、收入、健康和婚姻等方面的某些微小变化就会使他们丧失还贷能力；另一种是贷款与不动产价值比过高的贷款，银行很难在借款人无力还贷时通过抵押品的处置来清偿债务。

美国的住房抵押贷款体系采用双管齐下的策略：一方面，联邦住宅管理局（FHA）和退伍军人管理局（VA）积极为广大中低收入借款人提供担保，增强金融机构的贷款信心；另一方面，联邦储蓄保险公司又为金融机构提供存款保险，保证居民的储蓄安全，吸引资金向住宅抵押市场流动。另外，大量私人住宅抵押保险公司在政策和法律的支持下蓬勃发展，成为美国住宅抵押贷款保险体系中的另一重要成员。

美国的住房金融体系是典型的公私结合的二级体系。一级市场上有官方性质的机构联邦住宅银行抵押贷款系统、退伍军人管理局和联邦储蓄贷款保险公司为广大中低收入者提供贷款和贷款担保。二级市场上有政府支持的非官方性质的机构联邦全国抵押协会（房利美）、联邦住宅贷款抵押公司（房地美）和政府全国抵押协会（吉利美）通过购买、打包房地产抵押贷款，然后以证券化的形式把这些抵押贷款出售给二级市场的投资者，或对房地产抵押贷款证券提供还本付息的担保，从而为一级市场的房地产贷款资金提供源源不断的来源，进而促进了美国住宅市场的繁荣发展，解决了部分中低收入者的住房困难问题。

3. 税收政策在美国住房保障体系中的运用

美国的住房保障体系从根本上来说，就是通过税收优惠政策和政府出面为中低收入家庭的住房抵押贷款提供担保的制度，是用来刺激住宅租售市场消费的。为了让更多的人拥有自己的住宅，实现“居者有其屋”的梦想，美国政府对购买、建造和出租住宅实行了一系列税收鼓励政策。据统计，联邦住房与城市发展部（HUD）每年用于向低收入家庭提供住房补贴和资助建房的住房发展预算金，大约只有联邦政府一年住房减税额的1/5。由于美国住房的税收优惠政策主要集中在个人所得税的减免或抵扣上，而美国又是以直接税为主的税制国家，个人所得税占全部财政收入的40%以上，因此运用个人所得税为经济杠杆刺激住房消费的作用也就容易见效。

11.2.3 新加坡的“组屋”住房保障模式

新加坡在实行自治前，由新加坡改良信托局负责建造公共住房。由于建房资金短缺，每年建房数量有限。1947—1959年共建造住房2万套，按当时新加坡的人口增长速度，每增加16人，才能增加一套住房，远远不能满足居民的住房需求。1959年新加坡脱离马来西亚自治，全国共有人口158万人，其中，75万人没有住房，50万人居住在贫民窟和窝棚内，房荒问题十分严重。

1960年新加坡颁布《建屋与发展法》，并根据该法设立建屋发展局（HDB），统一负责组屋的建设、分配和管理工作。由于政府在资金和土地方面的大力支持，建房速度明显加快，从原来每年平均建设一千多套住房提高到一万多套，到1964年年底，已有40万人住进了公共组屋。[①] 表11-2列出了新加坡HDB建成的住房数量统计。

表11-2 新加坡HDB建成的住房数量统计表

年份	住宅建设量（套）	年份	住宅建设量（套）	年份	住宅建设量（套）
1960	1 682	1970	14 251	1980	19 875
1961	7 620	1971	16 147	1981	16 366
1962	12 330	1972	20 252	1982	20 918
1963	10 085	1973	23 224	1983	42 400
1964	13 028	1974	26 169	1984	70 345
1965	10 085	1975	28 027	1985	50 348
1966	12 659	1976	30 024	1986	38 896
1967	12 098	1977	30 406	1987	29 203
1968	14 135	1978	30 176	1988	27 517
1969	13 096	1979	27 189	总计	668 151

注：在HDB建成的住宅中，公屋占据了绝对重点的地位和比例。

资料来源 HDB的年度报告（1987—1988年）。转引自唐相道．新加坡安居工程［M］．上海：上海社会科学出版社，1997.

① 张其光．新加坡的住房制度、公积金制度及对我国的借鉴意义［J］．北京房地产，1996（10）：38-41.

1964年新加坡政府推出“居者有其屋”计划，鼓励中低收入家庭购买公共组屋。1968年政府修改中央公积金法，允许公积金会员动用公积金购买公共组屋，解决了居民购房支付能力不足的问题，极大地推动了中低收入家庭购房。政府通过出售组屋收回资金，重新投入住房建设，大大加快了住房建设速度。1968—1979年期间，每年平均建房3万套，是原住房建设速度的3倍。1979年，已有150万人住进公共组屋，其中，90%的住户自己拥有组屋。人均住房面积约为20平方米，已基本解决住房问题。今天的新加坡，已经没有贫民窟和移民聚居地。全国人口中80%的居民住在自己购置的住宅中，6%的居民住在政府出租的住宅里，其余14%的人大都为高收入者，政府不再承担为他们解决住房的责任，他们的住房可以自己建造或向房地产市场购置。

11.2.4 各国住房保障体系建设经验总结

除了英国、美国外，新加坡、德国、韩国等国家的住房保障制度也都较完善，各个国家的住房保障方式也有其自身的特点，但共性也显而易见。

1. 建立多层次住房保障体系

任何一个国家都是从解决住房短缺问题出发，首先重点解决低收入家庭的住房问题，然后再逐步解决中低收入家庭的住房问题，具有层次性。很多国家将中低收入家庭划分为不同等级，并建立严格的监督机制，从而形成良性循环。并且通过对公共住房者的支付能力进行动态跟踪、监管，实现公共住房的有效进入、退出，提高公共住房的利用效率。例如，新加坡政府严格按家庭收入情况来确定享受住房保障水平，住房短缺时期只有月收入不超过800新元的家庭才有资格租住公有住宅。我国作为一个发展中国家，特别是在受到人力、物力、财力制约的条件下，不可能一下子解决大范围居民的住房问题，必须制订分级计划，有步骤、有层次地解决中低收入家庭的住房问题。

2. 从“补砖头”（补贴住房建设）到“补人头”（补贴住房需求者）的转移

发达国家一般在早期会面临住房严重短缺的情况，尤其是第二次世界大战以后，因此发达国家的住房保障形式普遍由早期补贴住房建设转移到直接向低收入家庭提供货币化补贴，我国学者将其形象地比喻为从“补砖头”到“补人头”。例如，美国的住房保障方式从早期补贴公屋建设转变成直接向低收入家庭发放住房补贴，让他们在住房市场上自由选择适合自己的住房。

“补人头”有三个显著的特点：第一，避免了对住房市场直接干预会给市场运行带来的障碍，不会产生降低市场效率的副作用；第二，这种收入再分配的形式，可以使国民平等的住房权利得到较为公正的实现；第三，对不同收入者区别对待，更能体现政策倾斜，并能适当减少财政支出。

第二次世界大战后，各工业化国家逐步将房租补贴作为政府住房政策的主要工具。到20世纪80年代末，越来越多的第三世界国家也纷纷采用这种方式。世界银行在过去几十年广泛参与了第三世界解决住房问题的努力，在一定程度上促进了政府住房补贴政策从“砖头”（补贴住房建筑业务）到“人头”（补贴住房需求者）的转移。

3. 由鼓励租房转向鼓励购买住房产权

从这些国家的住房保障经验来看，发达国家或地区在度过住房困难时期、国家财富积累到一定程度后，住房存量也大大增加，为了提高居民的居住水平，并减少公屋出租带来的大量管理和维修费用，倾向于推行“住房私有化”，让更多的居民拥有住房产权，即政府为低收入家庭出售低于市场价格的住房。例如，英国的住房私有化浪潮、新加坡的“居者有其屋”计划。

11.3 我国的住房保障模式

11.3.1 我国住房制度的发展与改革历程

在新中国成立以后的很长一段时间里，我国实行的住房制度是由国家或单位统一建设和集中分配的住房福利制度，这种福利住房制度供给、分配、管理方面主要呈现以下特征：①住房供给。政府无偿划拨土地供各单位建造住房，建设面积和质量参照国家规定的标准执行，建设资金由政府拨款或者国有企业的利润留成来支付。②住房分配。住房建造完备后，居住者在缴纳很低的租金后，即可长期性承租。③住房管理运营。住房的维修、管理和保养都由政府或单位负责。承租人缴纳的租金远远不足以支付这些费用，需要政府给予补贴。这一制度在特定的历史条件下曾起到了积极的作用。但随着国家经济发展日益活跃，传统住房体制的弊端也显现出来，低租金租赁制度造成房屋建设和维修出现资金困难、住房数量缺口大、住房分配不公等现象日益严重。

20 世纪 80 年代初，邓小平同志提出了“出售公房、调整房租、提倡私人购房建房”的设想。到 20 世纪 90 年代中期，“住房商品化”的理念已经成为中国住房制度改革和发展的指导思想。这一时期，我国的住房价格较 20 世纪 80 年代有了较大的增长。居民收入的差异化以及住房价格的高涨，导致中低收入特别是最低收入人群无法承受住房消费带来的压力。针对这一现象，国家在继续推进住房商品化的同时，开始着手建立针对中低收入家庭的住房保障制度。

1991 年，住房公积金制度率先在上海建立，随后为解决中低收入家庭住房困难的经济适用房建设也在全国陆续展开。1998 年，我国政府提出并着手在全国范围内积极推进廉租住房制度建设。经过十余年的发展，到 2008 年，我国的多层次住房保障体系已经基本建成，针对中等偏下和低收入住房困难家庭的一系列制度安排，基本形成了多层次的住房保障体系。

我国的住房保障体系主要分为四个层次：

（1）对低收入住房困难家庭，主要为他们提供廉租房，以解决其居住困难。

（2）对有一定支付能力的低收入人群，通过改进和规范经济适用住房制度来解决。

（3）对中等偏下收入家庭、既没能力购买经济适用房又达不到廉租房资格的“夹心层”人群和非户籍人士，通过提供公共租赁住房的形式为他们解决住房困难问题。

（4）对中等偏下和低收入家庭聚集的、居住功能不完善的危旧小区、棚户区给予整治与改造。同时，利用住房公积金的增值收益为廉租房的建设和租用、经济适用房的改造以及危旧小区的整治和改造提供资金。①

表11-3列出了不同家庭需求住房供应体系框架。

表11-3 不同家庭需求住房供应体系框架

是否属于保障体系	供应类型	供应对象	政策	运作
商品房（无保障性）	高档别墅	极少数高收入者	严格限制供应，用税收调节消费	租售并举
商品房（无保障性）	高档商品房	少数高收入者	限制供应	租售并举
商品房（无保障性）	普通商品房	中等偏上，中等收入	适当控制面积，运用金融、税收政策作适当的调控	租售并举
政策性住房（半保障性）	限价房	中等偏下收入者、拆迁户	90平方米套型为主	出售，不租
政策性住房（半保障性）	经济适用住房	有一定支付能力，中等偏下收入	严格控制面积、价格标准，准入标准	出售，不租
政策性住房（保障性）	廉租房	低收入家庭，住房十分困难家庭	政府投资建设，政府货币直接补贴	长期性租赁，不售
政策性住房（保障性）	公租房	中等偏下收入家庭，“夹心层”、非户籍人士	政府投资建设，政府货币直接补贴	只租不售

资料来源 改编自建设部课题组．多层次住房保障体系［M］．北京：中国建筑工业出版社，2007：9.

11.3.2 租赁型保障房制度的建立和发展

1. 租赁型保障住房的基本概念

租赁型保障住房制度是指国家为保障中低收入家庭的基本住房需求而提供的低于市场租金一定比例的保障性住房，只租不售，属于非产权型的住房。它主要包括廉租住房和公共租赁住房两类。在公共租赁住房出现之前廉租住房在住房保障体系中占有

① 建设部课题组．多层次住房保障体系［M］．北京：中国建筑工业出版社，2007：74.

重要的地位，是对（最）低收入家庭实施的最重要住房援助。随着公共租赁住房的出现，不仅（最）低收入群体的住房需求得到了保障，中等偏下收入群体即“夹心层”的住房需求也得到了保障。2013 年 12 月 6 日，住房城乡建设部、财政部、国家发展改革委对外公布《关于公共租赁住房和廉租住房并轨运行的通知》，从 2014 年起，各地公共租赁住房和廉租住房并轨运行，并轨后统称为公共租赁住房，廉租住房统一纳入公租房管理。这也就意味着廉租住房“实存名亡”。并轨后，取消对廉租住房家庭的保障，而是统一提供公租房，然后在租金减免或补贴上体现对廉租房家庭的保障，根据保障对象的支付能力实行差异化租金并动态调整租金减免或补贴额度。

（1）廉租房

我国建设部住宅与房地产业司把廉租住房制度定义为：针对住房困难的最低收入家庭实施的一种社会救助，是我国住房保障体系的重要组成部分。1998 年，我国政府提出并着手在全国范围内积极推进廉租住房制度建设。随后，政府出台了一系列文件，主要包括：2003 年建设部、财政部、国土资源部、国家税务总局共同制定的《城镇最低收入家庭廉租住房管理办法》，2005 年建设部出台的《城镇最低收入家庭廉租住房申请、审核及退出管理办法》，2006 年财政部出台的《关于切实落实城镇廉租住房保障资金的通知》，2006 年建设部出台的《城镇廉租住房档案管理办法》。这些文件明确规定了廉租住房的保障对象、保障方式、廉租房资金来源、保障标准，形成了一套完善的廉租房建设及管理体系。

（2）公共租赁房

廉租房理论上解决了低收入者的住房问题，但对于那些“没钱买经适房，又不够资格租廉租房的中等偏下收入者人群”（俗称“夹心层”）的住房问题却解决不了。针对这种问题，我国在 2006 年就开始在部分城市进行了试点，但直到 2009 年住建部在一次新闻发布会上才正式提出公共租赁房这个概念。根据《公共租赁住房管理办法》第三条，“公共租赁房”是指限定建设标准和租金水平，面向符合规定条件的城镇中等偏下收入住房困难家庭、新就业无房职工和在城镇稳定就业的外来务工人员出租的保障性住房。2010 年住建部等七部门联合制定《关于加快发展公共租赁住房的指导意见》，旨在解决城镇中等偏下收入家庭住房困难；2011 年北京市建委公布《关于加强本市公共租赁住房建设和管理的通知》，公租房首次对非京籍人口开放；2012 年《公共租赁住房管理办法》审议通过。这些文件明确规定了公租房的保障对象、保障方式、保障资金来源、保障标准，为解决我国“夹心层”群体的住房问题提供了一些法律保障。但我国的公共租赁房还处于初级、探索阶段，还存在一系列诸如法律规范体系不健全、资金短缺和维护成本高等问题。

2. 租赁型保障住房的保障对象

享受廉租住房保障的对象，需要具备两个基本条件：一是城镇最低收入家庭；二是住房困难。另外，申请家庭成员中至少有 1 人为当地非农业常住户口。具体标准由市、县人民政府房地产行政主管部门会同有关部门制定。近年来，廉租住房的保障对象由“城市最低收入住房困难家庭”逐渐扩大到“低收入住房困难家庭”。

公租房的保障对象为中低收入住房困难家庭，包括已通过经适房、限价房资格审核，尚在轮候的家庭以及其他住房困难家庭，还有刚毕业的大学生和外来务工人员。需具备以下条件：一是在本地无房或者住房面积低于规定标准；二是收入、财产低于规定标准；三是申请人为外来务工人员的，在本地稳定就业达到规定年限。

3. 租赁型保障住房的保障方式

2003 年 11 月 15 日通过了新的《城镇最低收入家庭廉租住房管理办法》，规定城镇最低收入家庭廉租住房保障水平应当以满足基本住房需要为原则，根据当地财政承受能力和居民住房状况合理确定。城镇最低收入家庭廉租住房保障方式应当以发放租赁住房补贴为主，实物配租、租金核减为辅。

租赁住房补贴，是指市、县人民政府向符合条件的申请对象发放补贴，由其到市场上租赁住房。享受租赁补贴的家庭，其补贴标准按照市场平均租金与廉租住房租金标准的差额计算。

实物配租，是指市、县人民政府向符合条件的申请对象直接提供住房，并按照廉租住房租金标准收取租金。实物配租的廉租住房租金实行政府定价，租金标准原则上由房屋的维修费和管理费两项因素构成，并与城镇最低收入家庭的经济承受能力相适应。具体的租金标准由各地根据实际情况自行确定。实物配租的住房来自政府新建住房，也包括收购的旧的存量住房。

租金核减，是指产权单位按照当地市、县人民政府的规定，在一定时期内对现已承租公有住房的城镇最低收入家庭给予的租金减免。这种情况主要是指对租住公房的并属于保障对象的困难家庭，可以认定居民居住的公房为廉租房，按照廉租房的标准征收租金。按照廉租房标准收取的租金与公房的市场租金之间的差额由政府筹集到的廉租住房资金补贴给产权单位。

2010 年的《关于加快发展公共租赁住房的指导意见》和 2012 年的《公共租赁住房管理办法》明确规定了公共租赁住房的保障方式。公共租赁住房是政府通过新建、改建、收购租赁等多种方式筹集或通过给予私人机构以贷款、税收优惠让私人机构建设提供的保障性住房，规定要以低于市场租金标准的租金向符合条件的中低收入群体出租，以解决“夹心层”群体的住房困难问题。

4. 租赁型保障住房的资金来源

廉租住房的租金主要由五个部分组成：财政预算资金、土地出让净收益、公积金增值收益、社会捐赠以及其他资金。住房公积金增值收益扣除计提贷款风险准备金和管理费用后的全部余额须用于廉租住房的建设，土地出让净收益用于廉租住房保障资金的比例不得低于 10%。

公共租赁住房的资金来源和廉租住房资金来源差不多，也包括财政预算资金、土地出让收益 10% 部分、公积金增值收益、社会捐赠和其他资金，但公共租赁住房的资金来源相对更广泛，更多地利用了社会资金。2010 年《关于加快发展公共租赁住房的指导意见》提出：要鼓励金融机构发放公共租赁住房长期贷款；支持有条件的企业通过发行中长期债券等方式筹集资金，专项用于公共廉租住房建设和运营；探索运用风险资金、信托基金和房地产投资信托基金拓展公共租赁住房融资渠道等。

5. 保障型住房的保障面积标准

2003 年 11 月 15 日通过的《城镇最低收入家庭廉租住房管理办法》规定，保障型住房的保障面积原则上不超过当地人均住房面积的 60%，新建廉租住房套型建筑面积控制在 50 平方米以内。

2010 年《关于加快发展公共租赁住房的指导意见》规定，成套建设的公共租赁住房，单套建筑面积要严格控制在 60 平方米以下。2011 年 9 月 19 日温家宝主持召开的国务院常务会议指出，公共租赁住房建设要以小户型为主，单套建设面积以 40 平方米为主。

6. 租赁型保障住房的承租程序

廉租住房的承租程序：首先由市、县人民政府房地产主管部门会同国土资源、财政、民政主管部门制定城镇最低收入家庭廉租住房保障对象的条件和标准；待标准确立后，由申请租用廉租住房的居民提出相应的书面申请，经过审核—公示—登记—调查核实—排队轮候—分配住房等程序，即可入住。

公共租赁住房的承租程序：首先由直辖市和市、县级人民政府住房保障主管部门根据本地区实际情况确定公共租赁住房申请条件和标准，报本级人民政府批准后实施并向社会公布；然后申请人提出申请并递交申请材料，经过审核—公示—登记—排队轮候—配租—选择公共租赁房等程序，即可入住。

7. 保障型住房的退出机制

廉租住房的退出机制：2005 年 7 月 7 日颁布的《城镇最低收入家庭廉租住房申请、审核及退出管理办法》明确了廉租房的退出机制。若家庭人均收入连续一年以上超出当地廉租房政策确定的收入标准，将会被取消享受廉租房的保障资格；若家庭人数减少或住房面积增加，人均住房面积超出当地廉租住房政策确定的住房标准的也应退出廉租房的保障机制。

公共租赁住房的退出机制：2012 年颁布的《公共租赁住房管理办法》明确规定了公共租赁房的退出机制。若承租人存在转租转借或者擅自调换公共租赁住房、改变公共租赁住房用途和破坏所承租的公共租赁住房并拒不恢复原状等行为，则勒令其退出公共租赁住房。当承租人租赁期内通过购买、受赠、继承等方式获得其他住房并不再符合公共租赁住房配租条件、租赁期内承租或承购其他保障型住房和提出续租申请但审核不符合续租条件的时候，也应当退出公共租赁住房。

8. 保障型住房制度建设的进展

（1）廉租住房制度建设的进展

第一，廉租住房制度建立情况。截至 2006 年年底，全国 657 个城市中，已经有 512 个城市建立了廉租住房制度，占城市总数的 77.9%。其中，287 个地级以上城市中，有 283 个城市建立了廉租住房制度，占地级以上城市的 98.6%；370 个县级市中，有 229 个城市建立了廉租住房制度，占县级市的 61.9%。

第二，廉租住房开工建设情况。根据各地住房建设规划，各地计划 2006 年和 2007 年新建廉租住房（包括新建廉租住房小区、普通商品住房项目中配建廉租住房）或者收购旧住房用于廉租的住房共 15 万套，837.56 万平方米。截至 2006 年年底，已经开工建设和收购廉租住房 5.3 万套，建筑面积 293.68 万平方米。其中，广东、吉林、辽宁等省计划新建廉租住房或收购旧住房用于廉租住房的面积都超过 50 万平方米。

第三，廉租住房制度覆盖面情况。截至 2006 年年底，累计已有 54.7 万户低收入家庭，通过廉租住房制度改善了住房条件。其中，领取租赁住房补贴的家庭 16.7 万户，实物配租的家庭 7.7 万户，租金核减的家庭 27.9 万户，其他方式改善居住条件的家庭 2.4 万户。2006 年新增 21.9 万户，其中，领取租赁住房补贴的家庭 7.2 万户，实物配租的家庭 3 万户，租金核减的家庭 9.7 万户，其他方式改善居住条件的家庭 2 万户。北京、上海、河北等省市，凡申请并符合规定条件的家庭，基本实现了应保尽保。

表 11-4 总结了我国一些城市的廉租住房政策。

表 11-4 **部分城市廉租住房政策一览表**

	广州市	杭州市	重庆市	海口市
保障对象	特困职工家庭，无住房或人均住房面积低于 7 平方米，人均收入低于 300 元/月，非农业户口	取得城区户口 3 年以上，人均住房面积低于 6 平方米	低于当地城镇居民最低生活标准，家庭人均住房面积在 6 平方米以下	人均收入低于 260 元且人均住房面积小于 6 平方米
操作方式	提供廉租房、发放租金补贴	租金补贴、实物配租	实物配租、租赁住房补贴、租金核减	租金补贴、实物配租
保障标准	按人均住房面积 10 平方米，每平方米补贴 23 元	人均使用面积 8 平方米	人均使用面积 10 平方米	人均使用面积 20 平方米

（2）公共租赁住房制度建设的进展

第一，公共租赁住房制度的建立。2009 年住建部副部长齐骥第一次在公众场合提出要加快公共租赁住房的建设，解决“夹心层”的住房困难问题。2010 年发布的《公共租赁住房管理办法》和 2012 年发布的《公共租赁住房管理办法》在法律高度上确立了公共租赁住房制度。并且随着经济适用房等产权型保障住房制度的问题越来越严重，很多地方已经实行了公共租赁住房取代经济适用房的政策，以更好地满足中低收入者的住房需求。截至目前，全国大部分省市都已开始实行公租房政策，而且随着住房城乡建设部、财政部、国家发展改革委《关于公共租赁住房和廉租住房并轨运行的通知》的发布，廉租住房将在 2014 年并入公共租赁住房体系，并轨后统称公共租赁住房，实行统一管理。这样，公共租赁房的内涵将分为广义和狭义两种（本文介绍的公共租赁住房为狭义的公共租赁住房，即并轨之前的公共租赁住房）。狭义的公共租赁住房即上文介绍的公共租赁住房，广义的公共租赁住房将包括公租房、廉租房。

第二，公共租赁住房政策的实施情况。我国公共租赁住房全国性、完整性的建设规划和实施情况统计暂时还没有，只能对个别城市的公共租赁住房政策的实施情况进行以点带面的分析。

北京是比较早开展公租房建设的城市，并且在2011年首次以法律法规的形式提出把非京籍人士纳入到公共租赁住房的保障范围。“十一五”期间，北京累计开工建设、收购各类保障性住房48.5万套，其中公租房2.6万套。通过实施保障性安居工程，累计解决了约40万户中低收入家庭的住房困难。北京市“十二五”住房保障规划提出要在全国率先建立公共租赁住房制度的目标，为有效解决本市中低收入家庭、新就业职工和符合一定条件的外来务工人员住房需求。北京从2009年开始推出公共租赁住房政策，并提出“十二五”时期建设、收购各类保障性住房100万套的目标，其中公开配建配售50万套、首都功能核心区人口疏散棚户区改造等定向安置住房50万套，并且规定公共租赁住房供应数量要占到公开配租配售保障性住房的60%以上，建设多元化的住房租赁体系，优化住房供应结构，合理引导住房消费，引导市民通过租赁方式解决住房问题。①

广州也很早就开始了公共租赁住房政策的探索。2010年《广州市公共租赁住房制度实施办法（试行）（征求意见稿）》的发布，意味着广州市开始完善住房保障体系，规范公共租赁住房管理的进程。截止到2012年10月31日，广州市2012年度共完成新开工保障性住房7.1759万套，其中公共租赁住房完成开工3.1760万套，占保障性住房完成开工的76%，公共租赁住房建设量是非常大的。2013年1月至10月，广州市保障房共竣工3.1968万套，其中公租房1.0506万套，约占33%。这与广州市建立以公租房为主的保障住房体系是一致的。②

其他城市如上海、深圳、东莞、杭州、常州、青岛、厦门、重庆等也纷纷开工建设或收购公共租赁住房房源。期望这种由政府建设、低于市场租金限价出租、能长期稳定居住的保障性住房，可以调补当前住房保障体系的空白。

9. 廉租房住房制度建设过程中亟须解决的问题

（1）部分地区政府对廉租住房制度建设不够重视

截至2006年年底，全国仍然有110多个城市尚未建立廉租住房制度。部分地区政府对廉租房的不重视导致廉租住房建设资金来源落不到实处，致使廉租房房源不够、补贴资金不足的现象严重。政府对廉租房制度建设的不足主要源于与普通商品房开发相比，廉租房建设对GDP贡献率小，甚至会因为对当地房地产市场的挤出效应，使政府在土地使用权出让、税收等环节减少收入。对于部分地方政府而言，因各地财政收入存在差异，即使其本意想真正落实廉租房政策，但因财政资金的缺失，也会无力执行。

（2）廉租住房制度仍不完善

虽然法律上明确规定了城镇最低收入家庭廉租住房保障方式应当以发放租赁住房补贴为主，实物配租、租金核减为辅，但在我国实物配租方式仍然是主要的保障方

---

① 数据资料来源于北京市《十二五住房保障规划》。
② 数据资料来源于广州市国土资源和房屋管理局官网。

式。实物配租的房源有以下几种：腾退的公房，政府和单位出资修建的廉租房，由政府和单位出资、以低廉价格收购的符合廉租住房标准的住房。这些方式有其优点，比如有一定的规划标准，有利于消化现有存量住房等，但也会导致一个共同的问题：廉租住房成片地排列和聚集，形成新的“贫民窟”，有可能造成严重的社会问题，对生活在其中的居民特别是青少年的成长不利。政府建设、收购符合廉租住房标准的住房，会耗费大量人力物力，给政府带来严重的负担。

（3）廉租房投融资不足

截至2006年年底，全国为廉租房的建设和运营共投入资金70.8亿元，其中，东部地区42亿元，远远高于中部地区和西部地区的廉租房建设投入量。据测算，截至2006年年底，解决低保人群住房问题共需资金800多亿元，而全国廉租房建设投资额不足商品房投资的2%，全年投入的低收入家庭住房保障金不足20亿元。廉租房建设面临着比经济适用房更为严重的投资不足的问题。

按照中央对廉租房投融资的规定，廉租房建设资金来源有以下几种：财政预算资金、土地出让净收益、公积金增值收益、社会捐赠以及其他资金。但是由于各种各样的原因，这些融资渠道都没有发挥足够的作用。表11-5列出了廉租房建设资金来源统计情况。

表11-5 **廉租房建设资金来源统计表** 单位：万元

	合计	财政预算资金	土地出让净收益	公积金增值收益	社会捐赠	其他资金
全国	708 421	321 466	31 023	197 863	2 102	155 972
东部地区	419 015	182 938	4 379	151 931	1 574	78 192
中部地区	105 723	25 175	10 791	26 640	81	43 039
西部地区	183 683	113 353	15 853	19 292	447	34 741

资料来源 建设部关于各地廉租住房建设情况的通报。

①财政预算专项资金投入不足。据测算，截至2006年年底，解决低保人群全年投入的低收入家庭住房保障金不足20亿元。这一方面是由于地方政府财政收入有限，另一方面，廉租房建设从经济上来看短期内只有投入而没有产出，地方政府不愿意将资金过多地投入到廉租房建设中。

②住房公积金增值收益有限。我国住房公积金的主要运作方式为购买国债、个人信贷发放、再存款利差收益，如果再考虑通货膨胀、信贷发放产生的不良资产等因素，则住房公积金增值收益极其有限。

③社会捐赠资金少。2006年全国共接收社会各界捐款40.58亿元，占GDP的比重不到1%，其用于廉租房建设的资金几乎可以忽略不计。

④其他渠道资金来源有限。其他渠道资金来源主要包括直管公房出售收益、社会福利彩票收益。目前留存公房数量已经很少，即使全用于廉租房建设也是杯水车薪。2006年全国社保实现收益196亿，除去养老、医疗、失业等社会保险金，分到廉租房建设的资金也极为有限。

10. 公共租赁住房制度建设过程中亟需解决的问题

公共租赁房同廉租房一样也面临着一些急需解决的难点与问题：

（1）地方政府积极性不高

公共租赁住房属于保障性住房，一般是通过政府自建、委建、购买等方式提供或通过给以房地产企业税收优惠、减免土地出让金等方式由房地产商配建提供，租金水平较低，其利润空间是非常小的。加上公共租赁住房有巨额的维护和管理费用，在GDP导向的绩效考核和发展当地经济的“冲动”下，地方政府对公共租赁住房政策积极性不高，阻碍了公共租赁住房政策的实施，导致公共租赁住房的供给严重短缺，未能真正解决“夹心层”人群的住房问题。

（2）资金来源渠道狭窄、缺口仍很大，地方政府财政压力大

2011年中央投入的各类保障性住房资金补助为1 210亿元，但仅占所需资金的10%，剩余90%则需要地方政府去筹集。分税制改革导致地方政府高度依赖土地财政，而公租房用地要求无偿划拨，地方政府还要支付各种税费以及其他各种开支，使得很多地方政府已面临严重的收支平衡难题，再加上公共租赁住房投资回收期长，更加大了地方财政的压力。

（3）租金定价机制不科学

我国公共租赁住房发展时间不长，各地公共租赁住房租金标准没有统一的、科学的定价机制，有的地方定得太低，有的地方又定得太高。合理、科学的公共租赁住房定价机制既要与保障对象的住房支付能力相适应，又要能对社会资金产生吸引力，有利于公共租赁住房建设和管理的良性循环。

（4）投资主体单一

公共租赁住房与廉租住房稍有不同，公共租赁住房坚持“保本微利”的运营原则，政府不仅可以自己提供公共租赁住房，也可以通过给以私人机构税收、贷款等优惠，鼓励私人机构投资建设并提供公共租赁住房，建立多元化的公共租赁住房供应体系。一来可以拓宽公共租赁住房的供给来源；二来可以解决公共租赁住房建设资金不足的难题；三来通过引入市场主体的运作和竞争，可以提高公共租赁住房的运营效率。

11.3.3 产权型保障住房的建设和发展

1. 经济适用房的建设和发展

（1）经济适用房的基本概念和发展历程

1991年11月，国务院办公厅下发了《关于全面进行城镇住房制度改革的意见》，这是城镇住房制度改革的一个纲领性文件，明确了城镇住房制度改革的指导思想和根本目的，并提出了未来建设经济适用房的构想。

1994年7月18日国务院下发了《关于深化城镇住房制度改革的决定》，首次在政府文件中提出“经济适用住宅”的概念，提出建立以中低收入家庭为对象、具有社会保障性质的经济适用住房供应体系和以高收入家庭为对象的商品房供应体系。

2004年《经济适用住房管理办法》中所称的经济适用住房，是指政府提供政策优惠，限定套型面积和销售价格，按照合理标准建设，面向城市低收入住房困难家庭供应，具有保障性质的政策性住房。

2007年建设部、发展和改革委员会、国土资源部等部门联合印发的《经济适用

住房管理办法的通知》，更加详细地制定了经济适用房相关的章程，结合1991年后相继出台的有关政策，形成了经济适用住房政策体系。

（2）经济适用房的保障对象

一般来说，申请购买或承租经济适用房的家庭需具备以下条件：①有当地城镇户口或市、县人民政府确定的供应对象；②无房或现住房面积低于市、县人民政府确定的住房困难家庭住房标准；③家庭收入符合市、县人民政府划定的收入线标准；④市、县人民政府规定的其他条件。

经济适用住房供应对象的家庭收入标准和住房困难标准，由市、县人民政府根据当地商品住房价格、居民家庭可支配收入、居住水平和家庭人口结构等因素确定，实行动态管理，每年向社会公布一次。由于各个地区经济发展状况不同，居民的收入水平、生活状况等也相差较大。把制定保障标准的权利给予地方政府，能够促进经济适用房准入标准更加符合各地的状况，避免了“一刀切”的现象。

以北京市为例，规定申请经济适用房的居民必须符合以下条件之一：无房户或住房面积未达到规定面积标准的住房未达标户，且上一年家庭收入在6万元以下的；市政府批准的重点工程建设中的被拆迁居民家庭和政府组织的危旧房改。

（3）经济适用房的供给方式

经济适用住房的来源主要有三种：一是由政府提供专项用地，通过统一开发、集中组织建设的经济适用住房，这种情况下经济适用住房建设用地纳入当地年度土地供应计划，在申报年度用地指标时单独列出，确保优先供应；二是将房地产开发企业拟作为商品房开发的部分普通住宅调整为经济适用住房；三是单位以自建和联建方式建设的，出售给本单位职工的经济适用住房。同时，鼓励以其他方式开发建设经济适用住房。以自建和联建方式建设的经济适用住房，其销售对象必须是自建和联建单位的职工，不能对外销售。随着经济适用房制度的不断完善，第三种供给方式逐渐减少，现阶段前两种供给方式已经成为主要的供给手段。

（4）经济适用房的价格管理

根据我国经济适用住房相关政策的规定，经济适用房开发应当以保本微利为原则。其销售基准价格及浮动幅度，由有定价权的价格主管部门会同经济适用住房主管部门，依据经济适用住房价格管理的有关规定，在综合考虑建设、管理成本和利润的基础上确定并向社会公布。房地产开发企业实施的经济适用住房项目利润率按不高于3%核定；市、县人民政府直接组织建设的经济适用住房只能按成本价销售，不得有利润。经济适用住房实行收费卡制度，各有关部门收取费用时，必须填写价格主管部门核发的交费登记卡。任何单位不得以押金、保证金等名义，变相向经济适用住房建设单位收取费用。

（5）经济适用房的建设管理

在规划方面，经济适用住房要统筹规划、合理布局、配套建设，充分考虑城市低收入住房困难家庭对交通等基础设施条件的要求，合理安排区位布局，尽量靠近公共基础设施，并且鼓励在商品住房小区中配套建设经济适用住房；在面积管理上，经济适用住房单套的建筑面积将控制在60平方米左右，并要求采取竞标方式优选规划设计方案，市、县人民政府负责根据当地经济发展水平、群众生活水平、住房状况、家庭结构和人口等因素，合理确定经济适用住房建设规模和各种套型的比例，并进行严格管理；在经济适用房的建设施工中，可以采取项目法人招标的方式，选择具有相应资质和良好社会责任的房地产开发企业实施，也可以由市、县人民政府确定的经济适用住房管理实施机构直接组织建设。

北京市规定，经济适用住房要严格控制在中小套型，中套住房面积控制在80平方米左右，小套住房面积控制在60平方米左右，经济适用住房套型建筑面积均在90平方米以下。

在规划管理方面，《北京市住房规划》中提到：调整和优化住房用地供应结构，优先保证中低价位、中小套型普通商品住房（含经济适用住房）和廉租住房的用地供应，年度供应量不低于居住用地供应总量的70%。从总量上保证套型建筑面积90平方米以下住房面积所占比重达到开发建设总面积的70%以上。

（6）经济适用房销售和转让管理

经济适用住房购房人拥有有限产权。购买经济适用住房不满5年，不得直接上市交易，购房人因特殊原因确需转让经济适用住房的，由政府按照原价格并考虑折旧和物价水平等因素进行回购。购买经济适用住房满5年，购房人上市转让经济适用住房的，应按照届时同地段普通商品住房与经济适用住房差价的一定比例向政府交纳土地收益等相关价款，具体交纳比例由市、县人民政府确定，政府可优先回购；购房人也可以按照政府所定的标准向政府交纳土地收益等相关价款后，取得完全产权。

2004年《北京市关于已购经济适用房上市出售有关问题的通知》中规定：已购买经济适用住房的家庭未住满5年的不得按市场价格出售住房。确需出售的，可出售给符合经济适用住房购买条件的家庭或由政府相关部门收购，出售单价不得高于购买时的单价。已购买经济适用住房的家庭住满5年的，可以按市场价格出售，并由出售人到房屋所在地区、县国土房管局按成交额的10%缴纳综合地价款。

（7）经济适用住房制度发展成效

第一，帮助部分中低收入家庭实现购房的愿望。经济适用住房在以低于普通商品房的价格出售时，满足了无法依靠市场解决住房问题的中低收入家庭的住房需求，特别是在住房价格较高的北京、上海、深圳这些大城市，经济适用住房开发对于解决低收入家庭的住房问题具有特别重要的意义。

第二，对旧城改造及城市基础设施建设的保障作用。经济适用房的建设，保证了各大城市大规模旧城改造、危房拆迁的顺利进行，城市面貌和环境发生了翻天覆地的变化，数百万拆迁居民的居住条件得到改善。旧城区拆迁改造使得城市面貌与环境得到极大改善；一批城市基础设施建设，提升了城市交通、燃气、上下水、供热等的水平；老城区拆迁改造后，城市环境得到极大改善。

第三，对平抑房价起到一定作用。政府对经济适用住房给予一定政策优惠，实行土地划拨，减少各项行政事业收费，并按3%控制利润，限定价格，对于全国的住房价格起到了重要的影响，主要表现为：一是缓解供需矛盾。部分原本需要购买商品房的居民由于购买经济适用房，使得商品房的需求降低，影响商品房的供求关系，从而影响商品房房价。二是影响周边地区房价。经济适用房不但影响周围商品房房价，也影响经济适用房开发商开发的其他商品房房价。三是影响房价指数。每年一定规模的经济适用房进入市场，降低了住宅的平均价格。

（8）经济适用房制度发展中需要继续改进的方面

首先，住房供应量相对住房建设总量较小，且有逐渐降低的趋势。经济适用房经过十余年的建设，2007 年全年投资 834 亿元，比 1997 年增长数倍。1997—2007 年，总的看来，经济适用房投资额增长较快，1999 年投资增长率高达 62%，但 2002 年、2004 年、2005 年一度出现负增长率。从经济适用房投资额占住宅投资总额的比例来看，1999 年和 2000 年分别占到 17% 和 16% 的比例，如图 11-1 所示。此后，住宅投资总额的增速大大超过经济适用房投资额增长速度，致使经济适用房投资额占住宅投资总额的比例直线下降，2005—2007 年，这一比例一直维持在 5% 的水平，可以说经济适用房占住宅投资总额的比例相对较小。

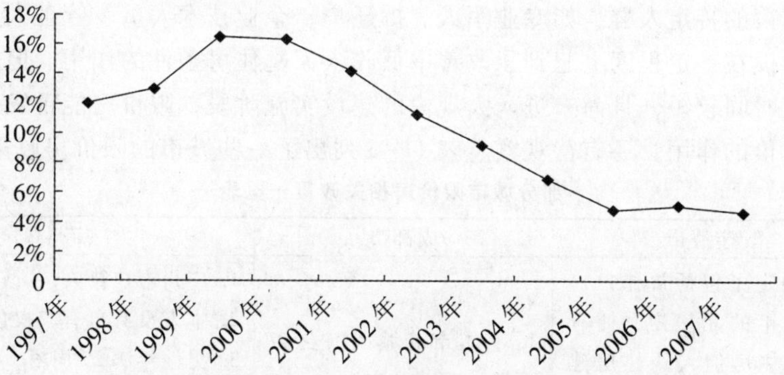

图 11-1　经济适用住房投资额占住宅投资总额的比例

虽然经济适用房投资额不断增加，但经济适用房的开发成本大幅上升，从经济适用房的投资额与大量中低收入家庭（约占城市人口的 30%）对经济适用房需求的对比来看，经济适用房投资严重不足。投资不足必然导致经济适用房房源数量增长相对缓慢，中低收入家庭购买经济适用房时获得的补贴不足，进而削弱经济适用房在保障中低收入居民居住权的作用。

其次，“双失控”问题导致保障性能减弱。由于我国缺少健全的个人收入管理系统，部分单位为解决职工住房问题虚开证明，部分并不符合保障标准的中等收入人群甚至高收入阶层通过种种方式取得了住房资格，出现了“资格审查不严，销售对象失控”问题。

2004 年以前，国家主要控制经济适用房的平均建筑面积，尚未对单套住房面积进行上限规定，导致部分经济适用房面积过大，出现了 100 多平方米甚至 200 平方米的单套经济适用房，出现了“经济适用房建设标准失控”问题。根据国家出台的对经济适用房单套面积控制政策，今后经济适用房的面积将普遍在 60 平方米左右，这种现象有望得到缓解。

最后，位置偏远、配套设施不全等问题给中低收入家庭带来生活不便。不少经济适用房建设在离中心城区较远的郊区，而大部分居民的上班地点仍在城区，为居民上班造成很大的困难。同时由于郊区发展时间较短，公共交通、教育等基础设施配套都不完善，为居民的日常生活带来诸多不便。

2. 限价房的建设和发展

近几年开始建设的“限价房”，也让买普通商品房存在困难，但不属于经济适用房保障对象的群众可以购买与消费能力相适应的住房。

限价房是一种限价格、限套型（面积）的商品房，主要解决中低收入家庭的住房困难，它是目前限制高房价的一种举措。限价商品房按照“以房价定地价”的思路，采用政府组织监管、市场化运作的模式。限价房有两种操作模式：一种是“竞地价”模式，在限定房屋销售价的基础上，使购买土地出价较高且开发资质条件、销售方案等较好的房地产开发企业获得开发权；另一种是“竞房价”模式，即使房屋销售价格较低且开发资质条件、销售方案等较好的房地产开发企业获得开发权。

在限价房的销售对象、购买程序方面，各地的政府都出台了相应的政策。总结起来，限价房的销售对象多为不符合经济适用房保障对象，但收入水平在政府规定的享受限价房政策的特定人群，如专业军人、拆迁户、企业技术人员、管理人员等。部分限价房的建设在一定程度上起到了改善中低收入家庭住房条件的作用。但由于限价房在我国发展时间较短，且尚未进入大规模的建设实施阶段，限价房能否发挥社会保障以及平抑房价的作用，还有待观察。表 11-6 列出了一些城市的限价房政策。

表 11-6 **部分城市限价房相关政策一览表**

	宁波市	成都市	广州市
销售对象	1. 规定了包括常住户口满三年的无房户，拥有自有住房但人均住房建筑面积小于 18 平方米的家庭，军队转业、复退军人，拆迁户，晚婚人群，高学历人群六类 2. 规定了两类优先人群	1. 有本市五城区（含高新区）正式户口 2. 无自有产权住房或现有住房人均建筑面积不超过 16 平方米	1. 广州市户籍人口 2. 本人没有自有产权住房 3. 男性年满 25 周岁，女性年满 23 周岁 4. 个人税前年收入在 10 万元以下，家庭税前年收入在 20 万元以下才能购买限价房（12 月 18 日新加入《办法》之中）
价格	政府定价	限价商品住房实行政府定价	最高销售价格，原则上按地块出让时同一区域、同一地段的同类型商品住宅市场价格的 70% 定价
面积限制	以 50 ~ 90 平方米的中小套型为主，最大不得超过 100 平方米	无	限价房套型建筑面积不得超过 90 平方米
交易条件	5 年内（含 5 年）不得转让或出租，若擅自转让或出租的，由政府按原购买价格收回住房，并不再受理购买申请。在规定期限后上市交易的，需补交土地收益金差价	购房人在取得房屋所有权证，并自住 5 年以后，方可上市交易	5 年内不得出租和转让；5 年后出租和转让的，应当向政府补交土地出让金

3. 自住型商品房

（1）自住型商品房的基本内涵

自住型商品房是北京于 2013 年推出来的一种类似于限价房的准保障性住房，暂时还没有在其他地方推广。自住型商品房的目的在于保障居民的基本自住需求和抑制房价过快上涨，强调其“自住”的性质，而对它的投资投机行为严厉限制，规定 5 年内不得转让，5 年后转让需将转让收益的 30% 上缴财政，建造面积以 90 平方米以下为主，最大不能超过 140 平方米，以低于同地段同品质商品房市场价格 30% 左右出售给符合限购条件的家庭（一般是事先确定每处自住型商品住房的价格）。

（2）自住型商品房的购买条件

北京市建委《关于加快中价位自住型改善型商品住房建设的意见》规定在北京具有购房资格的家庭，均可以购买自住型商品住房，两类家庭可优先购买：一类是北京市户籍无房家庭（含夫妻双方及未成年子女，单身人士须满 25 周岁）；另一类是经济适用房、限价商平房轮候家庭。非京籍人士持有效证件、缴纳社保或个税五年以上无房者也可购买自住型商品住房。自住型商品房一般是通过开发商配建的方式提供。

（3）自住型商品住房的购买程序

根据北京市相关政策法律规定，自住型商品住房的购买程序如下：开发商公示房源—购房家庭提出申请/报名—开发商将申请提至北京房屋权属审核购房资格—开发商向符合购房资格的申请人进行销售—开发商组织摇号确定选房顺序—购房成功。

（4）自住型商品住房政策的实践

北京市为切实满足部分中等收入家庭住房需求和抑制房价过快上涨，制定了宏伟的自住型商品住房目标。2013 年 10 月 23 日北京市《关于加快中低价位自住型改善型商品住房建设的意见》提出今明两年推出 7 万套自住型商品房的目标。截止到 2013 年 11 月 28 日，北京市分别在昌平、海淀、房山、大兴、密云、顺义、朝阳、通州等区县试行自住型商品房的实践。北京市首个自住型商品房项目——位于朝阳区豆各庄的“御景湾”正式推出，包含自住型商品住房约 2 000 套，每套平均面积为 90 平方米，均价约为每平方米 22 000 元，共有几十万户家庭进行申请/报名。

（5）自住型商品住房政策的评价及展望

自住型商品房不是完完全全意义上的保障性住房，只能称其为准保障性住房或政策性住房。其目的更多在于期望自住型商品房能对普通商品住房需求产生“挤出效应”，进而抑制房价的过快上涨。但其能否在保障民生的同时真正起到抑制房价的作用，还有待时间的考验。至于其能否在全国范围内推广，仁者见仁，智者见智，笔者不做过多的评论，留待读者思考。

11.3.4 其他保障措施介绍

1. 棚户区、危旧小区改造

廉租房和经济适用房构成了我国住房保障体系的主要保障手段，对居住功能不完善的危旧小区、棚户区的改造也成为保障中等偏下和低收入家庭住房条件的重要措施。棚户区改造是我国政府为改造城镇危旧住房、改善困难家庭住房条件而推出的一项住房保障工程。住房城乡建设部统计显示，我国在过去几年进行了大规模的棚户区改造，约改造5 000万平方米棚户区，近100万住房困难家庭的住房条件得到了改善。目前，我国包括棚户区在内有大约1.5亿平方米危房亟待改造，城市人民政府正在制订改造计划，因地制宜进行改造。根据住房城乡建设部规划，我国从2009年开始对国内煤炭采空区、林场、农垦及华侨农场中棚户区进行大规模的改造。

2. 定向安置房

定向安置房是政府进行城市道路建设和其他公共设施建设项目时，对被拆迁住户进行安置所建的房屋，即因城市规划、土地开发等原因进行拆迁，而安置给被拆迁人或承租人居住使用的房屋。

11.4 财政金融手段在住房保障中的运用

11.4.1 住房公积金制度

在我国实行住房货币化分配以前，职工的住房问题都由企业负责建设和分配，因此住房消费资金占职工收入的比例并不高，职工也不需要为购买住房筹集大量的资金。随着20世纪90年代福利分房的制度取消，进入住房货币化分配时代，房价收入比，即住房价格与城市居民家庭年收入之比不断增大。[①] 我国各个城市的房价收入比是不平衡的，中小城市的房价收入比多在6倍以上，属于房价过高的范畴，北京、沈阳、贵阳、南京、广州、大连和西安的比率都超过了10甚至更高。这种情况下，居民要购买住房就必须积累一大笔资金。住房公积金制度就属于为居民购买住房而筹集资金的一种政策性住房金融制度。

住房公积金制度1991年在上海市率先建立，1999年4月国务院发布了《住房公积金管理条例》，标志着我国住房公积金制度进入了法制化阶段。2002年3月24日《国务院关于修改〈住房公积金管理条例〉的决定》对1999年公布的条例进行了修订。修改后的《住房公积金管理条例》指出：住房公积金是指国家机关、国有企业、城镇集体企业、外商投资企业、城镇私营企业及其他城镇企业、事业单位及其在职职工缴存的长期储金。职工个人缴存的住房公积金和职工所在单位为职工缴存的住房公积金，属于职工个人所有。

1. 管理决策机构——住房公积金管理委员会

根据《住房公积金管理条例》的规定，住房公积金的管理实行住房公积金管理委员会决策、住房公积金管理中心运作、银行专户存储、财政监督的原则。直辖市和省、自治区人民政府所在地的市以及其他设区的市（地、州、盟），应当设立住房公

---

① 按照国际惯例，目前比较通行的说法认为，房价收入比在3~6倍之间为合理区间，如考虑住房贷款因素，住房消费占居民收入的比重应低于30%。

积金管理委员会，作为住房公积金管理的决策机构。住房公积金管理委员会的成员中，人民政府负责人和建设、财政、中国人民银行等有关部门负责人以及有关专家占1/3，工会代表和职工代表占1/3，单位代表占1/3。住房公积金管理委员会主任应当由具有社会公信力的人士担任。

住房公积金管理委员会在住房公积金管理方面履行下列职责：

(1) 依据有关法律、法规和政策，制定和调整住房公积金的具体管理措施，并监督实施；

(2) 根据本条例第十八条的规定，拟订住房公积金的具体缴存比例；

(3) 确定住房公积金的最高贷款额度；

(4) 审批住房公积金归集、使用计划；

(5) 审议住房公积金增值收益分配方案；

(6) 审批住房公积金归集、使用计划执行情况的报告。

2. 日常管理机构——住房公积金管理中心

直辖市和省、自治区人民政府所在地的市以及其他设区的市（地、州、盟）应当按照精简、效能的原则，设立一个住房公积金管理中心，负责住房公积金的管理运作。县（市）不设立住房公积金管理中心。

住房公积金管理中心履行下列职责：

(1) 编制、执行住房公积金的归集、使用计划；

(2) 负责记载职工住房公积金的缴存、提取、使用等情况；

(3) 负责住房公积金的核算；

(4) 审批住房公积金的提取、使用；

(5) 负责住房公积金的保值和归还；

(6) 编制住房公积金归集、使用计划执行情况的报告；

(7) 承办住房公积金管理委员会决定的其他事项。

3. 住房公积金的缴存

职工所在的单位首先到住房公积金管理中心办理住房公积金缴存登记，经住房公积金管理中心审核后，到受委托银行为本单位职工办理住房公积金账户设立手续。每个职工只能有一个住房公积金账户。住房公积金管理中心建立职工住房公积金明细账，记载职工个人住房公积金的缴存、提取等情况。

职工住房公积金的月缴存额为职工本人上一年度月平均工资乘以职工住房公积金缴存比例，同时单位为职工缴存的住房公积金的月缴存额也为职工本人上一年度月平均工资乘以单位住房公积金缴存比例。由职工和单位缴纳的住房公积金均存入职工的公积金个人账户中，均归职工个人所有。职工和单位住房公积金的缴存比例均不得低于职工上一年度月平均工资的5%，职工个人缴存的住房公积金，由所在单位每月从其工资中代扣代缴。

4. 住房公积金的提取和使用

根据条例的规定，缴纳了住房公积金的职工有下列情形之一的，可以提取职工住房公积金账户内的存储余额：

（1）购买、建造、翻建、大修自住住房的；

（2）离休、退休的；

（3）完全丧失劳动能力，并与单位终止劳动关系的；

（4）出境定居的；

（5）偿还购房贷款本息的；

（6）房租超出家庭工资收入的规定比例的。

若是由于（2）、（3）、（4）项原因提取职工住房公积金的，需要注销职工住房公积金账户。若缴纳住房公积金的职工死亡或者被宣告死亡，职工的继承人、受遗赠人可以提取职工住房公积金账户内的存储余额；无继承人也无受遗赠人的，职工住房公积金账户内的存储余额纳入住房公积金的增值收益。

5. 住房公积金的监管

（1）地方相关部门对住房公积金的监管

地方行政区域内住房公积金归集、提取和使用情况的监督，由地方有关人民政府财政部门监督，并向本级人民政府的住房公积金管理委员会通报。住房公积金管理中心在编制住房公积金归集、使用计划时，需要征求财政部门的意见。同时，住房公积金管理委员会在审批住房公积金归集、使用计划和计划执行情况的报告时，必须有财政部门参加。住房公积金管理中心编制的住房公积金年度预算、决算，应当经财政部门审核后，提交住房公积金管理委员会审议。住房公积金管理中心需要每年定期向财政部门和住房公积金管理委员会报送财务报告，并将财务报告向社会公布。住房公积金管理中心必须依法接受审计部门的审计监督。

（2）职工个人对住房公积金使用情况的监督

职工、单位有权查询本人、本单位住房公积金的缴存、提取情况，住房公积金管理中心、受委托银行不得拒绝。职工、单位对住房公积金账户内的存储余额有异议的，可以申请受委托银行复核；对复核结果有异议的，可以申请住房公积金管理中心重新复核。受委托银行、住房公积金管理中心应当自收到申请之日起5日内给予书面答复。职工有权揭发、检举、控告挪用住房公积金的行为。

6. 住房公积金贷款

住房公积金制度互助性和保障性主要通过公积金贷款的形式表现出来。住房公积金贷款是指由各地住房公积金管理中心运用个人和单位缴纳的住房公积金，委托商业银行向购买、建造、翻建、大修自住住房的住房公积金缴存人和在职期间缴存住房公积金的离退休职工发放的房屋抵押贷款。住房公积金贷款的具体贷款政策由各地区的住房公积金管理中心制定，因此，各地的住房公积金贷款的贷款条件、贷款期限、贷款金额等都各不相同，借款人在申请时最好先到当地的住房公积金管理中心网站查询相关政策或致电咨询。

缴纳了住房公积金的职工可向住房公积金管理中心提出申请，住房公积金管理中心应当自受理申请之日起15日内作出准予贷款或者不准贷款的决定，并通知申请人；准予贷款的，由受委托银行办理贷款手续。住房公积金贷款的风险，由住房公积金管理中心承担。

(1) 住房公积金贷款对象应具备的基本条件

申请住房公积金购房贷款的基本条件主要包括三个方面：贷款对象、贷款用途、住房贷款基本条件。下面我们来详细解析贷款对象应当符合的四个条件：

①只有参加住房公积金制度的职工才有资格申请住房公积金贷款，没有参加住房公积金制度的职工就不能申请住房公积金贷款。

②参加住房公积金制度的职工要申请住房公积金个人购房贷款还必须符合以下条件：申请贷款前连续缴存住房公积金的时间不少于12个月。因为，如果职工缴存住房公积金的行为不正常，时断时续，说明其收入不稳定，发放贷款后容易产生风险。

③配偶一方申请了住房公积金贷款，在其未还清贷款本息之前，配偶双方均不能再获得住房公积金贷款。因为，住房公积金贷款是满足职工家庭住房基本需求时提供的金融支持，是一种“住房保障型”的金融支持。

④贷款申请人在提出住房公积金贷款申请时，除必须具有较稳定的经济收入和偿还贷款的能力外，没有尚未还清的数额较大、可能影响住房公积金贷款偿还能力的其他债务。当职工有其他债务缠身时，再给予住房公积金贷款，风险就很大，违背了住房公积金安全运作的原则。

(2) 公积金存、贷款利率

我国公积金存贷款利率实行低存、低贷的原则，由中国人民银行提出，征求国务院建设行政主管部门意见后，报国务院批准。虽然个人住房商业贷款的利率一般在中国人民银行规定的贷款利率上有所下浮，但总的说来，利率均低于相同期限的商业性个人住房贷款利率。

(3) 个人住房公积金贷款与商业性个人住房贷款的区别

①贷款主体不同。住房公积金贷款的主体是住房公积金管理中心，并由公积金管理中心委托相应的银行进行住房公积金贷款的具体业务，贷款风险由住房公积金管理中心承担。商业性住房贷款的主体是商业银行，贷款风险由商业银行自行承担。

②贷款对象不同。办理住房公积金贷款业务的个人除了具备商业贷款所需的还款能力以及相应的资格外，还需要连续参与住房公积金缴存业务12个月以上。

③贷款资金来源不同。商业银行个人住房贷款的资金来源于各商业银行的自筹资金，住房公积金贷款资金来源于整个住房公积金体制内所有职工共同缴纳的住房公积金。

④贷款利率、期限、贷款限额等存在差别。住房公积金的存、贷款利率通常低于商业性个人住房贷款。由于住房公积金贷款的期限、贷款限额由各地方公积金自行规定，且经济发展程度不同的各个地区之间，在公积金贷款限额上也存在一定差异，如北京的公积金贷款限额为104万元，上海市为110万元。而商业性个人住房贷款一般不规定贷款限额，只规定贷款占房屋购买价格的比例不超过80%即可。[①]

7. 住房公积金的住房保障作用

住房公积金制度作为一项强制性的互助合作金融制度，确实为中低收入家庭购

① 文林峰. 城镇住房保障 [M]. 北京：经济科学出版社，2007：153.

买、翻修住房减轻了负担，增强了购房家庭的支付能力。但公积金使用率除北京、上海等地使用率在90%以上，大多数城市的住房公积金使用率一直较低。另外住房公积金只能用于购买、翻修、自建住房，尚不能用于租赁，导致部分不能购房的低收入家庭不仅不能享受低利率的公积金贷款，反而在低存低贷的住房公积金利率管制下，需要承受存款利息损失。

11.4.2 财政住房补贴

广义的住房补贴是指政府或企业为个人购买和租用住房发放的所有货币化支持，这里所说的住房补贴特指国家行政机关、事业单位对无住房职工或住房面积未达到规定标准的职工发放的现金补贴。我国住房补贴的发放坚持效率优先、兼顾公平的原则，由各地政府根据当地经济适用住房平均价格、平均工资，以及职工应享有的住房面积等因素具体确定。目前，行政机关和事业单位已经实施，企业根据自身的条件参照执行。已按房改优惠政策购买了规定面积标准住房的职工不享受住房补贴；职工住房面积未达到规定标准的住房补贴办法和职工住房面积标准按地方政府规定施行。住房补贴的资金来源主要有三大块：一是国家下拨的建房资金；二是单位售房资金；三是单位多种渠道筹集的资金。

发放住房补贴的基本形式有：一次性住房补贴、基本补贴加一次性补贴和按月补贴三种方式。

（1）一次性住房补贴方式

这种方式主要针对无房的老职工，在职工购房时一次性发放。

（2）基本补贴加一次性补贴方式

按一般职工住房面积标准，逐步发放基本补贴，各级干部与一般职工因住房补贴面积标准之差形成的差额，在购房时一次性发放。

（3）按月补贴方式

这种方式主要针对新职工，在住房补贴发放年限内，按月计发。

住房券可以说是住房补贴中的一种，但以住房券作为住房补贴形式的住房保障措施目前在我国还处于起步和探索阶段，除少数几个地方提出即将发放住房券外，并未在全国大规模推行。在2006年浙江省出台的《浙江房地产发展与城镇保障现状与对策》中，针对2010年使浙江城镇居民人均住房使用面积达到29平方米的目标，8个部门提出用发放“保障住房券”的形式缓解中低收入者住房难的问题。政府将“保障住房券”发给中低收入者，持券者将券交给开发商，开发商再交还给政府领回补贴。“住房券”的发放与居住者的收入和现居住面积双向挂钩。

本章小结

住房保障指政府为社会上买不起、租不起房子的家庭提供经济、法律等方面的支持，使每个公民都享有居住权。住房保障制度主要就是指针对这些住房困难家庭的一系列制度安排和政策措施。世界各国政府都高度重视住房这一重大民生问题，把保证公民的居住权利、提供住房的基本保障、解决较低收入家庭和特殊群体的住房困难，作为政府公共政策的重要内容，并围绕公共住房政策的实施和为较低收入家庭和特殊群体提供的相关住房服务，形成了各具特色的管理和服务系统，即住房保障体系。

在我国，自 1998 年住房制度改革全面推开以来，住房保障体系建设工作也随之开始起步。以 2007 年 8 月国务院出台的《国务院关于解决城市低收入家庭住房困难的若干意见》（国发〔2007〕24 号）为标志，我国住房保障体系建设可以大致划分为两个阶段。

（1）保障体系建设起步阶段。这一阶段是自 1998 年至 2007 年 8 月以前。这一阶段是住房保障体系建设的起步阶段，其主要建设进展有：一是建立了面向城市低保家庭的廉租住房制度；二是形成了面向城市中低收入家庭的经济适用房制度；三是建立了面向社会的住房公积金制度。

（2）保障体系的全面推进与加快建设阶段。自 2007 年 8 月国务院出台《国务院关于解决城市低收入家庭住房困难的若干意见》（国发〔2007〕24 号）以来，面向城镇低收入住房困难家庭和部分特殊住房困难群体的住房保障工作全面展开，直接推动了我国住房保障体系建设的全面推进和加快发展。

解决城市低收入家庭住房困难，主要采取的是以廉租住房为主，经济适用住房与廉租住房相衔接的保障方式。其中，廉租住房保障实行货币补贴和实物配租等相结合的方式，经济适用房制度则采取有限产权、出售为主的保障方式。此外，对于城市特殊住房困难群体，还将采取棚户区改造等方式予以解决。

住房保障作为社会保障的一个方面，其建立、完善离不开其他保障制度的支持和配合，住房保障制度与其他社会保障制度是相辅相成的，住房、医疗、失业、养老等保障制度共同发展、相互促进，将为我国构筑完善而坚固的社会保障体系。

复习思考题

1. 住房保障体系建设有什么重要意义？

2. 国外住房保障制度的发展趋势有哪些？

3. 简述现阶段我国的多层次住房保障体系。

4. 经济适用住房、廉租住房、公共租赁住房、自住型商品房的保障对象、保障方式、保障水平有哪些不同之处？

5. 参阅相关资料，试述住房公积金制度建设需要从哪些方面进行改进，如何改进？

6. 谈谈你对本章提到的建设部课题组提出的“不同家庭需求住房供应体系框架”的看法。

案例分析题

深圳：公共租赁住房政策的先行者[①]

2009 年年末，深圳市常住人口 891.23 万人，其中户籍人口 241.45 万人，仅占常

① 数据资料来源于深圳市祖宅租赁管理服务中心网站。

住人口的27.1%，非户籍人口占了深圳常住人口的绝大部分，深圳是一个典型的“移民”城市。庞大的非户籍人士当中的中低收入者面临着巨大的住房困难，为了解决他们的住房问题，构建和谐稳定的深圳，深圳在2010年《保障性住房条例》中第一次正式提出有条件地把非深圳户籍人士纳入保障范围的公共租赁住房政策。

其实，早在2007年年底，深圳就开始效法香港公务制度，建设公租房。2006年，深圳发布《深圳市住房建设规划（2006—2010）》，明确了5年内深圳公租房的建设思路：总建筑面积为570万平方米，占5年内住房总需求量的1/10。“十一五”期间，规划建设保障性住房14万套，到“十一五”期末基本解决户籍低收入人群的住房困难，逐步改善非户籍低收入者住房困难人群的住房条件。可谓是国内公共租赁住房政策的先行者。

而且，深圳分别在2010年和2012年颁布了旨在留住人才的政策法规：《中共深圳市委、深圳市人民政府关于实施人才安居工程的决定》、《关于引进海外高层次人才“孔雀计划”的意见》和《深圳市人才安居暂行办法》。上述政策法规规定对非户籍外来人才（分为高层次专业人才、高级人才和中初级人才）的住房问题提供实物配置和货币补贴两种保障方式，实物配置包括免租住房、产权赠与、租住公共租赁住房和购买安居型商品房等形式，货币补贴包括购房补贴和租房补贴等形式。其中，公共租赁住房是一项重要方式，为深圳市吸引、留住人才、经济发展作出了重要贡献。

“十一五”规划期间深圳市共建保障性住房16.9018万套，超额完成了14万套的目标，其中公共租赁租房10.4729万套，占了保障性住房的62%左右，为解决“夹心层”人群的住房困难问题提供了强大的支援。2009年年末，深圳市常住人口人均住房建筑面积27平方米，较“十五”期末提高了3平方米，住房成套率达到84.2%，住房自有率达到40%。2010年年末，深圳已建成保障性住房总建筑面积0.27亿平方米，占全市住房总建筑面积的6.6%，占全市商品住房建筑总面积的26.5%。这说明深圳的保障性住房政策践行的非常好，尤其是公共租赁住房政策的成就非常显著。

过去的五年，深圳公共租赁住房政策取得了可喜可贺的成绩，为解决深圳中等偏下“夹心层”人群和庞大的非户籍人士的住房问题提供了巨大的支持，同时也为深圳的蓬勃发展吸引、储备了大量的人才资源。展望“十二五”规划，为了更好地实施公共租赁住房政策，更好地解决不同人群的住房困难问题，促进深圳的可持续发展，深圳市提出了2011—2015年五年内新建6.4万套、总建筑面积320万平方米的公共租赁住房（含廉租住房）的宏伟目标。

深圳不仅是公共租赁住房政策实践的先行者，也致力于成为中国住房保障的榜样、标杆。

案例思考题：

1. 你认为深圳市在解决“夹心层”人群住房问题和留住人才做法上有哪些值得借鉴的地方？

2. 虽然公共租赁住房政策的实践不长，结合中国实情和国际经验，你认为公租房能否成为未来中国住房保障体系的主流？

推荐阅读资料

1. 田东海．住房政策：国家经验借鉴和中国现实选择［M］．北京：清华大学出版社，1998.

2. 姚玲珍．中国公共住房政策模式研究［M］．上海：上海财经大学出版社，2003.

3. 文林峰．城镇住房保障［M］．北京：中国发展出版社，2007.

4. 安世锦．城镇住房保障政策模式及实证研究［M］．北京：首都师范大学出版社，2012.

5. 高培勇，汪德华．中国财政政策报告2012/2013：新型城市化背景下的住房保障［M］．北京：中国财政经济出版社，2012.

第12章　优抚安置

学习目标

优抚安置是与军人、人民警察和国家机关工作人员相关的一项重要的社会保障制度，具有很强的政策性，学习本章后你应该：

✓全面掌握优抚安置的基本概念和我国有关优抚安置的具体政策

✓重点掌握有关残疾抚恤和退役军人安置方面的政策

✓在评定优抚对象的保障待遇标准、安置复员退伍军人的实务过程中熟练地应用相关法律法规

✓了解我国现行优抚安置保障面临的挑战并能提出有针对性的对策建议

引例　**敬礼，共和国老兵——探寻河北优抚对象医疗保障改革路径**

如今河北省内在乡退伍老兵以及伤残军人、在乡复员军人、“三属”等八类重点优抚对象共有35万人。“他们是新中国的功臣！为新中国建立和建设，为祖国的改革发展作出了突出贡献，”河北省民政厅党组书记、厅长古怀璞说，“但是，随着年龄增大、旧伤新病，他们的基本生活保障和政治待遇理应受到高度重视。”

专题调研发现，随着经济、社会发展，优抚对象的住房和生活得到明显改善，但由于机制滞后，优抚对象医疗难问题突出，尤其是参保参合人员未达到全员覆盖，地区发展不平衡、制度建设进展不一，医疗保障存在明显差异，医疗报销不及时……都成为影响优抚对象生产生活和困扰优抚工作健康发展的“瓶颈”。

2010年，河北省172个县（市、区）已经全部建立起优抚对象医疗费用“一站式”即时结算服务网络，采取参保参合、医疗优惠减免、政府补助“三层叠加”的模式，全面落实优抚对象医疗优惠政策。

按照近些年河北省出台的一系列政策规定，“八类重点优抚对象如果医疗自付部分仍然难以支付，可以向户籍所在地的县级人民政府按规定申请城乡医疗救助；医疗救助后仍难以支付的，各地还可根据地方财力，按照个人自付部分20%～80%的比例再予以住院费用补助”。河北省民政厅优抚处处长王国顺接受记者采访时表示，“除此以外，省民政厅还与省财政厅联合发文，按不低于各类优抚对象年度残疾抚恤金、定期抚恤金或者生活补助费用总额10%的标准，将门诊补助发给本人包干使用。仅以上各项省级财政汇总拨付，就从2007年的2 383万元猛增到2008年的5 347万元，2009年更是达到1.7亿元”。

河北省各地依托县、乡医院等社会医疗保险单位以及优抚医院、优抚门诊、具备条件的村级卫生室，形成“以县级定点医院为主体，乡镇医疗中心为网点，村级医疗服务站为补充”的县、乡、村三级网络服务阵地，使优抚对象小病不出村、就近能住院、大病及时转院。

资料来源　陈华，魏金保，段永昌．敬礼，共和国老兵——探寻河北优抚对象医疗保障改革路径［N］．中国社会报，2010-09-01（1）．

优抚安置对象是共和国的功臣，他们为革命和社会建设作出了巨大的牺牲。从革命战争时期开始，党和政府就颁布并实施了一系列社会优抚政策法规。然而，随着我国从计划经济体制向市场经济体制转轨，传统的优抚安置办法如同其他社会保障制度一样遇到了很大的挑战。我国各地纷纷调整政策，采取有效措施确保在新时期优抚安置对象能够得到有效的保障。

12.1 优抚安置概述

12.1.1 优抚安置与军人社会保障

1. 优抚安置的含义

优抚安置是国家专门为伤亡的军人、人民警察和国家机关工作人员提供抚恤，为军人和人民警察及其家庭提供优待，为退出现役的军人予以生活安置和就业安排而建立的社会保障制度。

优抚安置是一种按照人群划分的社会保障制度，它与通常按照项目划分的社会保障存在很多交叉。优抚安置中的抚恤属于社会保险中的伤残保险（disability pension）和遗属保险（survivor pension）。优抚安置中的安置属于就业社会保障，优抚安置中的优待则具有社会福利的性质。我国之所以将军人、人民警察及其家属的社会保障单独立法而不是相应地纳入到统一的社会保险和社会福利制度之中，关键在于保障对象具有特殊性。

2. 优抚安置保障对象

对于优抚安置保障对象的理解一般有三种：最狭义的理解是将军人及其家属视为优抚安置的保障对象。一般的理解则是将人民警察视同为军人，将优抚安置看做专门针对军人和人民警察及其家属的社会保障制度。比如，《军人抚恤优待条例》就规定：本条例适用于中国人民武装警察部队。还有一种理解是将国家机关工作人员去世后他们的遗属所享受的遗属抚恤也纳入优抚安置的范畴，这与当前主管优抚安置工作的民政部门的工作职责范围是一致的，可以视为对优抚安置广义的理解。

不管何种理解，军人和人民警察显然都是优抚安置保障对象的主体，这两个职业具有以下显著特点：

（1）公共性，他们的工作服务的是全体国民；

（2）光荣性，他们为社会主义革命和建设的胜利作出了巨大的牺牲；

（3）重要性，“谁要夺取国家政权，并想保持它，谁就应有强大的军队”；

（4）分离性，军人服现役的地点一般与其家庭分离，而且他们大多属于家庭中主要的劳动力，所以他们服现役对家庭经济有重大影响；

（5）危险性，出现伤残和死亡的比例特别高；

（6）过渡性，我国实行义务兵役制，士兵服现役期满退出现役就要重新回到正常的工作生活当中。

基于上述特殊性，我国针对军人和人民警察及其家属单独建立了社会保障制度。

3. 军人社会保障

优抚安置是一个与军人社会保障密切相关但又有所区别的概念。所谓军人社会保障是指国家和社会根据一定的法律和规定以及军人应享有的权利与应履行的义务相统一的原则，通过立法程序作出相应的制度安排，对国民收入进行再分配，以保障军人及其家庭成员的基本生活需要，解除军人的后顾之忧，稳定军心，保证国家安全和社会稳定的社会事业。军人社会保障的外延则包括军人社会保险、军人退役安置、军人社会福利、军人社会优抚和军人社会救助。①

可见，优抚安置是一个与军人社会保障相互交叉的概念，优抚安置中军人以及可以视同军人的人民警察的优待、抚恤以及安置属于军人社会保障的重要组成部分。除此之外，军人社会保障还包括现役军人的社会保险、社会福利等内容。优抚安置中为国家机关工作人员死亡后的遗属提供的遗属抚恤则不属于军人社会保障的范畴。

12.1.2 优抚安置的构成

优抚安置是一项综合性的社会保障制度，具体包括优待、抚恤和安置三类项目。

1. 优待

从字面含义上讲，优待就是给予比一般人更好的待遇。在这里优待专指给予军人和人民警察在政治、经济上比一般社会大众更好的待遇，以褒扬他们为社会所作出的特殊贡献和牺牲。前苏联等许多实行义务兵役制的国家通过给现役军人的配偶和子女发放补助金、安排工作、资助入学等形式来优待军人；英、美、日等实行募兵制的国家则通过向军人发放军饷来保障其家属的生活；在澳大利亚、加拿大，政府特别褒扬参战勇士，社会经常邀请退伍军人代表佩戴勋章出席各类纪念、庆祝活动；在美国，退伍军人去世后可以安葬在国立公墓，享受特殊礼遇。

2. 抚恤

抚恤是指国家对伤残人员和牺牲、病故人员家属所采取的物质抚慰形式，分伤残抚恤和死亡抚恤两类。这里专指为烈士、因公牺牲或者病故的军人、人民警察和国家机关工作人员的遗属提供的死亡抚恤和为因战致残、因公致残和因病致残的军人和人民警察提供的伤残抚恤。美国政府给退伍伤残军人发放赡养家属补贴，补贴额度根据赡养家属人数和伤残等级决定，还设立退伍军人特别寿险基金、特别治疗及重新恢复

① 张东江，聂和兴. 当代军人社会保障制度［M］. 北京：法律出版社，2001：21-27.

功能活动基金、再就业偿还基金、伤残退伍军人保险基金等各种基金。澳大利亚、加拿大政府为伤残退伍军人提供免税年薪，年薪额度根据疾病和负伤程度的不同而不同。未伤残的退伍军人，其收入在基本收入以下者，政府提供服役补贴。在英国，退伍军人在离开部队时没有找到工作，也没有领取每周50英镑以上的退伍津贴，就可以在退伍时立即申请福利金。在日本，军人服役时间满足最低要求后，即可享受普通抚恤，伤残可增加抚恤。①

3. 安置

安置通常是指对复员退伍军人、军队离退休干部及其随军家属、无军籍退休退职职工从军队回到地方后的生活和就业安排。在美国，政府不负责具体安排退出现役的军官，主要靠自谋出路。他们退役后主要受雇于私人企业和事业单位，也有的在政府机关任职，还有些退役军官会选择自己开办餐馆、商店、医疗所，有的经营企业、公司等。占美国退役军官60%以上的退役军官一年内都能找到工作，特别是一些高级军官更是许多部门争相吸引的对象，所以，申请到政府有关部门工作的反而多为下级军官。比较年轻的尉官，退役后一般都重新进入大学攻读学位，毕业后再谋职业。在英国和法国，退役军官可以在国内自由选择安置地点。在法国，对于不到退役年龄而选择退役的军官，军队可以帮助他们找工作。俄罗斯法律规定，每年的退役军官有权任意选择定居点，返回入伍前所在地及家属居住地者享受优待。军官退出现役后，由国家统一安排工作。在退役军官到达住地之日起，应不迟于一个月为其安排好工作。在退役军官安置过程中要注意专业对口，重视发挥退役军官个人特长。②

12.1.3 优抚安置的功能

作为我国社会保障制度的重要组成部分，优抚安置对于保障优抚安置对象的基本生活、加强国防和军队现代化建设、维护社会稳定具有十分重要的作用。具体而言，优抚安置的功能主要体现在以下几个方面：

1. 收入损失补偿的功能

军人因服现役而不能从事正常的工作和劳动，而我国实行的又是义务兵役制，军人在服现役期间没有工资收入。军人又是一个高危险的职业，发生残疾甚至死亡的概率比较大。一旦出现残疾或者死亡，也就意味着军人的劳动能力受到损害甚至永久丧失，军人未来预期收入显著减少。为此，国家需要对他们因此而发生的收入损失予以合理补偿。优抚安置这个方面的功能与社会保险项目是相同的。

2. 褒扬奖励的功能

军人和人民警察是两个特殊的职业，具有公共性、光荣性、重要性和危险性等特点。这些特点决定了对军人的保障就不应该仅仅局限于收入损失补偿，而应该体现出褒扬奖励的特点。因此，各国都给予军人特别优厚的保障待遇，我国更是明确规定："保障抚恤优待对象的生活不低于当地的平均生活水平。"

① 邹军誉，王建军．国外优抚安置制度精选［M］．北京：中国社会出版社，2003：3-4.
② 张东江，聂和兴．当代军人社会保障制度［M］．北京：法律出版社，2001：184-187.

3. 满足优抚安置对象实际需要的功能

除了收入之外，优抚安置对象常常会面临许多实际困难，如复员退伍军人的就业和住房问题、军人在服现役期间家中老人照料和子女教育问题、残疾军人的医疗问题等。社会优待和安置的主要目标就是满足优抚安置对象的这些实际需要。

4. 激励功能

优抚安置的激励功能主要体现在两个方面：一是吸引更多的有志青年投身国防事业；二是解决现役军人的后顾之忧，激发军人献身精神，有利于增强全民国防意识和部队凝聚力，促进国防和军队现代化建设。

5. 社会稳定的功能

这也可以通过两个方面来理解：一是强大的军队和警察部队可以更好地保家卫国，保护人民生命、财产安全；二是完善的保障制度可以为退役士兵作出妥善安置，避免社会不稳定因素的产生。

12.1.4 我国优抚安置的历史

优抚安置在我国有着悠久的历史。早在西周时期，姜子牙辅佐周武王治军时就曾经提出“凡行军吏士有伤亡者，给其丧具，使归而葬，此坚军全国之道也。军人被创即给医药，使谨视之”。意思是说，凡是战死的军士，要发给葬具使其安葬，对受伤的战士要妥善照顾，这是稳定军心、保全国家的方法。这些重要的优抚思想奠定了优抚安置工作的发展基础。

新民主主义革命时期，中国共产党在创建人民军队之初就十分重视对军人的优抚安置工作。1928 年 6 月，党的第六次代表大会通过的《十大纲领》就要求“改善士兵生活，发给士兵土地和工作”。1931 年 11 月，中华苏维埃工农兵第一次全国代表大会颁布了《中华工农红军优待条例》。1933 年《中华苏维埃共和国地方苏维埃暂行组织法（草案)》规定，为了加强红军的优抚工作，各级苏维埃政权均应成立相应的优抚组织机构。中央革命军事委员会设立了专门的抚恤委员会，加强对优抚工作的组织领导。之后，在艰苦卓绝的人民战争中，以拥军支前、土地代耕、伤亡抚恤、褒扬优待为内容的全新优抚制度初步建立。

新中国成立后，优抚制度的建立和发展大致经历了三个阶段：新中国成立至“文化大革命”前；“文化大革命”时期；“文化大革命”结束至今，特别是党的十一届三中全会以后。

1. 新中国成立至“文化大革命”前的优抚安置制度

新中国成立以后，党和国家对优抚工作给予高度重视，针对革命军人及其家属制定了一系列优抚条例。1954 年，我国的第一部《中华人民共和国宪法》中明确提出了国家保障残疾军人的生活、优待革命烈士家属、优待革命军人家属的条款。此后，国务院先后于 1955 年、1958 年颁布了《关于安置复员建设军人工作的决议》和《关于处理义务兵退伍的暂行规定》。

这一时期的优抚安置制度对我国新型社会优抚制度的建立和优抚工作的实施发挥了积极作用，为今后制定完整统一的优抚基本法奠定了基础。

2. “文化大革命”时期的优抚安置制度

“文化大革命”时期，由于极左错误思想的严重干扰，随着从中央到地方的民政部门的撤销，优抚工作在许多方面也随之暂停。多年来行之有效的优抚政策法规被歪曲批判，许多优抚对象遭到打击迫害，已经建立起来的优抚制度遭到严重破坏。因此可以说，这一时期的优抚工作几乎处于停滞状态。

3. “文化大革命”结束至今，特别是党的十一届三中全会以后的优抚安置制度

“文化大革命”结束以后，特别是党的十一届三中全会以来，优抚工作有了新的转机、新的发展。为了适应新形势的需要，我国对优抚制度进行了调整和改革。1978年3月民政部成立之后，内设机构、主要业务历经多次调整，但无论是优抚司、安置司，还是目前的优抚安置局，都始终是民政部的一个重要职能部门，担负着抚恤优待、退伍安置、烈士褒扬、烈士纪念物管理、拥军优属等任务。为加强和规范这个时期的优抚工作，国家先后制定了《烈军属优待暂行条例》、《革命残疾军人优待抚恤暂行条例》等五部法规，形成了优抚基本法律体系。

改革开放以来，优抚安置工作进入新的发展阶段。党和政府站在国家长治久安、民族兴旺发达的高度，把切实维护军人和优抚对象合法权益、促进军队和国防建设作为一项事关全局的政治任务摆上重要位置。目前我国优抚安置工作的主要政策法规依据包括《军人抚恤优待条例》、《退伍义务兵安置条例》、《中国人民解放军士官退出现役安置暂行办法》和2011年7月颁布的《烈士褒扬条例》（国务院令第601号）等一系列综合性政策法规，初步形成了与社会主义市场经济体制相适应的优抚政策法规体系。

12.2 抚恤优待

12.2.1 抚恤优待对象的认定

1. 军人抚恤优待对象的认定

《军人抚恤优待条例》第二条规定，中国人民解放军现役军人、服现役或者退出现役的残疾军人，以及复员军人、退伍军人、烈士遗属、因公牺牲军人遗属、病故军人遗属、现役军人家属为抚恤优待对象，享受规定的抚恤优待。对这些抚恤优待对象的认定如下①：

（1）中国人民解放军现役军人是指在中国人民解放军服现役的军官、文职干部、士官和义务兵。中国人民解放军现役军官是被任命为排级以上职务或者初级以上专业技术职务，并被授予相应军衔的现役军人，按其职务性质分为军事军官、政治军官、后勤军官和专业技术军官。中国人民解放军文职干部是军队编制定额内不授予军衔的

① 民政部优抚安置局，国务院法制办公室政法劳动保障法制司．军人抚恤优待条例释义［M］．北京：中国社会出版社，2005：26-29.

干部。现役士兵按兵役性质分为义务兵役制士兵和志愿兵役制士兵，前者称为义务兵，后者称为士官。

（2）残疾军人是指现役军人因战、因公、因病（限义务兵和初级士官），医疗终结后符合评残条件，经法定的审批程序，取得中华人民共和国民政部制发的“中华人民共和国残疾军人证”的人员。我国以前曾经有过“残废军人”和“革命伤残军人”的称谓，为了体现对残疾军人的尊重，体现残疾军人残而不废的精神，现在我们统一称之为“残疾军人”。

（3）复员军人是指在1954年10月31日开始试行义务兵役制以前参加中国工农红军、东北抗日联军、中国共产党领导的脱产游击队、八路军、新四军、解放军、中国人民志愿军等，后经批准从部队复员的人员。

（4）退伍军人是指1954年11月1日开始试行义务兵役制以后参加中国人民解放军、持有退伍或复员军人证件的人员。其中，在服现役期间患病，尚未达到评定残疾等级条件并有军队医院证明，从部队退伍的人员称为带病回乡退伍军人。

（5）烈士遗属是指现役军人符合规定的死亡情形之一，经相应的军队政治机关批准为烈士，由县级人民政府民政部门发给“中华人民共和国烈士证明书”后，烈士的父母（抚养人）、配偶、子女、兄弟姐妹。可以被批准为烈士的“规定情形”包括：

①对敌作战死亡，或者对敌作战负伤在医疗终结前因伤死亡的；

②因执行任务遭敌人或者犯罪分子杀害，或者被俘、被捕后不屈遭敌人杀害或者被折磨致死的；

③为抢救和保护国家财产、人民生命财产或者执行反恐怖任务和处置突发事件死亡的；

④因执行军事演习、战备航行飞行、空降和导弹发射训练、试航试飞任务以及参加武器装备科研实验死亡的；

⑤在执行外交任务或者国家派遣的对外援助、维持国际和平任务中牺牲的；

⑥其他死难情节特别突出，堪为后人楷模的。

现役军人在执行对敌作战、边海防执勤或者抢险救灾任务中失踪，经法定程序宣告死亡的，按照烈士对待。

（6）因公牺牲军人遗属是指现役军人符合规定的死亡情形，经相应的军队政治机关确认为因公牺牲军人，由县级人民政府民政部门发给“中华人民共和国军人因公牺牲证明书”后，因公牺牲军人的父母（抚养人）、配偶、子女、兄弟姐妹。可以被确认为因公牺牲军人的“规定情形”包括：

①在执行任务中或者在上下班途中，由于意外事件死亡的；

②被认定为因战、因公致残后因旧伤复发死亡的；

③因患职业病死亡的；

④在执行任务中或者在工作岗位上因病猝然死亡，或者因医疗事故死亡的；

⑤其他因公死亡的。

现役军人在执行对敌作战、边海防执勤或者抢险救灾以外的其他任务中失踪，经法定程序宣告死亡的，按照因公牺牲对待。

（7）病故军人遗属是指现役军人死亡，经相应的军队政治机关确认为病故军人，由县级人民政府民政部门发给“中华人民共和国军人病故证明书”后，病故军人的父母（抚养人）、配偶、子女、兄弟姐妹。可以被确认为病故军人的“规定情形”包括：

①除因患职业病死亡、在执行任务中或者在工作岗位上因病猝然死亡，以及因医疗事故死亡之外，因其他疾病死亡的；

②现役军人非执行任务死亡或者失踪，经法定程序宣告死亡的，按照病故对待。

（8）现役军人家属是指中国人民解放军现役军人的父母、配偶、子女、兄弟姐妹、军人自幼曾依靠其抚养长大现在又必须依靠军人生活的其他亲属。

2. 国家机关工作人员、人民警察伤残性质的认定

（1）国家机关工作人员、人民警察牺牲，批准为烈士的条件，参照《革命烈士褒扬条例》执行。具体而言，符合下列条件之一，并经规定的机关批准，即可称为革命烈士。

①对敌作战牺牲的；

②对敌作战负伤后因伤死亡或对敌作战负伤致残医疗终结评残发证后，一年内因伤口复发死亡的；

③在作战前线担任向导、修筑工事、救护伤员、执行运输等战勤任务中牺牲的，或者在战区守卫重点目标时牺牲的；

④因执行革命任务遭敌人杀害，或者被敌人俘虏，逮捕后坚贞不屈遭敌人杀害或受折磨致死的；

⑤为保卫和抢救人民生命、国家财产和集体财产壮烈牺牲的；

⑥因在边防、海防执行巡逻任务被反革命分子、刑事犯罪分子和其他坏人杀害的；

⑦因侦查刑事案件，制止现行犯罪或逮捕、追捕、看管反革命分子、刑事犯罪分子，被反革命分子、刑事犯罪分子杀害的；

⑧因维护国家治安，同歹徒英勇斗争被杀害的；

⑨因执行军事、公安、保卫、检察、审判任务，被犯罪分子杀害或被报复杀害的；

⑩因正确执行党的路线、方针、政策，坚持革命原则，维护国家和人民利益，被犯罪分子杀害或被报复杀害的；

⑪部队飞行人员在执行战备飞行训练中牺牲和在执行试飞任务中牺牲的；

⑫死难情节特别突出，足为后人楷模的。[①]

（2）国家机关工作人员、人民警察因公牺牲和病故的确认，参照《军人抚恤优待条例》的有关规定办理。

（3）公安机关、司法行政系统和人民法院、人民检察院分别根据本系统的实际

---

① 国务院《革命烈士褒扬条例》（国发〔1980〕152号），1980年6月4日。

情况制定了人民警察或司法警察抚恤办法，这些行政法规都对本系统内警察伤残性质的认定作出了具体的规定。比如，《人民警察抚恤优待办法》（民发〔2014〕101号）规定，人民警察死亡，符合下列条件之一的，批准为革命烈士：

①在依法查处违法犯罪行为、执行国家安全工作任务、执行反恐怖任务和处置突发事件中牺牲的；

②抢险救灾或者其他为了抢救、保护国家财产、集体财产、公民生命财产牺牲的；

③在执行外交任务或者国家派遣的对外援助、维持国际和平任务中牺牲的；

④在执行武器装备科研试验任务中牺牲的；

⑤其他牺牲情节特别突出，堪为楷模的。①

12.2.2 死亡抚恤

现役军人死亡被批准为烈士、被确认为因公牺牲或者病故的，其遗属享受死亡抚恤，具体包括一次性抚恤金和定期抚恤金两种。

1. 一次性抚恤金

一次性抚恤金是国家按规定一次性发给革命烈士家属、因公牺牲和病故军人、警察、国家机关工作人员家属的抚恤金。

（1）一次性抚恤金标准

《军人抚恤优待条例》规定，烈士和因公牺牲的，为上一年度全国城镇居民人均可支配收入的20倍加本人40个月的工资；病故的，为上一年度全国城镇居民人均可支配收入的2倍加本人40个月的工资。这里所称的“工资”，对现役军官是指职务薪金、军衔薪金和军龄薪金之和；对现役军队文职干部是指职务工资和军龄薪金之和；对未参加工资改革的军队离退休干部的工资收入是指职务薪金、行政级别薪金、军龄（含工龄）薪金和生活补助四项之和。参加工资改革和授予军衔的军队离退休干部的工资收入，按总后勤部、民政部规定的工资项目执行。另外，烈士、因公牺牲及病故军人的月工资或者津贴低于排职少尉军官工资标准的，按照排职少尉军官工资标准发给其遗属一次性抚恤金。

退出现役的因战、因公致残的残疾军人因旧伤复发死亡的，由县级人民政府民政部门按照因公牺牲军人的抚恤金标准发给其遗属一次性抚恤金，其遗属享受因公牺牲军人遗属抚恤待遇。退出现役的因战、因公、因病致残的残疾军人因病死亡的，对其遗属增发12个月的残疾抚恤金作为丧葬补助费。其中，因战、因公致残的一级至四级残疾军人因病死亡的，其遗属享受病故军人遗属抚恤待遇。

获得荣誉称号或者立功的烈士、因公牺牲军人、病故军人，其遗属在应当享受的一次性抚恤金的基础上，由县级人民政府民政部门按照下列比例增发一次性抚恤金：获得中央军事委员会授予荣誉称号的，增发35%；获得军队军区级单位授予荣誉称号的，增发30%；立一等功的，增发25%；立二等功的，增发15%；立三等功的，

① 民政部等《人民警察抚恤优待办法》（民发〔2014〕101号），2014年4月30日。

增发5%。对于荣立多次功勋的，按其中最高等功勋的增发比例计算，不累计折算提高功勋等次。对于虽在服役期间荣立功勋，但在退出现役后死亡的，不再增发一次性抚恤金。

国家机关工作人员一次性抚恤金标准参照《军人抚恤优待条例》执行，但不享受现役军人立功和获得荣誉称号者死亡时增发抚恤金的待遇。自2006年7月1日起，国家机关工作人员及离退休人员死亡一次性抚恤金的计发办法为：

①国家机关在职工作人员死亡，一次性抚恤金以本人生前最后一个月基本工资为基数计发。其中：公务员，为本人职务工资和级别工资之和；机关技术工人，为本人岗位工资和技术等级（职务）工资之和；机关普通工人，为本人岗位工资。

②国家机关离退休人员死亡，一次性抚恤金以本人生前最后一个月享受的国家规定的基本离退休费为基数计发。其中：离退休人员为本人基本离退休费，即本人离退休时计发的基本离退休费和本人离退休后历次按国家规定增加的基本离退休费之和；按照《国务院关于颁发〈国务院关于安置老弱病残干部的暂行办法〉和〈国务院关于工人退休、退职的暂行办法〉的通知》（国发〔1978〕104号）的规定，办理退职的人员为本人基本退职生活费，即本人退职时计发的基本退职生活费和本人退职后历次按国家规定增加的基本退职生活费之和。

③驻外使领馆工作人员、驻外非外交人员和港澳地区内派人员中的机关工作人员死亡，一次性抚恤金以本人国内（内地）基本工资为基数计发。[①]

人民警察死亡被评定为烈士的，依照《烈士褒扬条例》的规定发给遗属烈士褒扬金，其标准为烈士牺牲时上一年度全国城镇居民人均可支配收入的30倍。烈士、因公牺牲的，为上一年度全国城镇居民人均可支配收入的20倍加本人40个月的工资；病故的，为上一年度全国城镇居民人均可支配收入的2倍加本人40个月的工资。列入一次性抚恤金计发标准的工资项目为：职务工资、级别工资、基础工资、工龄工资、警衔津贴。立功和获得荣誉称号（含死亡后追记、追认功勋）的公安民警死亡后，按照如下比例增发一次性抚恤金：被国务院授予英雄模范荣誉称号的，增发35%；被公安部授予英雄模范荣誉称号的，增发30%；立一等功的，增发25%；立二等功的，增发15%；立三等功的，增发5%。

（2）一次性抚恤金的发放顺序

①有父母或抚养人，但无配偶的，发给父母或抚养人；

②没有父母或抚养人，但有配偶的，发给配偶；

③既有父母或抚养人，又有配偶的，各发半数；

④无父母或抚养人，也没有配偶的，发给子女；

⑤无父母或抚养人，也没有配偶和子女的，发给未满18周岁的弟妹和已满18周岁但无生活费来源且由该军人生前供养的兄弟姐妹；

⑥无上述亲属的，不发。

---

① 民政部、人事部、财政部《关于国家机关工作人员及离退休人员死亡一次性抚恤发放办法的通知》（民发〔2007〕64号），2007年5月8日。

同一顺序中的亲属领取一次性抚恤金的数额应均等；经协商，也可不均等。对缺乏劳动能力且生活有特殊困难的亲属、对死亡军人尽有主要抚养义务或者与死亡军人长期共同生活的亲属，分配一次性抚恤金时，应当予以照顾。军人生前有遗嘱的，应按照遗嘱载明的顺序发放一次性抚恤金。

2. 定期抚恤金

定期抚恤金是国家对符合规定条件的革命烈士家属、因公牺牲军人遗属、病故军人遗属按一定标准定期发给的抚恤金，用以抚慰家属，帮助解决生活困难。它又称为“遗属定期抚恤金”或“长期抚恤金”。

（1）享受定期抚恤金的条件

革命烈士、因公牺牲军人遗属、病故军人遗属符合下列条件的可以享受定期抚恤金：

①父母（抚养人）、配偶无劳动能力、无生活费来源，或者收入水平低于当地居民平均生活水平的；

②子女未满 18 周岁或者已满 18 周岁但因上学或者残疾无生活费来源的；

③兄弟姐妹未满 18 周岁或者已满 18 周岁但因上学无生活费来源且由该死者生前供养的。

（2）定期抚恤金的标准

定期抚恤金的标准应当参照全国城乡居民家庭人均收入水平确定。具体的定期抚恤金的标准及其调整办法，由国务院民政部会同财政部规定。县级以上地方人民政府对依靠定期抚恤金生活仍有困难的烈士遗属、因公牺牲军人遗属、病故军人遗属，可以增发抚恤金或者采取其他方式予以补助，保障其生活不低于当地的平均生活水平。表 12-1 为烈属、因公牺牲军人遗属、病故军人遗属定期抚恤金的最新标准（从 2013 年 10 月 1 日起执行）。

表 12-1 **烈属、因公牺牲军人遗属、病故军人遗属定期抚恤金的最新标准表**

单位：元/年

	烈 属	因公牺牲军人遗属	病故军人遗属
城镇	13 860	11 890	11 190
农村	7 970	7 610	7 290

资料来源 民政部优抚安置局．部分优抚对象抚恤补助标准表［EB/OL］．［2014-12-03］. http：//yaj. mca. gov. cn/article/ydfx/yfbz/201310/20131000532695. shtml.

除烈属、因公牺牲军人遗属、病故军人遗属外，在乡退伍红军老战士、在乡西路军红军老战士、红军失散人员可以按月享受生活补助，表 12-2 为最新标准（从 2013 年 10 月 1 日起执行）。

表 12-2 **在乡退伍红军老战士、在乡西路军红军老战士、红军失散人员生活补助标准表**

单位：元/年

在乡退伍红军老战士	在乡西路军红军老战士	红军失散人员
30 250	30 250	13 650

资料来源 民政部优抚安置局．部分优抚对象抚恤补助标准表［EB/OL］．［2014-12-03］. http：//yaj. mca. gov. cn/article/ydfx/yfbz/201310/20131000532695. shtml.

人民警察死亡后，被批准为革命烈士，符合下列条件之一的，其家属可享受定期抚恤金：

①父、母、抚养人、夫、妻无劳动能力和生活收入的，或虽有一定生活收入，但不足以维持当地一般生活水平的；

②子女未满18周岁，或虽满18周岁但因读书或伤残而无生活来源的；

③弟妹未满18周岁，且必须依靠其生前供养的。

革命烈士家属是孤老、孤儿的，应增发定期抚恤金，其增发比例原则上不低于应享受定期抚恤金的20%。

人民警察因公牺牲或病故，符合人事部、财政部《国家机关事业单位工作人员死亡后遗属生活困难补助暂行规定》条件的，由所在单位发给其遗属生活补助费。

国家机关、人民团体、事业单位工作人员死亡以后遗属一般不享受定期抚恤金，对于其中生活困难者发给遗属困难生活补助。民政部、财政部于1980年发布的《关于执行〈国家机关、事业单位工作人员死亡后遗属生活困难补助暂行规定〉的通知》规定，国家机关、事业单位工作人员死亡以后，遗属生活有困难的，死者生前所在单位可以根据“困难大的多补助，困难小的少补助，不困难的不补”的原则，给予定期或临时补助，并规定依靠死者生前供养的下列直系亲属和其他亲属为补助对象：

①父（包括抚养死者长大的抚养人）、夫年满六十岁，或者基本丧失劳动能力的；

②母（包括抚养死者长大的抚养人）、妻年满五十岁，或者基本丧失劳动能力的；

③子女（包括遗腹子女、养子女、前妻或者前夫所生子女）未满十六岁，或者满十六岁尚在普通中学学习，或者基本丧失劳动能力的；

④弟妹（包括同父异母或者同母异父弟妹）未满十六岁，或者满十六岁尚在普通中学学习，或者基本丧失劳动能力的。

至于补助标准，上述通知规定，一般以能维持当地群众生活水平为原则，具体标准由各省、市、自治区规定。对于在保护、抢救国家资财或在对敌斗争中牺牲的人员，其遗属生活困难补助费标准，可以适当提高一些。

鉴于近几年物价和人民生活消费水平不断提高，上述办法规定的标准已不适应变化了的新情况。为此，中央和各地在上述文件的基础上作了修改补充。目前，对国家机关、事业单位工作人员死亡后遗属生活困难补助标准一般采取参照城乡居民最低生活保障标准的方法来规定。比如，中央国家机关工作人员遗属生活困难补助标准参照北京市城镇居民最低生活保障线标准执行。[①] 山东省规定，符合生活困难补助条件的遗属，系非农业人口的，每人每月补助标准按户籍所在地政府公布的城镇居民最低生活保障线标准执行；系农业人口的，每人每月补助标准按户籍所在地政府公布的农村村民最低生活保障线标准的150%执行。[②] 深圳市则规定，居住在市内、外城乡的遗属，其

---

① 国务院机关事务管理局《关于调整中央国家机关工作人员遗属生活困难补助标准的通知》（〔1998〕国管财字第182号），1998年7月23日。

② 山东省人事厅、山东省财政厅《关于修订机关事业单位工作人员死亡后遗属生活困难补助规定的通知》（鲁人福〔1999〕1号），1999年12月23日。

每人每月补助标准，按高于本人户籍所在地政府确定的城乡居（村）民最低生活保障线标准20%执行，并随当地城乡居（村）民最低生活保障线标准进行相应调整。[①]

12.2.3 残疾抚恤

伤残抚恤是国家和社会保障革命伤残人员（包括革命伤残军人、伤残人民警察、伤残机关工作人员、伤残民兵民工）基本生活的优抚制度。

1. 伤残抚恤的对象

根据民政部颁布施行的《伤残抚恤管理办法》的规定，下列人员为民政部门负责伤残抚恤的对象：

（1）在服役期间因战、因公致残退出现役的军人，在服役期间因病评定了残疾等级退出现役的残疾军人；

（2）因战、因公负伤时为行政编制的人民警察；

（3）因战、因公负伤时为公务员以及参照《中华人民共和国公务员法》管理的国家机关工作人员；

（4）因参战、参加军事演习、军事训练和执行军事勤务致残的预备役人员、民兵、民工以及其他人员；

（5）为维护社会治安同违法犯罪分子进行斗争致残的人员；

（6）为抢救和保护国家财产、人民生命财产致残的人员；

（7）法律、行政法规规定应当由民政部门负责伤残抚恤的其他人员。

前款所列第（4）、（5）、（6）项人员，根据《工伤保险条例》应当认定视同工伤的，不再办理因战、因公伤残抚恤。[②]

2. 伤残性质的认定

残疾军人、伤残人民警察、伤残国家机关工作人员、伤残民兵民工的残疾在性质上分为因战致残、因公致残和因病致残三种类型。因战致残是指对敌作战负伤致残；因公致残是指在执行公务中致残，经医疗终结，符合评残条件的；因病致残是指因患病（含精神病），经治疗终结后评定的伤残。具体而言：

（1）符合下列情形之一的，认定为因战致残：

①对敌作战负伤、医疗终结后评定残疾；

②因执行任务遭敌人或者犯罪分子伤害致残，或者被俘、被捕后不屈遭敌人折磨致残；

③抢救和保护国家财产、人民生命财产或者参加处置突发事件致残；

④因执行军事演习、战备航行飞行、空降和导弹发射训练、试航试飞任务以及参加武器装备科研实验致残。

（2）符合下列情形之一的，认定为因公致残：

①在执行任务中或者上下班途中，由于意外事件致残的；

---

① 深圳市人事局、深圳市财政局《关于修订国家机关、事业单位工作人员遗属生活困难补助标准有关问题的通知》（深人薪〔1998〕5号），1998年11月23日。

② 民政部《伤残抚恤管理办法》（民发〔2007〕34号），2007年7月31日。

②因患职业病致残的；

③在执行任务中或者在工作岗位上因病猝然致残，或者因医疗事故致残的；

④其他因公致残的。

（3）除了以下两种情形以外，因其他疾病导致残疾的认定为因病致残：

①因患职业病致残的；

②在执行任务中或者在工作岗位上因病猝然致残，或者因医疗事故致残的。①

3. 残疾等级的评定

现役军人因战、因公致残，医疗终结后符合评定残疾等级条件的，应当评定残疾等级。义务兵和初级士官因病致残符合评定残疾等级条件，本人（精神病患者由其利害关系人）提出申请的，也应当评定残疾等级。残疾的等级，根据劳动功能障碍程度和生活自理障碍程度确定，由重到轻分为一级至十级。

根据2004年民政部、劳动和社会保障部、卫生部、总后勤部印发的《军人残疾等级评定标准（试行）》，伤残军人的伤残等级具体分为：

（1）器官缺失或功能完全丧失，其他器官不能代偿，存在特殊医疗依赖和完全护理依赖的，为一级；

（2）器官严重缺损或畸形，有严重功能障碍或并发症，存在特殊医疗依赖和大部分护理依赖的，为二级；

（3）器官严重缺损或畸形，有严重功能障碍或并发症，存在特殊医疗依赖和部分护理依赖的，为三级；

（4）器官严重缺损或畸形，有严重功能障碍或并发症，存在特殊医疗依赖和小部分护理依赖的，为四级；

（5）器官大部缺损或明显畸形，有较重功能障碍或并发症，存在一般医疗依赖的，为五级；

（6）器官大部缺损或明显畸形，有中度功能障碍或并发症，存在一般医疗依赖的，为六级；

（7）器官大部分缺损或畸形，有轻度功能障碍或并发症，存在一般医疗依赖的，为七级；

（8）器官部分缺损，形态明显异常，有轻度功能障碍，存在一般医疗依赖的，为八级；

（9）器官部分缺损，形态明显异常，有轻度功能障碍的，为九级；

（10）器官部分缺损，形态异常，有轻度功能障碍的，为十级。②

需要注意的是，新中国成立后我国对伤残军人一直执行的是“四等六级”的设置办法。2004年10月1日起施行的《军人抚恤优待条例》将伤残等级改为十级，这就存在一个套改的问题。民政部、总后勤部于2004年11月16日颁发了《军人新旧

---

① 民政部优抚安置局，国务院法制办公室政法劳动保障法制司．军人抚恤优待条例释义［M］．北京：中国社会出版社，2005：68-72.

② 民政部、劳动和社会保障部、卫生部、总后勤部《军人残疾等级评定标准（试行）》，2007年11月10日。

残疾等级套改办法》。根据该办法，新旧残疾等级对应关系为：特等套改一级、一等套改三级、二等甲级套改五级、二等乙级套改六级、三等甲级套改七级、三等乙级套改八级。被地方民政部门评定为伤残人民警察、伤残国家机关工作人员、伤残民兵民工并持有相应伤残证件的人员参照伤残军人的套改办法执行。[①]

残疾军人由认定残疾性质和评定残疾等级的机关发给“中华人民共和国残疾军人证”，它是我国伤残人员证的一种。伤残人员证是伤残人员身份的证明，持有伤残人员证的伤残人员可依法享受有关优待政策。我国伤残人员证分为“残疾军人证”、“伤残人民警察证”、“伤残国家机关工作人员证”和“伤残民兵民工证”四种。

4. 伤残抚恤待遇

因战、因公致残，残疾等级被评定为一级至十级的，享受抚恤；因病致残，残疾等级被评定为一级至六级的，享受抚恤。伤残人员从被批准残疾等级评定后的第二个月，由发给其伤残证件的县级人民政府民政部门按规定予以抚恤。残疾军人的抚恤金标准应当参照全国职工平均工资水平确定，伤残人民警察、伤残国家机关工作人员和伤残民兵民工目前执行与残疾军人相同的抚恤金标准。表 12-3 为我国残疾军人、伤残人民警察、伤残国家机关工作人员、伤残民兵民工残疾抚恤金最新标准（从 2013 年 10 月 1 日起执行）。

表 12-3 **残疾军人、伤残人民警察、伤残国家机关工作人员、伤残民兵民工残疾抚恤金标准表**

单位：元/年

残疾等级	残疾性质	抚恤金标准
一级	因战	43 630
	因公	42 250
	因病	40 870
二级	因战	39 480
	因公	37 410
	因病	36 010
三级	因战	34 640
	因公	32 560
	因病	30 490
四级	因战	28 390
	因公	25 630
	因病	23 550

① 邱明全. 新修订的《军人抚恤优待条例》15 问——国家民政部优抚安置局局长孙绍骋解答录［N］. 解放军报，2004-10-20.

续表

残疾等级	残疾性质	抚恤金标准
五级	因战	22 180
	因公	19 390
	因病	18 010
六级	因战	17 330
	因公	16 400
	因病	13 860
七级	因战	13 170
	因公	11 780
八级	因战	8 310
	因公	7 610
九级	因战	6 910
	因公	5 540
十级	因战	4 850
	因公	4 150

资料来源 民政部优抚安置局．部分优抚对象抚恤补助标准表［EB/OL］．［2014-12-03］．http：//www.mca.gov.cn/article/zwgk/fvfg/yfaz/201108/20110800171652.shtml.

除上述抚恤金外，县级以上地方人民政府对依靠残疾抚恤金生活仍有困难的残疾军人，可以增发残疾抚恤金或者采取其他方式予以补助，保障其生活不低于当地的平均生活水平。在这里，“当地”一般是指县、自治县、不设区的市、市辖区、林区等。“平均生活水平”主要通过收入、支出和社会福利等多项指标反映。收入指标包括城市居民家庭人均可支配收入和农村居民家庭人均纯收入；支出指标包括城市居民家庭人均消费性支出、农村居民家庭人均生活消费支出。

确定“当地的平均生活水平”，应以当地城市居民家庭人均消费性支出、农村居民家庭人均生活消费支出这两项货币性指标为基础，适当考虑城市居民家庭人均可支配收入、农村居民家庭人均纯收入，以及就业、教育、卫生等社会福利因素确定。衡量优抚对象是否达到当地的平均生活水平时，需要对各种因素综合考虑，应当将优抚对象享受的抚恤补助、就业、文化、教育、卫生、社会保障、生产服务等方面享受到的社会优待，以及优抚对象自身的劳动收入和其他收入与当地的平均生活水平指标进行比较，作为确定优抚对象是否达到当地的平均生活水平的衡量标准。①

需要说明的是，1988年8月1日起正式施行的原《军人抚恤优待条例》规定，退出现役后没有参加工作的革命伤残军人，由民政部门发给伤残抚恤金；退出现役后

① 民政部、财政部、国家统计局《对〈军人抚恤优待条例〉第三条第一款中“当地的平均生活水平”解释的函》，2005年6月7日。

参加工作，或者享受离休、退休待遇的革命伤残军人，由民政部门发给伤残保健金。继续在部队服役的革命伤残军人，由所在部队发给伤残保健金。

实施结果表明，伤残抚恤金和伤残保健金的标准差距很大，以 2003 年特等因战残疾军人为例，同一等级的抚恤金和保健金两者相差达 7 820 元。鉴于现阶段在职残疾军人中相当部分处于下岗或失业状态，无论是下岗职工基本生活费还是失业保险金数额均有限。同时，残疾军人下岗失业后很难再找到一份新的工作，处于失业大军中的弱势群体，其总体收入水平达不到残疾抚恤金的标准，出现了相对不公平的现象。所以，2004 年 10 月 1 日实施的新《军人抚恤优待条例》规定："退出现役的残疾军人，按照残疾等级享受残疾抚恤金"，将原来的"抚恤金"和"保健金"予以合并，统称抚恤金。但这种合并是名称上的统一，并不意味着有工作单位和无工作单位的残疾军人在抚恤标准、生活医疗待遇上完全实行一个标准。在经济条件好的地区，地方政府对无工作残疾军人，还是给予特殊对待的，除了国家标准的抚恤金外，还可以享受到"过节费"、粮油补贴、副食补贴等待遇，充分体现地方政府对国家功臣的特殊照顾和关心。①

退出现役的一级至四级残疾军人，由国家供养终身。其中，对需要长年医疗或者独身一人不便分散安置的，经省级人民政府民政部门批准，可以集中供养。对分散安置的一级至四级残疾军人发给护理费，护理费的标准为：

（1）因战、因公一级和二级残疾的，为当地职工月平均工资的 50%；

（2）因战、因公三级和四级残疾的，为当地职工月平均工资的 40%；

（3）因病一级至四级残疾的，为当地职工月平均工资的 30%。

残疾军人需要配制假肢、代步三轮车等辅助器械，正在服现役的，由军队军级以上单位负责解决；退出现役的，由省级人民政府民政部门负责解决。

12.2.4 优待

优待指国家和社会对抚恤优待对象发给的优待金，以及在治病、交通、住房、就业、入学、入托、生活困难补助、救济、贷款、邮政、供应、参观游览等方面提供的优惠待遇。

1. 现役军人家庭享受的优待

义务兵服现役期间，其家庭由当地人民政府发给优待金或者给予其他优待，优待标准不低于当地平均生活水平。发放优待金是现阶段我国现役军人优待的主要方式。

优待金的主要来源有财政拨款、社会统筹和军属所在单位或军人参军前所在单位承担三种方式。优待金的标准要与当地经济条件和群众生活水平相适应，既要保障优抚对象相当于或高于当地一般群众的生活水平，又要考虑优待金筹集方式的可行性。

目前，对现役军人家属的优待范围、优待金标准和统筹方法等，是由各自治区、省、直辖市人民政府根据本地区的实际情况制定的。优待金的发放时间一般是在年底。发放的具体方法是义务兵家属持优待证到乡民政助理处或街道办事处的民政科领

① 邱明全. 新修订的《军人抚恤优待条例》15 问——国家民政部优抚安置局局长孙绍骋解答录［N］. 解放军报，2004-10-20.

取。有的地方为使优待金发挥最大效用，在自愿的基础上建立优待金储金会，由乡民政助理将优待金储蓄起来，待义务兵退伍后一次性发放。义务兵家属享受优待金的年限以义务兵法定服役年限确定，即陆军3年，空军、海军4年。凡因部队需要超期服役的，部队团以上单位机关应及时通知地方政府，可继续给予优待，地方没有接到通知的，义务兵服役期满即停止发给优待金。

另外，根据有关规定，义务兵转志愿兵或提干后，由于其已享受了部队的工资待遇，其家属不再享受优待金待遇。还有，从地方直接招收的军校学员和军队文艺、体育等专业人员的家属同样也不享受此项待遇。当然，各地不应该将发放优待金视为军人优待的唯一形式，在政治、经济以及社会生活等各方面都应该尽量给予优抚对象各种优先、优惠照顾。

义务兵和初级士官服现役期间，其家属继续享受该单位职工家属的有关福利待遇。义务兵和初级士官入伍前的承包地（山、林）等，应当保留；服现役期间，除依照国家有关规定和承包合同的约定缴纳有关税费外，免除其他负担。

经军队师（旅）级以上单位政治机关批准随军的现役军官家属、文职干部家属、士官家属，由驻军所在地的公安机关办理落户手续。随军前是国家机关、社会团体、企业事业单位职工的，驻军所在地人民政府劳动保障部门、人事部门应当接收和妥善安置；随军前没有工作单位的，驻军所在地人民政府应当根据本人的实际情况作出相应安置；自谋职业的，按照国家有关规定减免有关费用。驻边疆国境的县（市）、沙漠区、国家确定的边远地区中的三类地区和军队确定的特、一、二类岛屿部队的现役军官、文职干部、士官，其符合随军条件无法随军的家属，所在地人民政府应当妥善安置，保障其生活不低于当地的平均生活水平。

2. 医疗优待

一级至六级残疾军人按照属地原则参加城镇基本医疗保险，并在此基础上享受残疾军人医疗补助。有工作单位的残疾军人随单位参加基本医疗保险，按规定缴费。无工作单位的残疾军人参加基本医疗保险，以统筹地区上年度在岗职工平均工资作为缴费基数。所在单位无力参保和无工作单位的残疾军人由统筹地区民政部门统一办理参保手续。其单位缴费部分经确认由残疾军人所在地财政安排资金。残疾军人参加基本医疗保险个人缴费确有困难的，由残疾军人所在单位帮助解决；单位无力解决和无工作单位的，经确认后由残疾军人所在地财政安排资金。

七级至十级残疾军人旧伤复发的医疗费用，已经参加工伤保险的，由工伤保险基金支付，未参加工伤保险，有工作的由工作单位解决，没有工作的由当地县级以上地方人民政府负责解决；七级至十级残疾军人旧伤复发以外的医疗费用，未参加医疗保险且本人支付有困难的，由当地县级以上地方人民政府酌情给予补助。残疾军人、复员军人、带病回乡退伍军人以及烈士遗属、因公牺牲军人遗属、病故军人遗属享受医疗优惠待遇。

3. 工作、入学优待

义务兵和初级士官入伍前是国家机关、社会团体、企业事业单位职工（含合同制人员）的，退出现役后，允许复工复职，并享受不低于本单位同岗位（工种）、同工龄职工的各项待遇。在国家机关、社会团体、企业事业单位工作的残疾军人，享受与所在单位工伤人员同等的生活福利和医疗待遇。所在单位不得因其残疾将其辞退、解聘或者解除劳动关系。

义务兵和初级士官退出现役后，报考国家公务员、高等学校和中等职业学校，在与其他考生同等条件下优先录取。

4. 住房优待

残疾军人、复员军人、带病回乡退伍军人、烈士遗属、因公牺牲军人遗属、病故军人遗属承租、购买住房依照有关规定享受优先、优惠待遇。居住农村的抚恤优待对象住房困难的，由地方人民政府帮助解决。

5. 子女优待

残疾军人、烈士子女、因公牺牲军人子女、一级至四级残疾军人的子女，驻边疆国境的县（市）、沙漠区、国家确定的边远地区中的三类地区和军队确定的特、一、二类岛屿部队现役军人的子女报考普通高中、中等职业学校、高等学校，在与其他考生同等条件下优先录取；接受学历教育的，在同等条件下优先享受国家规定的各项助学政策。现役军人子女的入学、入托，在同等条件下优先接收。

烈士、因公牺牲军人、病故军人的子女、兄弟姐妹自愿应征并且符合征兵条件的，优先批准服现役。

6. 生活优待

义务兵从部队发出的平信，免费邮寄。

现役军人凭有效证件、残疾军人凭“中华人民共和国残疾军人证”优先购票乘坐境内运行的火车、轮船、长途公共汽车以及民航班机；残疾军人享受减收正常票价50%的优待。

现役军人凭有效证件乘坐市内公共汽车、电车和轨道交通工具享受优待，具体办法由有关城市人民政府规定。残疾军人凭“中华人民共和国残疾军人证”免费乘坐市内公共汽车、电车和轨道交通工具。

现役军人、残疾军人凭有效证件参观游览公园、博物馆、名胜古迹享受优待。

7. 安置优待

随军的烈属、因公牺牲军人遗属和病故军人遗属移交地方人民政府安置的，享受规定的抚恤优待。复员军人生活困难的，按照规定的条件，由当地人民政府民政部门给予定期定量补助，逐步改善其生活条件。

国家兴办优抚医院、光荣院，治疗或者集中供养孤老和生活不能自理的抚恤优待对象。各类社会福利机构应当优先接收抚恤优待对象。

12.3 社会安置

12.3.1 社会安置工作的内容构成

根据对社会安置概念的不同理解，社会安置工作的内容也有广义和狭义之分。从广义上讲，对所有退出现役的退役士兵的接收安置工作都是社会安置工作的内容，既包括对复员军人，又包括对转业军人的接收安置；既包括对军队离退休老干部的接收安置，又包括对随军家属及无军籍退休退职职工的安置。从狭义上讲，社会安置工作则仅指对享受安排工作待遇的一部分退役士兵的安置，主要有四种对象：从城镇入伍的义务兵（复员士官）；从农村入伍的转业士官（服役满10年）；荣立二等功以上的农村义务兵；被评定为二、三等伤残军人的农村义务兵。本书所讨论的社会安置工作为广义的社会安置。

12.3.2 退伍义务兵安置

所谓退伍义务兵安置，指的是对退出现役的士兵在就业、生产和生活等方面给予妥善安置的制度。

1. 安置对象

中国人民解放军和中国人民武装警察部队的下列人员为退伍义务兵安置对象：

（1）服现役期满（包括超期服役）退出现役的。

（2）服现役期未满，因下列原因之一，经部队师级以上机关批准提前退出现役的：

①因战、因公负伤（包括因病）致残，部队发给“革命伤残军人抚恤证”的；

②经驻军医院证明，患病基本治愈，但不适宜在部队继续服现役以及精神病患者经治疗半年未愈的；

③部队编制员额缩减，需要退出现役的；

④家庭发生重大变故，经家庭所在地的县、市、市辖区民政部门和人民武装部证明，需要退出现役的；

⑤国家建设需要调出部队的。

2. 安置原则和方针

退伍义务兵安置工作必须贯彻“从哪里来、回哪里去”的原则和“妥善安置、各得其所”的方针。“从哪里来、回哪里去”的原则是指义务兵退役后仍回原入伍征集地，由当地人民政府作以下安置：家居农村的，一般安置其参加农业生产；家居城镇的，安排就业或自谋职业；入伍前是大中专院校在校学生的，复学；入伍前是职工的，复工、复职。

“从哪里来、回哪里去”是退伍义务兵安置的基本原则，但在以下两种情况下可以异地安置：

（1）退伍义务兵家庭住址变迁。战士入伍前与父母共同生活，服役期间，其父母双方户口迁入新的居住地或入伍前父母一方已迁入新的居住地，另一方在军人服役期间迁移（包括由农村迁入城镇），原征集地无直系亲属。迁居后，父母系城镇户口的，该退伍军人与所在地城镇退伍军人一样安排工作；父母系农业户口的，随父母落户，与所在地的农村退伍军人一样对待。

（2）适用于专门地区的特别政策。针对有些地区需安置的义务兵集中、安置难度大的情况，中央根据实际情况放宽上述安置原则。比如，国务院、中央军委《关于2004年冬季士兵退出现役工作的通知》就规定，安置任务重、难度大的地区，可以适当扩大异地安置的范围。除上述两种情况外，各地还制定了一些在当地范围内有效的政策。比如，投奔配偶异地安置，有一定特殊专业技术特长且有用人单位急需者的异地安置，革命烈士子女和革命伤残军人的异地安置，以及有立功表现的军人的异地安置等。①

“妥善安置、各得其所”的安置方针是指各地根据有关政策和规定，结合当地的实际情况，使退伍军人回到原征集地后进入必要的劳动场所，并发挥其积极的作用。这既包含了对退伍军人学习、工作、生产、生活等方面的适当照顾，也包含了应发挥他们在社会主义建设事业中的重要作用。但是，不能理解为个人想得到什么工作，政府就应该安排什么工作。

3. 安置机关和程序

地方各级人民政府，可以根据安置工作的情况设置退伍军人安置机构或者指定工作人员负责办理退伍义务兵安置的日常工作。退伍军人安置机构设在民政部门，人民武装、计划、劳动人事等各有关部门应当协助民政部门做好退伍义务兵的安置工作。

退伍义务兵回到原征集地30天内，持退伍证和部队介绍信到县、市、市辖区兵役机关办理预备役登记，然后向退伍军人安置机构报到，凭退伍军人安置机构介绍信办理落户手续。

4. 安置形式

（1）退伍义务兵原来是农业户口的，由户籍所在地的退伍军人安置机构按下列规定安置：

①对确无住房或者严重缺房而自建和靠集体帮助又确有困难的，应当按照国家规定安排一定数量的建筑材料和经费帮助解决。

②在服役期间荣立二等功（含二等功，下同）以上的，应当安排工作。

③对有一定专长的，应当向有关部门推荐录用。

④各用人单位向农村招收工人时，在同等条件下应当优先录用退伍义务兵。对在服役期间荣立三等功，超期服役的退伍义务兵和女性退伍义务兵，应当给予适当照顾。

（2）原是城镇户口的退伍义务兵，服役前没有参加工作的，国家统一分配工作，实行按系统分配任务、包干安置办法，各接收单位必须妥善安排。各部门、各单位包括中央和省属企业事业单位，都要把接收安置退伍军人作为义不容辞的责任，不得拒绝当地政府分配的任务，以保证退伍安置工作的顺利进行。具体安置按下列规定办理：

①每年退伍义务兵回到原征集地前，省、自治区、直辖市应当下达预分劳动指标，退伍义务兵回到原征集地后先安置，待国家计划下达后统一结算。

②在部队获得大军区（含大军区）以上单位授予的荣誉称号和立二等功以上的，安排工作时，应优先照顾本人志愿。

---

① 荀恒栋. 士兵优抚与退役安置［M］. 北京：法律出版社，2005：195.

③在部队荣立三等功和超期服役的，安排工作时，在条件允许的情况下，应当照顾本人特长和志愿。

④在部队被培养为有一定专业和特长的，安排工作时，应当尽量做到专业对口。

⑤有下列情形之一的，退伍军队安置机构不负责安排工作，按社会待业人员对待：无恰当理由，本人要求中途退伍的；被部队开除军籍或除名的；在部队或者退伍后待安排期间犯有刑事罪（过失罪除外）被处有期徒刑以上处罚的。

（3）义务兵入伍前原是国家机关、人民团体、企业、事业单位正式职工，退伍后原则上回原单位复工、复职。对于因残、因病不能坚持8小时工作的，原工作单位应当按照对具有同样情况的一般工作人员的安排原则予以妥善安置。退伍义务兵原工作单位已撤销或合并的，由上一级机关或合并后的单位负责安置。

（4）义务兵入伍前是学校（含中等专业学校和技术学校）未毕业的学生，退伍后要求继续学习而本人又符合学习条件的，在年龄上可适当放宽，原学校应在他们退伍后的下一学期准予复学。如果原党校已经撤销、合并或者由于其他原因在原党校复学确有困难，可以由本人或者原学校申请县、市以上教育部门另行安排他们到相应的学校学习。

（5）因战、因公致残的二等、三等革命伤残军人，原是城市户口的，由原征集地的退伍军人安置机构安排力所能及的工作。原是农业户口的，原征集地区有条件的，可以在企业、事业单位安排适当工作；不能安排的，按照规定增发残废抚恤金，保障他们的生活。①

5. 退伍义务兵安置的工龄计算

义务兵从兵役机关批准入伍之日起至部队批准退出现役止，为服现役的军龄，满10个月的，按周年计算。退伍后新分配参加工作的，其军龄和待分配的时间应计算为连续工龄。入伍前原是国家机关、企业、事业单位的职工，其入伍前的工龄和军龄连同待分配的时间一并计算为连续工龄，享受与所在单位职工同等的待遇。

12.3.3　退役士官安置

1. 士官退役的条件和时间

（1）士官退役的条件

现役士兵按兵役性质分为义务兵役制士兵和志愿兵役制士兵。义务兵役制士兵称为义务兵，志愿兵役制士兵称为士官。义务兵服现役的期限为2年，士官服现役的期限则可长可短，当士官具备一定条件时即需要退出现役。具体来讲，士官退役的条件可以概括为以下五种情况，士官符合其中任何一种情况的，需退出现役：

①服现役满本期规定的年限，未被批准继续服现役的；

②服现役满30年或者年满55岁的；

③军队编制员额缩减需要退出现役的；

④国家建设需要调出军队的；

---

① 国务院、中央军委《退伍义务兵安置条例》（国发〔1987〕106号），1987年12月12日。

⑤经驻军医院诊断证明本人健康状况不适于继续服现役的。

这里需要说明的是，某些士官由于个人或家庭的原因亦可退出现役：一种情况是严重违反纪律或者无正当理由坚持要求退出现役的，经批准，可按义务兵作退伍处理。家居城镇的，不享受安排工作待遇。另一种情况是因"家庭发生重大变故"，服现役未满本期规定年限要求退出现役的，经批准，不满10年的作复员安置，满10年的作转业安置。这里所谓的"家庭发生重大变故"是指因父母等家庭主要成员伤亡病残而造成家庭经济严重困难，本人成为家庭的唯一劳动力，非其回去不能维持家庭正常生活。

（2）士官退役的时间

①因国家建设需要调出军队的，随时办理；

②作复员安置的，与当年义务兵退伍同步进行；

③作转业安置的，按民政部、总参谋部当年的规定执行；

④作退休安置的，在符合退休条件时下达退休命令。

2. 安置形式

士官退出现役时可作不同的安置，其中包括复员安置、转业安置和退休安置。

（1）复员安置

退出现役的士官符合下列条件之一的，即可作复员安置：

①服现役满第一期或者第二期规定年限的；

②符合转业或者退休条件，本人要求复员并经批准的。

士官复员后，由征集地的县（市）人民政府按退伍义务兵的有关规定妥善安置：

①农村入伍的初级士官服现役期间，保留承包土地、自留地；中级以上士官复员后，没有承包土地、自留地的，重新划给。农村入伍符合转业条件的士官，本人要求并经批准作复员安置的，允许落城镇户口。

②城镇入伍的复员士官待安置期间，由当地人民政府按照不低于当地最低生活水平的原则发给生活补助费。

（2）转业安置

退出现役的士官符合下列条件之一的，作转业安置：

①服现役满10年的；

②服现役期间荣获二等功以上奖励的；

③服现役期间因战、因公致残被评为二等、三等伤残等级的；

④服现役未满10年，国家建设需要调出部队的；

⑤符合退休条件，地方需要和本人自愿转业的。

士官转业后，按照《中华人民共和国兵役法》和国务院、中央军委的有关文件以及国务院、中央军委当年度退伍工作通知的有关规定执行。转业士官待安置期间，由当地人民政府按照不低于当地最低生活水平的原则发给生活补助费。

（3）退休安置

退出现役的士官符合下列条件之一的，作退休安置：

①年满55岁的；

②服现役满30年的；

③服现役期间因战、因公致残，被评为特等、一等伤残等级的；

④服现役期间因病基本丧失工作能力，并经驻军医院诊断证明，军以上卫生部门鉴定确认的。

退休士官年满55岁，或者服现役满30年，或者服现役期间因战、因公致残，被评为特等、一等伤残等级的，参照军队退休干部的安置办法执行；服现役期间因病基本丧失工作能力，并经驻军医院诊断证明，军以上卫生部门鉴定确认的，在原征集地或者直系亲属所在地分散安置，其待遇按照有关规定执行，其中患精神病的士官不符合转业安置条件的，按退伍义务兵的接收安置规定执行。①

12.3.4 军队离退休人员接收安置

离退休军人在长期的革命斗争中英勇作战、努力工作，为军队和国家建设作出了重要贡献。妥善安置这些军队退休人员，体现了国家和社会对他们的关心和爱护。移交地方安置的军队离退休人员，包括离休干部、退休干部、退休志愿兵和无军籍退休退职职工，他们享受的待遇包括：

1. 军队离休干部、退休干部政治待遇

军队离休干部、退休干部政治待遇主要包括阅读文件，听报告，参加一些重大节日和庆祝纪念活动，党员军队离休干部、退休干部逝世后骨灰盒可覆盖党旗，军队离休干部逝世后骨灰盒可覆盖军旗，授予离休干部“离休干部荣誉证”、功勋荣誉章，安排离休干部、退休干部担任一定的荣誉职务等。

2. 军队离休干部生活待遇

军队离休干部生活待遇的具体项目包括：离休费、副食品价格补贴、生活补贴、粮油调价补贴、教龄护龄补贴、地区生活补贴、交通费、探亲路费、荣誉金、防暑降温费、保留福利补贴、保留伙食补贴、少数民族补贴、政府特殊津贴、残废金（伤残保健金）、生活补贴、住房补贴、公勤费、护理费、住院伙食补助费、电话补贴费、水电补贴费、军粮差价补贴、冬季取暖补贴费、军人职业补贴费、服装费、早期回国定居专家生活津贴等。

干部离休后，继续享受规定的探亲待遇，另外本人可报销一次探视父母、子女或回原籍的往返车船费。报销增加一次探视费的标准：团职或行政十五级以下的干部，按现行干部探亲规定执行；师职、行政十四级以上和红军干部，可按实际乘坐的飞机、车船费报销等。

3. 退休干部生活待遇

退休干部生活待遇的具体项目包括：退休费、副食品价格补贴、生活补贴、粮油调价补偿、早期回国定居专家生活津贴、保留福利补助、保留伙食补贴、少数民族补贴、防暑降温费、政府特殊津贴、残废金（伤残保健金）、生活补贴、住房补贴、护

---

① 国务院、中央军委《中国人民解放军士官退出现役安置暂行办法》（国发〔1999〕27号），1999年12月13日。

理费、住院伙食补助费、电话补助费、探亲路费、水电补贴、教护龄补贴、冬季取暖补贴、军人职业津贴、军粮差价补贴等。

12.4 中国优抚安置

新中国成立60年来，随着国防力量和军队建设的不断加强，与其密切相关的优抚安置制度也在不断地发展和完善，并在军队和社会主义现代化建设过程中发挥了重要作用。但随着我国经济体制改革的深化和社会结构的变迁，传统的优抚安置工作虽然作了一些改革和调整，但仍然面临着许多挑战，需要作进一步的改革和完善。

12.4.1 存在的问题

1. 优抚安置法制不够健全

我国当前优抚安置法律以国务院和相关部门的行政法规为主，立法层次不高。因为政出多门，有些行政法规存在相互冲突的地方。比如，根据民政部《关于国家机关工作人员、人民警察伤亡抚恤有关问题的通知》（民函〔2004〕334号），国家机关工作人员、人民警察死亡一次性抚恤金标准，参照《军人抚恤优待条例》执行，不享受现役军人立功和获得荣誉称号者死亡时增发抚恤金的待遇。而根据公安部《关于转发民政部〈关于国家机关工作人员、人民警察伤亡抚恤有关问题的通知〉的通知》（公政治〔2005〕31号），立功和获得荣誉称号（含死亡后追记、追认功勋）的公安民警死亡后，按照《公安部、民政部关于印发〈公安机关人民警察抚恤办法〉的通知》（公发〔1996〕18号）规定的比例增发一次性抚恤金。当然，当前更现实的一个问题是，优抚安置相关法规大多过于笼统，缺乏严格的执行标准，为个别地方以权谋私提供了便利。

2. 优抚安置待遇公平性差

优抚安置待遇公平性差突出表现在城乡差别大和地区差别大两个方面。由于历史的原因，我国形成城乡二元社会结构，优抚安置办法也相应地因优抚安置对象是城镇户籍还是农村户籍而截然不同。比如，农村入伍的退伍义务兵和退伍士官一般都要回到农村，而城镇入伍的退伍义务兵和退伍士官则由政府负责安排工作，不同户籍的社会优抚对象的抚恤优待标准也有较大的差别。如果说这种做法在计划经济体制下还有一定合理性的话，随着市场经济体制下越来越多的农民到城里打工，城乡二元格局逐渐被打破，这种做法就越来越不能适应时代的要求了。比如说，由于城乡优抚安置对象待遇的巨大差别，有些城市适龄青年为了达到入伍的目的而想方设法转为农村户籍，然后利用父母为城镇户籍可以异地安置的政策享受城市入伍军人的安置待遇。

优抚安置待遇的地区差别同样明显。尽管我国有全国统一的优抚安置政策，但具体实施细则和操作大多由地方掌握。这样，那些经济发达、地方财政基础好的地方就可以为优抚安置对象提供相对高的待遇，而中西部地区有可能连中央的基本要求都难以落实。比如，北京市因公牺牲一名公安民警，各项抚恤补助金加在一起有80万元左右，如果被评为革命烈士、公安英模，有的可以拿到100万元人民币。而在河南，因公牺牲民警可以拿到10万元加上40个月的基本工资，另外还有河南省公安民警英烈基金会特别补助金3万元，三项加起来只有16万元左右。而且，由于河南省公安民警英烈基金会资金规模较小，目前仍存在很大的资金缺口。

3. 遗属抚恤金标准明显偏低

相对于其他各项社会优抚标准，遗属抚恤金标准明显偏低。根据现行规定，家居城市的烈属，每月可享受的抚恤金标准为575元，这个标准仅比北京市低保标准高100多元。而国家机关工作人员死亡后家属所享受的抚恤金标准更低，大部分地区按照低保标准来发放，极少数地区会在低保标准的基础上上浮不超过20%，有的地方甚至低于低保标准。革命军人、人民警察和国家机关工作人员去世后，对生前由他们所抚养的家庭成员是巨大的打击，他们享受遗属抚恤金属于养老保险的一部分，在性质上与最低生活保障制度截然不同。另外，过低的标准，也会造成他们生活水平的巨大落差，不利于保障他们的基本生活和社会稳定。

4. 优抚社会化程度不够

我国对于社会优抚对象有群众优待的良好传统。由于受到集体经济衰退的影响，群众优待也受到了很大的冲击。当前，社会力量参与优抚保障的途径不是很多，一些拥军优属活动还处于阶段性活动当中，长期以来只是集中于农村义务兵家属优待金的统筹上，另外还有一些停留在政治鼓动性很强的活动中。社会中介组织和民间机构作为社会化的实质标志尚未真正参与到优抚保障中来，这在一定程度上制约了我国优抚保障事业的发展。

5. 退役军人就业难

在计划经济时期，国家统一安排符合条件的退役军人就业。然而，在市场经济体制下，企业逐渐转变为自主经营、自负盈亏的经济实体。而且，随着劳动用工制度的改革，企业用人自主权逐步扩大，企业内部员工之间竞争激烈，军人在竞争中淘汰的几率增大。另外，军人服役期间主要以军事训练为主，相对缺乏专业的技能培训。结果，很多企业拒绝录用退伍士兵，或者在接收了退伍义务兵和退伍士官后，以他们能力不符合岗位要求或者以合同期满为由解除双方的劳动关系。在市场经济条件下，如何解决退役军人指令性就业和企业用工劳动合同制之间的矛盾是一个很大的挑战。

12.4.2 发展与完善

尽管我国优抚安置制度还存在上述诸多不尽如人意的地方，但也要看到，我国目前已经具备了一些改革完善优抚安置保障制度的有利因素。一是综合国力的空前增长和人民生活水平的日益提高，为保障对象的基本权益奠定了物质基础。优抚工作是一项特殊的社会保障，其保障质量依赖于生产力的发展，依赖于综合国力的增强和人民生活水平的提高。二是中共十七大报告中科学发展观的提出，为优抚工作创造了良好的发展条件。科学发展观的核心是坚持以人为本，实质是协调发展，在政策上体现为通过资源的优化配置扶助相对较弱的环节，使他们可以分享社会成果。这无疑是优抚工作的发展机遇。三是虽然优抚工作的立法相对滞后于社会保障的各项立法工作，但社会保障体系的建立和完善，无疑为优抚安置提供了发展模式和有效的发展平台。鉴于当前存在的具体问题，优抚制度的完善应从以下几个方面入手：

（1）建立、健全和社会主义市场经济体制相适应的优抚安置法制，完善优抚政策法规体制。随着社会主义市场经济体制的建立和完善，现行的优抚安置法律法规的部分内容已经不能解决优抚安置工作中出现的新情况、新问题。因此，除了要及时修订、完善现有法律法规外，还应加强新形势下的优抚安置立法。当前，迫切需要的是进一步明确各类用人单位在接收安置对象方面的法律责任，进一步细化包括安置单位遴选、异地安置政策等在内的安置办法。

（2）加大优抚资金统筹力度，在政策、资金上向来自中西部地区和农村地区的退役军人倾斜。中央财政要加大对经济欠发达地区和农村地区优抚安置工作的支持，对于希望退伍后到城镇工作的农村退役军人可以在就业培训、工作安排等方面提供尽可能多的帮助。

（3）提高保障水平，建立多元的优抚保障模式。通过拓宽优抚资金的筹集渠道，扩大优抚范围，增强保障功能，进而提高保障水平，特别是提高遗属抚恤金的标准。在这方面要做到三个积极：要积极争取党委、政府主要领导的重视，积极争取军队和地方有关部门的配合，积极争取社会各界和人民群众的支持。

（4）提高优抚的社会化程度。基础优抚保障网络是社会优抚工作的重要补充，逐步建立健全基层优抚服务网络，把拥军优属同社区服务、志愿者服务结合起来，巩固和发展各类基层群众组织，使他们逐步朝实体化、社会化方向发展。

（5）建立军人退役就业培训体系。军人职业的特殊性决定了军人退役复员后在地方就业要受到专业的限制，当务之急就是对那些缺乏相应就业技能的退役军人进行职业培训，提高他们的就业能力，适应市场经济需求，在一定程度上缓和军人退役安置难的问题。

本章小结

优抚安置是国家专门为伤亡的军人、人民警察和国家机关工作人员提供抚恤，为军人和人民警察及其家庭提供优待，为退出现役的军人予以生活安置和就业安排而建立的社会保障制度，具体包括优待、抚恤和安置三种待遇。

优抚安置具有收入损失补偿、褒扬奖励、满足需要、激励和社会稳定的功能。

社会优抚涉及优抚对象的认定和优抚待遇项目和标准的确定两个方面。

抚恤包括死亡抚恤和残疾抚恤。在死亡抚恤中，要按烈士、因公牺牲和病故三种不同的死亡性质及标准发放一次性抚恤金和遗属抚恤金。残疾抚恤是国家保障革命伤残人员基本生活的优抚制度，应严格按伤残人员的对象和条件进行伤残等级评定并享受残疾抚恤金。

社会优待包括现役军人家庭优待、医疗优待、工作、入学优待、住房优待、子女优待、生活优待和安置优待。

社会安置包括对退伍义务兵安置、退役士官安置和军队离退休人员安置。退伍义务兵安置工作必须贯彻“从哪里来、回哪里去”的原则和“妥善安置、各得其所”

的方针。退役士官安置包括复员、转业和退休三种形式。

目前，我国现行的优抚安置制度面临着多方面的挑战，有待进一步完善。

复习思考题

1. 什么是优抚安置制度？有什么功能？
2. 认定伤残性质的标准有哪些？
3. 一次性抚恤金的发放顺序是什么？
4. 退伍义务兵的安置原则是什么？
5. 我国优抚安置制度面临的挑战有哪些？

案例分析题

扎实推进伤病残军人退役安置工作

——全军和武警部队伤病残军人退役安置工作经验选登

广州军区联勤部 在解决主要矛盾上求突破

近年来，广州军区联勤部在解决主要矛盾上求突破，移交安置的58名伤病残退休干部，全部走得顺心。

“伤病残干部的住房问题是制约移交安置的瓶颈，要下大气力解决。”广州军区联勤部党委“一班人”达成共识，他们成立工作组调查研究，对解决伤病残军人住房问题进行10多次论证，最终提供出可行方案，受到伤病残干部的好评。

重症伤病残干部是退休干部移交工作的难点。该联勤部在政策、经费上给予重点倾斜，拨出专项经费，用于解决购房经费不足、医疗生活补助和家庭特殊困难等问题。在移交安置过程中，联勤部领导亲自出面与地方政府协调，机关派出专人逐项跟踪落实，确保每名重症伤病残退休干部移交后的住房保障、生活待遇、子女入学、家属就业等问题得到妥善解决。

（刘峰、吴英虎）

沈阳军区某要塞区 特事特办倾心解难帮困

近日，随着最后1名滞留部队的伤病残干部移交地方政府安置，沈阳军区某要塞区87名伤病残军人全部得到妥善安置。

该要塞区驻守海岛，生活条件艰苦。近年来，一些伤病残退休干部滞留部队，给教育管理带来很大压力。针对伤病残干部思想困惑多的实际，采取“一对一”方式做工作，帮助大家解除思想扣子。拿出47套经济适用住房，用于保障伤病残官兵。他们坚持“先解决问题再移交”的原则，做到让当事人安心，官兵称心。

（孔红军）

成都军区某师 增进情感交流赢得理解

近年来，成都军区某师在细致入微做工作上下工夫，用真情实感赢得理解配合，累计移交伤病残军人48名。

该师注重帮助伤病残军人排忧解难，先后发放专项困难补助40余万元，赠送价值50余万元的药品和生活用品，先后派出50余人次到7省24个市县沟通协调，现场解决交接难题，赢得了伤病残军人的理解和地方政府的支持，促进了移交工作落实。

（徐贤文）

武警8610部队 严格执行政策不搞变通

近年来，武警8610部队高度重视伤病残军人移交安置工作，使42名伤病残军人得到妥善移交安置，连续两年被武警部队表彰为“退休干部移交安置工作先进单位”。

该部党委确立了“三清一通”的工作思路，即摸清身体状况、弄清政策依据、搞清医学结论、做通思想工作。他们在工作中坚持原则。个别伤病残干部因不了解政策，对移交安置有顾虑。部队专门印发宣传资料，通过集中宣讲和登门走访相结合的方式，让每名伤病残干部清楚政策规定、清楚程序要求、清楚规定标准、清楚待遇保障，愉快接受组织的安排。

（王海华）

资料来源　改编自扎实推进伤病残军人退役安置工作——全军和武警部队伤病残军人退役安置工作经验选登［N］. 解放军报，2013-07-20（7）.

案例思考题：

1. 当前我国病残军人退役安置工作存在哪些困难？你认为原因是什么？

2. 请概括上述案例取得成效的经验。

3. 结合上述案例，分析在安置优抚对象时如何综合运用社会保障政策。

推荐阅读资料

1. 民政部优抚安置局，国务院法制办公室政法劳动社会保障法制司. 军人抚恤优待条例释义［M］. 北京：中国社会出版社，2005.

2. 民政部优抚安置局，民政部政策法规局，财政部社会保障司，国务院法制办政法国防司.《退役士兵安置条例》释义［M］. 北京：中国社会出版社，2012.

3. 民政部优抚安置局.《烈士褒扬条例》释义［M］. 北京：中国社会出版社，2012.

4. 民政部社会工作司. 优抚安置社会工作研究［M］. 北京：中国社会出版社，2011.

5. 民政部优抚安置局，总参谋部军务部. 退役士兵安置政策问答［M］. 北京：中国社会出版社，2012.

6. 荀恒栋. 士兵优抚与退役安置［M］. 北京：法律出版社，2005.

7. 邹军誉，王建军. 国外优抚安置制度精选［M］. 北京：中国社会出版社，2003.

第 13 章 农村社会保障

学习目标

农村社会保障主要包括养老保障、医疗保障等，是保障农民基本生活的一种制度。学习本章后你应该：

✓理解农村社会保障概念的内涵及外延

✓熟悉中外农村社会保障制度的历史沿革

✓掌握农村社会保障主要项目——养老保障、医疗保障、社会救助等发展的历史、现状以及存在的问题

✓重点把握农村社会保障制度发展的目标、原则及措施

引例 **烟台被征地农民养老有保障**

2013 年，《烟台市人民政府办公室关于进一步做好被征地农民社会养老保险工作的意见》（以下简称《意见》）出台，这预示着今后烟台被征地农民养老保障将更完善，新征土地需先落实农民"养老"。

今后，烟台将被征地农民养老保险纳入目前城乡居民社会养老保险制度，建立同一个个人账户，利用同一个制度平台；坚持个人缴费、集体补助、政府补贴相结合的资金筹集机制，坚持权利和义务相对应、公平和效率相结合。对新征土地，坚持先落实社会保障资金后批准征地的"先保后征"原则；对以前征地遗留问题，坚持积极稳妥、量力而行的基本原则。坚持政府主导和被征地农民自愿相结合，提高被征地农民自我保障意识，引导被征地农民积极参保。

根据《意见》规定，在新征土地过程中，被征地的 16 周岁以上（不含在校学生）、符合城乡居民社会养老保险参保条件的被征地农民，都是本次征地的保险对象，应在城乡居民社会养老保险制度中通过参保得到相应保障。实行调地安置的村（居）集体经济组织，其拥有土地承包权并被调整土地、符合以上条件的集体经济组织成员都应被列为保险对象。保险方案为，对拟征收土地进行勘测调查后，在拟定土地征收补偿安置方案的同时，人力资源和社会保障部门同当地乡镇政府（街道办事处）按有关规定和程序指导村（居）民委员会组织召开村（居）民代表会议或村（居）民大会，针对具体保险对象、保险金筹集中财政补贴、个人和集体具体承担的保费额等内容，研究确定被征地农民参加养老保险方案，并按规定公示通过，报人力资源和社会保障部门审核后由社会保险经办机构办理。

实际上，不仅是烟台，在 2014 年 2 月，国务院常务会议通过《国务院关于建立统一的城乡居民基本养老保险制度的意见》，开始推进建立统一的城乡居民基本养老保险制度的相关工作。有专家认为，这可视为中国首次在福利问题上打破户籍制度藩

篱消除城乡差别。养老保险制度的统一，以及医保的并轨，是社会保障城乡一体化的有效推进，也是促进城镇化发展的有效催化剂。它的任务不仅仅是直接缩小城乡差别，而且是为最终弥合二元鸿沟扫清道路。要将这惠及亿万百姓的利好政策落实到位，尽快完善相应的配套措施，需要从每一个地方和每一个步骤扎实做起。

资料来源　改编自张永辉，夏丹．烟台被征地农民养老有保障：征地要先落实养老保险［EB/OL］．［2013-01-16］．http：//news. 163. com/13/0116/13/8LBJ22HN00014JB6. html.

农村社会保障是相对于城镇社会保障而言的，是从地域角度对社会保障制度所作的划分。在我国这样一个农业大国，农民人数众多，保障他们的生存安全意义十分重大。当前，随着中央对“三农问题”的重视，农村社会保障制度也在不断发展、完善。本章我们将就农村社会保障的基本概念、历史沿革、发展现状以及未来趋势等作比较系统的介绍与讨论。

13.1 农村社会保障概述

13.1.1 农村社会保障的概念

农村社会保障，是相对于城市社会保障的一个概念。顾名思义，农村社会保障的对象是农村社会成员。因此，农村社会保障一般定义为：以政府为主要责任主体，经过立法程序，通过动员社会资金，用再分配国民收入的办法，对农村社会成员实施救助，使他们在遇到年老、疾病、贫困等生活困难的时候能够获得一定收入补偿，使他们能够维持基本生活，以及为农村社会成员举办福利措施，而起到安定社会、促进经济增长和增进农村社会成员生活福利成效的一种制度或社会事业。

在这一农村社会保障的定义里面，主要包括以下几个方面的内容：

1. 农村社会保障的对象是全体农村社会成员

农村社会保障的对象应当是全体农村社会成员。但由于我国现阶段处于社会转型时期，农民也处于急剧分化的过程中，使得农村社会保障的对象难以有一个统一的划分标准。然而，既然我国目前仍然是以城乡二元结构为主，尽管有学者指出当前的农民工应该属于超越城乡的第三元，但并未形成主流，从社会保障的享有状况来看，农民工仍属于农民的一部分。基于此，我国现阶段的保障状况应以建立广泛的保障为原则，我国农村社会保障的对象应该采取排除法，即根据城乡二元分割的现状，将没有被纳入城市社会保障的社会成员纳入农村社会保障的范围，以实现全民保障的目标。所以，这里面会有一些特殊群体，如农民工、失地农民，对他们的保障可以和农民设置一些差异，以便条件成熟时能够为他们建立单独的保障体系。但就当前的农村社会保障对象来讲，应该将他们都纳入进来。

2. 农村社会保障的责任主体是政府

随着建立社会主义市场经济体制改革目标的确立以及改革的不断深化，农村集体化时期建立起来的一系列行之有效的保障制度已渐渐失效。传统的农村社会保障主体——家庭和集体都已承担不起保障的功能。根据我国《宪法》的规定，“中华人民共和国公民在年老、疾病或者丧失劳动能力的情况下，有从国家和社会获得物质帮助的权利”，国家应当保障全体公民的生活。农村社会成员的社会保障也应由国家的代表——政府来承担主要责任。

3. 农村社会保障基本项目以养老、医疗和社会救助为主

年老、疾病、贫困是农村社会成员最容易遇到的生活困难。因此，养老、医疗和反贫困是现阶段我国农村社会保障的基本项目，也是我国在实施社会保障广覆盖的基础上所能顾及的农村社会保障的主要方面。在当前我国的经济实力的前提之下，农村社会保障只能涵盖这几个主要的方面：养老保障、医疗保障及针对贫困的社会救助，这是构成当前我国社会保障体系的主要内容。其他社会保障项目也将随着农村经济的发展而逐步建立起来，但这些项目刚刚起步，在农村还不普遍，本章暂不作介绍。

13.1.2 农村社会保障制度的发展演变

1. 西方发达国家社会保障制度的变迁

工业化国家生存保障模式（方式）的变迁，大致可概括为从传统模式向现代模式的变迁以及从现代的“特殊主义”模式向“普遍主义”模式的变迁。

在西方古代农业社会，与落后的自然经济相适应，抵御生、老、病、残、灾等生存风险，主要由个人和家庭来承担。尽管统治阶级也会对其统治对象承担最低生活保障的义务，但那是出于统治的需要，属于慈善性质的施舍，而非真正意义上的保障。

19世纪上半叶，英国政府颁布实施新《济贫法》，首次将接受救济作为公民的一项基本权利，这标志着现代保障制度的建立。随后的19世纪80年代，德国俾斯麦政府颁布实施一系列社会改革，使作为现代社会保障制度核心的社会保险第一次出现在历史舞台上。之后欧美国家纷纷效仿，一时之间在资本主义世界形成一股潮流，各国先后建立起以社会保险为核心的社会保障制度。美国、日本等后起的工业化国家也在随后稍晚的时间内建立起了相应的社会保险项目。

第二次世界大战以后，西方国家出现福利普遍化的趋势，这标志着西方社会保障演变史上的又一新阶段——“福利国家”的兴起与发展阶段的到来。在这一阶段，面向农业劳动者及乡村居民的社会保障制度逐步建立，并走向城乡整合。这一时期西方国家的社会保障制度的特点是：

第一，项目齐全。除了退休金保险、失业保险和医疗保险三大基本保障外，各国还纷纷设立了各种补贴和救助项目，如孕妇补贴、产妇补贴、幼儿补贴、学童补贴、住房补贴、低收入家庭补贴、寡妇补贴等，有些国家设立的项目达到几十种之多。

第二，标准较高。西方各国以第二次世界大战以后较长一段时期内经济的稳定发展为后盾，实现了“高收入”和“高消费”。以被称为“福利国家橱窗”的瑞典为例，该国社会保障标准之高、项目之全与实施范围之广都居各福利国家之上，以至在20世纪50年代和60年代，该国几乎将国民生产总值的2/3都花在建设“福利国家”

之上了。

第三，国际化程度高。联合国国际劳工组织（ILO）在促进社会保障国际化方面发挥了积极的作用。1952 年国际劳工组织制定并通过了《社会保障最低标准公约》，对退休津贴、疾病津贴、子女补助、死亡补助等有关社会保障补助金的内容、保障对象的条件和支付的最低标准都作了明文规定。其后，该组织又通过一系列“公约”和“建议书”等，虽无约束力，但一直是各国实际制定社会保障政策和标准的重要依据。近来，随着欧洲一体化进程的加快与深入，欧盟各成员国社会保障体系亦在走向一体化。

第四，全民化程度高。第二次世界大战后西方社会的保障，尤其是作为其核心内容的社会保险从城市工商业劳动者扩大到乡村农业劳动者，乃至全体农村居民。

西方发达国家社会保障发展的历史经验表明，为农村居民建立社会保障，实现社会保障的城乡一体化是社会发展的必然趋势，不可违背。因此，尽管在西方社会保障制度遇到困难的“福利危机时期”，美国、加拿大仍于 1990 年相继推出了农民社会保险，日本则于 1986 年实现了包括农民在内的不同职业从业人员社会保险制度的一体化。

2. 我国农村社会保障制度的历史沿革①

我国现代意义上的社会保障事业开始于民国时期，不过当时不叫“社会保障”，而称作“社会事业”。在新中国成立以前的几年时间内，社会保障和社会福利事业有了一定的发展，具体表现为：①1940 年“中华民国”政府设立社会部，隶属行政院，主管全国的社会救济、社会福利、社会服务等事务；②1942 年在全国省、市、县普遍设立社会部下设机构，省政府设社会处，县政府设社会科。至此，我国社会行政制度正式确立。社会部成立后，开展了有关社会政策与社会立法的创制与修订、执行工作。1945 年国民党提出社会政策基本纲领，但是由于当时处在战乱时期，国民政府提出的不少社会保障与社会福利政策其实并没有实行。

新中国成立以来，在中国共产党领导下，农村社会保障制度在建设和改革方面取得了不少进展，对保障广大农村居民的基本生活起到了积极的作用。新中国成立 60 年以来，以 20 世纪 70 年代末实行改革开放政策为标志，农村社会保障制度的变迁划分为两个区别明显的历史阶段，即计划经济下的农村社会保障和市场转型期的农村社会保障。

（1）计划经济下的农村社会保障

这一时期是指新中国成立至 1978 年改革开放，其社会保障以集体保障为主。

早在新中国成立初期，我国就根据当时《宪法》中保障人民生存安全的规定，建立了包括就业保障制度、困难补助、生活补贴、社会救济和五保供养制度。1958 年，人民公社在全国农村基本确立。在这种体制之下，农民的家庭经济保障功能被弱化，农民生活保障以“平均分配”和“自留经济”为补充机制。与此同时，政府利

① 李迎生．为了亿万农民的生存安全——中国农村社会保障体系研究［M］．合肥：安徽人民出版社，2006：32-33.

用其资金积累优势，在我国农村开始建立起以农村社会救助和合作医疗为主要内容的社会保障法律制度。这一时期的农村社会保障费用主要由集体经济负担。尽管当时的农村社会保障水平比较低，但是这样一种全新的、社会化的、以集体为主导的保障农民基本生活需要的保障制度在农村的确立，在特定时期，在一定程度上保障了农民的生存安全。

(2) 市场转型期的农村社会保障

这一时期主要指改革开放以后，尤其是实行市场经济后的农村社会保障。

随着我国的改革开放，尤其是农村实行家庭联产承包责任制以来，初期尚能以土地和家庭共同保障农民生活。但是，随着市场经济体制改革的不断深化，土地经营规模减小，比较收益率下降，土地和家庭已逐渐承担不起农村社会保障的功能。这一时期，农村合作医疗制度由于集体经济的衰落而迅速瓦解，农村社会救助制度，包括独具特色的五保供养制度，也由于失去集体经济的依托而难以维持。

针对以上困境，我国自 20 世纪 80 年代中后期开始，对农村社会保障制度进行了一系列的改革和探索，在养老保障、医疗保障、社会救助等主要保障项目上都进行了改革的尝试。针对计划经济下农村家庭与集体相结合的以土地保障为基础的保障模式的衰落，我国开始探索在农村建立一种社会养老保险的新模式。同时，农村医疗保障制度、社会救助制度等也进行了相应的改革。以下几节我们将分别对农村的养老保障、医疗保障和社会救助详加介绍。

新中国的农村社会保障制度最大的特点就是：城乡分立，农村社会保障发展严重滞后于城市。如图 13-1 所示，我国城乡之间的社会保障发展水平[①]差异很大，而且农村社会保障水平极度低下，整体趋势变化不大。对比来说，城镇社会保障水平近年来不断提高。2013 年，农村人均卫生费用为 1 274. 44 元，城市的这一数据是农村的 2. 5 倍还要多。

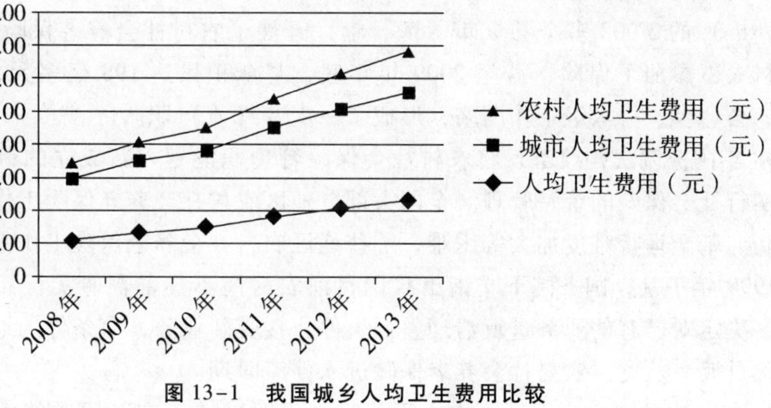

图 13-1　我国城乡人均卫生费用比较

资料来源　国家统计局网站年度数据库。

---

① 社会保障水平是指社会保障经费支出与国内生产总值的比重关系，是一定时期内社会成员享受社会保障高低程度的反映。

13.2 农村社会保障的主要内容

13.2.1 养老保障

1. 我国农村养老保障制度的发展演变

我国存在着家庭养老的传统，老人通常依靠子女和个体家庭的积累完成养老。新中国成立后，农村居民的养老仍然主要依靠家庭，仅对极少部分无依无靠的老人实行国家和集体救济（即“五保制度”），对老、少、边、穷地区或受灾地区实行救济。可以说新中国成立后至改革开放以前，我国农村的养老保障水平是相当低的。

改革开放以后，人口结构发生变化，农村老龄化日益严重；同时，农村居民非农化速度加快，导致越来越多的农村老年人老无所依，传统的养老方式已不适应现实的需要。在此情形下，1986 年 10 月，民政部和国务院有关部委在江苏省沙洲县召开“全国农村基层社会保障工作座谈会”，会上提出在农村经济发达和比较发达地区，开展以社区（乡、镇、村）为单位的农村养老保险，并进行了一系列试点工作。

1992 年 1 月，民政部养老办公室制定了《县级农村社会养老保险基本方案（试行)》，确立了以县为单位开展农村社会养老保险的原则，并在山东、湖北、江苏等省开展了大范围的农村社会养老保险试点工作，随后在全国范围内推广。截至 1992 年年底，农村社会养老保险试点工作在全国 950 多个县、市展开，其中 160 多个县、市基本建立了农村社会养老保险制度。①

1993 年，国务院批准成立农村社会养老保险管理机构；同时，各种配套的农村养老保险制度规章及操作方法相继出台。到 1997 年年底，全国已有 31 个省（自治区、直辖市）的 2 000 多个县（市、区、旗）开展了农村社会养老保险工作，8 000 多万农村人口参加了保险，截至 2000 年年底，基金积累达 198 亿多元，建立了部、省、地、县、乡、村六级工作网络，形成了一支专（兼）职队伍。②

1998 年国务院机构改革，将农村社会保险管理职能划入新成立的劳动和社会保障部，实行社会保险的统一管理。全国大部分地区农村社会养老保险工作出现了参保人数下降、基金运行难度加大等困难，一些地区农村社会养老保险工作甚至陷入停顿状态。1999 年 7 月，国务院下文指出我国目前农村尚不具备普遍实行社会养老保险的条件，决定对已有的业务进行清理整顿，停止接受新业务，有条件的地区应逐步向商业保险过渡。从此，农村社会养老保险进入停滞时期。

2003 年，中共十六大召开，中央逐步加大了解决“三农”问题的力度。在此背景下，我国一些地方又开始了对农村社会养老保险的探索，并制定了一系列农村养老保障办法，如广东、青岛、苏州等地都提出并实施了具有地方特色的社会养老保险制

---

① 王东进. 中国社会保障制度的改革与发展［M］. 北京：法律出版社，2001：294.
② 赵殿国. 满目青山夕照明——我国农村养老保险工作聚集［J］. 政策，2002（9）：20-21.

度。至 2006 年年底，全国参加农村社会养老保险的人数为 5 374 万人，全年共有 355 万农民领取了养老金，共计支付养老金 30 亿元，农村养老保险基金累计结存 354 亿元。①

至 2008 年 9 月，全国 25 个省、自治区、直辖市的 300 多个县（市、区、旗）开展了新型农村社会养老保险制度试点工作，这些各地自行开展的试点工作，在一定程度上调动了农民的参保积极性，提高了参保率和保障水平。其中，陕西省在试点工作指导意见中提出了按照“保基本、广覆盖、能转移、可持续”的十二字方针，探索建立个人缴费、集体补助、政府补贴和以个人账户为主、保障水平适度、交费方式灵活、适合农民特点的农村社会养老保险制度的政策思路。中央相关部门在总结地方试点经验的基础上，研究提出《关于开展新型农村社会养老保险试点工作的指导意见》，以适时启动全国性新型农村社会养老保险制度试点。②

2. 我国农村社会养老保障的主要模式③

我国农村的社会保障正处于一个急剧变化的时期，工农业转型、人口结构转变等因素使得我国现行农村养老制度多种模式并存。总体来看，主要有以下几种类型：

（1）家庭养老模式

目前家庭养老仍然是我国农村老年人养老的主要模式。这既符合我国当前的农村生产力水平，又符合“养儿防老”的传统思想，容易为老年人接受。在今后较长时期内这一养老模式仍会占据主导地位。但是随着农村经济社会的发展，家庭养老的观念也正在淡化，而且农村的家庭结构也在逐渐趋向核心化，实际生活中也已不能承担养老的功能。传统的家庭养老模式已逐渐受到冲击，慢慢转向社会养老。

（2）土地养老模式

土地养老模式是农村土地实行家庭联产承包责任制以来我国形成的养老模式。这一模式以农民取得土地经营权为基础，将集体所有的土地作为农民养老的根本。土地既是生产资料，又是农民生活资料的重要来源，也一度是农村老人的养老保障来源。但随着经济社会的转型，农业收益比下降，土地收入逐渐萎缩。《中国统计年鉴》的数据显示，目前农民家庭经营收入中，约 40% 来自第二产业与第三产业，只有 1/4 左右来自农业劳动收入。农村老龄化日益严重，老年人越来越多，仅靠土地已不能承担起农村的养老重担。

（3）社会保险模式

我国农村社会养老保险工作从 1986 年开始探索，民政部于 1992 年出台《县级农村社会养老保险基本方案（试行）》。该方案提出了个人、集体、国家三方共同付费，由社会统筹解决农村养老问题的新思路，至今仍在大多数地方实行。虽然这项工作取得了一定进展，但覆盖面较窄，保障水平较低，还缺乏总体的制度安排，与经济社会发展和农民养老的迫切需求不相适应。2008 年，我国又开始了新一轮的农村社会养

---

① 劳动和社会保障部．2006 年劳动和社会保障事业发展统计公报［EB/OL］．［2014-12-03］．http：//www. molss. gov. cn/index_ tongji. htm.

② 参见杜宇．中国新型农村社会养老保险试点工作有望年内启动［EB/OL］．［2014-12-04］．http：//news. xinhuanet. com/newscenter/2008-09/09/content_ 9876776. htm.

③ 齐琳娜．农村社会保障制度的现状及发展对策——以养老制度为例［J］．河南社会科学，2008（4）．

老保险试点工作，新农村社会养老保险制度的建立将使农村社会保障制度更加完善，城乡社会保障体系更加完整。

（4）社区养老模式

社区养老是指经济实力比较雄厚的村集体或乡镇，仿照城镇企业的做法，向农村老年人发放养老金。社区养老模式的范围比较狭窄，受制于当地的经济发展水平，只有极少数社区经济发达地区可以实现。对我国绝大部分的农村地区来讲，没有经济能力向农村社会成员提供这一养老保障。所以，社区养老模式不符合我国绝大部分农村地区。

3. 我国农村社会养老保障存在的问题

目前大部分地区实行的农村社会养老保险制度均是以民政部 1992 年颁布的《县级农村社会养老保险基本方案（试行）》为依据制定的。现行的这套农村社会养老保险规定仍不可避免地存在许多问题。

（1）保障水平太低

按《县级农村社会养老保险基本方案（试行）》设计的月缴费标准，从 2 元到 20 元共分 10 个档次，即使一个投保者按最高标准交纳（月纳 20 元），且缴费达到足够年限（40 年），从 60 岁起，该投保者按月可领取养老金 700 元。由于物价上涨等多种因素影响，到时这笔钱能否确保其老年基本生活是值得怀疑的。何况现时农民一般选择最低缴费档次投保，且很多人达不到足够的缴费年限，这部分人的养老根本就得不到基本保障。如果将其他因素都计算在内，现行农村养老保险方案很难达到保障投保人老年基本生活的目的。

（2）国家和集体未尽职责

现行方案虽然在保险金筹集问题上体现出将国家、集体与个人责任结合起来，但更强调的是，摆脱国家所应尽的责任，以不给国家财政背包袱为出发点，重点在“以个人缴纳为主，集体补助为辅”，国家仅仅给予“政策支持”。由于对国家、集体的责任未通过约束性规范加以具体规定，因而在实际工作中，“以个人交纳为主”则变成“完全由个人交纳”。国家虽负农村社会养老保险事业管理之责，但养老保险管理机构的运行费用还要取自社会保险基金。显然，个人在养老保险中的责任过重，没有体现社会保障的优越性。

（3）难以实现社会保险互助互济的原则

虽然方案规定了“坚持自助为主，互济为辅”，但它又规定为每个农村投保人员建立个人账户，实行“个人账户积累制”。“个人的缴费和集体的补助（含国家让利），分别记账在个人名下”，且“同一投保单位，投保对象平等享受集体补助”。由于方案没有像城镇职工养老保险那样实行“社会统筹和个人账户相结合”的制度，其中“社会统筹”部分由集体（企业）交纳，担负保险调剂的职能，在不同企业之间调剂使用，农村社会养老保险没有规定集体交纳养老保险调剂金的义务，使集体对个体投保人的补助责任根本没有约束性规范，农民的个人社会养老保险账户实质上和个人银行储蓄账户并无二致。

4. 我国农村社会养老保障的完善

参照发达国家建立农村社会保障体系的经验，结合我国的实际，应从以下两个方面完善我国的农村社会养老保障制度：①

（1）近期目标："过渡模式"的建构

由于条件所限，近期在我国农村地区尚不具备推行基本养老保险制度的各种基本条件。在这种情况下，则应实行一种基于大部分农村地区现实情况，同时又便于未来与城镇养老保障制度衔接乃至统一②的农村养老保障模式，可称之为"过渡模式"。

具体来说，这种过渡模式就是"以自我养老（通过实施个人养老储蓄计划等）与家庭养老的合理结合为主，辅之以一定的社会支持"的养老保障模式。其中，社会支持包含的内容较广，包括国家支持、集体帮助、社区互助、社会服务等多方面的内容。选择这一模式不仅具有现实的可行性，同时又便于与农村养老保障制度的目标模式衔接。

在现阶段农民养老坚持"自我及家庭保障为主"的同时，不断增强集体及社会的责任，强化国家财政和集体经济对农民养老保障事业的支持，形成形式多样的，适应传统保障向现代社会保障转变需要的，覆盖全体社会成员的社会保障体系。

（2）远期目标：走向城乡整合乃至统一

我国农村养老保障制度改革的长远目标，应当是借鉴国际农民社会养老保障制度建设的一般经验，按照我国建立社会主义市场经济体制的需要，体现社会公正的要求，以满足农民老年基本生活需求为目的，在全国范围内形成以社会保险为核心的，辅之以家庭保障、社区互助等传统保障方式的，与其他（城市）从业者养老保障整合的社会养老保障制度，使老年农民能够和城市从业者一样享受平等的社会保障待遇，以安度晚年。2014年2月，国务院常务会议通过《国务院关于建立统一的城乡居民基本养老保险制度的意见》，意图推进城乡养老保险制度的一体化。方向已经确定，从当前农村养老保障制度改革的"过渡模式"到未来的"整合（衔接、统一）模式"可通过以下途径：

第一，通过政府及集体支持为农民建立基础养老金。农村社会养老保险与城镇"统一"的关键在于养老保险的第一支柱，其基金来源可考虑由国家和集体（或乡镇企业）来承担，作为全体国民共享的基本养老保障项目，保障农民的最基本生活水平。

第二，变农民养老储蓄资金为第二支柱。我们上面提到的在我国农村目前可以实施个人养老储蓄计划，待将来条件成熟，可以将这一资金转变为农民社会养老保障的第二支柱。

5. 农村社会养老保险制度改革模式实例③

2009年9月1日，国务院颁发《关于开展新型农村社会养老保险试点的指导意

---

① 李迎生．为了亿万农民的生存安全——中国农村社会保障体系研究［M］．合肥：安徽人民出版社，2006：150-162.

② 李迎生．社会保障与社会结构转型——二元社会保障体系研究［M］．北京：中国人民大学出版社，2001：200-201.

③ 王丹，刘曦．新型农村社会养老保险制度试点改革若干问题研究——以辽宁省为例［J］．经济研究参考，2011（67）．

见》，“新农保”制度建设开始进入快车道，随着试点工作的不断展开，新型农村社会养老保险开始进入一个新的时期。

2009年10月，辽宁省出台《辽宁省人民政府关于开展新型农村社会养老保险试点的实施意见》。该意见提出，要探索建立个人缴费、集体补助、政府补贴相结合的“新农保”制度，2009年试点覆盖面为全省10%的县（市、区），以后逐步扩大试点，在全省普遍实施，2020年前基本实现对农村适龄居民的全覆盖。参保范围为年满16周岁（不含在校学生）、未参加城镇职工基本养老保险的农村居民，可以在户籍地自愿参保。“新农保”基金由个人缴费、集体补助、政府补贴构成。个人缴费标准目前设为每年100～500元5个档次，参保人自主选择档次缴费。有条件的村集体应当对参保人缴费给予补助。市、县两级政府每年对参保人缴费给予不低于30元的补贴。个人缴费、集体补助、缴费补贴全部记入个人账户。对农村重度残疾人等缴费困难群体，地方政府应为其代缴最低标准的养老保险费的80%。养老金待遇：养老金由基础养老金和个人账户养老金构成，基础养老金标准为每人每月55元，全部由财政承担，其中：中央财政承担27.5元（50%）；省财政承担16.5元（30%）；市、县两级财政承担11元（20%），其中市级财政至少承担5.5元（10%）。辽宁省原则规定，与老人在同一行政村的子女应当全部参保缴费。截至2010年年底，辽宁省首批“新农保”试点参保146.8万人。

辽宁省新型农村养老保险试点工作取得了阶段性成果，但还存在不少亟须解决的问题：覆盖范围较小；难以与相关社会保障政策有效衔接；统筹层次较低，基金保值增值难度较大等。

2014年3月5日，李克强总理在《政府工作报告》中强调，今年“建立统一的城乡居民基本养老保险制度”。这是农村社会养老保险制度发展的新阶段，实现基本养老保险城乡一体化的过程也将任重而道远。

13.2.2 医疗保障

农村医疗保障体系是国家和社会针对农村的情况，依法制定的有关疾病预防、治疗等保护农民生命和健康权利不受侵犯的各种政策与制度的总和。[①] 从内容上看，它包括医疗设施、医护人才、医保资金、疾病控制、妇幼保健、健康教育、卫生监督等方面；从形式上看，它由农村合作医疗制度、农村医疗救助制度和农村卫生服务体系三大部分组成。

1. 我国农村医疗保障制度的回顾

（1）传统合作医疗时期（20世纪50年代至70年代末）

新中国成立后至改革开放前，我国农村的医疗保障制度主要是指以农村居民为对象，由集体和个人共同筹集医疗预防保健基金，并按一定比例补偿的各种形式的医疗保健制度，包括以合作医疗为主要形式的初级医疗保险、统筹解决住院费及预防保健

① 陈竹，杨连生．完善我国农村医疗保障体系的深层思考［J］．中国卫生杂志，2005（1）．

合同等其他农村居民抵抗疾病风险的各种形式。[①] 其中，农村合作医疗作为当时主要的健康保障形式，是在各级政府的支持下，按照参加者互助共济的原则组织起来，为农村社区人群提供基本医疗卫生保健服务的医疗保健制度。[②] 合作医疗制度和县、乡、村三级卫生服务网络的建立，促进了农村卫生防疫、妇幼保健、计划生育等各项工作的进展，抑制了传染病、寄生虫病和地方病的流行，基本上解决了农村缺医少药的窘况，为社员创造了就近看病吃药的条件，使农民看病实现了可及性和可得性，得到农民的好评和大力支持。

（2）医疗保障的调整和重构时期（20世纪80年代至今）

从1979年至1989年，中央政府几乎没有出台任何关于合作医疗（或者农民健康保障）的专门文件。随着农村集体经济逐渐解体，农村的合作医疗制度也随之解体和崩溃。到1985年，全国实行合作医疗的行政村由过去的90%猛降到了5%。根据世界银行1998年6月的《卫生保健筹资报告》，至20世纪80年代末，中国农村人口中已经有90%的人要为自己看病全额买单。[③] 被世界银行和世界卫生组织誉为“发展中国家解决卫生经费唯一范例”的农村合作医疗制度自此衰退。

合作医疗制度的解体导致农民看不了病、看不起病，使他们的健康得不到基本保障。为了帮助亿万农民摆脱疾病的困扰，帮助他们走出“疾病—贫困—疾病”的恶性循环，20世纪90年代以来，党和政府试图恢复与重建农村合作医疗制度。1994年，在政府的提倡和支持下，国务院研究室、卫生部与世界卫生组织合作，在全国7个省14个县（市）开展“中国农村合作医疗制度改革”试点及跟踪研究工作。随着农村经济水平的进一步提高，农民服务需求的增加，政府的大力提倡，以及初级卫生保健工作的加强，农村合作医疗得以加强，但覆盖率仍很低。

2002年10月，《中共中央、国务院关于进一步加强农村卫生工作的决定》明确指出：要“逐步建立以大病统筹为主的新型农村合作医疗制度”，“到2010年，新型农村合作医疗制度要基本覆盖农村居民”，“从2003年起，中央财政对中西部地区除市区以外的参加新型合作医疗的农民每年按人均10元安排合作医疗补助资金，地方财政对参加新型合作医疗的农民补助每年不低于人均10元”，“减轻农民因疾病带来的经济负担，提高农民健康水平”。

这是我国政府历史上第一次为解决农民的基本医疗卫生问题进行大规模的投入。从2003年开始，本着多方筹资、农民自愿参加的原则，新型农村合作医疗的试点地区正在不断地增加，通过试点地区的经验总结，为将来新型农村合作医疗在全国的全面开展创造了坚实的理论与实践基础。截至2013年年底，全国共有2 489个县（区、市）开展了新型农村合作医疗，共8.02亿人参加新农合，参合率达98.7%。2013年全年的新农合补偿受益人达19.42亿人次。

---

① 王琦，胡志．对农民健康保障的思考［J］．中国卫生事业管理，2002（5）．
② 景琳．农村合作医疗实用手册［M］．成都：四川科技出版社，1998：6.
③ 张德元．中国农村医疗卫生事业发展历程回顾与分析［J］．湖南科技学院学报，2005（9）．

2. 工业化国家农村医疗保障制度建设实践的启示①

几乎每个国家都根据本国的国情建立了医疗保障制度，医疗保障制度的建立和实施与各国的具体国情，如历史渊源、文化传统、政治制度、经济制度等密切相关。由于各个国家的具体国情不尽相同，社会制度、经济政策、文化背景千姿百态，使得各个国家医疗保障制度建构的理念、结构和水平有差异。但其他国家建立医疗保障过程中的经验和教训能够给我们以启发，从而扬长避短，不断完善我国的农村医疗保障制度。工业化国家建立医疗保障制度的经验主要包括以下几点：

（1）医疗保障体系应该覆盖全体国民

主要的工业化国家，包括新加坡、德国、日本基本上都建立了一个覆盖全民的医疗保障体系，以确保包括农民在内的社会成员能够享受到医疗保障的权利。

（2）医疗保障体系的建立要循序渐进

一个国家的医疗保障范围、水平和各个国家的经济发展水平息息相关，完善的医疗保障体系不可能一蹴而就。例如，德国的农民社会健康保险制度的建立是以工业化的实现和农民的较高收入为前提，并且经历了一百多年才逐渐完善的。

（3）医疗保障制度的建立必须符合本国国情

日本是发达国家中人口老龄化最快的国家，随着老年人口的增加和儿童出生率的下降，日本近年来出现投保人数下降而享受医疗保险服务人数增加的情况，这使得财政负担沉重。这就给我们一个启示，要从实际出发，制定合理的医疗保障水平，必须遵循“低水平、广覆盖”的基本原则。

（4）建立多元化的筹资机制

目前大多数国家保险基金负担趋向多元化，各国医疗融资大致有政府税收、社会保险、医疗储蓄、自愿性的私人保险四大途径。因此，我们一定要吸取教训，未雨绸缪，改变过去医疗费用由财政和企业包揽的办法，建立合理的、多元化的医疗保险费用筹措机制，国家、集体、个人合理负担。

（5）建立有效的监督机制

西方工业化国家的医疗保障制度都建立在法律的基础上，通过法律的手段来保障制度的有效实施，如日本的《国民健康保险法》、《看护保险关系法案》，新加坡的《中央公积金法案》、《中央公积金条例》，德国的《疾病保险法》等。同样，如果我国农村医疗保障制度的建立有法律和制度的监督约束，将在很大程度上有助于促使医疗保障制度运行的规范化，保证农村医疗保障政策的稳定性和持续性。

（6）政府要承担相应的责任

日本政府在医疗保险制度中的作用值得借鉴。日本医疗保险的管理体制是由政府实行立法、指导、组织、监管，具体由厚生省有关厅局设省司，各类制度各自独立管理，政府作为最后的保护网，承担其基本责任。同样，我国农民健康保障问题的解决也需要政府的大力支持。政府不仅是建立医疗保障的倡导者，而且是建立医疗保障制度的策划者和推动者。

---

① 李迎生．为了亿万农民的生存安全——中国农村社会保障体系研究［M］．合肥：安徽人民出版社，2006：172-180.

3. 农村医疗保障制度改革的推进策略

从 2003 年开始，各省在中央政府的支持下纷纷选择经济和卫生基础较好的县（市）做试点，开始新型农村合作医疗的建设工作。[①] 农村医疗保障制度的推进应遵循以下几个策略：

（1）分门别类，因地制宜

由于我国东、中、西部农村经济发展水平极不平衡，因此应根据各地的经济发展状况，因地制宜地制定出不同类型的医疗保障模式。目前我们已经开始探索在东、中、西部建立适合各地特点的医疗保障模式。不同地区的医疗保障模式侧重点不同，保障水平也有所区别。

（2）先行试点，逐步推广

由于新型农村合作医疗保障制度还处于探索阶段，体系还不成熟，所以还不具备全面铺开的条件，宜采取先行试点，然后逐步推广的原则。

截至 2004 年 12 月，我们在全国 300 多个县中选取一些农村进行试点，在试点的农村，不断总结新型合作医疗保障制度建设中一些好的经验和不足，不断制订出新的方案以解决制度实施过程中出现的问题，如资金筹集与管理、监督体制等，不断完善新型农村合作医疗保障制度。

现在，农村医疗保障制度覆盖的农村地区越来越多，随着新型合作医疗制度的成熟和完善，将有更多的农村地区被纳入其中。按照“十一五”规划的要求，新型农村合作医疗到 2010 年的覆盖面达到农村的 80% 以上。

（3）点、线、面逐步结合

农村医疗保障模式的多样化，是由于经济发展水平的不平衡导致的。随着农村经济的迅速发展，中部、西部农村的经济发展水平将会逐步赶上东部的发展水平，不同的医疗保障模式将逐步靠拢。新型合作医疗保障制度将由各地区的一两个点逐步扩展到几个、几十个点，最后扩展到面，不断整合各种卫生资源，节约管理成本，提高医疗保障资金的运用率，提高保障效果。

4. 农村医疗改革实例（苏州市）[②]

苏南是中国现代化发展的先导区与示范区之一，也是农村合作医疗保险改革与创新的先行区，苏州在 2003 年制定了《苏州市农村合作医疗保险管理办法》，对农村合作医疗制度进行了新的规定。

《苏州市农村合作医疗保险管理办法》出台后，按照“政府出大头，农民出小头”的筹资形式，苏州市各级财政加大了对农村合作医疗保险的投入，认真落实各项配套资金。3 年之内，苏州市农民每人每年的合作医疗保险基金将达到 100 余元，比《苏州市农村合作医疗保险管理办法》实施前提高约 4 倍。这个数额虽然还远远低于苏州市城镇职工医疗保险的水平，但这种医疗保险运作方式已与城镇接近，可以说是城乡统一医疗保障的前奏。例如，昆山市日前推出的农村医保施行办法，农村医

---

① 赵丕，李学军．建立新型农村合作医疗制度：认知、困境与对策［J］．农村经济，2004（9）．
② 官波，姚强．苏州市农村合作医疗保险制度改革的分析与思考［J］．卫生软科学，2005（4）．

保筹资标准为每人每年 200 元，这个标准在当时是全国最高的，已提前 6 年完成了江苏省、苏州市农村医保人均基金目标，其中，市（县）、镇两级财政各补贴 65 元，村集体补贴 20 元，农民自己支付 50 元。

2004 年苏州市财政出资近 5 000 万元用于农村医保基金的筹集。张家港、常熟等各地也相继出台新办法，切实加强农村合作医疗，保障农村居民身心健康，防止因病致贫、因病返贫。对个人出资参加医保有困难的农村特困人群，各市都采取倾斜政策，不用缴纳一分钱，无门槛进入农村医保体系，为此市级财政每年安排了 350 万元转移支付资金，用于对农村特困人群和困难乡镇的专项补助。2004 年苏州市各级财政用于农村医疗保险的补助超过 2 亿元。各级财政在加强农村医保资金筹集的同时，切实加强了资金管理，完善资金收缴、管理和核算制度，着力管好、用好这笔关乎农民群众切身利益的保命钱。

这是国内第一个由省辖市颁布的以政府令形式下发的惠及百万农村居民和外来打工者的合作医疗保险制度，相比于该市过去建立在集体和计划经济基础上的低水平合作医疗模式，新的农村合作医疗保险是指“实行政府组织引导，农村居民参加，财政资助，集体扶持相结合，以大病统筹为主的医疗互助共济制度”。这一制度引进了保险理念，为将来连通城乡一体的社会保障模式预留了接口，具有一定的前瞻性。按照《苏州市农村合作医疗保险管理办法》，参保者享有下列权利：

（1）接受辖区内合作医疗机构提供的免费或优惠健康体检、健康咨询、健康教育、预防保健等卫生服务。

（2）享受规定范围内的医药费补偿；对农村合作医疗保险享有知情权、建议权、选择权和监督权等权利。该办法要求金融部门给予优惠政策，确保农村合作医疗保险基金保值增值。参保者在保险期内没有发生结保费用的，可以免费享受一次健康体检。

（3）参保者被要求履行以下义务：遵守本办法及当地的实施细则；服从农村合作医疗保险管理机构的管理；及时、足额缴纳参保费用；履行其他相关义务。还规定：参保者个人缴纳的保费要在 3 年内达到不低于当地农村居民上年人均纯收入 1% 的标准；参保人所在的用工单位（业主）要按不低于 1∶1 的比例为每位参保人交纳保费；各村民（社区）委员会也要出资扶持居民参保；县级市（区）、乡镇财政按辖区参保人数列入财政预算，并在 3 年内达到人均不少于 20 元的标准；市财政每年安排一定资金，用于对农村特困人群和财政困难乡镇的医保投入专项补助。

（4）医保基金按用途分为家庭（个人）医疗保健账户、大病医疗统筹、医疗救助三部分。家庭（个人）医疗保健账户用于预防保健及门诊医疗费用的支付；大病医疗统筹额度不低于人均基金的 50%；医疗救助额度不低于人均基金的 5%。救助对象为“五保户”和最低生活保障线以下的农村居民。

以苏州高新区枫桥镇为例，2003 年，该镇参加这一保险的农民达到 20 886 人，截至 2003 年 2 月底，合作医疗保险已为农民支付医疗费 135 万元（合作医疗保险年度到 4 月底），参加者人人从中享受到了实惠。该区规定，本区内所有农村在籍居民、征地人员中未列入征地保养和未参加社会医疗保险者，都可加入合作医疗保险。

保险基金标准为每人每年100元。其中，区、镇（街道、分区）财政各出25元，集体（村、单位）出10元，农民个人只需投入40元。100元基金将分3部分使用：55元存入门诊家庭账户内，用于参保者门（急）诊医疗费用的报销；40元为大病风险统筹基金，用于住院和大额门（急）诊医疗费用报销；5元为预防保健基金，主要用于参保居民体检、预防保健等。家庭账户如果用不完可以转到下一年使用，用完后门（急）诊医疗费用自负。自负当年累计超过2 000元/人后，超过部分在大病统筹基金内报销40%，最高补偿限额10 000元。大病统筹基金每年最高可为投保人报销2.5万元。为执行这一制度，该区区、镇两级财政今年计划投入500万元。同时，对农村"五保户"、"低保户"等医疗救助对象，还免交个人的40元，使其无偿加入合作保险。

《苏州市农村合作医疗保险管理办法》既根据当前实际满足了农村社会成员的就医需求，又为以后城乡医疗保障制度衔接预留了空间，值得借鉴。

13.2.3 农村社会救助制度

农村社会救助制度是我国社会救助制度的重要组成部分，它是针对农村社会成员在因各种原因导致其难以维持最低生活水平时，由国家和社会按照法定的程序和标准为其提供最低生活需求的款物接济（又为物质援助）的举措和服务。其主要目标是保障农村贫困者的基本生活，帮助他们摆脱生存危机，维持农村社会的稳定与整个社会的和谐发展。其保障对象包括因先天或后天因素丧失或部分丧失劳动能力，无收入、无生活来源、无法定赡养人的老年人、残疾人、未成年人，以及虽有劳动能力和收入，但因遭受天灾人祸而无法维持最低生活水平的其他农村社会成员。

1. 我国农村社会救助制度的基本框架

我国农村社会救助制度中，现行的主要政策措施（项目）有："五保户"制度（也称五保供养制度）、特困户定期定量救济政策、临时救济措施、灾害救助制度、最低生活保障制度和其他救助政策等。

第一，"五保户"制度。"五保户"制度是指对无法定扶养义务人，无劳动能力，无生活来源的老年人、残疾人和未成年人等三无人员给予保吃、保穿、保住、保医、保葬的政策，简称"五保"。目前，我国农村五保供养对象共有255万人。

第二，特困户定期定量救济政策。2003年年初，民政部制定了对生活极度困难、自救能力很差的农村特困户的救济办法。主要做法是对不救不活的农村特困户发放"农村特困户救助证"，实行定期定量救济。农村救济工作制度化、规范化的做法避免农村社会救助的随意性、临时性，切实保障农村特困群体的基本生活。

第三，临时救济措施。临时救济的对象主要是不符合五保供养条件和农村特困户救济标准、生活水平略高于特困户的一般贫困户，这些人或有劳动能力和生活来源，或有法定扶养人，但一旦遭受到重大疾病等意外情况的困扰，就会陷入生活困境。对于这部分人，一些地方政府采取了临时救济方式。这种临时救济的形式也是我国传统的扶危助困意识的最好体现。

第四，灾害救助制度。灾害救助的对象是突然遭受灾害侵袭的农户，所使用的救灾资金由中央划拨、地方配合，救济灾民总数每年至少在5 000万以上。这种制度保障了灾民灾后的基本生活。

第五，最低生活保障制度。农村最低生活保障制度是政府对家庭人均收入低于当地最低生活保障标准的农村贫困人口，按照最低生活标准进行差额救助的新型社会救助制度。这一制度自从1994年开始试点探索以来，受益人群不断扩大。根据民政部公布的数据，2013年10月份，全国农村最低生活保障人数达5 355.8万人，覆盖2 888.8万户，累计支出566.95亿元。

第六，其他救助政策。首先是农村医疗救助政策，它是通过政府拨款和社会各界自愿捐助等多渠道筹资，对患大病的农村五保户和贫困农民家庭实行医疗救助的制度。其次是农村扶贫政策，它是国家和其他力量，对贫困地区或农村有一定生产经营能力的贫困户，以资金支持和技术输入等方式予以有效扶持和帮助，以帮助其脱贫致富的一种社会救助制度。

2. 我国农村社会救助制度的现状

改革开放以来，我国农村社会救助制度建设已经获得了一定的发展。从单项制度看，全国各省市都先后建立了农村特困居民最低生活保障和基本生活定期定量救助制度。有的地方建立了以农村特困村民基本生活救助制度为主项，以临时救济、农村灾民生活救助、农村特困村民医疗、教育、住房、法律、就业、项目、科技等专项救助制度为辅项的救助体系；有的地方建立了以最低生活保障为主体，以医疗、住房、教育、应急等专项救助和就业援助为辅助，以资金救助、政策扶持、社会帮扶为主要措施的救助体系。

但是，我国农村社会救助制度中仍然存在一些突出的问题，主要有以下几个方面：

（1）法制化和规范化程度低

目前农村社会救济制度中，除了“五保”供养有行政法规外，其他各项社会救助项目都没有明确的法律规定。在社会救助的实施过程中，基本依靠一些临时性的政府文件来推动。由于缺乏必要的法律支持，社会救助过程中经常出现政策不能持续的现象。

另外，中国目前缺乏科学和系统的家庭收入情况调查，难以对被救助者的财产和收入状况进行评估，这给社会救助工作的实施带来很大的难度，影响了实施效果。因此，我国应该借鉴国外家庭收入调查的先进经验，建立完备的收入调查制度。

（2）覆盖水平不高

我国农村社会救助处于较低水平，覆盖水平不高。根据民政部发布的《2013年民政工作报告》，在低保之外，农村五保供养水平稳步提升。截至2013年11月底，全国农村五保供养对象540.4万人，其中集中供养183.2万人，集中供养率为33.9%。然而相对于我国8亿农民的基数，这样的救助覆盖率显然偏低。

（3）管理制度不完善

长期以来，我国对于社会救助资金的管理缺乏必要的监督、制约机制，经常出现各种问题。比如：一些地方在救济款的分配中，存在优亲厚友的现象；一些地方挪用救济款，违背专款专用的使用原则；一些地方甚至出现贪污的现象。

（4）资金来源渠道少、标准低

目前，国家经济实力有限，国家财政难以负担广大农村低保人口，因此在保障资金来源上只能实施地方财政和村集体共同负担，并由各地根据实际情况确定各级财政和村集体的负担比例的方式。由于我国区域经济的差异性，地方财政收入差距大，导致一些试点地区覆盖面小、标准低，难以保证低保对象的基本生活需要。

（5）不同项目间发展不平衡

当前，我国农村社会救助制度的重点在最低生活保障和灾害救助，国家和地方比较重视，资金投入力度比较大，而其他项目则发展缓慢，不能满足要求，尤其是教育救助制度方面，尽管国家对此采取了种种措施，但仍存在大量农村贫困家庭子女失学的情况。

13.3 农村社会保障的发展趋势

13.3.1 国外可资借鉴的农村社会保障模式

第二次世界大战结束以来，西方社会保障全民化的一个最显著的标志是社会保障项目，特别是作为其核心的社会保险不断扩大覆盖对象，乃至惠及农村居民。但是，各国对农村居民的社会保险处理方法有所不同，可以概括为如下几类（见表13-1）：

表13-1　**各国的农村居民养老保险制度类型**

城乡一体化型	城乡分割型	统分结合型
英国、美国、澳大利亚、爱尔兰、意大利、冰岛、卢森堡、荷兰、新西兰、葡萄牙、西班牙、瑞士	德国、法国、芬兰、希腊、奥地利、比利时、土耳其	日本、加拿大、丹麦、挪威、瑞典

资料来源　转引自美国社会保障署．全球社会保障——1995［M］．北京：华夏出版社，1996.

1. 城乡一体化型

这类国家的典型代表是英国。1942年11月，英国著名经济学家与社会活动家威廉·贝弗里奇向英国内阁提出《社会保障及有关服务》的长篇报告，提出通过全面实施社会保障措施以重建家园，这便是后来著名的《贝弗里奇报告》。该报告最引人注目的建议是，英国应首先推出面向城乡全体国民的社会保障制度，不分种族、信仰、财产状况，只要达到法定的年龄，就有权享受一份退休金，以安度晚年。正是按照《贝弗里奇报告》的这一设计，英国的社会保险计划具有城乡一体化的性质。

2. 城乡分割型

实行城乡社会保障有别的国家比较多，主要有德国、法国等。这些国家都各自分别建立了面向农民的养老保险制度。这些国家都是工业化较早、工业化程度较高的国家，这些国家都是先建立起了较完备的工人社会保障制度，在此基础上，社会保障体系逐渐全民化，使社会保障，尤其是作为其核心内容的社会保险，从城市工商业劳动者扩大到乡村农业劳动者，并为这些乡村劳动者建立了单独的社会保障制度。

3. 统分结合型

这一类型的典型代表是日本。日本的养老金保险（在日本称为“年金保险”）是有统有分的，在最基本养老金待遇上实现了城乡一体与全国统一，但不同产业、不同部门从业人员又都享有一份独立的养老金，可以称之为“附加养老金”，即日本的养老金保险由两部分构成：基本养老金和附加养老金。基本养老金是“统的”，全国统一，城乡统一；附加养老金是“分的”，不同产业、不同部门各不相同。

需要指出的是，即使在后两种类型的国家中，其健康保险、国民救助和服务等还是城乡一体化的，只是个别国家的情况有所不同；所谓“分”，只是在养老金保险领域是分割的。

13.3.2 我国农村社会保障发展的基本原则

农村社会保障是我国社会保障的薄弱环节，根据我国的实际情况和发展农村社会保障的实践，建立和完善我国农村社会保障应遵循以下基本原则：

第一，以保障基本生活为目的的原则。我国农村人口众多，各地经济发展水平不一，难以建立起全民统一的高水平的社会保障。在构建农村社会保障体系时，尤其是在初期更应该以建立较低水平的生活保障为起点，以保障农村社会成员的基本生活作为农村社会保障的目的。保障项目和保障标准与当地经济、社会发展水平以及各方面的承受能力相适应。

第二，基本保障与促进生产相结合的原则。农村社会保障的基本目的是保障全体农村社会成员的基本生活，增进社会福利。但农村社会保障的意义不仅于此，农村社会保障不仅要保障全体农村社会成员特别是困难群众的基本生活，还要促进生产，调动他们自力更生、发展生产和履行社会保障义务的积极性。

第三，资金来源多渠道的原则。当前我国城镇居民的社会保障由个人、企业和政府三者共同出资，农村社会保障亦应如此。农村社会保障资金由个人、集体和政府共同负担，三者共同负担的比例在不同地区及不同保障项目之间应有所不同。就地区而言，在农村经济发达的地区，个人、村集体以及乡级财政和县级财政等主体分摊的比例应大一些；在农村经济欠发达地区，个人、村集体的负担能力比较弱，政府特别是上级财政分担的比例应大一些。就保障项目来说，社会救助的资金来源于各级财政拨款，养老保障和医疗保障的资金由个人和村集体适当承担。随着经济社会的发展，个人、集体、政府的承担比例也会不断改变。在此基础上，农村社会保障还应广泛动员和吸收社会力量来举办各种形式的农村社会保障事业。

第四，制度衔接的原则。制度衔接的原则有两层含义。第一层含义是，由于各地区经济发展情况不一，各地方也都制定了本地区的农村社会保障政策。因此，农村社会保障应当遵循政府组织、整体规划、分类指导、分步实施的原则，重在制度建设，并与农村原有的各项制度相衔接，建立适应各地区实际，适应农村社会成员需要的农村社会保障制度。第二层含义是，鉴于国际趋势，农村社会保障制度的改革要确立城乡整合的目标，在此基础上不断完善，最终实现与城市社会保障制度的衔接乃至统一。

13.3.3 农村社会保障制度的发展目标

严格地说，我国现行的各项农村社会保障项目，除“五保供养”比较规范外，其余均处于试点和探索阶段。

1. 农村最低生活保障制度正在全国建立

从1997年开始，部分有条件的省、市开始逐步建立农村最低生活保障制度。近年来，国家对农村特困群体的救助主要是采取春荒冬令季节性救助，各地也根据实际情况，开展了农村特困群体定期定量补助及临时困难补助等办法，使得部分农村特困群体生活有了一定保障。但由于补助面不宽，补助金额有限，对特别困难的农村家庭只能是杯水车薪。为此，政府从2007年起决定全面推进农村最低生活保障制度，目前这一制度正在进一步完善中。

2. 新型农村合作医疗试点覆盖全国

新型农村合作医疗政策期待健康运行，9亿农民的“看病难”、“因病致贫”问题，也随着2003年在全国开展的新型农村合作医疗制度的试点工作，逐渐获得解决。这项医疗制度由农民自愿缴纳、集体扶持、政府资助，按照有关部门的安排，2006年全国试点县（市、区）数量将达到全国县（市、区）总数的40%左右，2007年扩大到60%左右，2008年在全国基本推行，2010年实现新型农村合作医疗制度基本覆盖农村居民的目标。

3. 农村养老保障尚属试点阶段

1986年制定的“七五”计划提出关于建立农村社会养老保险制度的要求，经过20多年的不断努力，农村养老保险取得了很大成绩。但长期以来，由于农村社会养老保险制度在要不要建立、有没有条件建立、怎样建立这些问题的认识方面还没有做到全面统一，导致此项制度近年来一直处于停滞状态。随着近年来对农村社会养老保险体系工作已经摸索出的经验，2008年中央相关部门研究提出《关于开展新型农村社会养老保险试点工作的指导意见》，计划在报国务院审定后，适时启动全国性新型农村社会养老保险试点。①

囿于各种条件，农村目前尚只能选择和实行与现实情况相适应，同时又便于向规范的保障制度模式过渡的社会保障体系。随着未来城乡社会结构在工业化、城市化基础上走向一体化，农村社会保障应该按照城乡统筹的要求发展，最终建立农村和城镇整合乃至统一的社会保障制度。从长远来看，农村社会保障制度的发展目标是：

第一，推进建立覆盖城乡全体劳动者的基本养老保险制度。目前城市企业职工养老保险的社会统筹部分可设计为全体劳动者的基本养老保险项目，而不分城乡之别，以确保城乡全体劳动者的最基本生活的平等。至于经费来源，城市企业职工仍通过现行办法实行，农民则可考虑以下途径，即国家财政的支持和集体帮助。当然如果条件允许，农民个人亦可承担一定比例。

---

① 全国社会保障基金理事会网站，www. ssf. gou. cn。

第二，推进建立全民统一的大病统筹医疗保险制度。其目标是保障全体国民都不会因为大病而影响基本生活乃至陷入贫困。2002 年 12 月，中共中央、国务院已决定在中国农村地区逐步建立以大病统筹为核心内容的新型合作医疗制度。新型合作医疗制度虽然没有涉及城乡衔接，但可以此为契机推进这一目标的实现。可考虑对非企业职工、农民等所有其他国民一开始即以建立大病统筹保险项目作为医疗保障制度改革的基本目标。

第三，推进实行全民统一的社会救助制度。现阶段我国可以最低生活保障为制度试点，实行制度的城乡衔接乃至统一，资金完全由国家与社会提供，但给付标准可视具体情况而定。广东、浙江等沿海经济发达省市在此方面先行一步，1999 年、2001 年先后宣布实行城乡统一的最低生活保障制度。以浙江为例，该省根据自身经济实力较为雄厚的现实，在最初建立这项制度时，即采取城乡一体化的方法：城乡统一建立一套制度，实行“一套制度，多种标准”。上述经验可为其他省份在建立此项制度时提供参考。

13.3.4 完善我国农村社会保障制度的措施

就现阶段而言，建立健全我国农村的社会保障体系还需要长期的努力。完善我国农村社会保障体系的具体措施主要有：

1. 建立健全三项制度

从农村居民的收入水平与现实需求出发，在农村社会保障制度建设中，农村最低生活保障制度、农村养老保险和农村医疗保险应是重点，也是保障农民基本生活的需要。因此，首先应该建立健全这三项制度。

2. 加快农村经济发展，同时应当加大政府财政支持力度

社会保障作为建立在国民收入再分配基础上的一种制度，它的发展受所处时代经济状况的制约。我国农村社会保障制度中存在的许多问题，就是由经济的不发达引起的。为此，健全和完善农村社会保障必须加快农村经济发展，增加农民收入，为农村社会保障提供坚实的经济基础。例如，通过农业的产业化、现代化、信息化增加农民的收入，增强集体补贴和个人缴费能力，从而实现农村社会保障基金的增加。同时，按照国家主导原则，政府财政支持应当适时加大力度，从而为尽快建立健全农村社会保障体系担负起应有的重大责任。

3. 加速与农村社会保障体系相配套制度的变革

农村社会保障体系的健全和完善，需要一系列配套措施与其相适应：

（1）改革城乡分割的户籍制度

我国城乡间有着严格的户籍制度，户籍制度的城乡分割阻碍了农村劳动力的转移。过多的人口滞留在农村，加大了农村社会保障的压力。

（2）实施土地经营权流转制度

家庭联产承包责任制实施以来，土地实行了“均田到户”，这种分散经营的土地制度不利于发挥规模效应。而近些年来，土地撂荒、土地粗放经营等更是导致了土地效益的下降。在目前农业收入仍是农民收入的一个重要来源的情况下，应该坚持中央关于放开土地管理，允许土地经营权自行流转的政策，在坚持农村土地集体所有制的前提下，通过租赁等形式，让渡土地经营权，最终提高土地的效益，从而增加农民收入，增强实施农村社会保障体系的经济基础。

（3）把失地的农民和农民工纳入城镇社会保障范围

改革开放以后，我国农民群体异质性增强，农村居民出现分化。失地农民和农民工是比较特殊的两个群体，失地农民完全失去了土地，农民工和土地的关系日渐疏远，这两个群体很难再依靠土地提供保障，这样他们对社会保障的需求更加强烈。在现阶段，考虑到我国城市化的推进和农村社会保障体系的薄弱，应该探讨把失地农民和农民工纳入城镇社会保障体系范围。

4. 加快农村社会保障立法

对农村社会保障立法是社会保障制度作为社会政策和国家制度安排的具体体现。然而，我国现行农村社会保障体系缺乏法律保障，大部分政策是以规章制度的形式出现的。法律制度的缺失给农村社会保障带来了一系列问题，影响了农村社会保障的发展。要健全农村社会保障，必须建立完善的社会保障制度法律体系，从法律上确认农村社会保障制度在农村经济与社会发展中的地位和作用，明确保障对象、保障基金来源、保障管理的科学化与规范化以及农村社会保障各方主体的权利和义务等，使农村社会保障走上法制化轨道，确保这一制度健康发展。

本章小结

农村社会保障是以农村居民为对象、以政府为主要责任主体、以基本保障项目（养老、医疗、社会救助等）为主要内容的地域型社会保障体系。

目前，西方国家农村社会保障制度已经比较成熟。我国从新中国成立到现在，农村社会保障经历了半个多世纪的发展变迁。

实行改革开放以来，我国政府在农村养老、医疗、救助等主要社会保障项目上都进行了改革探索，并取得了不同程度的进展。总体而言，由于城乡二元社会格局的存在，目前我国农村社会保障体系尚不成熟，与发达国家相比、与城市相比尚存在着明显的差距。

在总结西方国家农村社会保障制度建设经验的基础上，本章提出了我国农村社会保障制度的发展目标：打破城乡差别，最终建立起城乡统一、全民统一的社会保障制度，并提出了实现这一目标的基本原则和具体措施。

复习思考题

1. 什么是农村社会保障？农村社会保障体系的内容主要有哪些？
2. 简述我国现阶段农村养老保障的主要模式。
3. 工业化国家建立医疗保障制度的经验有哪些？
4. 简述我国农村社会救助制度的现状。
5. 结合本章的学习，谈谈你对我国农村社会保障发展前景的认识。

案例分析题

申请低保要“表示”谁管低保谁能吃

低保申请三年无果，“带了一些礼物送给村干部，今年才第一次领到低保金”；村里“真正的穷人”拿不到低保，村干部自己倒是吃上了低保……

记者在海南部分农村调研发现，一些村民申请低保要向村干部送礼，不够条件的村干部或亲属反能享受低保。

海南省社会救助局局长杨晓刚介绍，农村低保申请与审批程序为：先由村民提出申请，村（居）委会入户调查、评议、公示，乡镇（街道办）审核，市县民政部门审批，村（居）委会再次公示。

一位村民说：“低保户人选往往在村委会开会讨论前就已确定，拿到‘指标’的村民才会向上提交申请，其他贫困户即使申请也不会有回音。”

记者从临高县和舍镇布大村工作会议记录上看到，民主测评环节参会人员由村“两委”成员构成，未有村民代表参加。“关键环节取决于村委。”

一位乡镇干部告诉记者，即使有村民代表参加民主测评环节，对村干部指定的“低保对象”有异议，也是敢怒不敢言，害怕得罪乡镇干部。

民主评议失效，那么，三级公示环节为何也没发挥应有的监督作用？海南临高县民政局局长文峰表示，有部分乡镇“两委”并未落实相关政策。此外，自然村距行政村、乡镇有较远距离，公示很难引起村民关注，而县民政局通过网络公示，老百姓更是很难知道。

2013 年中国社科院发布的《社会保障绿皮书》显示，在安徽、福建、江西、河南和陕西 5 省 696 个低保户抽样问卷调查中，约八成不是贫困家庭，有近六成的贫困户没有享受低保救助。

资料来源　佚名. 申请低保要“表示”谁管低保谁能吃——海南部分农村低保乱象调查［EB/OL］.［2014-03-22］. http：//news. xinhuanet. com/city/2014-03/22/c_ 126301050. htm.

案例思考题：

请结合已学过的社会保障知识，试分析如何才能使农村最低生活保障制度发挥其应有的功能。

推荐阅读资料

1. 李迎生. 为了亿万农民的生存安全——中国农村社会保障体系研究［M］. 合肥：安徽人民出版社，2006.

2. 郝书辰，董西明，等. 新时期农村社会保障制度研究［M］. 北京：经济科学出版社，2008.

3. 孙文基. 建立和完善农村社会保障制度［M］. 北京：社会科学文献出版社，2006.

4. 宋士云. 中国农村社会保障制度结构与变迁 1949—2002［M］. 北京：人民出版社，2006.

5. 张曼．农村社会保障——关注农村民生问题［M］．北京：中国社会出版社，2007.

6. 童星，林闽钢．中国农村社会保障［M］．北京：人民出版社，2011.

7. 胡勇．新农村社会保障［M］．北京：金盾出版社，2010.

8. 殷允杰．我国农村社会保障问题研究［M］．北京：经济管理出版社，2012.

第二版后记

《社会保障学》第一版 2010 年 3 月出版以后，我国不断有新的法规制度出台，原书对中国社会保障制度的介绍已显陈旧，应出版社之约我们进行了补充和修改。

与第一版相比，第二版的章节设置和编写体例保持原样，内容的变化主要有以下几点：

第一，跟上制度发展。随着新法规、新制度出台，我国社会保障体系有了进一步的完善，这些法规和制度主要有：《中华人民共和国社会保险法》（2011 年 7 月 1 日施行）；2011 年 7 月颁布的《烈士褒扬条例》（国务院令第 601 号）；2014 年 2 月 21 日发布的《社会救助暂行办法》（国务院令第 649 号）；2014 年颁布的《国务院关于建立统一的城乡居民基本养老保险制度的意见》（国发〔2014〕8 号）；2015 年颁布的《国务院关于机关事业单位工作人员养老保险制度改革的决定》（国发〔2015〕2 号）等。第二版对制度新变化进行了系统介绍。

第二，完善原有内容。经过多年的教学使用，不断发现教材中有些概念和提法有改进的余地，有些章节的内容安排也有完善的余地，我们在第二版中都进行了修改、补充和调整。比如：第 3 章各节顺序有所调整；第 5 章“中国失业预防和失业补救制度”内容有较多补充；第 6 章重写；第 7 章增加了“城镇居民生育保险”；第 10 章删除了与前面内容有所重复的“社会保险制度建立和改革”。此外，各章“引例”、“案例分析题”和“推荐阅读资料”也多有更新。

第三，作者群体基本不变，作者身份略有变化。各章节作者分工如下：

第 1、3、5、6、7 章，潘锦棠（中国人民大学教授）；

第 2 章，吕学静（首都经济贸易大学教授）；

第 4、10 章，仇雨临（中国人民大学教授）、郝佳（中央财经大学讲师）；

第 8 章，杨立雄（中国人民大学教授）；

第 9 章，韩克庆（中国人民大学教授）；

第 11 章，孟繁瑜（中国人民大学讲师）；

第 12 章，薛在兴（中国青年政治学院副教授）；

第 13 章，李迎生（中国人民大学教授）、乜琪（首都师范大学讲师）。

感谢以上作者再次合作；感谢读者，正是因为读者的厚爱才有了第二版；再次感谢东北财经大学出版社的支持。

潘锦棠

2015 年 1 月于中国人民大学求是楼